教海集珍

——华东政法大学商学院教学智慧文集

高汉／主编

图书在版编目(CIP)数据

教海集珍:华东政法大学商学院教学智慧文集/高汉主编. —上海:立信会计出版社,2018.3
ISBN 978-7-5429-5729-0

Ⅰ.①教… Ⅱ.①高… Ⅲ.①高等学校—教学研究—文集 Ⅳ.①G642.0-53

中国版本图书馆 CIP 数据核字(2018)第 042356 号

策划编辑	窦瀚修
责任编辑	王斯龙
封面设计	南房间

教海集珍——华东政法大学商学院教学智慧文集

出版发行	立信会计出版社
地　　址	上海市中山西路 2230 号　　邮政编码　200235
电　　话	(021)64411389　　传　　真　(021)64411325
网　　址	www.lixinaph.com　　电子邮箱　lxaph@sh163.net
网上书店	www.shlx.net　　电　　话　(021)64411071
经　　销	各地新华书店
印　　刷	江苏凤凰数码印务有限公司
开　　本	710 毫米×1000 毫米　　1/16
印　　张	22
字　　数	369 千字
版　　次	2018 年 3 月第 1 版
印　　次	2018 年 3 月第 1 次
书　　号	ISBN 978-7-5429-5729-0/G
定　　价	61.00 元

如有印订差错,请与本社联系调换

序言
十五年的心与路

华东政法大学商学院自 2002 年成立以来,已有十五个春秋。十五年的风风雨雨,历练了华政商学院的师生,他们在教学上也取得了丰硕的成果。因此,我们觉得有必要将教师们教学的心路历程、酸甜苦辣以及经验教训记录下来。既为总结,亦为传承。在教师们的积极响应下,成就此文集,并以"心与路"为主题,简要作序。

心是商学院志存高远之心。商学院的诞生是华东政法大学播下的一颗商科的种子,慢慢在华政园古朴典雅的法学土壤中生根、发芽并不断成长。到如今,它犹如一位风华少年,透着迷人的朝气和青春活力,向社会展示着它特有的魅力。它既具有传统商经的特点,又复合了法学的因子,从而形成了特色鲜明的专业人才培养模式:法商复合模式(文集的文章体现了这一点)。这一模式让我们商学院的学生能够成为通商晓法的复合型人才。正因为如此,我们的规模才能不断扩大,社会声誉不断提升,实力也不断增强。教师们用心教学科研,最终一定会带来一个非常美好的结果:华东政法大学商学院定会成为全国独具特色、法商复合、有影响力的特色人才培养单位。

路是商学院师生手牵手,鼎力前行之路,是追求发展和进步之路。在激烈的商学院竞争中,华东政法大学商学院的发展之路,注定艰辛不易，甚至会走弯路，但决不会走回头路。追求教学质量的提升和卓越学生的培养是我们不懈的追求，也是我们的立足点和工作的根本。也许前有艰难险阻，道路也悠远漫长，但我们商院人肩并肩合作奋斗的初衷没有改变。只要向着梦中的方向去努力，我们既不会错过沿途美丽的风景，也能到达胜利的彼岸。本次文集的成功出版，就是全院相互支持，相互合作的成果结晶。有了这次初步的成果，相信以后会有更多、更好的智慧结晶呈现给社会大众。

心在远方，路在脚下。华东政法大学商学院一定会在中国的大环境中不断发展成长，成为师生们美好的事业平台，共同的精神家园！追求心中的梦想，我们在路上……

高汉

华东政法大学商学院

2018年3月

目 录

第一篇 人才培养模式篇

供给侧改革条件下对高校金融教育的创新 ………………………………………… 高 汉（3）

复合型、应用型、创新型人才培养模式的创新与实践
——以商学院为例 ………………………………………………………… 贾彩彦（12）

创新型人才培养的现状、规律与对策研究 …………………………………… 孙人极（20）

对司法会计特色专业建设的思考 ……………………………………………… 熊玉莲（27）

法律与会计融合理念在高校审计专业教学中的具体应用
——以证券犯罪类司法鉴定业务为例 …………………………………… 王 扬（34）

法商复合型人才培养模式与保障机制研究
——以华东政法大学国贸专业为例 ……………………………………… 宫旭红（41）

高校如何推行通识教育
——误区、阻力和对策解读 ……………………………………………… 耿言春（48）

关于工商管理专业课程、教学内容与方法改革的思考 ……………………… 罗良忠（56）

会计本科生"业财融合"思维的培养研究 …………………………………… 郭红彩（67）

基于金融创新背景下金融人才培养模式探讨 ………………………………… 赵高翔（75）

论思政教师在思政教育中的实践智慧
　　　　　　　　　　　　　　　　　　　　　　　　兰　岚（82）

让金融案例教学成为不让学生奔波的"实习"
　　　　　　　　　　　　　　　　　　　　　　　　郭喜才（89）

如何提升高校大学生的科研能力
　　　　　　　　　　　　　　　　　　　　　　　　王建香（97）

世界一流商学院学科设置研究
　　——基于世界百强商学院的数据统计分析
　　　　　　　　　　　　　　　　　　　　　　　　曲怡颖（105）

探索"法商复合"的创业教育模式
　　——基于华东政法大学"创业管理"课程的教学改革
　　　　　　　　　　　　　　　　　　　　　　　　蔡新蕾（115）

生产性服务业创新集群发展形势下工商管理教学标准研究
　　　　　　　　　　　　　　　　　　　　　　　　甄　杰（122）

第二篇　课程教学改革篇

"物流与供应链管理"课程研教结合与共促的创新策略
　　　　　　　　　　　　　　　　　　　　　　　　李培勤（133）

案例教学法在"国际投资学"课程中的创新型应用
　　　　　　　　　　　　　　　　　　　　　　　　魏　玮（141）

博弈论课程教学改革及MOOC教学模式探析
　　　　　　　　　　　　　　　　　　　　　　　　李　叶（148）

创新创业类课程"任务驱动式"模块化教学模式的设计与实践
　　——以"创业营销"课程为例
　　　　　　　　　　　　　　　　　　　　　　　　李　丹（156）

创新任务式交互教学模式
　　——基于多层次学生背景
　　　　　　　　　　　　　　　　　　　　　　　　张德南（164）

法经结合的"财政学"课程建设
　　　　　　　　　　　　　　　　　　　　　　　　许　峰（171）

高校金融专业课程教学改革
.... 武　立 (178)

"国际贸易实务"课程教学中存在的问题与对策研究
.... 刘　杨 (185)

互动式模拟教学在国际贸易实践类课程中的应用
.... 晏玲菊 (192)

基于培养学生实践和创新能力的国际金融教学改革探索
.... 杨　熠 (199)

经济思想史在经济学研究和教育中的衰落
.... 王　颖 (207)

浅谈统计学原理教学中的直觉引导与逻辑验证
.... 王永水 (214)

浅析财经类"高等数学"习题课的教学
.... 杜玉林 (224)

商科院校本科生"计量经济学"教学的难点与应对
.... 徐大丰 (231)

推进国际化课程建设的实践与思考
——以上海市留学生英语示范课程"金融学"为例
.... 窦菲菲 (237)

网上谈判、电子合同、电子签名
——合同法教学引入电子合同谈判系统实验的探索
.... 杨立钒 (245)

微课程教学法在"线性代数"课堂教学中的实际应用
.... 王　倩 (253)

有关成本会计教学的几点想法
.... 孙　红 (262)

实物期权法对公司价值 NPV 评估法的完善
.... 严小明 (274)

From Barrier to Bridge：textbook-logic based bilingual module's improvement of teaching methods and evaluation system
.... Xiaoyun Tang (281)

第三篇 教学质量监控篇

本科生毕业论文质量影响因素调查研究及对策建议
　　　　　　　　　　　　　　　　　　　　　　　童　勇（291）

大数据与大学教育教学质量监测模式变革
　　　　　　　　　　　　　　　　　　　　　　　陈　坤（299）

高校创新教育的概念界定与质量提升对策研究
　　　　　　　　　　　　　　　　　　　　　　　吴　航（306）

高校教学质量评估：基础理论、面临问题和体系设计
　　　　　　　　　　　　　　　　　　　　　　　王　娟（313）

关于高等数学试卷质量标准的测度研究
　　　　　　　　　　　　　　　　　　　　　　　杨竹莘（321）

论本科毕业论文质量提高和保障研究
　　　　　　　　　　　　　　　　　　　　　　　王　芳（329）

提升国贸专业世界贸易组织课程双语教学效果的因素分析和对策研究
　　　　　　　　　　　　　　　　　　　　　　　陈婵婷（338）

第一篇
人才培养模式篇

供给侧改革条件下对高校金融教育的创新

高 汉

近几年,我国经济实现中高速增长,金融业发展迅速,在不断变化的市场环境中,对于金融人才的要求也不断地提升。在供给侧改革的背景下,高校作为人才培养的供给端,应不断进行改革和创新,为各行业培养出德才兼备的高素质人才。目前,金融业人才的需求与供给在质量要求上极不平衡,这就要求国内高校提升教育水平,调整课程结构,培养国际化视野,将金融学与本校的优势专业相结合,培养出行业所需的优秀的应用复合型人才。

一、我国人才发展现状

我国的经济进入了一个新的历史阶段,在经历了前一阶段高达10%的高速增长后,我国经济由高速增长转变为中高速增长。近4年来,我国经济一直维持在6%～7%的增长,并且处于逐步下降的趋势。我国经济的增速不断下降并不是指我们国家的经济进入了一个下滑的趋势,而是以国内生产总值(gross domestic product,GDP)增速为经济的衡量指标,它的弊端随着经济的发展越来越多的显现出来。GDP的统计忽略了资源的消耗、环境的破坏以及人力资源的问题,而只着眼于生产与市场总值。这样的计算方法是不可持续的,资源的消耗、环境的破坏是不可弥补的损失,如果只强调GDP的增长,而不考虑人力资源以及环境破坏问题,在将来一定会对我国的经济产生负面的影响。因此,在接下来的发展进程中,我们应将生态环境保护和人次资源的合理配置作为工作的重点。

  2015年11月10日,习总书记首次提出供给侧结构性改革,此次改革的目的是将需求与供给相平衡,调整我国生产端以满足消费需求,实现资源的有效配置,提升我国经济水平。供给侧结构性改革不是一蹴而就的,需要大量的专业型人才投入到改革建设中去,而这些人才主要由高校输出。高校作为人才的供给端,自身的责任也是非常巨大的,他们肩负了整个国家供给侧结构性改革所需的人力资源的能力和质量。无论供给侧改革的方向如何,改革手段如何,这些都需要相关人才去一步一步的落实到位,这些专业性的人才不仅要具备丰富的专业基础知识,还需要具备将理论与实践相结合的能力。市场和高校其实就是人力资源的供给和需求方,高校向市场提供人才,市场作为人才的接纳方,输出人才的质量与高校的培养模式息息相关,因此高校在经济发展中起着至关重要的作用。

  为响应供给侧改革的号召,各个高校纷纷行动,进行课程改革,并为课改提供了要求和建议。苏小燕(2016)认为提高我国供给端的水平,使其满足需求端的要求是进行"供给侧改革"的主要目标,同时也是我国近些年经济能保持持续增长的动力。林婉玲(2016)提出经济的发展离不开促进经济发展的人才,人才的培养离不开教育的发展,教育是成就人才的基础,供给侧结构性改革也必然引起教育方面的改革。曹洪军(2016)在研究中表示在人才供给方面,人才的供给不能满足市场的需求主要原因在于供给端,供给端所供给的人才难以达到市场所需的标准,就难以满足社会的需要。而高校作为培养社会人才重要的一方,肩负着非常重要的责任,解决供给端出现的问题,并找寻解决方案是高校当下最重要的任务。王芳(2016)提出,高校若想解决供给端不足的问题,需要从以下五个方面进行不断地完善,分别是:完善学科专业机制;强化技能型课程建设;提供实习平台;提高教育质量;培养国际化视野。金融行业作为当下变化最快的一个行业,对人才的要求也必然走在前列,因此,金融高素质人才的输出是非常重要的。柳欣、赵璇(2016)表示现阶段金融行业对从业人员的要求越来越高,现阶段的人才不能很好地满足企业的需要,因此高校培养行业所需的高素质人才至关重要。他们认为现阶段的金融人才越来越不能满足行业的需要,因此高校供给端改革的关键在于为行业培养所需的高素质人才。

  2016年,我国金融行业发生了翻天覆地的变化,受人工智能技术和自动化的影响,作为人才需求大户的银行业对人才需求规模有所降低,银行业从业人员的数量有了大幅度的削减,但是行业效率却没有同比例降低,反而有了较大的提升。银行业的变化显示出金融人才需要根据经济形势的改变作出调整,达到最优的人力资源结构,满足金融市场需要。

金融行业人才需求与供给出现不匹配的情况,低端人才供应量越来越大,中高端金融人才存在很大缺口,因此需要加强对本科、研究生、博士生的培养,为行业贡献所需要的人才。本文分为三个部分,第一部分是对我国人才发展现状的分析;第二部分是对我国金融人才需求的变化进行分析;第三部分是对高校金融业人才培养提出相关的建议。

二、金融人才需求变化

我国金融业正处于飞速发展的阶段,而上海是金融业最具有代表性的核心区域,陆家嘴被称为金融中心,本文采用上海市的金融人才需求变化的相关数据进行分析,并以此映射到整个金融行业。《上海金融领域"十三五"人才发展规划》明确了我国2015年到2020年金融人才培养的目标,共包括五个方面:①将我国人才规模与结构向更加合理的方向发展;②培养国际化金融人才;③加强金融人才素质培养;④健全金融人才体制,使其更加灵活;⑤加强金融人才发展的环境优势。下文将从以下五个方面对金融人才的需求进行深入的剖析。

1. 行业需求总体分析

2017年由51金融圈撰写的"中国(上海)金融人才指数"在上海发布。中国(上海)金融人才指数以七个金融行业为着眼点进行分析,包括:证券业、保险业、银行业、期货业、信托业、基金业、第三方支付业,建立三角模型——"动能+势能+效能",对人才能效的促进因素进行分析,并强调人才规模、学历和待遇等对人才能效的影响。

本次金融人才报告对比了2015年和2016年两年的金融人才情况。2016年,上海市金融人才指数为103.86,以2015年为基期来计算,2016年的指数相对于2015年增长了3.86%,这部分增长是由细分行业指数上升组成的,该指数的提升显现出我国金融行业对金融人才的需求不断扩大,同时金融行业人才的质量与素质也不断地提升。

2. 金融人才的国际化视野要求

根据2017年报告显示的结果来看,陆家嘴金融人才指数与2016年相比增长了7.25%,该区域的增长幅度高于上海的整体水平,因此,陆家嘴金融中心在整个上海市金融圈内金融人才占比更大,质量更高,从业素质水平也处于较高的地位。同时,陆家嘴也是海归留学生人才的聚集地,据调查显示,陆家嘴海外留学生占比为6.2%,而上海市的留学生占比仅为5.4%,可以看出陆家嘴海归人才高于上海市整体水平,从侧面反映出,金融业对海外留学背景人才的需求较高,国际化水平和视野是金融人才的所必需的基本素质。

证券业、基金业和信托业是海归人才占比排名前三位的行业,这三个行业也是近期发展较大,具有发展潜力的行业。因此,可以看出金融行业在未来对人才的要求越来越严格,不仅需要有较高的专业素养,而且更加青睐具有国际化视野的金融复合型人才。

3. 金融人才素质要求

具备金融专业知识以及金融素养是对金融行业人才的最低要求。目前,金融行业对从业人员学历也有了一定的要求。据调查显示,2016年,上海金融从业人员中有58.16%是由本科学历的人才组成,占据了金融人才一半以上的比例。随着机械智能化的发展,各银行营业部加大了对自助型机器的使用,逐步走向自动化、智能化的模式,大大缩减了员工数量,提高服务效率。

同时,在金融业中,硕士及以上学历的从业人员数量占比处于前三位的行业是证券业、基金业、信托业。这些具有发展前景的行业对金融人才的需求逐步由中低端向中高端发展,由仅对研究生的需求转向到对名校、对具有一定能力的优秀研究生的需要,筛选用人机制不断完善,"优胜劣汰"现象显著。

4. 复合背景需求

金融行业处在一个不断创新,不断完善的过程,金融业也越来越趋向于与不同行业的相互结合。在这样的金融市场中,仅仅拥有单方面的技能无法在金融行业中脱颖而出,因此拥有复合背景显得尤为重要。根据调查研究显示,在现行金融市场上的IT复合型金融人才供给缺口最大,需求量最高,同时在薪资待遇方面,IT复合型人才的待遇也处于较高的地位。

不仅对IT复合型金融人才的需求,对经济、法律、证券、保险、期货、银行等复合型人才的需求量也不断地增加,金融不再是一门独大的学科,需要与其他方面相结合,相互作用才能有更好的发展。

5. 创新能力需求

在国家大力实施创新驱动发展战略的背景下,国家创新即是企业创新,企业作为创新的主体,肩负着创新的责任,而创新的衡量标准主要是企业对创新的投入、研发人员的数量、无形资产的数量等,根据最近的研究显示,创新能力对企业的经营绩效的影响力为正,且在95%的水平下显著,说明增强企业创新能力确实能够提高企业经营绩效,创新能力的提高不仅有助于提高已有资源的利用效率、挖掘现有资源的潜在价值,而且有助于形成企业特有的资源和能力,进而形成企业的竞争优势。而创新的主要推动力就是研发人员,对创新能力的要求,同时也是对新型有创新能力人才的要求。

三、对我国高校金融学人才培养的建议

1. 完善课程结构,把握课程内容方向

金融行业对于实务型人才的需求不断增加,在这样的背景下,高校应及时应对金融市场的转变,将人才培养方向理论研究型转向实际应用型。在新生入学后,相关专业理论的普及以及基础的教育是必不可少的环节,有助于培养学生的专业素养,提升基础知识。在初期,实际应用型人才的培养主要依靠相关实践操作性课程的设置。高校金融学相关的课程主要分为三部分:①专业基础理论性课程;②专业实践性课程;③实践类课程。

专业基础理论性课程是整个金融学知识的基础,主要是对金融专业的一些基本概念和知识的介绍,培养学生的专业素养。这部分课程更偏向理论,大部分的分析论证存在于严格的假设中,为学生的理论分析提供一定的思路和方法,不适用于实际操作,这部分的课程主要包括:宏(微)观经济学、货币金融学、国际金融学、管理学等。

专业实践性课程是对整个金融学基础知识的升华,对金融学有更加深刻的理解和认识。这类课程的授课方式依旧以老师讲学为主,但区别于专业基础理论课程,这类课程与实际结合相对较强,主要包括:商业银行、公司金融、金融工程、保险学等。

实践类课程是指学生亲生参与到企业的经营运作中去,实践性更强。

作者认为,在课程结构上可以作一些调整和优化。

其一,加强学生对专业基础理论性课程的理解,在枯燥的课程中加入风趣幽默的事例,方便学生理解其中的理论知识。

其二,针对专业实践性课程,可以邀请社会上从事相关行业的专业人士,对课程中所涉及的专业内容作讲解,并进行指导。

其三,在实习阶段,实习的相关内容与专业的相关性不大,或者接触到的层

面相对较浅,没能真正发挥实习的作用,因此,校方可以运用自身的资源,联系校外相关行业成功人士,为学生建立更加广阔的平台,提供更好的机会。

在课程内容方面,中国大部分高校都是按部就班,以老师授课为主,学生思考为辅,这样的教育模式大大限制了学生自我学习的空间,不利于培养拥有创新思维和创新能力的人才。在现阶段,实验教学法以及案例分析法被认为是能够激发学生自身独立思考能力的方式,这种教育方式已经被普遍用于美国高校的学生培养中,并被公认为是全球最好的教育模式之一。

实验教学法主要强调学生的独立思考、独立动手能力,充分运用现有的资源进行整理和分析,例如软件的操作,数据的查找等。在数据查找的过程中,能够增强学生的数据查询整合处理的能力,在相关软件的使用过程中,不仅加强了学生对整个操作体系的理解,更增强了软件使用的熟悉程度。例如金融计量课程,可以将已经发表的论文重新进行验证,找出其中的不足,并加以完善,创建自己的模型体系。

案例教学是金融理论知识与实际相结合的重要过程,选择经典的案例进行分析,并将理论付诸实践。让学生更加直接地接触到实际,以第三者的视角,用公平公正的态度,运用所学习的专业知识,对案例进行深入的剖析。这不仅锻炼了学生的独立思考能力,也强化了他们自身的逻辑思维,从而再次巩固所学的理论知识。案例教学法与传统的教学方式相比,有很大的优势,第一,案例教学法能够提高学生的参与度,使学生自觉地参与到课堂中去;第二,活跃课堂气氛,活跃学生思维,转变被动学习为主动思考,摒弃"填鸭式"的教学方法;第三,老师和学生进行角色关系发生变化,由教育变为讨论,由师生关系变为讨论者之间的关系,使得老师在整个讨论过程中起到带动节奏的作用,充分发挥学生的想象能力。

2. 修正考核机制,注重能力培养

传统的期末测评是学生整个学期学习的最重要部分,用闭卷考试的方法,以选择、填空、判断、计算、综合等题型组合成为试卷,来测试该学期学生的学习情况,并以70%的比例计入该课程期末总成绩,另外30%的比例中也会有很大一部分被作业、期中考试成绩等占据。这样的传统考核方式越来越不适应时代发展的需要和人才选拔培养的需要。这样的考察方式主要考验的是学生的记忆能力以及考前复习的认真程度,并不能有效地区分学生本身的能力、基本专业素养以及对这门课程的感悟,同时也局限了学生的思考和创新能力。因此不利于高校人才的培养。

作者建议相关必要课程可以保持闭卷考试的考核方式不变,变化考察内容。考试的过程实际上是可以区分出一个人的学习能力以及对该课程的理解程度,但是区分的有效性如何体现,就得依靠试题的质量。考试题目应以主观综合题为主,选择、计算、简答为辅,考察学生的思维逻辑能力,语言组织能力以及对课程内容的理解程度,跳出客观题占主要地位的怪圈。同时,课程的考核形式也可以多样化,例如进行课程设计、课程论文、实践活动等,重点关注学生的综合能力的提升,不仅包括学习方面,还包括人机交往方面。

同时,期末考试成绩在总成绩中的比重也应该有所降低,最后一次的考试并不能代表这一个学期的努力程度,综合进行衡量才是最公平公正的选择。

3. 结合学校资源优势,发展法商复合背景人才

复合型的金融人才越来越成为金融行业所急需的人才。资金就好比是涓涓细流,流向有价值的行业,而金融行业就像是引导资金流动的渠道,渠道延伸到哪里,资金就流向哪里。因此,渠道就是方向,对这个方向的选择尤其重要。从事金融行业的人员必须事先了解候选对象的相关情况,了解市场的行情,了解发展的前景才能决定是否投资某个企业或者某个项目,这就需要拥有这方面技能的专业人士,用自己的专业素养,理性地判断其是否具有投资价值。每个行业,每家公司都可能需要资金,因此,每个专业在金融领域都有其存在的价值。

作为会计专业的人才,在分析公司投资价值时,看得懂定期报告,看得透定期报告,就在一定程度上提升了选择正确投资标的的概率。作为计算机专业人才,在数据的筛选、整合、处理方面一定是非常在行,对进行量化分析非常有帮助。作为数学系的专业人才,思维逻辑方面会更胜一筹,对模型的设立和使用会有更加独到的见解。这些例子都显示出了复合背景人才的优势,当然什么样的复合背景更具有竞争力?没有确定的专业选择,只要学通、学精就会比一般人更有竞争力,更好的办法是结合学校优势,结合学校最出色的专业,利用学校的平台进行更加深入的学习。

以华东政法大学为例,最有优势的学科是法学,其是在华东地区数一数二的法学高校,以"笃行致知,明德崇法"为校训,培养出了一代又一代的法学人才。法商结合是现在金融业发展的重中之重,金融市场的健康发展离不开法律的保护和规范,法商结合的复合背景人才也是现在金融行业所急需的。如何进行专业复合才能达到培养人才的目的?第一,通过司法考试是有法律基础的证明,但

是并不能表示法商复合的背景,将学到的法律知识学以致用,才能真正达到法商结合;第二,法学院有着丰厚的律所资源,让商学院的学生接触到与金融相关的案件中去,将所学习的证券法等相关法律与企业的事件相结合,在为律所提供金融专业帮助的同时,将法律知识、法律条文学以致用;第三,让学生接触到相关法律条文的制定者,请其分享拟订法律条文的前因后果,分析用所遇到的实际案例,剖析法律漏洞和不断完善的方向等,让学生在踏入金融行业前严于律己,不越雷池一步;第四,要深入地学习法律相关知识,并将理论与实践相结合,需要深入到金融行业法务部的内部,从内向外不断进行剖析和学习。

4. 国内外结合,培养国际型人才

在国际化的背景下,我国国际化趋势进一步增强,同时金融行业的国际化也越来越明显,目前已经实现了金融市场、金融交易、金融监管等的国际化。在这样的市场环境下,国际化的复合型人才成为金融业所需要的人才种类之一。国际化人才不仅需要受过西方经济文化的熏陶,还需要拥有开拓的国际化视野和思维,既要从我国的基本国情出发,又要有观察全球经济形式的能力,既要看到我国金融行业发展的缺点,同时也要结合我国基本情况有选择的向西方学习和借鉴,不断地创造发展的空间和机会。这就要求高校要充分发挥其优势,为学生创造条件,提供更多的国际交流项目。同时,在语言培养方面,增加外语课程强度和比例,从各个方面锻炼学生的语言能力。

高校可以从以下三个方面不断完善教学:第一,与国外高校签约,合作培养。国内高校可以与国外高校建立合作关系,学生可以申请到国外高校进行修读,抵减在国内高校的学时,同时获得国内外两所高校的学历,使得学生有机会身处国外环境,接触到西方的文化;第二,将本校留学生与本科生共同培养,使得各国文化相互碰撞,学习不同国家的文化传统,培养其语言交流能力;第三,引进国外优质教师资源,提高师资团队的国际化程度,同时也可以让本校优质教师出国深造,从教师队伍入手,打造强大的国际化师资阵容。

5. 壮大师资队伍,理论与行业相结合

目前,高校的大多数师资都是由研究生、博士生直接招聘,在学生阶段主要重视的是对他们学术水平的培养,而不是实践能力的培养,他们毕业后直接从事了金融教育行业,一心致力于科研,对实践性的操作能力十分匮乏,大部分都是听行业内相关人士的介绍,没有亲身加入行业中去。同时,我国目前高校教师的考核标准在于科研成果,同时作为教师,职称评定也是其工作的重中之重,就更激发了教师对课题的研究和论文发表,而忽略了对实务技能的加强。因此,加强师资队伍与业界的紧密联系,亲身投入到实业中去尤为重要。高校应建立相应的考核与激励机制,引导教师将教学与实践相结合,走出理论的盲区。

参考文献

[1] 柳欣,赵璇.供给侧改革下营销创新人才培养思考与实践——以哈尔滨金融学院为例[J].商场现代化,2016(29):247-248.

[2] 林婉玲.以供给侧结构性改革思维提升高校人才培养质量[J].开封教育学院学报,2016,36(11):150-151.

[3] 王芳.基于供给侧改革的高校应用型人才培养[J].江苏高教,2016(05):103-106.

[4] 曹洪军.论大学生就业的供给侧结构性改革[J].学术论坛,2016,39(05):159-163.

[5] 苏小燕.供给侧改革与地方本科高校转型发展[J].中国高等教育,2016(10):31-32.

复合型、应用型、创新型人才培养模式的创新与实践
——以商学院为例

贾彩彦

早在2010年的《国家中长期教育改革和发展规划纲要(2010—2020年)》就指出从未来教育发展和社会发展的需要来看,必须高度重视创新型人才的培养,把培养创新型人才纳入未来教育改革发展的重大战略目标,尤其是应用型创新人才。在创新成为经济发展的主要动力,经济一体化与合作日益加深的当下,既懂经济管理的基本知识,又了解通行的国际商务规则,具备法律思维和意识,实践能力强,具有创新意识、创新能力的复合型、应用型、创新型的人才就日益受到市场的欢迎。作为具有深厚法学基础的政法类院校的商学院,如何在有效复合法商的基础上,培养应用创新型人才,探索有效的人才培养模式,是我们一直在研究和探索的核心问题。

一、复合型、应用型、创新型的理论界定

复合型是指多学科知识的复合,在商学院的人才培养目标中是指"法商复合"。从本质上讲,商业活动是以利润最大化为目标,追求利润的活动伴随着各种各样的风险,包括法律风险,必须有效管理风险才能持久地获得收益,所有的商业活动都要在法律规范内进行,因此熟悉法律规则和具有法律意识才能使商业活动顺利进行。法商复合,并不是简单的法学和商科知识的叠加,其核心在"融",是指学生在学习法、商基本知识的同时,培养法律思维和习惯,提高识别和规避法律风险的能力,增强在商业活动中运用法律规则的意识。

应用型是指在传授学生理论知识的同时,要加强实践训练,培养学生的实践能力和社会适应能力。理论界关于应用型人才的培养,基本认为是高校本科教育培养并到社会各行各业的一线岗位从事生产、建设、管理与服务的专业人才。

创新型是指在传授知识和培养实践能力的同时,使学生逐渐具备创新意识和创新能力。由此可见,创新型是在应用型基础上的进一步提升,在培养学生能够从事生产、服务等工作的同时,还有创新意识,能够进一步去进行方法、产品、技术、市场、组织等创新。

在商学院的人才培养目标定位中,应用型是基础,创新型、复合型是特色,在培养学生应用能力的基础上,使学生进一步具有创新能力并兼具法、商思维。在建设创新型国家和国际交往日益密切的背景下,培养具有强烈的创新意识和能力,敢想敢干、思维敏锐、团结合作的复合型人才是顺应国家建设发展战略的要求的。在高校教育中,只有在理论上厘清基本理念,才能在此基础上通过课程体系的设置、培养过程的完善、培养制度的健全及评价体系的构建实现培养目标,商学院在多年的实践中进行了一些探索和创新。

二、模块化课程体系设置

课程体系的设置是体现培养特色和完善学生知识结构的重要保障。商学院的课程设置分为普通教育课、专业课、选修课和实践课四大模块,其中普通教育课包括思想政治理论课和文化基础课,由全校统一设置,专业课是指专业基础课与专业主干课,选修课包括限选课和任选课,限选课又包括专业限选课和通识课,如图1所示。

为了突出应用型、复合型、创新型的特色,除了统一的实践环节以外,在课程设置中增设了实务类及法律类模块,并根据具体的专业特色规定必须完成相应的学分。其中,实务类课程既包括实验课还包括聘请的企业界人士开设的实务类课程,如"人力资源管理实务""战略管理实务"等课程,前者注重课堂内容的仿真模拟,后者侧重实际业务中的基本操作,两方面结合既能加深学生对理论知识的理解及在实务中的应用,又使学生通过实务部门的老师的介绍了解实际业务中的具体操作和个中案例。法律类模块既包括"法律概论""经济法""合同法""公司法""税法""国际商法"等法律课程,又包括课程中大量涉及法律、规则的课程,如"国际运输与保险""国际贸易案例"等课程,使学生既具备基本的法律知识,又有运用法律思维和理论解决实际业务的能力。在通识课程中,设置有

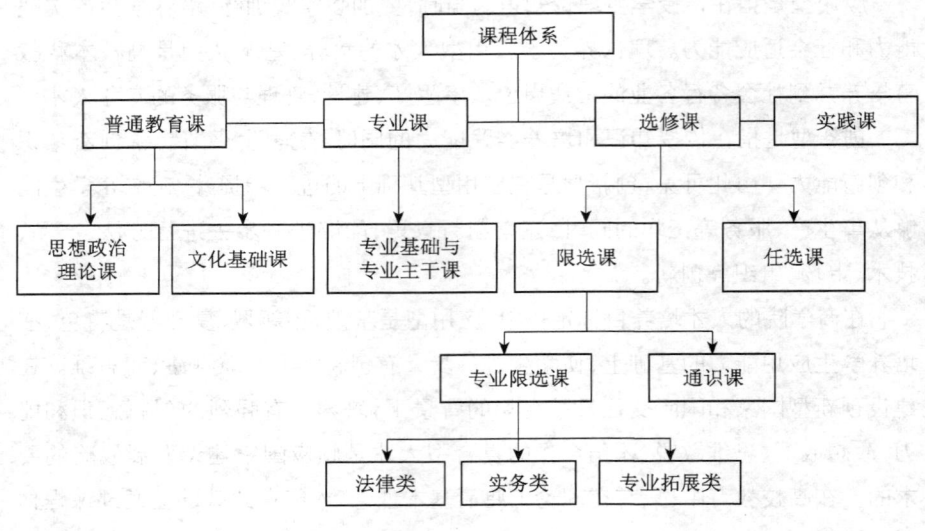

图 1　课程体系的设置

"小微企业人力资源管理""新创企业战略管理""电子商务创业学""创新管理""创业管理""品牌策略与品牌案例""物流管理"等课程,并通过企业经营模拟软件、人力资源管理软件、物流与供应链管理软件等进行实验模拟。

三、多层面、多主体参与的全方位培养过程的构建

(一) 创新课堂教学模式

课堂教学是人才培养的基础环节,要紧紧围绕人才培养目标,有效地培养学生的应用能力,并凸显法商复合和创新型的特色。

1. 案例研习与实验模拟相结合

案例研习课程是加深学生对基础理论的理解,学会运用理论分析和解决实际问题的有效补充。例如"国际贸易经典案例"是对"国际贸易""国际贸易实务"的补充,"金融工程案例"是对"金融工程"的补充,以及"金融犯罪研究"等,通过运用本学科专业理论及相关法律理论,解读案例,既提高学生实践能力,又培养法商思维。同时,企业经营管理模拟、国贸实务模拟、国际结算单证联系、财务会计、人力资源管理、同花顺等软件的运用也增加了学生进行实际模拟的环节,目前各类仿真模拟实验系统的开发及在教学中的广泛运用极大地提高了学生的实际操作能力。

2. 融入式的课堂教学模式

法商复合关键在"融",在教学过程中要实现"法"与"商"的有机融合,使"法商复合"从抽象的理念变成学习者、企业管理者的具体行动。法商复合的创新教学中,需要明确,并不只是提高学生选修法学类课程的比例,也不是传授法学知识、教学生如何"断案"。基于这样的认识,我们尝试将"法商管理"与专业课教学相结合,通过一系列的课程内容改革与案例开发,培养和训练学生的法商管理思维,提高学生综合运用商学知识与法学知识的能力,进而促使学生的知识结构和能力结构从单纯商学知识的平面化向法商融合的立体化转变,逐步成长为复合型创新人才。比如在"人力资源管理"的教学中,授课教师创新了教学模式并从理论上进行了归纳总结。该课程在介绍人力资源管理的理论和实践知识中融入了相关的法学思想,以及各项与人力资源相关的法律、法规,将法商管理分解为企业法律事件处理、法律风险防范和法商相互促进等三个维度,使"法商管理"特色具体化。例如,教师将法律风险防范与处理转化为"企业劳动关系管理中容易出现哪些风险?"这一具体问题,使学生理解劳动合同等在企业经营管理活动中的重要性以及企业在知法懂法基础上的良好管理措施对风险防范的重要作用。再如,企业招聘广告的法律效力、跳槽中的竞业限制、防止商业秘密泄露的保密协议的签署及保密费的发放、如何签订试用期劳动合同、职业生涯规划、债务清偿、知识产权保护、行政干预等问题中的法律思考。通过这样的教学设计,有效地使法商知识点融合在一起。同时,大量的课程教学实践,我们也总结出了如果课程内容本身具有综合性或课程未来应用中的法商复合实践性强,即该课程对于学生未来从事这个职业时,工作的内容本身就具有法商要求,则此类课程就非常适合法商复合类教学。

3. 开放式的课堂教学模式

专业教师和实务界专家合作讲解,互为补充。对于实践性非常强的课程,探索了开放性的课堂教学模式,即在专业教师课堂讲解的基础上,选择该课程领域理论功底强又有丰富实际操作经验的专家参与到教学中来。主要模式是讲座与线上指导相结合,课堂讲授与实地调研相结合。通过专家开展讲座进行专题讲解以及线上辅导,极大地激发了学生的学习兴趣,并结合课堂内容对企业进行实地走访、座谈使学生有了更直观的感受。

(二)多形式专业大赛锻炼学生的应用、创新能力

课后积极举办专业赛事,考核学生的实际应用和分析能力是提高学生实践

能力的有效途径,也是教学环节的重要补充。在商学院的实践中,积极引入了企业的设计、评审与孵化,尝试了多种赛事模式。

1. 专业教师与企业共同参与

在种类繁多的赛事中,多为专业教师设计或社会机构组织,但这两种形式均存在不能同时结合课程内容及实际需求的不足。为了既锻炼学生实际应用课堂知识的能力,又切实结合企业的实际需求,商学院在实践中创新了赛事模式,采用专业教师与企业共同设计、共同评审的模式。例如,战略管理咨询大赛,就在企业和专业教师讨论的基础上,由企业根据自己的实际需求给出了题目,请学生策划销售方案,并由企业销售部门的人员与教师共同参与评审,分别从专业知识及可行性分析的角度予以考核,通过答辩选出最优方案,并最终由企业采用,这种模式极大地激发了学生的成就感,引起了他们浓厚的兴趣,提高了参与的积极性。

2. 积极创造条件,对创业项目予以孵化

在积极鼓励学生进行创新创业的背景下,对学生创新创业能力的培养不仅是在理论知识的传授和案例的分析、赛事的模拟中,更重要的是对学生的比赛成果能够予以孵化,使学生的良好创意得以实现。商学院通过与社会机构的合作也进行了成功的实践,如与杨浦科创中心合作孵化学生的创业项目。杨浦科技创业中心是一家为创新而搭建的平台,它为小微企业向中型企业发展,以及企业成长后的上市,提供了全方位、一系列的适合于各个层级企业的配套服务,包括市场拓展服务、融资服务、人力资源服务、项目申报服务、专业技术服务、专利技术交易服务、国际化服务等一整套的创新服务,这些服务平台的建立和发展,是从企业的实际需求出发,为企业逐步成长提供了强有力的支撑和保障,尤其是该中心下属的大学生示范创业园更能对大学生的创业提供支持。在合作中,学院主办创业大赛,并邀请该中心的专家对参赛学生进行针对性的指导和评审,对选拔出的项目予以孵化。实践证明这种合作模式对于学生创新创业能力的提高非常有效。

3. 仿真模拟实践大赛

利用学院引入的教学仿真实验软件,通过仿真实践大赛锻炼学生的实践能力。比如,创业之星模拟大赛,该竞赛分为两个阶段。阶段一:制定市场开拓战略。任务背景是团队欲创办一家玩具制造公司,可选的目标市场有北京、上海、广州、武汉、成都,市场上有品质型、经济型、实惠型三类消费者。请基于此,结合市场调查,制定出合理的创业市场开拓计划及战略。参赛团队应在给定的市场背景下,以充分的数据、资料为基础,提出有竞争力的市场开拓战略,并配以适当的图表说明,提交不少于 3 000 字的创业战略分析文档。同时,准备 8 分钟左右用于现场宣讲的 PPT 资料。阶段二:创业模拟运营参赛团队将在"创业之星"软件平台上,模拟经营一家电子玩具公司,和其他若干家(以实际参加比赛队伍数及分组情况为准)企业展开激烈的市场竞争。竞赛全程通过网络平台进行,采用不命题、开放式的比赛形式。创业之星竞赛每季度末实时自动评分,以平台自动评分系统评出的成绩作为最终比赛成绩。这些赛事的举办,增强了学生的创新能力。

(三) 多样化、互补性的课程设计

要在夯实理论功底的同时,锻炼学生的实践能力,让学生更多地了解企业运营实务,了解一线操作是有效的一环。为此,在已有的实验课的基础上,由实务部门经验丰富、理论功底强的负责人开设实务类课程,成为实验课的有效补充。比如"投资理论与实务""外贸公司实务:经验与技巧""战略管理实务""公司并购""人力资源管理实务"等。这类课程均相应由学院的一位教师作为课程负责人,在开课之前,与来自企业的相关人员充分交流,共同设计授课内容和授课环节;课程负责人全程随堂听课,在开课第一周听取学生的建议和意见,了解学生的知识需求和听课倾向,进一步调整授课内容;同时,课程管理过程强调互动性、协调性。课程管理过程中,每节课设计不同的专题,强调以实践知识的阐述为核心,设计多个授课模块和互动环节,需要学生在课堂上积极参与,主要采用互动式授课方法,例如分组讨论、案例分析、角色扮演、情境模拟、演讲、辩论等。商学院的实践证明,这类课程授课效果良好,很受学生欢迎。

四、相关制度保障

人才培养目标的实现,除了要有完善的培养过程,还需要有配套的制度做保障。商学院在人才培养的实践中,也摸索出一些有利于保障人才培养的配套制度。

1. 法商复合型教学团队的建设

教学团队的构建,既有跨学院、跨学科组建,又有同一专业引入商科、法学不同学科背景的人才组建团队,还有老师的研究方向为法商复合的探索。目前商学院的每个专业中均有法学博士背景或博士后研究经历的专业教师,这种复合型的知识结构在授课中对于从法学、商科不同维度予以解释、分析、讨论,对于潜移默化中学生法学思维的培养奠定了基础。跨学科组建的团队,尝试在同一门课授课中引入共同授课的模式,由主讲老师和法学老师就课程的主要知识点进行分析,共同备课,共同编写法商复合的案例,在课程主讲老师负责的基础上,在某个环节由法学的老师予以讲解,完善学生的知识体系。

2. 具有法律背景、法商业务的教学实践基地的开辟

实践和实习是学生实践的重要环节,也是学生完成学业必不可少的一环。在商学院的实践基地的开辟中,既有大量的银行、基金、证券、保险等金融机构,也有很多从事贸易、房地产等其他各类业务的公司以及海关等机构,还有很多法商结合很密切的机构,如司法会计鉴定中心、律师事务所、法院等处理很多经济业务的机构也为学生切实了解专业和法律业务提供了平台,同时为研究、就业等方面的合作创造了机会。

3. 运用本校丰富的法律资源

政法类院校丰富的法律资源提供了法律学习的便利条件及浓厚的法学氛围。华东政法大学具有深厚的法学基础和众多法学资源,从多方面为学生法学知识的学习及素养的培养提供了便利条件。从课程设置而言,学生的限选课、公选课、通识类课程中有众多的法学课程可供选读;从学术氛围而言,种类繁多的法学论坛、讲座,开拓了学生的思维;从辅修课程及考取资格证书而言,学校可以读取法学第二学位并有浓厚的参加司法考试的氛围,无形中促进了学生学习法律知识的积极性。

4. 激励制度的确立

实务类课程的开发、专业竞赛的开展、教学团队的建设,需要从资金、评价体系等制度上引导、鼓励老师积极参与,学院以项目的形式配套学校的各项激励计划,促进了相关课程的开发。

五、在人才培养的实践中存在的问题及思考

1. 法商复合型人才的培养模式还需要进一步完善

在法学为优势学科的院校中,如何培养法商人才一直是商学院探索的目标。就目前的路径看,包括有增设与商科课程相关的法律类课程、法商复合型课程新的教学模式、实践教学中的法商理念的贯彻及产学研合作中的训练。但在实践中,仍然存在融合不足的问题。尽管有了相关法律类课程的开设以及教学模式

中的融合,但法学知识的渗入仍然有限,主要仍为累加的形式,融合还不足。

2. 实践环节中法商理念的融入与设计

对法商复合的创新型人才培养的另一个环节是实践教学环节。较为完善的实践环节的设置对于学生应用能力的提高发挥了有效的作用,但是如何在这些环节中突出法商复合的特色,考核和锻炼学生用法商思维解决和分析问题的能力,并内化出一定的考核指标体系,形成品牌效应,还需在制度上予以完善。

3. 产学研合作的模式还有待进一步完善

传统的产学研合作模式是在企业建立实习基地、为企业提供咨询、培训服务等,但以法商复合的创新人才的培养为目标的人才培养模式还需要创新产学研合作模式。目前,尝试的新模式包括引入企业设计的赛事、学院与企业合作开发赛事,既融合专业知识的考察,又为企业提供一些解决问题的新思路,在此基础上,企业和其他社会机构如何更多地在人才培养中发挥作用,包括更多地合作开发课程,真正实现立体化、全方位人才培养目标,还需探索更多的路径。

参考文献

[1] 张兄武. 基于利益相关者理论的应用型创新人才培养模式研究[J]. 教育理论与实践, 2011(9):9-11

[2] 刘建国, 黄顺年. 应用型创新人才培养:问题、原因及对策[J]. 当代教育理论与实践, 2013(3):40

[3] 关少华. 我国本科应用型创新人才培养之特点、价值与理论期待[J]. 北京教育(高教), 2015(5):5

创新型人才培养的现状、规律与对策研究

孙人极

一、引言

随着科技创新的不断加速升级,以及经济发展进入新常态,我们深刻认识到21世纪的竞争已经脱离了传统的资源消耗模式,进入了以创新为主导的竞争模式。培养出一大批的拔尖创新人才是我国在这场创新之战中占据主动的重要支撑。因此,为了贯彻落实习近平总书记关于"加快创新型国家建设步伐"的精神指示,作为人才培养摇篮的高校,在培养创新型人才方面必须加大力度。具体来说,新出现的两个背景驱使着高校不断创新人才模式,加快拔尖创新人才培养。

(一)科技创新将担负起富国强民的历史使命

纵观新中国成立以来的发展历程,可以发现中国在重大创新领域取得了举世瞩目的成就,如获得了"两弹一星"、载人航天等一批重大科技成果,极大地推进了经济的发展速度,增强了我国的综合国力。然而,通过对中国近几十年的发展模式进行总结分析可以发现,国内经济发展主要还是依赖人口红利和资源消耗,采用的是粗放型的经济发展模式。这种模式在很大程度上缩小了我国与国外发达国家的差距,改善了人民的生活水平,使得我国也建立了如北京、上海和深圳这些国际大都市。值得指出的是,过去数十年高投入、高能耗、高污染的发展模式已经使得我国在空气和水污染、矿产资源消耗方面出现了不容忽视的问题,同时,靠引进国外技术的发展模式也使得我国在核心技术方面长期受制于人。我国具有自主知识产权的企业仅为万分之三,我国高技术产业增加值占制

造业比重为8%,远低于发达国家的40%。因此,在知识经济时代,我国要想维持现有的经济增长速度,建成创新型社会,就必须要转变经济发展模式,提升创新发展水平。

(二) 培养拔尖创新型人才是科技创新的关键

人力资源是经济发展的战略性资源,培养一大批的拔尖创新人才是我国建成创新型社会的根基。早在2006年,胡锦涛同志就曾指出"科技创新关键是人才",习总书记在"中国科学院第十七次院士大会"上也明确指出:"创新的事业呼唤创新的人才。实现中华民族伟大复兴,人才越多越好,本事越大越好。"因此,培养拔尖创新人才已经上升到国家战略层面。纵观发达国家对于人才的重视程度可以发现,发达国家都将人才引进和培养提升到了战略高度,将其视为立国之基。各国政府通过立法等形式加强创新人才培养的环境建设。例如,美国通过了《贝杜法案》,鼓励高校向工业界转移技术,并合作开展技术创新;英国对一系列政策进行了修改,以便为高水平的科学技术人才创造优厚的就业机会。我国政府也高度重视创新型人才的培养,在十九大报告中就提出要进一步营造鼓励创新的环境,努力造就世界一流科学家和科技领军人才,注重培养一线的创新人才,使全社会创新智慧竞相迸发、各方面创新人才大量涌现。

尽管我国政府充分认识到创新型人才培养对于我国参与国际竞争的战略意义,然而我国在创新型人才培养上还存在诸多问题,如科技人才创新能力不强、培养方式严重滞后,已成为经济社会发展的桎梏,更无法适应新的挑战。因而,在经济转型升级时期,研究拔尖创新人才成长与发展的规律和政策,对于进一步健全国家人才培养体制、促进产业创新与发展、完善国家创新体系、实现经济可持续发展和构建和谐社会具有重要意义。本选题具有极大的紧迫性和针对性,兼具学术价值和应用价值。

二、创新型人才定义与培养存在的问题

(一) 创新型人才定义

目前学术界对于创新型人才尚未形成统一的定义。薄建柱等认为创新型人才是指一些具有创新思维和创新能力的复合型人才。李蕾认为创新型人才是指具有创新能力、能够创造性解决问题、取得创新成果的人。朱晓妹等认为创新型人才是指具备应用创新能力从事创新性活动,能为社会创造价值和贡献的人才。通过对各

位学者的综述可以发现,尽管学者们对于创新型人才的解释存在一定的差异之处,但是均强调了几个共同的问题,就是创新型人才是具有创新思维的,能够应用创新能力来解决创新性问题的人才。

(二) 高校创新型人才培养存在的问题

1. 传统的"填鸭式"教学模式限制了创新型人才的培养

培养创新型人才需要先解决的问题就是要充分释放学生的学习天性,并且依据学生的个性化特征施教,激发出学生的探索主动性,而传统的"填鸭式"教学模式在这些方面的表现显得不尽如人意。传统的教育模式是一种被动式的学习模式,老师往往是照本宣科,学生往往是按照老师的思维理解问题,学生不需要思考太多问题,只需要熟练掌握老师所教授的书本内容就可以了,这种以教材、教师和教室为中心的"三教"模式埋没了学生的创新天性,忽略了对于知识搜索能力和问题解决能力的培养,没有充分发挥出学生的学习主动性,因此难以培养出创新型人才。

2. 呆板的人才培养模式限制了创新型人才的培养

高校在创新型人才的培养上应充分考虑到本校教学资源的独特性,根据市场需求和办学资源进行人才培养的精准定位。很多高校在办学上缺乏特色,往往是照抄其他知名高校的课程设置,这种呆板的人才培养模式既不符合高校办学的思想,也不符合创新型人才的培养规律。如华东政法大学在法学学科发展上占据较大优势,因此,商学院在创新型人才培养上除了借鉴其他知名高校商学院的课程设置外,还应充分整合本校法学资源,培养具有创新精神的法商复合人才。此外,很多高校在课程设置上过于强调专业课的建设,对于选修课和创新创业类课程重视不够,不能满足学生根据个人兴趣来选修课程的需求,因而不利于学生知识面的扩充。

3. "重理论、轻实践"限制了创新型人才的培养

受制于传统教学观念和教学条件的影响,我国高校在人才培养过程中普遍存在"重理论、轻实践"的问题。特别是在近年来,随着高校招生规模的持续快速发展,高校吸纳了大量的应届博士毕业生。不可否认,这些年轻教师充满活力、思维活跃,极大地丰富了教学队伍,但是必须指出的是这些年轻教师缺乏实践经验,对于如何将理论知识与现实情况联系起来缺乏理解。教师的实践经验缺乏必然导致教学模式偏重理论讲解,这对于创新型人才的培养极为不利。创新型人才一定是善于融合理论与实践的人才,善于应用理论知识创新性地解决实践中遇到的难题。

4. 教师创新引导能力不足限制了创新型人才的培养

培养创新型人才对于高校教师提出了新的要求,需要高校教师具有较高的创新

引导能力,并且愿意花大力气在教学上。然而,从目前高校的现状上来看,我国优质的教师资源主要集中于"985"和部分"211"院校,一般的地方高校难以建立一支具备创新引导能力的教师队伍。此外,目前"重科研、轻教学"的高校教师考核制度也在一定程度上抹杀了教师的教学积极性。教师只需要把科研做好就可以评上职称、拿到项目,教学在教师的发展历程中所占的分量往往显得微不足道。此外,教师投入大量时间开展教学工作也不能获得足够的教学激励,因此这种制度设置上的缺陷极大地限制了高校教师的教学创新积极性,对于创新型人才的培养极为不利。

三、创新型人才成长规律分析

根据刘琳琳和徐小洲等人的研究,发现创新型人才的成长需要遵循一定的规律,可以通过外部学习、亲身体验、不断反思三种途径进行培养。

（一）外部学习

创新型人才的培养需要先经过外部学习的过程,个体从前人积累的经验中学习是成长过程中的重要一环,也是不可缺少的一个环节。正如牛顿所说:"我之所以看得远,是因为我站在巨人的肩膀上。"个体的成长往往建立在充分吸收前人知识和经验的基础上,创新型人才的成长过程也是如此。已经成才的创新型人才的学习方法、实践经验对还未成才的创新型人才来说都是一笔宝贵的财富。通过有计划、系统地学习前人积累的大容量文化知识,个体能够在最短的时间内认清世界,掌握客观世界运营的规律。

（二）亲身体验

外部学习是创新型人才成长的第一阶段,但是并不是唯一的阶段。通过外部学习获取大量的知识和经验是个体培养出创新性素质的一个基本组成部分,然而徐小洲[3]认为,仅有习得,尤其是以书本知识为主要媒介的间接学习是难以实现创新的。这意味着仅仅通过书本知识的学习难以掌握知识的全部,个体还需要身体力行,对所习得的知识和经验进行反复验证,通过应用知识来形成对知识的更深层次的理解。这个过程是创新型人才成长的关键,因为个体通过应用知识还能够激发创新意识的形成和创新能力的建立。

（三）不断反思

在经过对所获取知识的亲身实践之后,此时个体往往需要通过不断的自我观察、评价、修炼来进一步提升自己对于知识的理解和融会贯通。这个过程类似于道家的"一生二、二生三、三生无穷"的衍生过程。外部学习和亲身体验过程往往还是停留在对原有知识的理解范畴,反思过程却是对原有知识领域边界的超越和升华,能够极大地提升个体对于知识的理解层次,真正知道了现象背后的本质和知识之间的联系规律。因此,反思是一种极度抽象的学习活动,加深知识的内在化过程,帮助个体形成自己的知识体系,这也是创新型人才成长的终极目标,即个体能够应用自己的主观认识来解释和解决所遇到的问题。

四、我国高校创新型人才培养对策

(一)树立创新型的思维意识

尽管我国高校一直在不断地探索如何培养创新型人才,但是必须指出的是,目前绝大多数高校在体制设置、学科设置、办学思维、教学与科研结合方面均较为保守,导致最终的创新人才培养效果均不太理想方面,高校大学生在创新精神、创新能力方面的培养效果普遍不尽如人意。因此,我国高校在办学的思维意识方面应该做出改变,增强创新的勇气,极力解除影响高校创新的障碍。例如,高校的人才培养理念应该从单一学科人才培养向复合型人才培养理念转变,同时,协调好教学与科研的关系,积极通过推动科研与教学的结合来创新人才培养模式,鼓励本科生参与科研项目,培养学生的动手能力。此外,高校还要解决好理论学习与实践教学之间的关系。传统的高校思维总是强调学生的死记硬背,强调理论学习,而对于如何将理论联系实践缺乏关注。

(二)建立创新型的学习环境

创新型的人才一定是根植于创新型的土壤。在培养创新型人才的过程中需要做好的就是建立创新、包容、学习型的校园环境。首先,建立支持创新、教授治校的体制环境,破除官僚化、行政化的体制环境,减少行政权力对于高校办学的干预,让教授能够自己决定办学思路和发展方向。其次,鼓励教师和学生开展自由的、批判性的学术探索,建立一个有利于创新精神和创新能力培养的学习环境。在校园内部建立包容性的学习文化,对于探索过程中所犯的错误给予充分的理解和包容。建立相应的科研探索基金项目,鼓励教师和学生自由思考,对于成果突出的老师和学生给予重点支持。最后,不断更新学校的软硬件学习基础设施,为老师和学生提供最具创新性和创新效率的学习工具。

(三)建立创新型的课程体系

目前,高校的课程体系在安排上过于"专",比较注重本专业的基础理论知识的学习,而对于创新与创业实践类课程安排明显偏少,直接影响到了学生知识面的扩充和创新能力的生成。鉴于此,高校在课程设置上应该遵循以下几点:①科学设置专业必修课、专业选修课、创新与创业类课程的比例。创新型人才的培养必须是在知识摄取上兼顾"专"与"博",既要系统掌握本专业的基本知识,又要充分涉猎专业领域前沿的知识。②在课程设置上充分权衡好本专业课程和外专业课程的比例。目前,国内一些高校在办学过程中充分考虑到了本校的教学特色,如一些法学专业为主的专业在办学上充分注重法学与商学、法学与英语等专业的融合发展。这种理念对于创新型人才的培养很有借鉴意义,创新型人才的培养必须实施交叉学科培养,这对激发学生的创新思维和创新能力提升至关重要。

（四）建立创新型的教学模式

在确定创新型的课程体系之后,就要确定创新型的教学模式。传统的教学方法往往选取"填鸭式"的教学模式,这种照本宣科式的教学模式已经出现了很多弊端,对于单一学科人才的培养尚且表现的力不从心,对于创新型人才培养就更加显得无效率了。创新型人才的培养要充分考虑到学生的个性,并且要加强学生的亲身体验,促使学生对所学到的知识进行不断的反思,进而推动对多个学科知识的融会贯通,因此教师在教学过程中应该加强与学生的互动和讨论,更多的应用案例教学法、任务教学法和问题教学法,不断启发学生的创新性思维,实现学生知识与能力的全面提升。

（五）建立创新型的师资队伍

创新型人才的培养一定要依赖于创新型的师资队伍。随着近年来高校扩招的日益激烈,导致高校在教师招聘上也水涨船高,招聘了大量的应届博士生和博士后。这些人员的加入一方面丰富了高校的师资队伍,但另一方面也为创新型人才的培养提出了难题。究其原因,主要是因为我国高校传统的教学模式不适合培养出高水平的创新型人才,导致这些新进教师在创新引导能力和创新教学方面均存在一定的不足,这就直接限制了高校创新型人才的整体培养水平。鉴于此,高校必须进一步加大对于创新型教师的引进和培养力度,利用优厚的薪资条件招聘一批海内外知名学者,力争"引进一个、带动一批"。

参考文献

[1] 刘琳琳.创新型人才成长的规律与路径研究[J].科学管理研究,2014(1):82-85.

[2] 张辉,焦岚,李颖.创新型人才的剖析和塑造[J].成才之路,2015,30(7):133-137.

[3] 徐小洲,叶映华.创新型人才的素质结构与生成转化机制[J].成才之路,2016(16):

70-74.

[4] 梁拴荣,贾宏燕.创新型人才概念内涵新探[J].生产力研究,2011(10):23-26.

[5] 郭孔生,邵孟良,薛慧丽.创新型人才培养:问题、路径与方法——以"卓越软件高技术人才培养方案"为例[J].职业教育研究,2014(12):145-149.

[6] 何卫红,李同琴.创新型人才培养的教学模式与教学方法研究[J].江苏经贸职业技术学院学报,2010(6):80-82.

[7] 薄建柱,司福利,周磊.创新型人才培养中存在的问题及对策[J].唐山师范学院学报,2013(5):109-110.

[8] 李蕾.创新型人才培养与教学创新研究[J].中国高校科技,2012(5):67-68.

[9] 朱晓妹,林井萍,张金玲.创新型人才的内涵与界定[J].科技管理研究,2013,33(1):153-157.

[10] 涂铭旌,唐英,张进,等.创新型人才培养的思路、方法及路径[J].西华大学学报:自然科学版,2012,31(6):1-4.

[11] 杨路.创新型人才培养的协同机制及其实现途径[J].现代教育管理,2013,(1):68-71.

[12] 佟绍成,王化思,张广安,等.创新型人才培养及保障机制的改革探析[J].辽宁工业大学学报:社会科学版.2016,18(6):80-82.

[13] 李娅娜,王东升.创新型人才培养模式研究[J].山东社会科学,2010,(4):174-176.

[14] 吕林海,汪霞,崔军.创新型人才培养视角下的大学本科教学——基于江苏省部分高校教师的问卷调查与分析[J].中国大学教学,2008(7):12-15.

[15] 钟秉林,董奇,葛岳静,等.创新型人才培养体系的构建与实践[J].中国大学教学,2009(11):22-24.

[16] 吴志华,廖志豪.创新型人才培养中存在的问题与建议[J].中国高校科技,2010(5):9-11.

[17] 陈军华,李心.创新型人才主体特质及培养环境设计[J].科学管理研究,2013,31(4):101-104.

对司法会计特色专业建设的思考

熊玉莲

一、我国司法会计特色专业的发展

特色专业建设是在竞争日趋激烈的办学环境下,高校提高人才培养质量,形成核心竞争力的重要手段。司法会计是以解决财务问题为目的,按照符合法律要求的标准而进行的调查和分析活动。司法会计解决经济案件中会计资料证据的收集识别以及财务会计事实判断,体现了法律与会计知识有机结合的特色。

我国司法会计特色专业建设是随着交易形态变化和会计规则演进下现代经济案件审理对专业会计的需求而发展起来。早在20世纪80年代,为帮助司法部门查处贪污、偷税等经济犯罪案件,我国开始在省、市两级检察机关中设置司法会计岗位,最高人民检察院于1987年首次设置了司法会计专业技术门类。1990年,长春市建立了我国第一家司法会计鉴定所,拉开了我国司法会计鉴定机构和鉴定业务迅猛发展的序幕。据司法部司法鉴定管理局2006年统计,在除内蒙古、黑龙江、江苏、浙江、甘肃、西藏外的全国25个省、自治区、直辖市司法鉴定机构中,司法会计鉴定机构占司法鉴定机构总数的一半以上,达到51.6%,当年全国25个省、自治区、直辖市司法会计鉴定业务占全部司法鉴定业务的百分之十以上。

与此同时,为了满足社会对司法会计复合型人才的需求,我国也逐渐在高校中进行积极尝试与有益探索。2001年,在国家司法部门的大力支持下,云南财贸学院在会计学专业下率先设立"司法会计方向",为进行司法会计高校教育做出了大胆尝试。此后,华东政法大学、西南政法大学和西北政法大学等政法院校纷纷设置相关特色专业方向或特色课程。2005年,复旦大学会计专业硕士学位(MPAcc)开始招收"舞弊审计与法务会计"方向的硕士研究生,提高了司法会计专业的教育层次。

目前开设相关本科专业方向的有西南政法大学、江西财经大学、云南财经大学、南京审计大学和华东政法大学等。硕士层面,复旦大学管理学院专业会计硕士学位(MPAcc)下设有舞弊审计与法务会计方向,华东政法大学在司法鉴定专业下设置有司法会计方向,中国政法大学商学院财务会计系在会计学硕士学科体系建设中设置法务会计学科,中国政法大学民商经济法学院在同等学力高级研修班项目中设置有经济法专业法务会计方向。

二、司法会计特色专业建设中存在的问题

(一)专业建设研究有待提升

司法会计最早源于司法人员在办案过程中的会计专业需求,因此,许多司法警察类院校,如黑龙江司法警官职业学院,河北政法职业学院等都设置有类似的课程,以培养学生在其他普通高职会计教育中无法学到的会计鉴定、检查等职业技能,强化警院办学特色。

这些高职院校的司法会计人才培养以就业为导向、以会计职业岗位要求为目标、以服务司法会计鉴定技术为指导。学校在专业建设中就如何设置课程体系以满足司法会计领域各岗位需要,如何提升学生的司法会计高端技能,教学如何与公检法系统及社会中介组织结合等进行了大胆探索,形成了一批独具特色的研究成果。如2011年度河北省社科联民生调研课题"规范发展高职司法会计专业教育的现实路径研究",2012年黑龙江高等教育教学改革项目"司法警察类高职院校司法会计高端技能型人才培养模式研究",2013年安徽省高等学校省级质量工程项目"会计(司法实务方向)特色专业建设点",以及黑龙江司法警官职业学院教学研究课题"'创、证、赛'相融合的高职司法会计专业学生职业能力培养模式研究"等。而反观21世纪初逐步兴起的本科和硕士研究生教育,相关的专业教学研究则寥寥无几。

(二)缺少公认的人才培养方案

人才培养方案是根据专业培养目标和培养规格所制定的实施人才培养活动的具体方案,是对专业人才培养的逻辑起点、培养目标与规格、内容与方法、条件与保障等培养过程和方式的描述和设计。其中,培养目标和课程体系是人才培养方案的重要内容,培养目标决定教学内容与课程体系的构建。虽然目前各高

校培养目标的基本定位是具备管理、经济、法律及会计学方面的知识和能力,能在企事业单位及政府部门从事会计实务以及教学、科研方面工作的专门人才,但具体侧重则各不相同。

如江西财经大学由于是在法学下设置专业方向,其培养目标强调扎实的法学理论知识和实务技能,具备"法律信仰、法治思维、法学素养和创新精神"的法律人才。云南财经大学由于是在会计学下设置专业方向,其培养目标则强调经济、管理、法律和会计等方面的知识和能力,能够在司法鉴定机构、会计中介机构、企事业单位从事司法会计鉴定、会计、审计实务以及教学、科研等方面工作的复合型、应用型、创新型人才。即使是同为法学下的专业方向,其培养对象定位也有较大差异,如南京审计大学强调"适应国家立法、行政、司法机关及社会中介组织的需要",江西财经大学则强调"银行、保险、基金、信托、证券等金融法务工作"。

在课程体系方面,无论是法学院还是商学院下设的专业方向,大都采用对应学科课程植入的方式,课程体系多停留在会计课程和法学课程的简单叠加,即在原会计学专业课程基础上开设相关法学课程,或在原法学专业课程基础上开设相关会计学。目前课程设置中只有"司法会计概论""司法会计检查""司法会计鉴定"以及"法务会计和法务会计模拟实训"等少数专业特色课程。缺少拓展性的交叉课程,这使学生对专业难有深层次的认知和把握,无法培养出合格的复合型人才。

(三) 专业师资和专业教材短缺

师资方面,由于我国高校实行的是分学科教育模式,跨学科复合型人才培养机制尚未普遍建立,因此,司法会计专业方向的教师队伍大都由会计学和法学专业教师联合组成。在专业背景比较单一的情况下,会计学专业教师往往缺乏法律理论知识储备和实务经验,而法学专业教师则不懂会计审计知识,教师无法将两种学科紧密联系并融会贯通,也就无法使学生领略到交叉学科的精髓。

专业师资的缺失不但影响到课程开设和教学效果,而且使高水平的教材严重不足。如在相关研究较为繁荣的2001—2012年,正式出版的有关司法会计方面的专著和教材共有17部,其中,专著论著12部,占总数的70%,可当作教材的只有5部,仅占30%。专业教材的缺乏反过来又阻碍了专业人才培养,制约了专业的建设,使专业发展进入了恶性循环的怪圈。

三、原因分析

（一）学科定位不清

改革开放以来，随着经济发展对社会人才需求的变化，法学与会计学都有打破专业边界，进一步向对方领域拓展的社会基础。就法学而言，传统专业逐步显示出其固有的弊端，人才培养模式老化、课程设置大一统使学生缺乏采用综合性思维和解决实际问题的能力，导致一方面众多企事业单位人才大量需求得不到很好的满足，另一方面，专业毕业生人才供给过剩，就业率持续走低。就会计学而言，随着经济犯罪及腐败案件日益增多，案件的隐蔽性和专业化特征日趋明显，传统以财务核算和经营决策为主的专业方向无法满足对公司会计造假、财务舞弊、国有资产流失、商业贿赂等司法实践的调查需求。

当传统的专业定位与市场需求不匹配、专业办学特色不突出导致招生就业出现困难，人才培养难以满足社会创新需求时，突破学科划分形成的限制，跨学科发展就成为教育发展和专业改革的突破口。为此，法学和会计学都尝试拓展学科的研究范畴，构建基于交叉学科平台的人才培养模式。但由于学科本身的扩张动力和分门别类的教育管理，法学和会计学交叉专业的学科应属于法学、会计学还是新兴学科却没有统一的规范。实务中则是法学和会计学都可能下设相同的方向，导致同一研究方向却分属于不同学科，交叉学科的知识体系、理论和实践领域和学科研究规范当然也就无法有明确的定位。

这种学科定位不清的突出表现是学术领域中长期存在的司法会计与法务会计之争。

司法会计概念是从前苏联引入的，一直以来是在我国司法机关内部为司法机关调查和裁决诉讼案件服务的专业技术活动；法务会计概念则是从英、美等国引入的，是在法律活动中运用会计原理、知识进行计算或分析，以提供专家证言的一种社会化服务活动。随着我国法律制度改革的深化和市场经济的发展完善，司法机关的部分职能趋向于社会化，司法会计与法务会计活动出现交叉现象，两者的关系则成为学术的争论焦点。一种观点认为司法会计与法务会计是一样的，即两者只是名称上叫法不同，本质并无区别；另一观点认为司法会计与法务会计是分立的，两者在法系基础、形成渊源、会计主体和诉讼模式等方面存在显著的差异；第三种观点则认为司法会计与法务会计是包含关系，即司法会计是法务会计的组成部分。这些争执尽管有利于厘清概念，但在一定程度上也表明学科定位不清对学术深化研究的制约。

（二）理论研究不足

司法会计是实践推动型学科，学科历史不长，加上长期以来对相关基础概念和范围缺乏共识，因此基础理论研究缺乏深度，而即便是应用研究，对专门问题进行深入探讨的也不多，这可从研究成果的专著和论文等方面得到印证。

专著方面，2001—2012年出版的有关司法会计方面的论著共12部，其中单一名称"司法会计学"论著4部，占总数的33%，2013—2017年出版的有关司法会计方面的论著共9部，其中单一作者的论著5部，占总数的56%。

论文方面，从中国知网（CNKI）上检索，2003—2012年的十年间以"司法会计"为题的学术论文共有425篇，这些论文内容大体上可以分成"理论研究""综述介绍""实务应用"以及"人才培养"四类，其中以介绍司法会计概念、特征、内容等方面为主的"综述介绍"论文164篇，占总数的38.6%，"理论研究"只有105篇，占比不到四分之一。而在1999—2012年CNKI收录的452篇含主题词"司法会计"的论文中，应用研究的论文多达339篇，且论文的作者集中于司法机关及政法、公安、警官院校，非政法、公安和警官院校的高等院校作者发表的论文较少，占比不到四分之一。在这些应用研究论文中，司法会计鉴定方面的论文达271篇，占比高达80%，充分体现了理论研究满足司法机关办案需要的目的，同时从另一个侧面反映出司法会计基础理论研究的短板。

四、完善专业建设的思考

（一）强化微观制度设计，加强资源支持力度

跨学科设置交叉学科专业，是培育和发展新兴学科的重要途径，为此，早在2001年，教育部出台的《关于做好普通高等学校本科学科专业结构调整工作的若干原则意见》中就鼓励高等学校积极探索建立交叉学科专业，探索人才培养模式多样化的新机制。《国家中长期教育改革和发展规划纲要（2010—2020年）》则进一步提出："促进高校、科研院所、企业科技教育资源共享，推动高校创新组织模式，培育跨学科、跨领域的科研与教学相结合的团队。"

由于现有宏观制度上出台的多是引导性的政策，司法会计交叉学科专业建设落实的关键是学校层面的微观制度设计。在现有学科边界划分明显，学院与学院、专业与专业之间合作不多的情况下，在专业内部设置交叉学科方向在一定程度上降低了组织协调的难度，有利于组织管理。司法会计交叉研究以复杂问题解决为目标，需要综合会计学、审计学、法学、证据学等多种学科，研究难度

大；跨学科交叉研究既要强调视野开阔又要专业精深，对跨学科研究人才有着较高的要求；而由于研究方法一般会突破既有的传统范式，其研究成果难以获得现有专业的认同。因此，微观制度设计的重点是加强资源支持力度，解决课题扶助、成果认定和学科团队的身份归属问题，以此克服资源短缺的瓶颈，进一步加强学科的吸引力和凝聚力。

（二）加强理论研究，编写科学合理的专门教材

作为实践性较强的应用型学科，司法会计理论研究既包括概念、框架、对象和范围等基本理论问题的研究，也包括特定会计技术的应用以及针对高科技犯罪、智能化犯罪等的应用理论研究。加强司法会计理论研究要先强化重视基本理论问题研究，明确并完善司法会计理论体系，以此来指导具体应用理论的研究和司法会计实践。

司法会计的本质是一项法律诉讼辅助活动，理应有着完善和明确的法律、法规。由于我国尚未制定统一的司法会计相关制度，应用理论研究可以借鉴美国、加拿大、澳大利亚等一些发达国家颁布的司法会计法律、法规和制度，从司法会计技术准则、司法会计人员资格认证、司法会计职业道德规范等方面进行，以此促进我国司法会计法律、法规及相关制度的完善，确保司法会计工作的法制化、科学化和规范化。

在理论研究基础上应重视教材建设，因为教材水平的高低，直接影响着教学质量的好坏，影响着人才培养的成败。交叉专业的特点是厚基础、精专业，在司法会计专业课程设置中，会计学方面和法学方面的课程，如"财务会计""审计学""财务管理""民法""刑法""证据学"等是基础课程，而具有交叉性质的如"司法会计检查""司法会计鉴定""税务司法会计"等是司法会计专业的核心课程，也是教材建设的重点。

（三）有效利用社会资源，建立兼职教师队伍

司法会计是综合性和应用性较强的学科，目前高校师资大多数不具备会计学和法学的交叉学科背景，更缺乏办案部门实践的经历，为此，应一方面加强教师的培训，选派专业骨干教师到实务部门挂职，通过实践完善专业知识结构，提高实际问题的解决能力。另一方面，司法机关、会计师事务所、律师事务所、司法鉴定机构等单位在实践工作中积累了丰富的司法会计实务经验，是高校在培养司法会计复合型人才过程中的一笔宝贵的社会资源，高校应有效利用这些资源，建立兼职教师队伍，克服仅仅依靠校内资源的封闭式的教学模式。只有这样，才能在利用高校校内教师在教学经验与综合性基础理论教学方面优势的同时,充分发挥校外兼职教师对司法会计专业建设的指导和带动作用,从而切实提高教学效果,提高学生的实践工作能力。

在具体措施上,虽然目前有的高校在教学过程中也会聘请具有实战经验的司法会计专家担任兼职教授,但受制于这些专家自身业务繁忙,再加上教学经验少,因此,往往只能就实务的一些重点难点问题开展专题讲座,无法使学生对司法会计实务工作有个完整的感性认识,实践教学效果并不理想。可行的方式是制定专门针对兼职教师的激励和管理制度,聘请实务专家定期参与专业建设,并承担部分实务课程的教学,建立一支长期稳定的兼职特聘教师队伍,以使社会教学资源真正有机地融入现有师资队伍中。

参考文献

[1] 司法部司法鉴定管理局.2006年全国知识产权、司法会计、建筑类等司法鉴定情况统计分析[J].中国司法鉴定,2007(4).

[2] 杨鸿艳,沈友耀.依法治国背景下司法会计专业建设探索——以安徽警官职业学院会计(司法实务方向)特色专业建设为例[J].滁州职业技术学院学报,2015(3).

[3] 李长斐.论司法会计复合型人才的培养——以高校培养为视角[J].硕士学位论文,2013.

法律与会计融合理念在高校审计专业教学中的具体应用
——以证券犯罪类司法鉴定业务为例

王 扬

知识体系日益呈现复合化、多元化、融合化特征,社会实践领域更是一个复杂的系统化过程,需要多维度、多因素、更广阔的融合思维理念和创新解决问题的能力,以满足经济社会日益发展变化对人才培养的需求。如彼得·艾灵顿Peter Ellington(2017)指出,许多研究均对大学会计教育需要不断满足日益变化的商业需求这一问题进行了广泛讨论,但除美国已经在其教育项目中采取了具体的改进和应对举措外,英国在大学会计教育中还没有明确的实际行动。因此,如何将经济社会变化需求具体运用到会计专业教学中,是提高人才培养质量的关键,也是我们高校教师持之以恒的追求。

会计人才作为中组部认定的重点领域人才资源之一,是我国人才队伍的重要组成部分,是维护市场经济秩序、推动科学发展、促进社会和谐的重要力量。经济越发展,会计越重要,经济社会发展需要会计改革与之相适应,会计事业全面发展又对经济社会发展具有重要的促进作用。

一、我国经济社会发展与法律会计融合的人才需求

(一)国际化战略实施与法律会计融合人才需求

会计作为国际通用的商业语言,在世界经济贸易发展中日益发挥着重要的作用。当前我国正在实施"走出去""一带一路"等战略,尤其离不开国际化高端会计人才。如在企业发展中引进外资、学习国外的先进技术和管理经验时,在国

际资本市场筹资时,在跨国并购与投资时,在国际贸易交易中等各方面均需要既具有法律知识、思维、能力,又通晓国际商务规则下的会计高端专门人才。

(二) 全面深化改革、全面依法治国与法律会计融合人才需求

在经济社会发展过程中,会计人员肩负着依法维护国家财经秩序的神圣使命。会计人员是会计核算和会计监督的主体,是市场经济活动的特殊从业人员。其通过自身技能所生成并提供的会计信息,在引导社会资源配置、保障社会公众利益、维护国家经济安全和市场经济秩序等方面,发挥着重要的基础作用。因此,在全面依法治国和全面深化改革背景下,法治建设、内部控制建设、会计诚信建设和会计监管任务十分艰巨。

(三) 高校法律与会计融合人才培养供给严重不足

由于法学思维的欠缺,相关知识体系的不完善,以及跨学科整合的困难,导致我国当前现实人才培养领域中法务方向教育与教学、科研和理论的相当滞后和不足。这种跨学科的人才通常需要在两个领域都有相当的基础。截至2016年,我国当前在相关领域的硕士研究生培养中,其中会计专业硕士106家、法律专业硕士185家,但这种交叉方向的培养少之又少。据不完全统计,仅有人民大学等几家单位在会计专业硕士的培养方面设置了相关司法方向。尤其是在华东地区,这一经济十分活跃的区域,竟没有院校设置。因而,需要着力于会计与法律融合的应用性人才培养。

二、法律与会计融合的具体路径

(一) 证据与责任界定

(1) 强大的法学基本理论和经济法等相关部门法的基础理论是全面客观分析判断不同组织类型经济活动实质、相关主体关系的重要理论体系基础。经济活动日趋复杂,结构化、网络化、系统化、信息化均从不同层面上给会计服务对象的"组织经济活动"确认和计量等带来了相当大的挑战,如何以扎实的法律基础理论和法治思维与原则去理解、认识并创新解决问题,是会计实践领域的突出问题。特别是长三角区域,各项要素集聚化程度高,证券和金融市场活跃度高,创新业务层出不穷,以法律融合为视角的经济活动认知需求更加突出。

(2) 以诉讼证据法为核心的法律知识体系是司法会计鉴定实践应用水平和能力的强大根基,并将直接指导经济活动的法律责任判断。会计具有法律责任界定的功能,这是国内外早已取得的共识。法务会计一直以来是西方会计高等

教育领域的重要方向之一。司法会计鉴定是以事实为基础的专业活动。而这一事实需要以诉讼证据为视角,对会计基于一系列准则和原则而形成的信息进行分解和重构,需要通晓证据法、会计准则的复合性知识,需要融会司法和会计的不同定位和功能作用,形成新的判断。特别是在证券和金融犯罪等领域通常与信息欺诈密不可分。因此,从证据、责任界定角度来看,重构会计视阈经济活动实质上是一项重要的基础工作。即使是综合考虑科技进步,无论会计的记录功能以何种手段、何种方式为载体,这项功能和需求均不减少且只会随着技术进步的发展,需求和复杂度不断提高。同时,与贸易保护相关的反垄断、反倾销诉讼也与会计信息密不可分,需要综合上述领域法律法规与具体公司业务活动及表现融合判断。因此,无论历史或未来,从证据与责任视角出发,对会计及其经济行为进行分析和判断都具有现实必要性和充分的理论基础。

(二) 会计舞弊、欺诈与造假泛滥、职业道德沦陷与会计监管

会计信息系统作为政府、市场、企业等不同组织经济活动信息的载体,对于向外部传递时,需要根据既定的会计准则,规范微观个体信息的生产。且这种信息一旦生产出来,就具有准公共品特征,而准公共品的私人供给面临着严重的委托代理问题和信息不对称性,逆向选择和道德风险在以专业性为合理掩护下,急需政府介入监管,且具有高度专业性的监管。同时这种大量微观个体私人信息在不同领域和层次角度,可以客观地反映国家中宏观经济管理情况,信息扭曲和误解将直接影响到国家治理效率和效果,会计信息监管需求显著。有效监管与相关领域的法律规范掌握与熟悉是密不可分的。同时,在依法治国背景下,依法开展行政专业监管更需要拥有法治思维,熟悉法律程序要求。

另外,在经济全球化背景下,跨国的要素、市场流动性风险突显,有效预防系统性风险、防止风险扩散、蔓延是世界各国经济安全中的重点。跨国会计监管作为跨国监管中重要的组成部分之一,尽管受各国法律、社会、文化、历史综合因素影响,但其内容的真实性、客观性、基础性特征无疑将对监管产生重大影响。

因此,以会计法、证券法、公司法、商业银行法、行政处罚法、行政诉讼法及系列的国际法等为法律核心的法律知识体系和国际司法惯例将为我国不同领域、组织、市场会计监管、我国与各国间模式比较与跨国监管提供强有力的理论与实践支持。

三、证券犯罪类司法鉴定业务教学中法律与会计融合的教学要点

证券犯罪是与证券市场发展而相行共生的新型经济犯罪,证券市场本身具

有高风险和高利益性,因而证券犯罪不会从根本上消除。尤其是近年来,在我国证券市场高速发展的进程中,证券金融创新、互联网及计算机通讯技术的发展,各项违法犯罪案件层出不穷,犯罪表现和手法越来越具有高度复合性和隐蔽性,从而给司法实践带来了相当大的困扰。

证券犯罪是以证券和证券市场的管理秩序为侵害的客体或主要客体,同时也是一种以欺诈行为为核心内容的滥用信息或资源优势的犯罪。财务报告、审计报告及相关发行上市交易资料、文件信息是记录客观发生的经济活动、事项的载体,是证券市场重要的构建性要素和基础性信息产品,也是司法案件中重要的书证存在形式。因此,在服务于证券犯罪类的司法鉴定活动中,不同于对上市公司、金融机构等涉及公众利益的主体所执行的通用目的财务报告审计业务。

(一)教学目标

根据国际会计教育标准委员会公布的会计教育标准框架体系"首次专业发展——技术能力"中,提出了包括财务会计与报告、管理会计、资金与财务管理、税收、审计与鉴证、治理风险管理与内部控制、商法与规则等12个在专业领域的能力要求,其中审计与鉴证业务能力学习结果指标中提出:识别具体审计目标和过程,应用适用的审计准则体系或国际审计准则体系,应用法律或适用的关于审计业务的规定,应用理解不同鉴证业务中关键事项,以及应用适用的标准执行鉴证业务等具体要求。因此,根据如上能力要求,将教学目标设定为,应用审计(司法鉴定)与证券犯罪的概念等理论基础,分析此类签证业务的适用的目标与执业特征,并对具体证券犯罪审计要点进行判断与识别。

1. 分析适用于证券犯罪类司法鉴定业务中的审计目标

以司法鉴定活动需求为目标,运用科学的方法,结合自身专业知识、经验、技术与能力特长,提供专业鉴定结论。即做好针对事实问题而非法律问题进行的判断。在上述总目标的指引下,具体目标设定中,将主要从具体构成案件的事实要件、主体及主观表现、客体及客观表现方面及立案追诉标准等方面,确定具体审计目标、审计重点内容,同时采取相应的审计技术和方法。

2. 分析审计执业过程中的特征

(1)在执业过程中,高度关注证据资格及其证明力的问题,从内在联系、共同指向同一待证事实,且能合理排除矛盾的角度进行职业判断。证据的证明力体现证据的价值,即对案件事实是否具有证明作用和作用的大小。

(2)在职业判断与证据收集过程中,还将注意到定罪与量刑在案件事实上的差异化要求,以使我们的鉴定信息具有更丰富的内涵。

(3)审计全过程中,我们将始终依据《审计准则》等及其他相关执业准则和《职业道德准则》要求,收集相关证据,得出鉴定结论。

(二)具体证券犯罪司法鉴定业务的要点分析

根据《证券法》《公司法》《证券投资基金法》《国库债券管理条例》《刑法》等规定,我国当前的证券犯罪的具体条款和罪名主要如下:刑法第160条,欺诈发行股票、债券案;第161条,违规披露、不披露重要信息案;第169条,背信损害上市公司利益案;第179条,擅自发行股票、公司、企业债券;第180条第1款,内幕交易、泄露内幕信息案;第180条第4款,利用未公开信息交易案;第181条第1款,编造并传播证券、期货交易虚假案;第181条第2款,诱骗投资者买卖证券、期货合约案;第182条,操纵证券、期货市场案;第185条第1款,背信运用受托财产案,第2款,违法运用资金案。

综合分析上述不同证券犯罪的构成要件及所需的主要客观证据及其表现,具有较大的差异,有必要按具体证据的对应内容和性质特征差异分别制定实施方案。具体来看,可以概括分为财务会计及相关信息披露、经济活动及事项的信息两大类。下面仅以财务会计及相关信息披露这类鉴定业务为重点进行探讨。

财务报告及相关信息是证券市场信息披露的核心内容,无论是欺诈发行股票、债券,还是违规或不披露重要信息等证券犯罪的判定,对于这一事实的判断均是最重要的。

1. 具体审计目标

根据相关会计审计准则及制度规定,采用系统的方法,识别判断虚假财务报告及相关信息是否存在;并进一步判断虚假财务报告的程度及其相应的经济后果与影响。

2. 审计内容、方式和方法

为实现上述审计目标,我们将根据舞弊三角理论,从动机、机会和压力角度,综合采用分析性程序、实地观察、询问、检查等方法,从财务信息与经济活动和事项的商业实质关系入手,判断虚假财务报告信息是否存在。

(1)在现行欺诈发行、上市等。虚假财务数据及指标是基础和关键,它是经济活动和事项的计量结果表现。相关主体在不同动机和条件下,造假方式多种多样,如隐瞒关联方及其交易、关联方非关联化、虚假收入合同、虚假购入成本、虚假人力资源成本、虚假投资及变更投资目的、长短期资产负债调整、利用或有事项和期后事项、体外循环,以及利用会计政策、会计估计变更、盈余管理等手段,与相关主体配合实施系列造假。因此,在审计过程中,重在系统地收集和分析行业与市场、技术与成本、生产工艺等信息分析,结合主体的动机、机会和压力分析、内部控制制度与流程信息,以会计准则及其具体运用为标准,把握商业实质与财务表现是识别虚假信息判断的关键。在此基础上,还需要注意定量指标的程度。

(2) 背信损害上市公司利益或受托财产等。该类证据主要涉及背信损害上市公司利益、背信运用受托财产及违法运用资金类案件。在多层次代理机制中,信息不对称、目标不一致,结合我国股权激励、大股东一股独大,公司治理机制不健全等因素影响,该类案件时有发生。由于该类证券犯罪的证据表现与财务信息具有密切联系。如操纵上市公司向其他单位或者个人提供资金、商品、服务或者其他资产;以明显不公平的条件,提供或者接受资金、商品、服务或者其他资产;向明显不具有清偿能力的单位或个人提供资金、商品、服务或者其他资产的;为明显不具有清偿能力的单位或者个人提供担保,或者无正当理当为其他单位或个人提供担保;无正当理由放弃债权、承担债务的,以其他方式损害上市公司利益的。上述事项的判断,可以从财务记录信息为线索,继而深入调查而获取。或者可以直接表现在具体的财务信息中。因此,在鉴定业务活动中,将主要分析主体及动机,机会和控制环境,收集主体及其相关人证据、交易的商业实质和后续的结果证据,再结合资金流转和业务流转证据综合分析判断。此外,在判断利益损失中,注意把握量的指标,如在上市公司利益损害中的直接经济损失150万元,或者被认定为终止交易或多次暂停交易的等情况;对商业银行证券交易所、期货交易所、证券公司、期货经纪公司、保险公司或其他金融机构,违背受托义务,擅自运用客户资金或者其他委托、信托的财产,数额累计为30万元以上,或多次擅自运用;在违法运用资金案,注意社会保障基金管理机构、住房公积金管理机构等公众资金管理机构,保险资产管理公司、证券投资基金管理公司,违反国家规定运用资金的行为。

(3) 内幕信息及相关重大事项及获利等。在内幕交易和泄露内幕信息、或利用未公开信息案件中,对于内幕信息的判断和识别十分重要。通常内幕信息与财务信息直接或间接相关,财务信息更是直接影响公司市场价格变动的重要因素之一。为此,需要识别和判断内幕信息。通过系统地收集全过程及其内部控制制度和流程的分析证据,重点收集关注信息尚未公开前的经营、财务或者对公司证券市场价格有重大影响的信息,如股利分配或增资计划、股权结构重大变化、债务担保变更、主要资产处置30%、股东会监事会决议被撤销、董监高人员行为负有重大损害赔偿责任、重大诉讼、收购等事项从动议、可行性论证、专家讨论、决定、执行与操作等细致分析,查明不同时间点信息及其影响情况。同时,结合相关账户及其交易的检查和分析,查明判断获利情况。在获利中,注意从成交额累计50万元,期货合约占用保证金数额累计达30万元,获利或避免损失累计15万元,多次进行内幕交易、泄露内幕信息交易等方面进行定量分析。

四、总结与启示

综上分析可知,法律与会计的融合教育在现实社会中具有必要性和可知性,也是当前提升人才培养质量的主要途径。在法律与会计的融合教育中,要以会计与法律相关知识体系的关键概念和理论为根基,从证据及其特征表现的角度,应用相关法律规定和要求,展开适用性的分析,从而使学生更深刻地理解理论内涵,并具备日后创新思考的能力。

参考文献

[1] Mark S Beasley, Frank A Buckless, Steven M Glovar, et al. Auditing Cases: An Interactive Learning Approach (sixth edition) [M]. London: Pearson Education, 2015.

[2] Peter Ellington. The impediments to the change to UK university accountingeducation [J]. A comparison to the USA pathways commission, Accounting Education, 2017, (26): 5-6, 576-598.

法商复合型人才培养模式与保障机制研究
——以华东政法大学国贸专业为例

宫旭红

一、引言

随着中国法制建设进程的加快,外部市场对于既懂企业经营管理、又懂法律规则的人才需求激增。由于对于国际运营法律规则缺乏了解,中国企业在进入国际市场的过程中频频遭遇国际巨头的法律诉讼,部分企业损失惨重。因此,培育法商复合型人才对于我国企业不断成长壮大具有战略意义。尽管经济发展的趋势推动了市场对法商复合型人才的需求,并且我国一大批高校在法商复合型人才培养上已经跨出了第一步,积累了一定的经验,但是必须指出的是这些高校在法商复合型人才培养方面并没有取得实质性突破,还没有呈现出可复制化的法商复合型人才培养经验。造成这种局面的原因并不是偶然的,综合分析后可以发现我国高校在法商复合型人才培养上存在以下几个方面的问题。

(一)教育系统刚性的管理模式不利于法商复合型人才培养

我国高校在管理上存在较为严重的行政管理色彩,实行的是一种自上而下的垂直管理模式,高校受到上一级的国家教育部和省教育厅的管辖,缺少独立办学权,在人才培养和内部管理上难以实现教授治校,因而导致高校的人才培养体系相对僵化,难以适应市场不断变化的需求。

(二)长期的单一学科培养理念限制了法商复合型人才培养

与国外的一些知名高校不同,我国绝大多数高校在学科专业的划分上不仅非常细致,而且还存在很大的跨越屏障。我国高校专业限制相对呆板,学生进入高校就被贴上了某专业的标签,因此这种学科培养理念对于法商复合型人才培养是一个极大的障碍。

(三) 教育资源过于集中阻碍了法商复合型人才培养

开展复合型人才培养对高校的教育资源提出了一定的要求。目前,我国的教育资源存在极大的分配不均的问题,高校之间在科研经费投入上存在极大的差距,从以前的"985""211"高校划分到现在的"双一流"高校和学科政策实施,无不体现了高校在发展上的极大不均衡。

鉴于外部市场对法商复合型人才存在的巨大需求,以及目前国内教育体系在法商复合型人才培养上尚未建立可供广泛推广的经验,因此,本文将对法商复合型人才培养机制进行深入研究。

二、复合型人才培养的相关概念界定

(一) 复合型人才

对于复合型人才的界定,国内不同学者提出了不同的观点。魏斌(2012)认为复合型人才是融合了两个或多个专业的人才,霍明奎(2014)认为复合型人才是指具有复合型知识结构的人才,张肃和王含(2015)认为复合型人才是具有跨学科知识的人才,金一平等(2012)认为复合型人才是指具有多样化知识结构、能力结构、素质结构的优秀人才。综合多位学者的理解,本研究认为复合型人才指的是具有两个或两个以上专业(或学科)的基本知识和基本能力的人才。复合型人才与单一学科人才的区别之处在于复合型人才强调跨学科培养,通过掌握两个或多个学科的知识进而实现思维和能力的跨越式提升。

(二) 复合型人才的特点

复合型人才具有学科复合性、能力复合性、素质复合性的特点。复合型人才最基本的特征就是必须掌握两个或多个专业的知识和技能,具有较宽的知识面和多样化的技能,知识结构较为合理。这种多样化的学科基础使得复合型人才能够解决很多复合性、学科交叉性的问题。对于法商复合型人才而言,除了要精通商业类的知识,还需要对法学知识有较为透彻的理解。因此,能够熟练融会贯通使用学科间的知识解决问题是复合型人才的基本要求。

(三) 人才培养模式

法商复合型人才的培养必须依托于正确的人才培养模式。人才培养模式实际上是人才的培养目标、培养规格和基本培养方式,它决定着高等学校所培养人才的根本特征,集中体现了高等教育的教育思想和教育观念,包括了培养目标、培养规格、培养方案和培养途径等多个基本要素,结合教育思想和社会需求共同构成了人才培养模式改革的框架结构。人才培养模式类似于工厂的生产线,直接决定了最终的产品质量和特性。可以说,人才培养模式的选择直接决定了最终的人才培养质量。

三、复合型人才培养模式

(一)与专业结合的必修课和选修课模式

培养复合型人才的第一种典型模式就是在现有的专业培养方案中增加某一种复合专业课程的设置,通过两种专业课程的学习来不断拓展学生的知识面,期望最终实现两个或多个专业的融合发展。如华东政法大学国际经济与贸易专业在培养方案的课程设置上就是在必修课中增加了"国际商法"课程,在选修课的法学模块中增加了"民法学""税法(经济类)""经济法学""国际商事仲裁""法学概论""国际运输与保险"课程供学生选择。这种模式在一些经济学或法学学科具有比较优势的学校较为常见,如国内的中南财经政法大学、中国政法大学的商学院在法商复合人才的培养上都是借鉴的这种模式。这种模式的最大优点就是能够充分整合法学和商学的学科力量,系统培养法商复合的人才,让学生系统的学习两个学科的理论和实践知识。然而,这种模式的缺点就是受制于学生所修习总学分的限制,某一学科相关课程的加入必定会减少另一学科课程总量的修习,进而有可能对学生对两个专业的知识的全面掌握产生影响。

(二)双学位班模式

复合型人才培养的第二种模式就是采取主修与辅修结合的双学位模式。这种模式是让学生在主修某一专业的情况下,制定其再辅修另一个专业的课程。学生在修满应修的学分后能够拿到两个学位。该种模式的典型特征就是学生能够系统学习两个专业方向的知识,并且学生能够最大限度地根据自己的兴趣爱好选择相应的辅修专业,毕业后能够极大地拓宽学生的就业机遇。然而,这种模式也存在一定的弊端。首先,这种模式相当于一个学生在相同的时间内要拿到两个学位,学习工作量是一般大学生的两倍,因此,这种模式极大地加重了学生的学业负担,往往使学生疲于应对所需要完成的学习任务。其次,由于辅修第二专业的学生来自不同的专业,拥有不同的专业知识和背景,因此教师在授课时很难掌握难易度,使得学生的学习质量极大降低,难以达到该专业的平均水平。

（三）专门化班模式

第三种模式就是专门化班模式，就是选取一批精英分子进行跨学科交叉培养。目前国内的典型案例有北京大学的"元培学院"，上海交通大学的"电子信息科学类本硕连读试点班"，浙江大学的"竺可桢学院强化班"，武汉大学的"数理经济学和数理金融学试验班"。这种模式的通行做法是在大学新生中选择一定数量的优秀学生单独制定教学培养方案。这种模式的优点就是能够让优者更优，能够紧密结合人才需求科学设置教育目标，能够调动全校的优质教学资源对优质生源进行拔尖教育，充分体现出因材施教的原则。同时，将优质生源整合在一起，能够最大限度地发挥知识交流和融合的功效。然而，这种模式的缺陷就是对高校的教学和研究资源提出了较高的要求，同时需要教师和学生都极为优秀。

四、法商复合案例：华东政法大学商学院国际贸易专业

（一）明确法商复合型人才培养目标

依托华东政法大学独特的法学背景，商学院审时度势，在发展过程中坚定地以法商复合为导向，培养知识与技能相结合的、具有竞争力的法商复合型人才。修订后的专业培养目标为：本专业培养符合社会主义经济和法制建设需要，具备国际经济、国际贸易的理论知识和业务技能，能系统应用法学知识，具有法与国际经济与贸易结合的创新和实践能力，能够在进出口公司、三资企业、大型运输和保险公司、外商投资咨询公司、跨国营销集团等工作的复合型、创新型专业人才。

（二）明确法商复合型人才的能力素质

作为法商复合人才，需要具备复合专业所带来的复合能力，不仅需要掌握国际贸易的基本知识，还需要具备法学知识，能够解决国贸与法律相关的复杂问题。鉴于此，本专业要求学生掌握经济学、国际经济与贸易、法学的基本理论和基本知识，了解中国的对外贸易状况和政策以及国际贸易领域的基本惯例和规则，具有运用计量、统计、会计等方法从事经济分析、社会调查和实践操作的能力，熟悉国际贸易实务中的业务环节，能熟练运用计算机操作并掌握一门外语。

（三）优化法商复合型人才培养课程体系

商学院国际贸易专业设置了思政课、文化基础课、专业必修课、专业选修课和实践课程。在专业必修课上增加了法学课程和国贸专业课程的设置，如增加了"国际商法"和"国际服务贸易"课程，另外，为了适应国际化的发展潮流，培养

出法商复合的国际化人才,将"国际经济学""国际商法""国际贸易实务""国际结算""电子商务""世界贸易组织"全部设置成英汉双语课程。此外,在限制性选修专业课方向上,划分出了法学模块(至少6学分)、专业拓展模块(至少4学分)和实务模块(至少6学分)三个板块;在限制性选修通识课方向上,规定学生至少要修够11学分的人文社科、艺术、自然科学与计算机科学、创新与创业等方向的课程。

(四) 建立法商复合的教师团队

华东政法大学商学院国际贸易教研室在人才培养过程中非常重视师资队伍的建设,认为建立一支法商复合的教师团队是培养法商复合型人才的前提。因此在人才招聘过程中充分考虑到了师资在商科背景、法学背景以及其他学科背景的人员比例。目前,国际贸易教研室共有教师8名,其中有3名教师拥有法学背景(1人为海外法学博士,2人为法学博士后),1名教师拥有海外生物学学科背景,另外共有5名教师拥有海外留学背景。正是这种多学科交汇融合的复合型教师团队极大地保障了复合型人才的培养质量。学生能够针对自己遇到的商科和法学问题与教研室教师展开讨论,同时教师之间也可以交流学科发展趋势和学科融合方法,这就决定了商学院国际贸易法商复合型人才的培养质量。

五、复合型人才培养模式实施的保障措施

(一) 转变复合人才培养观念

受制于我国教育发展模式的限制,我国高校在人才培养上一直秉持的是单一学科的人才培养理念,培养的多是某一领域的专才。然而,传统的单一学科人才培养思维在很大程度上限制了复合型人才培养的进程,高校培养复合型人才的首要任务就是转变人才培养理念。高校应该意识到人才培养的目标必须与经济发展方向相一致,高校应该根据市场需求调整人才培养导向和专业发展方向,形成本校和本学院的专业特色,并且不断更新人才培养方案,建立起复合型人才培养模式。

(二) 完善法商复合课程体系

培养法商复合型人才并不是学校和学院的一句空话,必须要以科学合理的课程体系作为支撑,只有这样才能培养出具有法学和商学复合能力的创新性人才。在具体的操作方式上可以明确课程体系的各个功能板块,明确必修课和选修课的组成,在必修课中安排尽量多的法学和商学专业课,在选修模块上给足学

生选择的空间,平衡好商科、法学和创新创业类课程的学分比例,让学生真正拥有扎实的专业基础知识储备,为复合能力的形成打下基础。此外,在课程建设上可以借鉴精品课程的建设思维,不断提升法商复合课程的质量。

(三) 不断创新教学方法模式

传统的教学方法往往选取"填鸭式"的教学模式,这种教学模式已经出现了很多的弊端,对于单一学科人才的培养尚且表现的力不从心,对于复合型人才培养就更加显得无效率了。如前所述,复合型人才是指具备两个学科或多个学科知识的人才,需要对多个学科知识进行融会贯通,因此,在教学过程中应该加强教学与学生的互动和讨论,更多的应用案例教学法、任务教学法和问题教学法,不断启发学生的创新性思维,培养学生动手和动脑的能力,充分调动学生的主观能动性,力争实现学生知识与能力的全面提升。

(四) 大力加强师资队伍建设

高校教师在法商复合型人才培养过程中发挥着至关重要的作用,可以说是复合型人才培养的基石。要想培养法商复合型人才,就必须具备法商复合型的师资团队。法商复合型师资团队的建立可以从两个方面着手:①平衡商科背景和法学背景教师的数量。学院内部应该立足优势学科,不断引进另一复合学科的教师团队,形成两个专业或多个专业教师并存的局面。②鼓励现存教师不断扩充知识面,向本领域以外的其他领域拓展,丰富教师自身的知识结构,成为法商复合的教师。

参考文献

[1] 张旭东,高杨."法学+管理"复合型人才培养模式与路径[J].菏泽学院学报,2016,38(1):124-129.

[2] 余劲松,梁红英."经济学+法学"复合型人才培养模式初探[J].浙江金融,2009,(3):62-63.

[3] 高向平.财经院校法学应用复合型人才培养模式的构建[J].西安社会科学,2009,(1):146-149.

[4] 魏迪.法商融合:打造企业风险防控新体系[J].建筑,2017,(9):57-58.

[5] 潘春燕.复合型人才及其培养模式的构建思考[J].学理论,2010,(7):146-147.

[6] 金一平,吴婧姗,陈劲.复合型人才培养模式创新的探索和成功实践——以浙江大学竺可桢学院强化班为例[J].高等工程教育研究,2012,(3):132-136.

[7] 张肃,王含.复合型人才培养模式探究——以长春理工大学金融工程专业复合型人才培养模式创新实验区为例[J].长春理工大学学报:社会科学版,2015,28(10):153-156.

[8] 魏斌.复合型人才培养模式下的高校复合型教师素质特征[J].商业经济,2015,(6):94-96.

[9] 霍明奎.管理类本科专业复合型人才培养模式的研究与实践[J].现代教育科学,2014,(5):173-175.

[10] 王颖.基于校企合作育人的复合型人才培养模式研究[J].职业教育旬刊,2015,(6):16-17.

[11] 史卫民.经济法律复合型人才培养模式的探索[J].教育探索,2008,(2):48-49.

[12] 吴向明,余红娜,陈春根.跨学科复合型人才培养模式的比较及其启示[J].浙江工业大学学报:社会科学版,2008,7(4):40-43.

[13] 王霆.美国JD/MBA法商复合型人才培养模式及其启示[J].高教探索,2017,(2):94-97.

[14] 潘春胜,刘聃.美国复合型人才培养模式的特征及其启示[J].浙江工贸职业技术学院学报,2013,(4):5-8.

[15] 常智勇.社会视域下的高校复合型人才培养模式的新探索[J].工业技术与职业教育,2013,(1):40-42.

[16] 崔崇芳,严峰.双专业复合型人才培养模式问题与思考[J].航海教育研究,2011,28(4):43-45.

[17] 李海宗,陈磊.高职人才培养模式创新的保障机制研究[J].教育与职业,2012,(3):13-15.

[18] 许立,钟恩升,吴爱萍,等.双专业复合型人才培养模式重构研究[J].高等农业教育,2010,(8):65-67.

[19] 常智勇.社会视域下的高校复合型人才培养模式的新探索[J].工业技术与职业教育,2013,(1):40-42.

高校如何推行通识教育
——误区、阻力和对策解读

耿言春

一、引言

  我国自恢复高考以来一直沿用的是专业化人才培养模式,这种模式在很大程度上填补了我国多个专业领域的人才空缺,对推动国家经济发展作出了重要贡献。然而,这种注重培养学生专业化能力的教育模式培养出来的人才往往只能熟练掌握本专业领域的知识,而对于其他学科的知识知之甚少。此外,专业化教育模式严重忽视了学生的人文、艺术和道德素养的培养,导致学生在走向社会后出现了一系列的道德和社会问题,如曾经引起社会广泛关注的"清华学子刘海洋硫酸泼熊事件"。在此背景下,通识教育理念引起了学界和社会的足够关注,高校普遍开始思考如何在学校内部开展通识教育改革。

  尽管理论界对于通识教育进行了较多的研究,如宋晓璐(2017)探讨了开展通识教育的必要性,马迎锋(2017)探讨了高校开展通识教育的策略,田宗会(2017)则具体分析了地方高校开展通识教育遭遇的问题和解决对策,梁京和蓝鹰(2017)更是深入比较分析了国内外通识教育的课程体系,然而需要指出的是目前理论上还存在很多值得进一步探索之处,如高校到底应该如何根据自身特色开展通识教育,高校在开展通识教育时存在哪些误区,推行通识教育存在哪些关键的阻力,以及如何科学合理地开展通识教育,这些问题直接关系到高校通识教育改革的成败,值得广大学者进一步思考。

二、通识教育的内涵和模式

（一）通识教育的内涵

目前学术界对于通识教育还没有形成统一的认识,但众多学者依据自己的理解形成了自己的定义。张俭民和朱健(2017)认为通识教育是一种旨在培养人的普遍知识、发展人的心智、培养人的社会适应性的教育模式,全继刚(2017)认为通识教育是以全面的知识教育为主要内容的非专业教育,意在推动人的全面发展,宋晓璐(2017)认为通识教育的目的是培养学生自主学习以解决问题的能力,要求学生拥有自主判断能力和独立人格。因此,通识教育的核心是为了立足于学生的长远发展,不拘泥于让学生具备某项专长,而是着眼于学生的长远发展,注重培养学生的创新思维和批判性思维,提升学生的问题解决能力,塑造具有核心价值观为主要特征的人格。

（二）通识教育模式

1. 分布必修型

分布必修型是采用最多的一种通识教育模式,即对不同的专业领域进行划分,规定学生在不同的专业领域内需要修满的学分,然后由学生自己选择在不同专业领域内感兴趣的课程进行学习。高校需要做的是在每个专业领域内选定一定数量的核心课程。在学分修满后再选择某个感兴趣的专业进行深入学习。

2. 名著研读型

名著研读型主要是通过阅读经典著作的形式来开展通识教育。通过公开讨论名著的形式,不断探求先人的智慧,接受灵魂的洗礼,培养健全的人格。采取名著研读型的高校相对较少。

3. 自由选修型

自由选修型,顾名思义就是高校不对学生修习的通识教育课程作出具体规定,完全由学生根据自己的兴趣爱好进行选择。这种理念的持有者认为大学生已经具备了完整的认知,指导自己喜欢什么和将来的发展方向,因此能够根据学校提供的课程做出最优的选择。

三、通识教育的推行误区

（一）对通识教育存在认识偏差

我国高校多年来均实行的是专业教育模式,在专业管理和人才培养上均是采用的前苏联的模式,对于通识教育的理解不深。很多高校即使推行了通识教育模式,但是在具体的执行过程中并没有理解通识教育的真谛,导致教育改革成效不大,培养出来的学生不仅专业知识没有提高,通识能力也没有培养起来。具体来说,很多高校在操作过程中仅仅是压缩了原先的专业选修课,转而增加了一些人文、艺术类的公选课。这种模式的最终结果就是学生无法深刻了解多个学科或专业的知识真谛,对于很多知识都是只知其一不知其二,进而不能对多个学科的知识实现融会贯通,达不到通识教育改革的目的。

(二) 通识课程体系设计不合理

大部分高校在通识课程体系的设计上存在一定的随意性,往往是选取甚至是照搬某些已经推行通识教育的高校的课程设置,并未充分考虑本校的教学特色。通识课程体系的设计应该是充分结合本校教学和科研资源特色,即充分考虑本校的办学定位,同时要经过大量专家的科学论证,因此在办学上只是体现了通识教育的形式,而并没有充分体现出通识教育的理念和精髓。此外,大部分高校在通识课程的设置上存在一定的局限性和随意性,如大部分学校在公共选修课中都是大学英语、思想政治、体育等课程,而在其他一些公共选修课中,文科院校往往是设置了人文社会科学和艺术类课程,而理工科类院校则设计了很多的自然科学类课程,导致课程结构存在一定的不合理性,并没有真正实现通识教育。

(三) 通识课程设置存在拼凑迹象

通识课程的设计除了在结构体系上要经过专家论证外,在教师的课程申报阶段还要严加审核,确保申报课程的质量。目前很多高校的教务管理部门由于担心学校在通识课程上过少会受到上级部门的批评,因此出资立项鼓励高校教师积极申报通识课程建设项目,对于立项的课程往往会给予1万~3万元的资助。这种制度安排使得高校通识课程建设存在一哄而上的风险,大量的申报课程也没有得到管理部门的严格审核。即使有时候申报的是具有一定创新性的课程或设计交叉学科的课程,管理部门在缺乏审核人才和经验的基础上往往也难以审核,最后导致通识课程的设置呈现鱼龙混杂的局面。

(四) 通识课程立项后缺乏考核

在通识课程立项以后,高校对于通识课程的开课情况也没有给予对应的跟踪评估,这其中包括教师的上课质量、学生的接受和满意程度、期中和期末考核的认真程度。因此,考核机制的缺失或者是考核流于形式最终使得通识教育课程的质量难以保障。出现的典型现象就是部分不负责任的高校教师在授课过程中流于形式,仅仅是满足于拿到课时费,很多教师出于"教好教坏一个样、多教少教一个样"的心态在课堂上"当一天和尚撞一天钟",严重影响学生的学习热情和通识教育的改革效果。然而,需要指出的是,造成高校对通识课程审核缺失的重要原因在于高校缺乏专门的通识课程建设管理部门,最根本的原因还在于高校对于通识教育的理解和重视不够。

(五) 通识课程考核评价缺少创新

需要反复强调的是,通识教育是一种与专业教育相对的教育模式,因此,对于通识课程的考核形式要充分考虑到开展通识教育的目的,使得考核形式与传统的专业课程有所区别。然而从目前的实施效果上看,大多数高校教师在通识课程的考核和评价上缺少创新,将通识课程的考核模式等同于专业基础课程,一般采取闭卷考试,或者是采取放水式的开卷论文考核形式。这种考核形式严重偏离了通识课程的初衷,使得通识课程沦为一般的选修课。实际上,开展通识课程是为了让学生充分了解多个不同学科的知识和学习模式,通过学科交叉开拓学生的思维,实现问题解决的能力和创新能力的跃升。因此,对于通识课程的考核评价应该重点关注学生的创新思维、多学科融通能力和创造力。

四、通识教育的推行阻力

(一) 在教师群体中尚未取得高度认可

由于我国高校的行政化现象较为严重,高校教师往往是政策的接受者,这种现象导致高校教师在推行通识教育的决策制定中参与度较低。这种自上而下的决策制定管理模式在一定程度上引发了教师的抵触情绪。此外,由于我国发展通识教育尚未形成可供大范围推广的经验,因此,国内通识教育还没有取得大范围的成功,进而导致高校教师对于"为什么推行通识教育""如何推行通识教育""通识教育是否能够持续下去""通识教育需要老师本人在教学方法上做出什么改变"等一系列的问题。很多高校在推行通识教育的过程中确实只是在全校广而告之要推行通识教育,而忽略了与教师之间的沟通和交流,导致教师对通识教育的理解是模糊的、不确定的,直接影响了通识教育的推行进度和质量。

(二) 难以补偿通识教育背后的机会成本

开展通识教育是一种教育改革,改变了原有的教育体系,必将对高校内部教师的收益产生一定的影响。不得不说,尽管高校教师是一个人格高尚的职业,教师本人也具有高尚的人格,但是高校教师在作出决策时也会考虑到个人利益。

高校教师对于通识教育改革的支持或反对也一定会与通识教育改革是否能够为其带来收益为出发基点。传统的专业教学模式都是以专业为利益划分单位,教师在本专业领域内的活动,如从事与专业相关的教学活动、科研活动,能够为教师带来一定的收益。然而,通识教育的推行使得教师将原本用于本专业教学和科研的时间和精力投入到通识教育改革中,因此必然会产生一定的机会成本,但目前高校对于这种机会成本如何补偿尚未形成有效机制。

(三) 高校推行通识教育的能力尚存疑问

如前所述,通识教育是一种与专业相区别的教育模式,旨在培养全面的人才,而不是专业化的人才。换言之,通识教育要求高校具备多样化学科的人才,能够在多个专业领域有所建树。然而,我国高校目前在教育资源分配上存在很大的不均衡现象,主要的优势教育资源都分布在"985"和部分"211"高校,而大部分高校在学科分布上都存在一定程度的"瘸腿"现象。这种资源分布模式导致很多高校在推行通识教育改革时遭遇了很大的阻力,即使勉强推行,最终的效果也不容乐观。

五、开展通识教育的对策

(一) 加强通识教育的宣传推广力度

通识教育的推广在很大程度上取决于教师的参与意愿,因此在通识教育改革过程中的一个重要事件就是要取得绝大多数教师的支持和理解。只有全校绝大多数教师在内心深处真正认同通识教育改革的合理性和科学性,通识教育改革才有可能取得最后的成功。具体来说,高校要在内部加强通识教育的宣传推广,体现在两个方面:第一,实行民主化决策机制,让更多的高校教师参与全校关于通识教育的改革中来,增加高校教师对于通识教育的认可度。教师参与学校教学改革,能够在很大程度上获得一种被尊重的满足感,进而支撑教师参与通识教育改革的全过程。第二,通过各种学校内部和外部的培训、讲座来深化本校教师对于通识教育改革的理解和认识。通过聘请知名高校在推广通识教育改革方面的专家莅临本校进行经验传授,使全校教师对通识教育改革有全新和深刻的认识,真正了解推行通识教育的初衷、方法、应避免的陷阱,增强高校教师对于通识教育改革的认可度。

(二) 构建具有本校特色的课程体系

鉴于我国高校在教学和科研资源上存在极大的不平衡现象,很多高校缺少像清华、北大那种全面而强大的学科体系,因此,在通识课程的设置上就应该充分考虑到本校的定位,培养具有本校特色的通识人才。通识教育的理念是区别于传统的专业教育的理念而提出来的,旨在培养出掌握全面知识的人才。因此,通识教育的初衷在于实现高校学生在学科背景上的交叉融合、一专多能,通过学科融合来实现能力的大幅度提升。因此,通识教育的本质并不仅仅局限于人文科学和自然科学的结合。当然,人文社会科学与自然科学的深度融合是通识教育改革的理想情景,但是对于一些缺乏全面学科体系的高校而言,开展通识教育可以深度依据本校特色,在小范围内实现学科交叉和全面知识培养。如文科类高校也可以培养通识类人才,在小范围学科内实现多学科知识学习,更加注重培养学生的问题解决能力,开拓思维,让学生领悟知识领域间的融会贯通。

（三）打造具有通识能力的教师队伍

作为传播知识的主导者,教师在通识教育的体系下就需要具备多元化的知识结构和素质。首先,教师要充分理解通识教育的改革必要性和基本的实施过程,从内心深处支持通识教育改革并愿意为之努力。其次,教师需要对原有的授课模式进行一定的调节,在授课内容上更加体现通识教育的模式,授课内容除了专业之外,更加要注重知识的丰富程度和授课模式的灵活性,要多采用案例研究、问题启发式授课模式来激发学生的求知欲,培养学生的思考能力和问题解决能力。最后,教师要善于反思,通过反思发现自己对于通识教育的理解偏差,发现自己在授课过程中存在的问题,进而对今后的教学活动有所改变,更好地推动通识教育的开展,培养出更加优秀的人才。

（四）发展适于通识教育的教学模式

目前,我国高校非常普遍的一个现象就是存在非常严重的生师比偏低现象,结果导致大学教师授课对象难以实现小班教学。这种人数上的限制使得教师很难对学生开展启发性的教育,更谈不上根据学生的个性实施个性化教学。然而,从国外高校的教学模式来看,小班教育是提升教学质量的有效模式。国外高校通常是一个教师带七八个学生,教师能够非常详细地针对每个学生的问题进行解答,能够与学生开展深入的讨论,这对于丰富学生的知识,提升学生的分析能力非常有效,往往是学生一提出问题,就能立刻引起教师和其他学生的回应。因此,我国高校在实施通识教育时应该加大师资建设力度,推行小班教学模式,通过面对面的讨论以充分调动学生的学习主动性思维,达到通识教育的真正目的。

参考文献

[1] 王泽丰.高校通识教育质量提升的现实审思与路径选择[J].湖北经济学院学报:人文社会科学版,2017,14(1):107-108.

[2] 朱权.关于地方高校通识教育的问题与对策分析[J].赣南医学院学报,2017,37(5):721-723.

[3] 宋晓璐.大学本科专业教育模式下开展通识教育的必要性[J].现代职业教育,2017,(7):68.

[4] 马迎锋.大学通识教育实施策略研究[J].黑龙江教育:高教研究与评估版,2017,(9):68-69.

[5] 田宗会.地方高校通识教育的问题与对策[J].民族高等教育研究,2017,5(2):29-32.

[6] 梁京,蓝鹰.国内外通识教育课程体系比较研究[J].电子科技大学学报:社会科学版,2017,19(5):103-107.

[7] 张俭民,朱健.问题与对策:大学通识教育课程改革探析[J].当代教育论坛,2017,(5):107-113.

[8] 全继刚.美国高校通识教育的模式及其意义[J].继续教育研究,2017,(4):118-120.

[9] 廖洁丹,娄华,盖作启,等.加强通识教育研究推进地方院校创新人才培养[J].教育现代化,2017,4(43):9-10.

[10] 翟雪辰.美国高校通识教育课程体系及启示[J].世界教育信息,2017,(16):19-22.

[11] 曹志峰,王锋.美国通识教育改革与发展:基于芝加哥大学的案例研究[J].教育文化论坛,2017,9(2):53-59.

[12] 任树华,牟光庆,李莉,李晓红,王海萍,苏波.面向创新素质培养的通识教育体系研究[J].高教学刊,2017,(16):24-27.

[13] 张璨.普通高校通识教育的实践反思与路径重构[J].学术探索,2017,(9):147-151.

[14] 邓克英.浅析美国高校通识教育的特点与启示[J].湖北经济学院学报:人文社会科学版,2017,14(3):108-110.

[15] 刘奇玉,王之.围绕人才培养目标,加强通识教育课程体系建设[J].当代教育理论与实践,2017,9(10):27-31.

[16] 肖俊峰.通识教育改革中来自教师的阻力:成因及对策[J].教书育人:高教论坛,2017,(30):14-16.

[17] 李睿.新加坡大学通识教育课程模式的特征及问题[J].惠州学院学报:社会科学版.2017,37(5):119-124.

[18] 赵亚飞,范颖.应用型本科院校通识教育课程的探索与思考——以安徽合肥学院为例[J].黑龙江工业学院学报,2017,17(7):1-5.

[19] 张德南.政法类高校通识教育模式重构[J].辽宁经济职业技术学院,2017,(5):95-98.

关于工商管理专业课程、教学内容与方法改革的思考

罗良忠

一、关于课程体系的改革

(一) 工商管理专业课程体系设置的基本原则

工商管理专业的课程体系设计应体现"有组织,较系统,起点高,立意新,整体性"的基本原则。首先,要以"面向现代化,面向世界,面向未来"为方针,全面贯彻国家的教育方针。其次,设计思路要遵循新时期高等教育教学改革的指导思想,即"更加注意素质教育,注意学生创新能力的培养,注意学生的个性发展,全面因材施教"。再次,课程设计既要积极吸收现代经济的最新成果,大胆借鉴世界先进国家高等教育改革的一切有益的经验,又要大力弘扬中国优秀的传统文化,努力促进中国优秀的传统文化与世界先进的科学技术和文化的有机结合。

工商管理的课程设置改革要符合现今社会需求特征,表现出三大基本要义:前瞻性、综合应用性和国际性。

(1) 前瞻性。课程设置的前瞻性笼统讲就是工商管理专业课程设置要对未来的社会想要人才需求具有预测功能,要有超前的战略眼光,即所设置的课程要能满足新世纪企业对管理人才的国际化要求。在未来社会,谁能准确把握社会政治经济的发展趋势,充分利用信息技术对课程编制、实施与评价等方面的巨大潜力,谁就能更早地从课程体系改革面临的困境中解放出来,建立起面向21世纪的崭新课程体系。

(2) 综合应用性。综合性是工商管理教育的基本特征。世界各国的工商管

理院系,一般多把工程与管理、生产与流通、国内商业与国际贸易,甚至金融、房地产、餐旅以及信息咨询等都融合在一起,所有这些领域的人才直面社会各方面的管理人才需求。因此,工商管理专业要培养的人才是一种多学科知识复合、多能力综合的以工商管理为主的经营管理人才。而管理科学又是一门应用性极强的学科。例如,广告学中的广告策划,市场营销中的市场调查,市场细分与目标市场选择以及经营中的企业谈判艺术与技巧等专业技能,都要求工商管理类学生有很强的操作性技能。只有培养目标、课程设置和教学过程都充分体现工商管理专业的应用性,才能有效地适应经济建设对工商管理人才的需求,为本专业毕业生走向社会打下坚实的基础。

(3) 国际性。工商管理高等教育还明显地表现出国际性。从根本上说,工商管理高等教育的国际性是由世界经济的一体化发展所决定的。国际化转轨,由国内联合走向国际联合,必然要求工商管理高等教育的国际化,培养能直接参与国际市场竞争的经营管理人才。

(二) 工商管理课程设置需要科学化

课程体系的设计有其内在的规律性,即设置什么样的课程、各类课程之间排列次序、课时如何分配等,都不是随意的,有其内在联系。因此,在课程体系的设计上要尽量科学化,具体地,必须注意以下几点。

1. 基础课程与专业课程相结合

国外的高校正逐步提高基础课程在整个课程体系的比例,以提高学生的整体素质为重点,拓宽专业口径。在这个问题上,各国的国情不同,不可以完全照搬,但启发还是有的。正如前面提到的那样,应适当考虑减少基础专业课程的课时量,增加一些人文、自然科学以及文理工交叉的边缘科学等方面的课程。优化改革初期,可以先以选修课的形式出现。对管理专业来讲,这样做是非常必要的。第一,适应"通才"教育和终身教育的需要,强化基础课教学。这样才能适应当今时代管理人才需求日益向国际化、全能化发展的需要。第二,根据社会需要和专业特点,精选专业核心课程。高等教育改革强调人才的宽口径和较强的应变能力,落实到课程结构上,则必须降低课内必修学时在总学时中的比重,精选课程,削枝强干,不求专深,而求宽广。

教育部高等教育司于2000年3月公布高等学校工商管理类各专业的核心课程共9门:"微观经济学""宏观经济学""管理学""管理信息系统""会计学""统计学""财务管理""市场营销学""经济法",正是对该类专业课程结构及主要教学内容进行改革的成果。我校现行课程设置,已经符合了教育部对工商管理企业核心课程的要求,也已经存在自然、人文等方面的选修课程设置,但是对于基础课程的设置上存在的理论课程重复、艺术、自然类课程知识涉及面不够等问题,仍然亟待解决。

2. 定性分析课程和定量分析课程相结合

我国高校商科教育比较重视数学教育,设置了很大一块的数学课程,但在专业课程中却鲜有定量分析课程,特别是一些财经类的商科院校。就我校的课程设置情况而言,也是如此。在调查中,许多同学也反映,由于线性规划等课程的缺乏,造成运筹学、管理学等相关知识比较难以接受的问题。21世纪的企业面临的内外经济环境非常复杂,涉及的影响因素繁多,单凭定性分析往往不能精确地分析企业所面临的问题,提出适当的解决办法。管理人员只有将定性分析和定量分析结合起来,才能使管理决策建立在更为合理的基础之上。

3. 理论课程与实用性课程相结合

目前,工商管理类专业的专业实践课通常采取实验、实习、社会调查等形式,但往往达不到预期效果。要真正达到培养学生实践能力的目的,除了进一步完善上述实践性环节外,一是普遍应用计算机模拟教学法,提供模拟的从业环境,使学生通过管理课程的模拟练习受到"真枪实战"的锻炼;二是增设职业技能课,推行"双证制"。具体地说,就是按照职业岗位群的需要,结合职业资格证书考试的要求和学生的专业方向,开设一定的职业技能课。在此基础上,试行"双证制",鼓励学生参加相应的职业资格证书考试,取得相应的证书,如会计学专业的注册计师证书、国际经贸专业的国际商务师证书、信息管理与信息系统专业的中高级程序员证书等。推行职业资格证书制度符合当前国际上高等管理教育的发展趋势,同时,由于职业资格证书考试对应试者的实践能力要求较高,这一制度对于培养学生的应用能力、创造力和提高综合素质等方面都具有积极意义。

此外,在学生的特长培养上,还有一个比较重要的方面就是学生科研能力的培养,它对于增强学生的创新意识具有更直接的作用。21世纪是信息知识时代,学生的科研能力的高低,也日益成为衡量人才质量的一个重要指标。因此,鼓励学生多参加相关科研项目,有利于提高学生专业知识吸收的同时,也让学生更加善于协作,体验工作的热情。

4. 课程体系设计的最佳组合原则

这一点体现在课程教学计划的安排上,教学计划对先开什么,后开什么,都要有明确的要求,开课顺序即不能自相矛盾又不能相互颠倒,否则,就会破坏课程体系的合理性,严重影响人才的培养。这一点在前面有所提及,这里就不赘述。

(三) 工商管理的课程设置需要培养学生的综合素质

1. 对学生外语综合能力及计算机操作能力的培养

这是课程改革优化中的一个重点问题。结合我校的工商管理专业的课程设置及问题调查反馈情况,由于盲目跟随学生的需求呼声开设双语课程,造成了本末倒置的结果:原本开设课程的初衷是为了能够提高本专业学生的专业英语水平,以契合国际企业管理方向,为毕业生日后向外资企业、跨国公司等就业提供保证;但是,由于设置的课程,要么本身太过专业,而学生对基本知识还没有能够掌握,要么只是单纯地阅读原版课本,无法真实理解,使得双语教学往往适得其反。

要提高专业毕业生的外语应用水平,广泛开展双语教学是一种方法,但是专业英语需要不间断教学才能掌握。仅仅是通过几门双语课程,无法实现最终目的。因此,要真正提高专业英语应用水平,课程设置上应当做到以下几点。

(1) 专业英语教学转入专业主干课程类,保证外语教学不断线。语言学习是一个长期积累的课程,只有不间断学习,才能真正确保在就业、工作中熟练运用,符合国际化要求。

(2) 英语教学与证书考核相结合。现在,在外资企业和政府部门等应聘中,剑桥商务英语、口译、翻译证书等都是必不可少的。就我校学生的实际情况来看,许多学生也十分关注这一方面,有不少同学参加了相关的考试。因此,将专业英语课程与其结合,能够更加准确地适应市场需求,调动学生学习热情,使课程脱离枯燥应付的恶性循环。

(3) 依旧保持专业课程原版教材教学。到了大学三、四年级,在专业英语掌握基础上,加强对国际知名的原版教材的教学,有利于学生更深刻地体会专业前沿知识。选修该类课程,也更能符合一些想要继续考研或者出国深造的学生的需求。

(4) 计算机基础课要增加学生课外上机实践时间,特别强调专业基础课、专业课教学与计算机应用能力的培养相结合,对电子商务专业方向的学生,应强化计算机应用能力的培养。

(5) 我校是政法专长的特殊情况,如前文所述,课程设置中应该添加更多的法律方面的课程,以充分利用本校资源,培养出适合法制社会的应用型法商结合人才。

2. 强化学科基础的同时,明确专业方向

为拓宽专业面,结合工商管理学科群建设,在加强公共基础课教学的前提下,为了明确专业方向,需要开出深层次专业课,培养学生一专多能。在现代企业经营活动日益复杂、竞争异常激烈的情况下,管理专业培养的人才既需要复合型的知识结构和跨行业的综合管理才能,也需要有精通某一管理职能的一技之长。因此,课程设计可以组合成模块,每个专业的学生需修满本模块的学分,以保证在这个专门领域中有较强的业务专长与能力。

3. 加强社会活动,强化实践环节,提高实践能力

工商管理类专业是实践性很强的专业,应该强化实践性环节教学,提高对实验室教学的重视程度,变应付为把培养学生的实践能力与创新能力作为工商管理类专业课程体系中之重点。一方面,应尽可能地建立并完善诸如"电子商务""国际商务中心""工商管理模拟""金融工程"等实验室,增加实验课程和课时;另一方面,应主要依托院校所在地,与学院所在地的国内、外企业建立长期的合作伙伴关系,尽可能地去设置涵盖工商管理类所有专业的实习基地。

二、关于教学内容的改革

在全球化日益深入、企业竞争压力不断增大的今天,社会需要大量新型管理人才,即具有主动学习、创新的能力,良好的沟通和协作能力,语言表达能力以及具体实践工作能力。但是,由于过去陈旧的"填鸭式""满堂式"的教学方式,先进的管理人才往往既没有牢靠的专业知识基础,又缺乏实际事务管理能力。这也造成了现今社会具有一定资历的高级管理人才的大量缺乏。之前我们所提到的各高校工商管理专业所设置的教学课程是一个重要的影响因素,而教学也是一个重要的一环。

(一) 工商管理专业教学内容存在的问题

通过仔细研究现今国内的工商管理专业教学、授课方式,总结出以下几个方面的突出问题。

(1) 局限于课堂。这直接导致课程与现实社会联系不够,封闭程度较强,而工商管理是一门实用性很强的课程,这与教育目标背道而驰。

(2) 拘泥于书本。这致使知识的更新及应用性联系不足,实践程度较弱。

(3) 被动式接受。授课方式依然是课堂教师讲授为主,学生自主支配时间太少,学生的主体地位实现不够,个人能力锻炼不足。

(4) "宣科式"传授。不难发现,如今的高校课堂的主要授课方式还是以知识的照本宣科为主,不能旁征博引,学科间的联系、个人素质培养和创新能力锻炼以及培养学生个性化发展的力度不够。

(5) "考核式"定位。虽然素质教育已经在国内宣传推广多年,但是应试教育依旧占主导地位,由此也造成了授课中灵活运用的较少,体现为动手能力和实际能力的培养较少。另一方面,考评方法上采用闭卷考试的形式较多,考试形式单一。

(二) 工商管理专业教学内容的弊端

上述问题的存在,对于工商管理专业学生的培养影响主要体现在以下几点。首先,它不利于学生主体作用的发挥。教学包括"教"与"学"两个方面:教师在教学中起的是引导的作用,充当的是"导演"的角色;而学生则是教学中的主体,充当的是"主演"的角色。传统教学方法导致教师的角色错位,本末倒置。其次,它不利于培养学生的自主学习、吸收知识的能力。在信息时代,只有较强的自学能力才能使学生适应并在社会中生存。再次,它扼杀了学生的创新精神。而如今,创新精神是高校工商管理专业培养目标的核心,创新精神的培养在很大程度上取决于教学方法的开放度。教学方法灵活多样,才能激发学生大胆地探索问题、发表已见,学生的创造潜能才会最大限度地迸发出来。而传统的教学方法的封闭性,教师主导式的权威性,使学生日益缺少创新的激情和动力,面对新问题墨守成规,一筹莫展。最后,它也不利于增强学生的表达、交际能力等实际应变谈判能力。

而以上这些能力应该是工商管理专业学生必备的,因为这是管理能力的精髓。而在教学过程中信息的多向流动,可以增强学生思维的灵敏度,提高学生的实际能力。但是在传统的教学方法中,教学信息只是教师向学生单向传递,极大影响了学生能力的培养。

(三) 工商管理教学内容的改革

1. 整体优化理论体系

教学内容改革的一个总体原则,就是教学内容必须反映该学科发展的最新动态,反映时代和社会经济发展的现实要求。对一些课程也可以加入专项研究,比如说,去年次级贷对全球经济的影响以及此次经济危机的影响面等。随着世界经济一体化格局的形成,未来企业间的竞争将是全球性的竞争。这就要求教师在教授理论知识的同时,结合实际进行分析和判断,把所授的知识结合于现实的机遇与困境,让学生具备一定的应对危机及处理问题的能力。在可能的情况下,可以模拟组成危机解除团队进行学习与锻炼。而且,随着外资企业的增加,特别是跨国公司的大规模登陆,他们的中级管理层需要大量的中国本土管理人员。由此社会急需大批了解国际经济运行规则,懂得国际经济法律、法规的管理人才。

为此,工商管理专业的教学内容应从易到难,从低到高,有计划、有步骤地逐步实现国际化。凡是冠以"国际"的课程,如"国际商法""国际金融""国际贸易理论与实务""国际市场营销"等课程,必须首先在教材选择上达到国际化标准,然后在教学内容上与国际接轨,结合现实问题与形势进行教学。

2. 改革考评方式

在我国高校中对于学生知识的掌握情况的了解基本上还是以考试的方式进行,通常最主要的评定指标为期末的一次考试。这一方式必然导致了部分学生不注重平时的学习,只在考前对理论知识进行集中的复习,这对知识的掌握毫无用处,仅仅是将课本上的一小部分内容在短时间内背诵下来,或将数学模型、计算方法等依样画葫芦地强记在脑中并不意味着学生已经掌握了此门课程的核心内容,能够在未来灵活运用,事实上这样的考试是没有多大意义的。作为一门实践性较强的专业,工商管理专业的考评应与实践相挂钩,以实际技能的掌握程度为重点,通过平时的软件操作、案例分析、课题研究等方面展现出来的能力综合评定学生对专业课的掌握程度。当然这种考核方式需要建立在一个注重实践的教学模式上,同时要求无论在师资力量,还是在硬件设施上都能达到一个较高的水平,让学生们"学在平时,考在平时"。

也可以采用"无形式考试"的考核方式。比如在"企业战略管理"等着重于案例分析的课程考试中,让学生感到考试是"无形的",针对感兴趣的课题选择写一篇具有一定研究性质小论文,或在平时积累案例中选择案例进行分析。这种全程思考形式的"非考试型"考核能很好地激发学生独立思考、开拓进取的精神,引导学生从只会顺着老师或书本的思路学习,发展为能有自己的思路、自己的观点,甚至能发现讲课、书本或文献中的不妥之处,并提出自己的看法。

三、关于教学方法的改革

(一) 现行教学方法及其缺陷

1. 多媒体——网络教学法

多媒体网络教学是一种基于计算机局域网,利用网络综合传播,处理多种多媒体信息(如文字图形、图像、音频、视频、动画等),使多种教学信息建立联系的一种交互性教学活动。

目前,许多院校工商管理专业多媒体网络教学还在尝试和探索阶段,多媒体网络教学的优势在今天这个信息化社会,优势逐渐显示。首先,网络教学及资源共享性和开发性培养了学生的创新求异的能力;其次,多媒体网络教学使教学重心由教师转向了学生,学生由被动地接受知识,转变为主动地学习知识;通过信息技术、利用各种学习资源,去主动建构知识,强调了学生在学习过程中的主体地位;最后,促进了教师教学方法的改进,教师在网络教学中从熟悉的传统教学方法中破旧立新,不断开拓。

但是,多媒体网络教学法存在以下两个方面问题:一方面,在分析和确定教学目标时,没有在分析学生的知识水平的基础上,对网络教学资源进行分类和筛选,寻找出那些与教学目标相符、适应学生学习的网络资源;另一方面在设计规划阶段,多媒体网络教学设计需要解决如何制作教学课件,以及教学网站栏目的设计,改变课件的表达方式,用更丰富的手段,把IT行业先进的、成熟的技术整合到课件中,使网络课件和教学内容完美结合,增加信息的实时交流,而不是简单地利用PPT代替陈旧的"黑板书",换汤不换药。

2. 案例分析教学法

案例教学始于美国哈佛大学的企业管理教学,我国于20世纪80年代引入。该教学方法有以下优点:①理论联系实际,可以加深对理论的理解;②培养实践能力与感觉;③了解行业知识,有利于拓展知识面;④可以调动学生的积极性,使学生主动参与课堂教学;⑤锻炼分析问题能力、交流沟通能力和合作意识;⑥教学方式形象生动,记忆深刻。

目前,许多院校的工商管理专业虽然也采用案例教学方法,但许多教师对案例教学的理解还局限于举例子、做习题的水平,根本谈不上真正的案例教学,教学方法在很大程度上还依赖于以教师单向讲授为主的形式,缺乏教师与学生之间的互动。

3. 双语教学方法

双语教学是以两种语言作为教学用语,国内主要体现在英语、日语等主要第二语言上。其中,第二语言不仅是作为学习对象,而且是作为教学媒介部分或全部地运用到非语言学科的一种教学形式。对于工商管理专业的教学来说,"双语教学"是以教育国际化、信息化为背景,以使学生尽快地、更准确地掌握国际先进的管理理念、管理方式,了解国际最新、最前沿的研究情况,以培养创新型的国际化管理人才为目的的教学方法。

国内的工商管理专业的"双语教学"一般采用以下三种方式:①渗透式双语教学,即英语作为教学语言逐步渗透到工商管理专业各课程中,在各课程教学中适当加入英语教学成分;②穿插式双语教学,即有意识地把英语作为教学语言穿插于课堂教学中,并逐步培养学生用英语思考问题的意识和能力;③完全式的双语教学,即英语作为教学语言应占总课时的三分之一以上,并能熟练运用,逐渐达到以英语为主教学语言的目标。尽管各大高校为了满足"出口型"人才需求,大力推广双语教学,但存在几个根本问题亟待解决。

(1) 观念陈旧。在实际推广中应使教师和学生认识"双语教学"的作用及其实施的紧迫性和必要性,而非"一窝蜂"地盲目跟风。

(2) 加强教师培训,提高创新式、综合性教学能力。必须对教师进行双语教学培训,培养出英语水平高、学科知识强的复合型教师。有条件的学校可把教师送到国外进行学术交流和访学,或者请一些国外的教师到校讲学,通过双向交流提高双语教学的师资水平。

(3) 教材选用盲目。适当引进和借鉴国外的教材是中国高等院校工商管理专业的发展方向。盲目引进专业的英文原版教材,往往使学生在专业知识基础不够牢靠的基础上,回归过去"填鸭式"英文教学,使双语教学巩固专业及外文知识的目的无法达到。

(二) 教学方法的改革

1. 多媒体—网络教学法的改革

多媒体—网络教学中,最基本的是内容上要做到文本与图形、动画有机结合,展示中要有层次和模块化。一般包括课程介绍、补充资料、课程公告、课程答题、网上讨论、作业等。另外,有效组织学生进行自主学习和协作学习是其实施的关键,其中教师主导作用的发挥应视不同的教学对象和教学内容而定。

2. 案例教学法的改革

案例教学法应亟待解决以下四个问题。

(1) 师资方面。教师应对案例教学有充分的认识,打破案例教学局限于举例子、做习题的现状。授课教师不仅要对理论有深入的研究,还要具备一定的企业实践操作经验,而且教师要能成为一个很好的课堂组织者,调动学生进行充分的思考和讨论,让学生能有开放性和情景型思维。

（2）案例的选用。一个好的案例背后需要一整套支持系统。案例要有明确的教学目的，要与一个或数个理论点对应；案例中的企业数据应丰富真实，行业背景齐全，有可模拟性；要有时效性、典型性。

（3）学生准备工作。学生应在教师的指导下认真做好讨论前的准备，包括阅读分析案例资料和学习相关理论，在小组和课堂讨论中，广开思路，积极发言，学生应有敢与教师讨论问题的胆识。

（4）建立案例教学效果评价体系。应阶段性地就案例质量、教师评点、学生准备、教师组织等方面进行考核，不断改进。

3．双语教学的改革

要走出陈旧的教学观念，最重要的是要创立语境。创造环境和语境，对学生的影响是巨大的，学校可以通过校园环境建设和校园文化建设，加强双语教学氛围的整体设计，要让英语逐步成为校园的第二语言。学校可以积极组织安排各种活动，给学生以实际锻炼的机会，如举办英语角，各种英语演讲比赛等。其中，进一步搞好大学英语的分级教学；改革以语言知识传授为主的教学方法完善基础后继课程设置，保证学生英语四年不断线，充分发挥第二课堂作用。

一次问卷调查的结果显示，学生们认为我校工商管理专业适合开设双语的课程为："管理学""西方经济学""市场营销学""财务管理""国际企业管理""企业战略管理""物流与供应链管理""项目评估与管理""国际营销理论""国际商贸制度""投资管理"。授课方式的选择绝大多同学选择的是：PPT英文、部分英文、部分中文授课。大家对双语课程开设还有以下几点建议：①教材的选择——能选英文版教材，同时配有中文翻译版；②授课老师方面——希望老师能够发音准确，咬音清晰，在上课的时候能尽量多引导；③专业术语应该PPT中英文对照放；④互动方面——能有尽可能多的互动活动。

参考文献

[1] 徐瑛楠.社会需求背景下的工商管理类专业课程体系改革探讨[J].中国管理信息化,2017(4):246-247.

[2] 程春梅,杨守丽,张凤新.工商管理专业课程体系和教学内容改革刍议[J].辽宁工学院学报,2003(1):84-85.

[3] 杨浩政.关于工商管理专业课程教学方法改革的实践及其反思探讨[J].科教文汇,2016(10):90-91.

[3] 许志杰.工商管理专业课程教学方法改革研究[J].时代教育,2016(6):205.

[4] 许庆高.高校工商管理专业教学方法改革的探索与研究[J].经济师,2004(2):112-114.

[5] 刘洋.工商管理专业培养创新型人才教学方法初探[J].长春大学学报,2002(5):19-21.

[6] 王锴.工商管理类专业实践教学改革研究[J].安徽工业大学学报:社会科学版,2004(2):105-107,130.

[7] 何志毅.中国管理案例教学现状调查与分析[J].经济与管理研究,2002(6):26-31.

[8] 石婷,洁秦鹏.工商管理专业课程教学方法改革的实践与反思分析[J].现代职业教育,2017(30):145.

会计本科生"业财融合"思维的培养研究

郭红彩

一、引言

众所周知,环境变迁决定会计的发展和演变,近年来计算技术的发展、财务智能机器人的出现以及区块链的发展又一次将会计推向了变革的边缘,会计核算流程中固化的部分将被计算机或是数据共享中心直接提供并实现。传统的会计将由核算型功能向管理型功能转换,并将更多地聚焦在财务分析、财务预测及服务于企业的内部控制和协助提供决策有用的会计信息。

核算为主导的会计面临着向管理会计的角色进行转变,2014年,我国财政部发布了《财政部关于全面推进管理会计体系建设的指导意见》,在意见中指出了全面推进管理会计体系建设的重要性和紧迫性。2016年,财政部又发布了关于印发《管理会计基本指引》的通知,可见我国的监管层已将管理会计的重视提升到战略的高度。未来会计人员的工作重心将转向对企业管理服务的功能上来。

在当前的背景下,会计本科生的思维培养若仍然定位在核算功能方面,那么他们在未来将面临被淘汰的处境,会计从业者的工作应该延伸到为企业的经营管理服务的领域,除了承担价值的记录者之外,还应当担当企业价值的保持者和价值的创造者。会计学生应该具有较强的参与业务的意识,在事前、事中和事后发挥监督的作用,能够为管理者建议业务如何运行是经济的,如何达到价值的实现和挖掘,最终实现企业价值最大化。财会人员的业务融合能力将成为企业运营的另一把利剑。程平等(2017)以销售活动为例研究了业财一体化下三流合一的业务融合;施先旺等(2014)研究了会计和业务融合的必要性,使用沙盘方式进行了资金和业务关系的推演。

"业财融合"是财务向业务延伸的一种方式,是指在公司的投资规划、采购和销售、产品的生产与开发以及客户服务方面都应有企业的财务人员介入参与。因此,会计专业的学生应具有将财务和业务嫁接来思考问题的能力,将管理会计和财务管理的思维渗透到企业的运营管理方面。

鉴于以上背景,本文将主要探讨会计本科生"业财融合"思维的理论框架和思维方式的教学培养路径,针对实操中可能遇到的困难以案例的方式进行分析,提出实操的具体路径,继而实现"业财融合"的思维融合。将课堂教学的重心落脚于业务,将财务和业务凝结和拓展,该教学方法的优点有:一是可以将鲜活的业务作为案例提供给学生,调动学生兴趣,便于学生在课堂上积极参与和融入课堂教学;二是能迅速提高学生的实务操作能力,不至于出现"眼高手低"的现象。

二、传统教学方法存在的问题及理论剖析

在企业运营中,由于具体分工的不同,财务部门和其他业务部门工作性质差异较大,能否融合并共同服务于企业价值最大化的目标存在一定的困难。郭永清(2017)通过问卷调查的方式研究"业财融合"的程度,研究发现在企业制定年度业绩任务时,业务部门和财务部门能够较好的合作,但更多的时候两者是一种被动的合作状态。在企业的销售部门和采购部门的业务中,被调查企业仅仅有三分之一的财务人员能够融合到业务之中去。大约有六成的财务人员不了解企业的战略;更为严重的是在企业的投资决策中,财务人员基本无法和业务有机地融合。由此可见,在具体的实务工作中,尽管会计的一个重要职能是参与企业的控制,但是这个职能较为弱化。

一方面是会计工作人员在工作中无法参与管理活动和实现"业财融合",而另一方面又是企业管理对财务信息的需求。两者无法融合的一个重要原因是会计专业思维的培养过于狭隘,没有在本科教学中将两者融合训练,而是过于分离,聚焦于记账的过程,而非企业管理过程。这种方法导致会计学生仅仅具有财务思维,而缺乏经营思维。因此有必要对"业财融合"进行理论探析,并提出具体的教学改进办法。

企业经营过程中通常存在业务流、资金流和信息流。业务流主要是其他业务部门工作所形成的。以销售行为为例,销售订单的签订,商品的出库,货款的

催收以及收回等。在这个过程中,订单、发货单和出库单以及收款单共同构成业务流的节点。业务流中部分业务和会计业务相关,如发货、收款业务等,牵涉到价值的流转;部分业务和会计业务无关,比如销售订单的产生,仅仅是一个合同的产生,此时尚未有价值的流动。业务也同样可以分为会计业务和非会计业务。随着信息化技术的发展,企业较常用的 ERP 系统将业务流中的非会计业务和会计业务(资金流)连接起来,促进了业务层、资金层和信息层的有机融合,而这种融合也为"业财融合"以及推行会计参与管理提供了有利的条件。传统教学模式关注的重点是下图中会计业务流的部分,而"业财融合"思维则要求会计业务流和非会计业务流之间建立一种互动关系,如图1中虚线部分所示。

在以往的教学中,会计学专业学生的培养主要集中在针对会计业务流的确认、计量、记录和报告方面,会计学生通常会认为企业的经营是董监高的事,而非财务人员的事,"各人自扫门前雪,莫管他人瓦上霜",由于在校期间课堂上针对业务思维的训练较少,导致思维的片面,无法提供企业管理所需要的信息,大大削弱了会计在企业运营、公司治理中的作用。

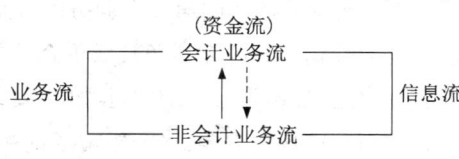

图1　两种教学内容图解

"业财融合"思维的训练旨在拓展会计业务流的最终功能,在会计业务处理之后,财务人员能将结果嵌入业务之中进行反馈和解决当前存在的问题,最终服务于企业管理和公司治理。

三、课堂教学中"业财融合"思维的培养方法研究

为克服传统教学方法的弊端,会计专业学生在进行思维训练时应当将重心落脚到业务之上,除了财务思维之外应兼有业务思维。最终会计本科生到工作岗位之时,应能迅速地进入角色,能更好地服务于企业。

(一)"业财融合"思维的培养路径

在教学过程中,教师起着启发学生进行深思的责任,因此,教师的教学安排至关重要,授课教师应具有一定的实务经验和案例积累。

1. "业财融合"思维的培养——以销售毛利率的讲解为例

本文以"财务报表分析"课程为例进行阐述。在讲述了销售毛利率的概念和计算之后,应先培养学生的财务思维,找出直接的财务影响因素,是由于主营业

务收入的增加还是主营业务成本的降低造成的。在通常的课程中,教师的讲授往往止于此处,或者从单价、原材料、产量影响所分摊制造费用等因素展开讨论,而这些恰恰是最表象的指标,当下期成本或是市场发生变化时,企业的毛利率就又发生变化,具有"脆弱性",不能全面代表一个企业的可持续盈利性,如果报表分析的立场是站在投资者或是监管者的角度,这样的分析结论并不是所期待的。

按照"业财融合"的教学理念,主营业务收入和主营业务成本所衍生的财务数据仅仅是直接的财务因素,而我们的重心是从业务的视角去找明原因,因此,在讲授的过程中,需要结合业务方面的因素,应先从产品结构的变化入手,高毛利率的产品在该时期生产或销售的,会导致企业总体销售毛利率发生变化。

影响销售毛利率的第二个业务因素是客户群的变化,由于受运输成本影响,较多企业外销业务的毛利通常低于企业的内销业务;这个在有外销出口业务企业较为普遍,在给学生讲解的过程中,要结合市场的因素来展开,比如企业是基于抢占海外市场的需要,当内销市场饱和时,外销业务只要有边际贡献就可以进行销售,可为企业分担经营风险,毕竟外销产品也可分摊固定成本等费用,不至于在市场波动时导致企业被其他竞争对手挤垮,采用这样的销售策略主要是基于管理会计的思维。但当内销的市场变好,产品供不应求之时,要适当减少低毛利率外销的出口业务,保持企业盈利的最大化,客户群的变化也是影响企业总体毛利率的一个重要因素。

第三个业务因素是企业运营模式的变化,以服装行业为例,销售运营模式通常包括直销、代销和分销业务三种,较之直销模式,分销和代销后期要给销售渠道分割收益(返点),因此毛利率较低。可见销售运营模式也是影响毛利率的另一个重要因素。

企业迅速提升毛利率的另一种办法是在其他竞争对手尚未跟风时大力推广新产品。因此研发的投入和产出也是影响毛利率的一个因素。

结合业务方面的因素拓展大致主要有以上四种,教师在引导学生进行学习时一定和企业的经营相结合,提供一种立体的解读办法,而非仅仅关注直接因素,应适当的结合企业的情况揭开背后隐藏的冰山。以上内容见图2所示的"业财融合"思维培养的教学路径。路径的核心内容是同时培养学生的财务思维和业务思维。在毛利率分析的过程中还要结合竞争对手或是同行业的平均毛利率来比较,如果所分析企业的毛利率较行业平均值异常时应从企业的原料来源、技术、客户和运营模式展开。个别企业副产品的毛利率会高于主产品的毛利率,这种情况会给人误解,造成一种虚假的状况,要引导学生进一步地探讨成本计提和分配等问题。

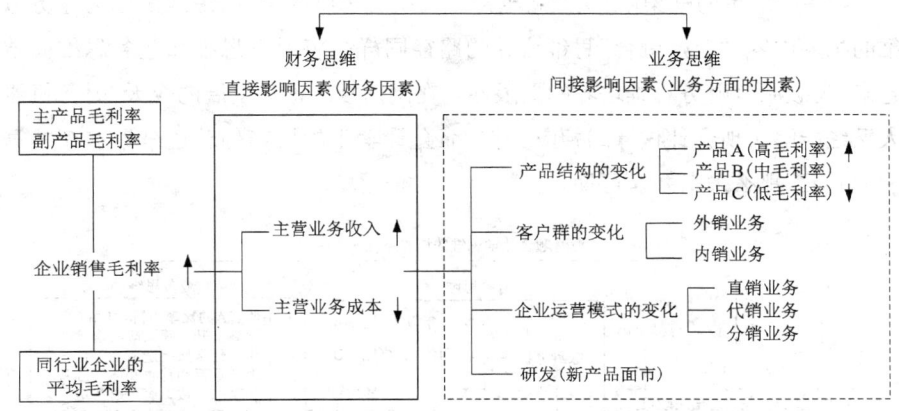

图 2 "业财融合"思维培养的教学路径(以销售毛利率讲解为例)

2."业财融合"思维的培养——以应收账款分析的讲解为例

应收账款是衡量企业商业地位的重要指标,不论是基于企业经营管理为目标的财务分析,或是投资人的投资决策或是监管层面的报表分析,都将应收账款视为敏感的分析对象。

针对应收账款的分析,同样存在学生"业财融合"思维的培养,比如分析客户群时,仅仅分析每个客户的欠款,是属于财务思维的范畴,而通过分析每个客户回款速度和比率的上升可以继续探讨改善的原因何在,是否该类企业在运营模式上有先进之处?可否作为先进案例在经销商会议上作为经验传授?若是回款比率和速度下降,那么是什么原因造成的?是由于发票开送延迟,还是我方的收款方式不合理?若是质量原因造成的,那么核心问题是什么,下次如何改善,是否由财务经理、销售经理和生产总监进行会谈,提出解决问题的办法?

根据企业同期的账龄分析所提供的数据,如短期应收账款(一年以内)的比率降低(通常低于70%是危险区域),而两年或三年期的比率加大,那么可能的推断是最近应收账款出现恶化,下一步就要启发学生去寻找恶化的原因,在这种情况下,还要引导学生去关注坏账准备和营业收入之间的异常,去探讨企业是否存在虚假销售的行为,或是存在通过"化妆"等办法对报表的各种粉饰行为。

在对应收账款销售收入占比的数据进行分析时,当比例提高时,要引发学生从经营的角度进行追查,进一步寻找比例增加的原因,是否存在信用政策变更,是否有期末为冲业绩而大肆铺货给经销商？行业状况如何？本企业在行业竞争中的地位是否有所降低,市场占有份额是否下降？

如图3所示的框架中,实线所框部分为财务思维的部分,虚线所框为业务思维的拓展内容,"业财融合"思维培养的路径同样是将财务思维和业务思维凝结起来,突破原有财务思维培养的局限性。在网络技术迅猛发展的今天,财务机器人已经能够实现会计核算的相应工作,而会计学生的培养倘若还是聚焦在核算能力方面,那么未来并非可期。

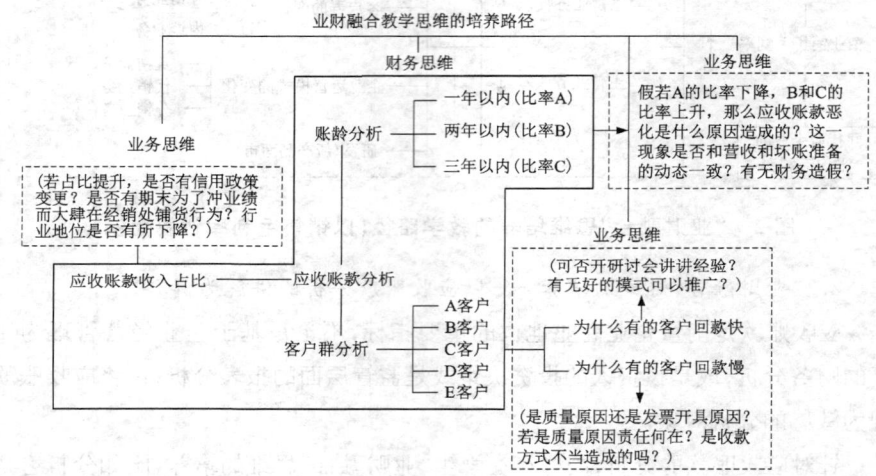

图3 业财融合思维培养的教学路径(以应收账款讲解为例)

(二)会计本科生"业财融合"思维在实操中实现路径的培养

在实务中,较多企业财务部门仍被认为是不创造价值的,并没得到足够重视,相对采购和销售,财务部门仍孤立于系统之外,因此,会计人员要想更好地服务于企业的管理活动,不是一蹴而就的。即便学生具有"业财融合"的思维,但在实际中要想有效地和业务结合仍然值得认真探讨。

在教学活动中,在培养了学生"业财融合"的思维习惯之后,教会学生如何将财务和业务结合而不被其他部门排斥的技巧至关重要,并非说明是要财务部门凌驾于其他部门之上。由于研究学生在具备"业财融合"思维之后,在实操中如何操作的成果并不多,参照威廉William(2017)的做法,本人认为下文所述的6P工作路径较为实用。因此要在会计专业的相关骨干课程中教会学生这种方法的运用。

6P法,指的是目标的实现或者是管理的提升要通过人物(People)、绩

(Performance)、问题(Problem)、项目(Project)、过程(Process)、提升(Promote)六步(见图4)。其中People是指为某个欲改善事件或者要解决问题所涉及的人物是谁,Performance和Problem指的是相关人员最关心的绩效CPI是什么,所关注的问题是什么,只要在推行改善和解决问题影响到对方People的业绩Performance和内心最为关注的问题Problem时,对方才会在繁忙的业务中停下来听会计人员进行讲解,反之则会认为财务人员是在添乱;而Project则是解决管理问

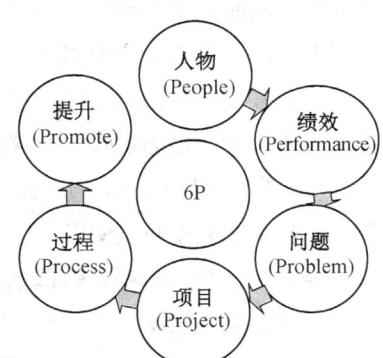

图4 会计本科生"业财融合"思维在实操中实现路径的讲解图

题时的事件依托或者抓手;Process指的是实施目标的过程,如何合理安排更为有效;Promote则是指在事情解决之后要合理地宣传,以提升贡献者在单位的影响力,在公司内部塑造一种着力于解决问题的良好氛围。

下面以营改增事件如何降低企业成本为例来解释如何教会学生使用6P法进行工作。

2016年5月1日发生在全国范围的营改增事件可能会影响企业的成本和运营模式,财务部门有责任在企业内部采购、销售以及办公室等部门进行宣传。然而由于彼此业务的差异性,部门之间存在对接的沟壑,这一工作通常会被其他人认为仅是财务部门的职责,财务部门在普及政策的过程中,会涉及利益相关人People,他们在繁琐的工作中是否会静下心来聆听较难预测,因此在教学环节应当启发学生如何进行访谈和沟通,企业每个员工最关心的必然是绩效的考核,不论是采购、车间或是行政部门都存在成本费用的控制个人的绩效Performance,因此应当在课堂中培育学生抓住利益的关键,很难获得他人的配合,所以应事先计算营改增这个Project能使对方降低多少成本费用,并将具体数据告诉对方。除了绩效之外,最能打动利益相关人的一定是他内心所要解决的问题Problem,即使和Performance关系不大,但属于对方一直苦思冥想的问题,那么在项目推行中也一定是他所乐意接受的,在教学活动中,教会学生从Performance和Problem着手去解决问题,既是"业财融合"的体现,也是对会计本科生的沟通技巧的普及,必将使学生受益匪浅。

按照6P法则,在课堂教学中,针对一个具体的事件Project,带领学生找对工

作对象 People 以及 Performance 和 Problem 之后，下一个环节是教会学生如何在过程 Process 中通过简单便捷的方法处理问题，比如在营改增之后，可能会面临在发票开具环节，对方强行把价外税加进价格的现象，实际是变相的涨价致使我方享受不到营改增的税收红利，在年初签订有框架协议的情况下，重新签订补充合同来规范则会带来很多不便，此时可通过法务给对方发告知函来统一解决。为方便告知政策的变化，可以使用一张小卡片把营改增注意事项采用有趣的语言列明，以便相关人士在开票时参考，降低使用过程的繁琐度。在营改增政策顺利推行之后，财务总监可以要求人力资源总监以邮件等形式对财务人员的行为进行表扬，不仅可提升业务人员的职业形象，还可在企业内部形成良好的价值创造的氛围。

四、结语

以往针对会计本科生核算型财务管理模式的培养难以使学生具备业务流程再造的能力，对企业价值的提升有限，而"业财融合"思维的培养，是在教学环节对学生进行财务思维的训练之后，将学生的思维拓展到业务的环节，使学生能顺利打通财务和业务之间的沟壑，顺应时代的发展。

本文在介绍了传统培养模式的弊端之后，提出了本科生"业财融合"思维培养的必要性，给出了教学方法的路径，通过案例讲解如何进行双重思维的培养以及融合，此外还举例教给学生在工作环境应对其他部门时的策略。

由于"业财融合"的管理模式使财务部门和业务部门之间的协作和沟通变得更为密切，可使财务实现全过程的参与管理控制，随着大数据和区块连技术的推广，以及目前正在普及的电子发票，可以预期在不远的将来，核算业务可由财务机器人自动生成。因此，培养会计本科生的"业财融合"思维应是财务工作转型期的教学方向和培养重点，会计专业的各门课程都有待重新思考和设计，以培养出真正能够适应未来发展趋势的有用之才。

参考文献

[1] 程平,施先旺,尹赤.基于业财一体化的销售活动大会计研究[J].财会月刊,2017(10):3-10.

[2] 施先旺.沙盘推演视角下的业务流、资金流和信息流融合研究[A].中国会计学第十三届会计信息化年会报告.2014.

[3] 郭永清.中国企业财融合问题研究[J].会计之友.2017(15).

基于金融创新背景下金融人才培养模式探讨

赵高翔

随着时代的发展,金融的创新也日渐推进,纵观金融创新的历程,我们发现,金融创新的多层次化已经是一种常态,它推动了金融结构和金融深化的进程,不但促进了现代经济的增长,同时金融创新的复杂性也对金融人才提出了更高的要求。

一、金融创新背景下金融人才的发展现状

(一)金融创新速度与人才培养速度不对称

在移动互联网和电子商务的普及下,我国金融创新业务最近几年急速发展,一时间出现了众多新型机构,市场交易规模快速发展壮大。以互联网金融为例,在互联网金融的几种业态中,第三方支付和P2P发展尤为迅猛,第三方支付的交易规模在2009年只有3万亿元左右,但是到了2014年底已达到了23万亿元,5年增长了6.6倍,近几年虽然市场日益饱和,后期增速减缓,但是却也达到19%的增长速度。第三方支付平台增速也十分明显,2011年5月,人民银行共批准成立27家第三方支付平台,随后短短四年时间里,第三方支付平台数量达到270多家。第三方支付工具和基金合作影响较深。

在创新金融人才需求方面,根据江苏省互联网金融协会2015年调研数据显示,未来的三年时间里,全国P2P企业的人才缺乏达到142万人,若加上互联网金融的其他六种业态,全国互联网金融未来三年内人员缺口达到300万人左右,而江苏省

范围内,2016—2018年三年内每年人才缺口分别达到4.26万人、7.07万人、11万人左右。全国互联网金融企业的高管需求率每年在4.2%左右;风控人才的需求率每年在21.1%左右;技术人才需求率在16.4%左右;营销人才需求率在58.3%左右。

(二)金融创新背景下金融人才需求的特点

金融创新体现在将传统金融业务搬到线上,特别是互联网金融主要由计算机操作,操作过程中不需要排队,避免了传统业务繁琐的步骤,业务处理速度更快、效率更高、顾客体验更好;而且互联网金融可以更好地挖掘数据处理信息,完成信息的甄选、匹配、交易和定价,无需传统的中介,无需交易成本。借助于互联网技术处理,克服了成本门槛限制,把理财产品门槛从数千元降到了一元,为更多的资金需求者提供了更好的机会,弥补了传统金融对底层客户服务的缺失。但是互联网公司在开发金融产品上并没有优势,传统金融机构对金融产品的理解、风险甄别和风险控制的能力以及多年积累的声誉和客户信任,都难以被互联网技术轻易取代。因此,互联网公司和传统金融机构更应处于优势互补、合作共赢的局面。互联网公司需要懂金融的人才,传统金融机构需要懂互联网技术的人才。总之,在互联网金融发展下,所需要的人才应该是既要懂互联网技术,也要懂金融的复合型、跨界型人才。这类人才需要有金融专业知识,能够熟悉金融产品、业务运作原理;同时又具备互联网思维,能够将金融产品运用、金融机构运作与互联网工具进行嫁接。

二、当前金融学专业人才培养模式中存在的问题

现在我国开设金融学专业的本科以上院校已经非常普遍,招生规模不断扩大。尽管人才培养达到了一定的规模,但由于国内外金融机构大量增加,银行业、证券业和保险业对人才的需求增长迅速,金融人才总量还是不能满足经济和社会发展的需要。所以,加快金融人才培养是相关高校面临的艰巨任务。在人才培养模式方面,复合型、应用型人才培养比例较多,而创新型、国际化、管理型、技术操作实践型人才培养比例偏少,这种现象导致两种后果:一是金融机构、政府部门和工商企业对金融人才的需求远远得不到满足;二是相当一部分毕业生就业困难,找不到满意的工作,造成人才资源的浪费。这个问题既与毕业生就业期望值过高有关,也与人才培养模式创新有关。

(一)人才培养目标定位模糊不清

目前,许多高校对金融学专业的培养目标进行了适当调整,各层次的培养目

标基本合理。但从总体上看,本、硕、博等层次的培养目标的差异性没有明确界定。同时,各层次的人才培养中仍然存在应试教育的问题,学生综合素质培养环节相对薄弱,通识教育和专业教育的比重还不尽合理,对学生的创新素质、实践能力和国际视野培养重视不够,学生在边学习边实践的同时进行科研方面几乎是一片空白。培养目标的确定决定着人才培养中教学内容和课程体系的设置,也决定着人才培养的基本规格和努力方向。

(二) 课程设置需要完善,要有针对性

目前,我国部分高校具体实施的金融类专业课程设置不合理;不同培养层次的金融专业课程之间缺乏必要的衔接性以及递进关系不明显;专业课程教学内容陈旧;理论课程与实践课程不能有机结合;课程设置与人才培养目标脱节;一些知识点重复与遗漏并存;教学内容重点不突出。在教材建设上也缺乏针对性和适应性,有的高校甚至出现不同学历层次都用同一本教材的现象。要根据经济社会发展和科技进步的需要,及时更新教学内容,将新知识、新理论和新技术充实到教学内容中,为学生提供符合时代需要的课程体系和教学内容。

(三) 教学理念、教学方法、教学手段需要改革

教师教学理念、教学方法、教学手段改革是提高教学质量、实现预期的人才培养模式的关键。目前我国部分高校金融专业教师在理论教学过程中存在教学方法单一枯燥、封闭死板、照本宣科、教学效果一般的现象,有的甚至大段念诵教材,讲解中不突出重点、难点和热点,不注意知识的连贯性和内在联系。既缺乏鲜活的案例教学,又少有实验性的操作训练。金融专业教师在教学方法与手段方面,应该根据不同课程和学历层次采用导学式、互动式、研讨式、探究式、案例式、情景式等多元化和复合式的教学方法,合理使用双语教学,充分运用电子化与信息化手段提高教学技术,通过建立科学合理的教学考核体系,确保教学质量。

(四) 师资队伍建设需要加强

高校教师队伍的素质直接决定人才培养质量的优劣,高水平人才的培养离不开一流的教师,大学教师的质量直接关系到高等教育的质量,甚至决定着大学的生存和发展。一些高校金融类专业课程的授课班级规模越来越大,师资力量严重不足,并且教师年龄普遍偏大,在很大程度上制约了教师群体的工作能力和创造能力的发挥。"双师型"教师严重缺乏。教师可支配的教学和科研经费不足,教学管理水平差,教学效果有所下降,部分教师因为工作量过重而无暇精心指导学生,进而影响了教育教学的质量。为教师创造与国内外金融事务界和金融

教育类交流的机会和加大对教师培养的投入,是更新教师知识结构的当务之急。

三、西方金融人才培养模式的特征

(1) 金融学科方面。西方高等学府金融学科的发展模式,大体上有两种:一是以货币金融理论为核心,侧重于宏观领域,与经济学研究融为一体。在这种模式下,金融学常常放在经济学院中,被称为"经济学院模式"。二是以金融市场上资本资产定价为核心,侧重于微观金融领域。这主要体现在国外著名大学的商学院中,这种模式被诺贝尔经济学奖获得者默顿·米勒称为"商学院模式"。从实践看,这两种金融学科建设的模式都发展得比较好,但后者无论是在规模、影响还是在发展趋势等方面,似乎更具优势。

(2) 人才定位方面。以培养金融分析师最多的美国商学院为例,其人才培养主要定位于毕业生能够很快适应工作、就业竞争力强这一目标。以计算金融硕士为例,卡内基梅隆大学台珀商学院的培养目标是"培养学生不仅掌握扎实的量化金融知识,而且具备较高水平的技能和理论框架,能为不断变化和日益复杂的金融服务行业所面临的挑战找到创新性的和有效的解决办法"。因此,为了毕业后能顺利进入金融机构工作,美国商学院学生在校期间常常参加各种从业资格考试,校方对此也持积极支持和鼓励的态度。

(3) 课程设置方面。在美国商学院金融专业课程体系中,特别突出微观金融模型的专业课地位,包括金融工具类(如固定收益证券、期权期货等)、金融数学类(金融风险量化与管理、资产定价模型等)和公司理论类(公司金融、公司财务证券设计等)课程。通过这些课程的设置,训练学生熟练掌握应用定量分析工具进行风险计量和预测、对衍生品进行估值等专业技能。以加州大学伯克利分校哈斯商学院的硕士课程为例,在总计约20门的专业课程中,有8门金融工具类课程,包括衍生产品、衍生品会计、实物期权与商品衍生产品、固定收益证券、金融创新案例、应用金融设计等。

事实证明,这种模式培养出来的金融人才由于实践动手能力强、金融实务操作技能娴熟、能够快速适应金融工作岗位的需要等优势,很受市场欢迎,比如华尔街的不少金融高管都出自美国著名商学院。然而,该模式在这次金融危机中也凸显出不容忽视的局限性。比如,是否过度重视了实践而忽视了应有的理论训练,是否过度依赖那些构造完美的定量模型而忽视了宏观环境的动态变化,是否过度追逐利润却忽视了对社会责任的认知等。

四、金融创新背景下人才培养模式的探索

（一）加大金融专业教学体系整合力度

在金融创新的大战略下，金融活动表现出新的方式，现代金融逐步趋向于电子化、信息化、系统化、工程化，金融人才不仅需要具备完善的金融学理论，更需要掌握切实的操作技能与对资金流和信息流强大的分析能力。由于互联网金融活动本身具有新特征、新技术、新模式、新平台、新的实现形式，对金融专业教学体系建设提出了全新要求。现阶段金融专业教学仍表现为切割的特性，金融专业人才培养模式创新相应滞后，应抓住契机完成金融专业教学体系的整合。互联网金融提供与传统金融差异化和互补性的金融产品和金融渠道。随着互联网金融进一步发展，相关领域的金融创新仍将不断加速，在金融专业教学中需要纳入这些金融创新的前沿知识。可以开设互联网金融基本理论课程，通过课程阐述互联网金融的商业运作模式、风险管理、法律和大数据等相关知识，让学生尽可能获取更多的综合知识。

（二）加快提升金融人才综合素养

在金融创新的大背景下，对学生的实践能力、解决问题能力提出了更高的要求，教学必须以能力培养作为核心。传统金融教学往往以理论教学为主导，结果过于生硬且落后于金融实务发展的理论学习不仅难以激发学生的学习热情，学生也会因认为所学知识没有用处而没有动力学习。而金融创新时代，金融实践的发展日新月异，金融运行的理念、基石都在悄悄发生变化。而且在传统金融中普通大众往往难以直接参与金融活动，在创新金融模式下却能很方便地参与。因此，金融学的教学应该体现金融创新的发展带来的这些变化。因此，金融学课程不仅要求学生关注理论知识学习，还应该鼓励学生关注金融热点，跟进金融行业改革和政策风向，关注金融市场的时时创新，积极参与实践性金融活动，充分调动学生的主观能动性，注重理论与实践的结合，在金融创新准入门槛低的优势下，让学生参与实际操作体验，并进行体验式学习，提升自身金融综合素养。

（三）积极引入开放式人才培养模式

金融创新为金融从业者提供了一个开放式平台，所以在地方性大学金融专业本科生培养中也可引入开放式人才培养模式，可以尝试开一些与新型金融相关的选修课程，让学生根据自己的兴趣进行选择，不做强制性要求，作为辅修专业，使学生在潜移默化中收获金融创新的相关知识。金融专业课程体系除了专业教师授课之外，还可邀请实业部门的企业家进行课堂授课，有条件的话可以聘

请实务部门相关人员来担任校外导师。同时积极鼓励创新金融相关学术讲座的开展和相关实践活动的进行,可组织学生参加各类金融创新项目,比如大学生竞赛或研究性创新项目,可以让学生在参与的活动中更好地把握金融与互联网、计算机软件知识的有机融合。

(四) 加强金融教学方式创新和多元化组合

金融是理论性和实践性都强的学科,对于初学者或非经济专业的学生而言较为枯燥,为了引起学生的兴趣,使学生能在教学过程中潜移默化地吸收金融知识,我们应该采取多种教学方法和手段。

1. 案例教学法

案例教学法是当前国外高校教学的通用方法。为了增强学生的感性认识,启发学生的思维,激发学生的学习兴趣和自主学习的要求,加深学生对理论知识的理解和掌握,促进学生分析问题、解决问题的能力,我们在讲解金融知识时,要结合中外各种金融案例,包括成功的金融家、倒闭的跨国银行、世界性的通货膨胀等,通过对典型案例的深入浅出的剖析,使学生觉得金融学深奥枯燥的学问,其实就是每天发生在我们周围许多经济现象的表述和归纳。

2. 课堂讨论法

为了使课堂生动活泼,我们可以就当前金融领域的某种现象和中国经济状况,组织学生开展课堂讨论,使每个学生都投入到这门课的学习中去。通过讨论,不仅能够使学生有效地形成对金融知识的理解,也能够使学生活学活用,从而在教学上培养出来的不是传统的"书呆子",而是能够很快融入社会的实用人才。同时在讨论中,我们鼓励学生踊跃发言,积极阐述自己的观点,活跃学术氛围,从而训练他们辨别是非的能力。

3. 实践模拟法

金融学专业中有很多实务课程,仅仅靠教师课堂上的讲解是达不到预期效果的,我们应该在课堂授课的过程中穿插模式实验,把这些内容通过模拟软件在金融实验室内完成,把抽象的东西变成现实的东西,特别是对证券投资业务的模拟,让学生们体会到操盘的真实感受,有了自我分析的能力,当然也培养了学生的运用能力。

4. 课程交叉法

金融学中有很多方面的知识涉及法律、计算机等学科,因此,我们在课堂讲解中遇到有关相关知识时,应采取多门课程齐头并进的交叉教学法,从而使学生的知识结构达到复合型要求。

5. 现代教育技术运用法

在教学过程中,要制作相关课程的课件,既节省了教师板书的时间,又能使学生一目了然地掌握学习的内容重点。同时,在课件中,我们还用动态的图标、模型来描绘以往难以解释的金融学原理,使现代化的电脑教学发挥其应有的优势。同时,我们在条件成熟时,还将逐步推出在网上的教学活动,包括专业指导、作业布置、网上讨论、学习交流。

6. 走进社会大学堂

金融学专业具有很强的实践性,它几乎涵盖了包括银行、证券、保险等所有金融领域的实践活动,相应地,在现实社会中的商业银行、保险公司、证券公司等企业里,也有大量的实际业务与专长课程有关。我们应该积极利用各种社会关系,联系实习基地,组织学生利用假期走进社会进行实习,然后再回到课堂加以归纳,实现从感性到理性的上升。

参考文献

[1] 严玉华.互联网金融人才供需状况和高校的应对措施[J].牡丹江教育学院学报,2015(09).

[2] 危慧惠,朱新蓉.论西方金融经典理论的局限性及其人才培养存在的弊端[J].现代财经,2010(9).

[3] 陆岷峰,徐阳洋.互联网金融人才发展战略研究[J].区域金融研究,2016(04).

[4] 李东荣.大数据时代的金融人才培养[J].中国金融,2013(04).

[5] 何伟.论西方金融人才培养模式特征及其启示[J].现代商业,2011(09).

[6] 莫易娴,刘仁和.论我国"互联网金融"人才的培养[J].金融教育研究,2014(03).

[7] 曾之明,何鸿景.互联网时代金融人才培养模式创新探讨[J].教师,2016(08).

论思政教师在思政教育中的实践智慧

兰 岚

实践智慧(phronesis)是个古希腊术语。对于实践智慧,亚里士多德给出了专门的定义:实践智慧应被视为在专门实践领域起作用的智力凝结,简单地讲,是解决问题的一种理性能力。也就是说,实践智慧能够透过各种纷繁复杂的现象把握解决问题的"中道",是智慧解决问题的特殊品质,可以解读为一种理性的升华。

思政教师是以开展大学生思想政治教育为主要工作内容,毋庸置疑,思政教师的工作职责与学生工作实践、思政课堂密切相关。在这一过程中,个体的情感、认知、判断和经验都会交织在一起,综合作用决定思政教师采取什么样的态度开展课堂教学、处理复杂的工作情境和各种问题。思政教师作为推进高校思想政治教育工作的重要力量,面对复杂的学生工作实践,需要具备更多的实践智慧。

一、思政教师实践智慧的科学释义

鉴于思政教师实践智慧对思想政治教育工作和思政教师自身发展的重要作用,我们需要对这一理念进行关注。近年来,国内许多学者对教师实践智慧的问题作出了一些探讨。尽管目前对实践智慧的表述有所不同,但一致的是对实践智慧的解读与亚里士多德的认识在本源上是相同的,即认为实践智慧是解决教育实际问题的综合才能,是对教育"善"的追求。

思政教师作为教师中的一类,理应从现有的智力成果受到启发。思政教师根植于教师群体之中,但作为高校思想政治教育工作者,思政教师工作又有自己的特殊性。所以,结合现有的概念与研究,笔者认为"思政教师实践智慧"可以理解为是思政教师在日常学生工作实践中形成的高品质能力,是思政教师在学生思想政治教育工作的开展中把握思想政治教育规律,良好开展课堂教学,灵活应对复杂学生工作局面,敏锐解决突发事件,创造性驾驭和机智面对挑战的智慧品质和心智水平形成的综合能力;它也是思政教师思想政治教育理念、情感、价值观等多方面素质高度综合化和个性化的凝结,是思政教师进行学生管理和追求自身发展的智慧。

唐纳德·舍恩将教育活动描述为一种充满"不确定性"的活动:这种活动如此复杂,以至于教育者连以往自己通过系统的方式获得的知识也不会运用了。因此,作为思政教师需要对自己的思想政治教育行为进行反思,进行自我调整。学生工作情境的多变性,决定了教育活动的复杂性与不确定性,这对思政教师的实践智慧提出了更高的要求。

由此可见,思政教师应该从原来单纯的学生工作的"技术熟练者"转为思想政治教育的"实践家"。实践智慧来源于学生工作实践和思政课堂教学经验的积累,使用的是思政教师个性化的理念与见解,体现的是思政教师自身的教育信念。同时,实践智慧又服务于学生思想政治教育工作,在经验积累中完善,在工作实践中提升,其形成和发展始终处在学生工作实践的探索和追求当中。学生工作场景随时都可能发生改变,而且会有各种突发状况出现,这就要求思政教师在具体的学生工作情境中学会随机应变,而这一应变过程也就是思政教师实践智慧的展现过程。可以说是思政教师在学生工作中的"即席创作"或"临场发挥";它具有相当的灵活性、不可预见性和不可复制性,是思政教师创造性行为和个人智慧的外在表现。

二、思政教师实践智慧的基本特征

通过上文分析,我们可以提炼出思政教师的实践智慧主要包含以下几个基本特征。

(一) 实践性特征

我们经常强调要"知行合一",如果说理论智慧是"知",那么实践智慧就是"行"。日常面对学生开展的思想政治教育工作是一项典型的具有实践性特征的活动,而思政教师的实践智慧就是对学生工作的一种有效回应与有序整合,是在生动、鲜活的学生工作实践中显现出来的人格特质。思政教师实践智慧的形成既需要相关的学科背景与理论知识,也需要思政教师的伦理修养和人文素养,更需要在学生工作实践中不断丰富起来。事实上,思政教师的实践智慧并不是浑然天成的,思政教师在有目的、有计划的思想政治教育实践活动中,有意识地借助于丰富教育形式、整合教育内容、优化教育方案,总结教育意义等来更科学、高效、合理地处理工作中的现实问题,实践智慧就在这些实践活动中产生,具有鲜明的实践性特点。

(二) 动态生成性特征

思政教师实践智慧是伴随具体的思政课堂教学、学生工作实践生成的,但思政教师的实践智慧并不是一成不变的,它会在新的场景中不断更新和向前发展。实际上,面向高校学生的思想政治教育工作本身就并非一成不变的静止状态,而是一个丰富多彩、不断变化的动态过程,其难点和特殊性就在于复杂多变性,很难冠以既定的模式。所以,日常的学生思想政治教育工作情境表现为既真实,又具体,同时充满了各种不确定性和挑战性。

因此,这就在客观上决定了思政教师要对具体的思政教育工作有合理的规划与科学预案,同时要对其不确定性有一定的预见能力并能积极应对。在这个过程中,恰恰也是思政教师的实践智慧得以逐渐生成、培育和不断丰富与升华的过程。如若思政教师实践智慧的培育脱离鲜活、生动的学生工作实践就如同种子失去土壤。由此,思政教师的实践智慧就不可避免地具有动态生成性的特点。

(三) 个体独特性特征

思政教师的实践智慧是以思政教师的个体学科知识、理想信仰、教育理念、价值观念等为指导,以思政教师的个人经验为基础。因此,思政教师的实践智慧是在具体的思想政治教育中通过个人不断的体会、总结、反思等方式逐渐提炼而成,显现出思政教师个体特有的人格魅力与性格特质。所以说,思政教师的实践智慧处处体现出思政教师的"个人特质"。现实中,每个作为独立个体存在的思政教师,由于各自的教育经历、知识结构、生活体验、认知能力、思维习惯等许多方面都各不相同,使得思政教师在面对具体学生工作实践和现实中的学生工作场景时,实践智慧也往往呈现出不同的表现形式和水平,总体上有较为明显的个体差异性。也正是如此,实践智慧更能够显现出思政教师的职业素养与独特的工作思路与工作能力。

三、思政教师实践智慧的生成因素分析

思政教师实践智慧不同于一般的理论知识,也不同于普通的实践经验,而是两者在学生工作实践活动中的深度结合。分析思政教师实践智慧的生成因素,对于思政教师个体实践智慧的培养与提升意义重大。

(一)相关知识的积累

知识是既成的,智慧是生成的,知识不等于智慧。所以,智慧不可能像知识一样直接教授或习得,但智慧可以在获取知识的过程中不断得到开启。与思想政治教育工作相关的知识大致有学科知识、实践知识、情境知识,等等。学科知识主要包括思想政治教育学科知识和各种学生工作知识,其作用在于发挥指导学生工作开展、启迪学生工作智慧。但要真正提高思政教师的实践智慧,离不开实践知识的提升,思政教师需具备在复杂多变的工作情境中把相关学科知识或背景知识转化为适合不同学生认知风格、情感需要和个性特点的工作能力。

(二)实践的探索

思政教师的思政课堂和学生工作实践是培育思政教师个体发展与进步的土壤。任何思政教师的成长与成熟,都无法脱离具体实践的锤炼与提升。

在日常的思想政治教育教学工作中,理论的指导、专家的授课、日常的培训与学习都需要用实践去解读,通过工作实践对所掌握理论知识的诠释成为生成实践智慧、推进学生工作创新的重要途径。思政教师在日常工作中所接受的各种知识、经验只有在学生工作中不断践行、体会、总结中才有机会内化为个体的品格与智慧。如果脱离了实践工作的培育土壤,可能会掌握一定的相关技能和知识,但很难说这些成果已经内化为思政教师的个人思考并上升为思政教师的实践智慧。

(三)个体经验的总结与建构

对于思政教师实践智慧的生成和提高,思政教师的个体经验是一个值得关注的领域。就思政教师的独立个体而言,其个体经验是一项非常宝贵的财富与积累,尤其是在以往的工作经历中那些很有意义的,值得总结、深思和提炼的优秀学生工作经验。思政教师的实践智慧不能单单只靠平时的工作积累,要上升到思想的高度,还需要依靠自己的"感悟""反思"去有意识、有目的地总结。

四、如何提升思政教师的实践智慧

思政教师的实践智慧对思政教师的成长与成熟至关重要,对于思政教师实

践智慧提升途径的研究就是个值得关注的领域。目前,很多高校已有思政教师专题培训、校本研究、思政教师共同体学习等多种形式,但实践智慧的生成更具有情境性和特殊性,决定了思政教师可以从以下几个方面来培养和提升自身的实践智慧。

(一) 关注学生工作实践

思政教师的思想政治教育工作实践是思政教师成长的土壤。任何理论只有与实践相融合才能产生实践智慧,毋庸置疑,这也是促进学生工作思维创新的重要方式。思政教师要注重自己的学生工作实践,在日常的学生工作中需要关注以下几个方面。

1. 关注学生日常表现,更关注学生的生命成长

实践智慧是一种向善的理性智慧,因此实践智慧的核心是"德",立"德"才能树"人"。我们在日常工作中对学生的行为有较多的关注,但智慧型思政教师必定更关爱每一位学生的生命成长。在传统导向下,思政教师更多关注的是常规工作的完成情况,各项通知的上传下达与完成情况,而对思想政治教育的内涵与深刻意义,即在促进学生的生命成长方面的作用与效果却关注甚少。叶澜教授曾指出:教育是关于"人"的一项生命实践。因此,思想政治教育工作应是点燃生命的活动,对学生的生命成长方面不可忽视。

2. 理性面对思政教育教学工作中的困境与挑战

学生工作过程的展开无法完全依照预定的模式,因为学生工作具有动态性、多变性、情境性的特点。每一个学生都具有个体独特性,发生的问题也不尽相同,而成长中的学生也存在着各种发展的可能性,于是就决定了工作的开展不可能只是按照惯常的思路或既定的模式展开。实际上,真实的学生工作一定是充满各种"挑战"和"考验",而这种挑战往往会给学生工作带来一定的"意外"或"无序",但这种"意外"或"无序"在某种程度上具有积极的意义,它会增加思政教师的个体经验并有可能在一定程度上引发思考或促生某种潜力。当思政教师面临一次次挑战时,思政教师的实践智慧就可能自然而然地产生。

(二) 个体经验的积累、反思与感悟

思政教师在从事学生工作时不可避免地需要面临复杂多变的思政教育教学的工作场景,面对各类个性独特且情况迥异的学生,这就要求思政教师在对个人经验不断积累的基础上进行更高层次的反思。反思,意指人类对自己行为和经验的"再认识",目的在于使人类进一步更好的实践。内尔·诺丁斯曾指出:"改

进教育实践最好的方式是把教育者和受教育者提升为有自主意识和反思能力的人。"

就思政教师个体而言,最宝贵的财富就是其个体经验,但单靠经验是不够的,美国学者波斯纳提出"成长＝经验＋反思"。我们在现代思政教师的发展中应提倡"反思型"思政教师的培养,其本质是培养思政教师的判断力,培养属于思政教师自己的实践智慧。在这里,我们需明确"反思"不是一种具体可见的形式,而是思政教师专业自主性的表现,它应当成为思政教师一种自觉的思维习惯与生活方式。所以,个人反思有利于思政教师不断寻求自身学生工作新的意义,也有利于思政教师对自身的再认识。

(三) 教育交往能力的培养

叶澜教授指出:教育工作者除了自己的学科知识外,还需要具备一些能力,其中包括理解他人和与他人沟通的能力,以及管理能力和教育研究的能力。可见,对教育对象的理解和与教育对象的沟通对思政教师来说是至关重要的。具体来说,思政教师要想培养这种能力需要从以下几个方面着手。

1. 走入思想政治教育世界

康德曾指出:"人类要敢于认识！要有勇气运用人类的理智。"人类要想应对周围复杂的各种关系,就必须具有自由与纯粹的心灵和思维能力,只有如此才可能确立起真正的、清醒的自我意识,才有可能形成指导实践活动的智慧和意志品质。

思政教师要走向成熟,就是要求其有勇气运用自己的理智,敢于认识自己、面对挑战,而不是急于从现有的世界去寻找既有的答案或者盲目照搬照抄。通过对学科知识的融会贯通,以自己的感知理解思想政治教育世界,重新认识自己和面对的学生,努力构建自身对生活世界、教育世界的理解。思政教师应当主动走进学生的思想政治教育世界,所开展的思想政治教育活动的主题、内容和形式必须贴近高校学生,突出学生的需求。努力让受教育者学会从自己的主观世界出发,学会认知社会,感知社会,并能用自己的智慧分析社会、接纳社会、走进社会。

2. 形成思想政治教育对话机制

思政教师的实践可以看作为一种"合作性"的实践活动,其中很重要的一项内容就是"对话"。"对话"可以看作是一个理解的过程,是现在和过去、个体与个体之间沟通和融合的过程。

在《被压迫者教育学》一书中,保罗·弗来雷对目前的主流教育模式进行了批判,他指出:教育应从人的"主体性"出发,以"问题提出式教育"取代"银行储蓄式教育"。"问题提出式教育"模式的核心就是对话,并将对话看作为教育追求自由和解放目标的精髓。由此可见,对话在一切教育活动中是一种非常有效的方法,对话的基本条件是:爱、谦卑、信任、希望、批判性;反对话是作为压迫者的工具,对话则是解放的工具。内尔·诺丁斯认为对话是无固定答案的,是开放的。"在一次真实的对话中,参加者在对话的开始并不知道对话的结果。对话允许我们表达各自的心声。对话还有道德教育功能。对话把人们联系在一起,从而使得我们有可能建立一种充满关心的人际关系。"

五、结语

拥有实践智慧的思政教师一般具有敏锐的洞察力,有预测复杂学生工作情境中可能出现的各种问题或突发状况的能力,有准确把握教育时机、化解学生矛盾和冲突的能力,有稳妥处理突发性事件和及时作出正确决策的魄力,具有和学生进行心灵沟通的感染力。思政教师的实践智慧不是可以被简单习得或传递的东西,是动态生成并具有一定的内隐性。思政教师实践智慧的培育方式需要思想政治教育研究者和思政教师自身不断去探索、发现、实践和完善。在日常思想政治教育教学工作的开展中,思政教师要注意学科知识的构建、工作经验的总结和实践智慧的培养,促使自身最终走向智慧发展之路。

参考文献

[1] 王跃红,王工一.教师实践性知识辨析及启示[J].内蒙古师范大学学报:教育科学版,2006(4).

[2] 埃德加·莫兰.复杂性理论与教育问题[M].陈一壮译.北京:北京大学出版社,2004.

[3] 威廉F·派纳,威廉M·雷诺兹,帕特里克·斯莱特里,等.理解课程[M].张华,等译.北京:教育科学出版社,2003.

[4] 叶澜.新世纪教师专业素质初探[J].教育研究与实验,1998(1).

[5] 内尔·诺丁斯.学会关心教育的另一种模式[M].于天龙译.北京:教育科学出版社,2004.

让金融案例教学成为不让学生奔波的"实习"

郭喜才

金融是经济的核心。当前,上海业已成为我国的金融中心,也有成为世界金融中心的雄心壮志和具体举措。地处上海的华东政法大学商学院金融专业也成了较有吸引力的专业,生源来自江浙沪以及全国各地。不仅本科生源优秀,研究生生源质量也大幅提升。总体来讲,金融专业本科学生基础扎实、充满朝气和头脑聪明。

身为90后的金融专业学生,自然对金融教学有更高的期望,希望为将来走向金融市场打下良好的基础。为进一步熟悉市场,很多高年级本科学生,特别是大三的学生,都加入了浩浩荡荡的实习大军,经过对一定数量学生的调查,普遍感觉花费的时间成本很高,但实际限于实习部门业务的专一性,因此无法准确把握金融业务的整体情况。迫切希望了解金融市场业务的诉求与花费大量时间实习效果不佳似乎就成为金融学专业学生苦恼的现实问题。解决这个问题,需要从教学设计上下工夫,进一步提升课堂上理论结合实践的程度,让金融案例教学贯穿整个教学主线,切实开阔学生的市场视野。

与其他很多工科专业相比,金融学科有其自身特色。对于卫星发射来讲,一定是先有很艰深的理论或者计算,才有航天员上天实践。而对于金融学科来讲,很大程度上是先有市场现象,然后倒过来由教科书解释这些金融现象。特别是著名的B-S公式,其用来计算期权价格的著名理论创新并获得诺贝尔经济学奖,也是在市场已经对期权交易了很久之后,才后知后觉地有了这一套理论。因此,作为金融专业必修课的"证券投资学",一定要充分了解其自身特色,以市场为索引的理论讲解才能够更加有的放矢,既吸引学生上课认真听讲,也帮助学生了解市场的需求。下面以宝能万科股权之争、光大乌龙指事件为例,结合理论与实际,让学生学习并购重组的相关知识和企业、资本、监管等相关各方的交锋。

一、宝能万科股权之争

事件主要角色:万科、宝能、华润、安邦、恒大、深圳地铁、黑石。

(一)万科

万科成立于1984年,1988年进入地产领域,并逐步成为中国内资住宅房企的标杆。万科这个企业有个特点:铁打的王石,流水的股东。2000年3月,万科宣布引入华润收购原深特发持有的万科股份,成为万科第一大股东。此后,华润与万科达成默契,未以大股东身份过多干涉万科内部决策。在前海人寿首次举牌万科之前,最大股东华润仅有不到15%的股权,万科近年总股本维持在110亿股,2015年7月,万科股价在14元左右,此时万科市值为1 540亿元左右。也就是说,若股价不变,仅需230亿元左右的资金就能成为一家彼时销售额在2 600亿元、总资产在5 359亿元的旗舰地产公司的大股东。

(二)宝能

宝能是深圳特区一家老企业,所涉产业从地产开发、物流、文旅到金融。同为地产商,姚老板似乎对综合体特别感兴趣,遍地开花的宝能城、产业园、宝能城市广场。但和住宅地产相比,在地产腾飞、价格飞涨的年代,综合体项目显然不如快周转的住宅项目能迅速扩大体量。但宝能显然在金融上有更大的野心,2012年姚振华成立了前海人寿,与传统寿险业务不同,前海人寿大幅利用"万能险"(一种带投资属性、且为投资者提供固定收益的险种)的灵活度迅速扩张,前海人寿万能险占比一度超过80%,远高于同业。

2015年7月11日,宝能系首次举牌万科,前海人寿通过二级市场买入万科约5.53亿股,占万科总股本约5%,此次耗资约80亿元。2015年7月24日,宝能系再次举牌万科,前海人寿、钜盛华持股数量达11.05亿股,占万科总股本约10%。2015年8月27日,万科发布公告,钜盛华及前海人寿再次增持万科约5%股票,合计持股数超过15%,成为万科第一大股东。值得注意的是,宝能系至少通过险资、融资融券、收益互换、资管计划、股权质押等方式,带杠杆收购万科股票。

（三）反击

2015年9月4日，港交所最新权益信息披露，华润在8月31日、9月1日两次增持万科，华润及旗下中润合计持有万科15.29%股份，此举被认为华润有意夺回大股东位置。

2015年12月4日，万科发布"关于第一大股东变更的提示性公告"，宝能系通过资管计划在二级市场竞价购入万科A股股票，占比4.97%。截至当日，宝能系合计持股20.008%，为万科第一大股东。

2015年12月17日，万科董事会主席王石在一次内部讲话中，宣称不欢迎宝能。据媒体报道，王石认为其了解宝能发家史，认为宝能信用不够、能力不足，且短债长投，风险巨大。

2015年12月18日，宝能在官网上表示，集体恪守法律、相信市场力量，疑似对呛王石。

（四）安邦

2015年12月18日，据港交所披露，安邦保险增值万科约1.7亿股，此时每股均价在21～23元，安邦占有万科A股股份7.01%。

2015年12月18～23日，万科停牌，官网发布声明，欢迎安邦成为重要股东。安邦以"白马骑士"姿态出现，耐人寻味。

（五）深圳地铁集团

2016年3月14日，万科突发公告，宣布重大资产重组取得进展，万科于3月12日与深圳地铁集团签署合作备忘录。公告提及，深圳地铁集团将注入部分优质地铁上盖物业项目资产，万科拟采用向深圳地铁集团发行股份为主，差额以现金补足的形式收购深圳地铁集团持有的目标公司股权，初步预计交易对价介于人民币400亿～600亿元间。

2016年3月17日，在临时董事会结束后，华润代表突然呛声万科，称万科与深圳地铁集团的合作公告未经董事会讨论及决议。此事被视为华润与万科管理层第一次公开闹僵。

（六）两会争端

2016年6月26日，宝能系提起召开临时股东大会，申请罢免彼时现任所有董事，包括王石等。

而在6月28日的股东大会上，华润系、宝能系均对2015年度董事会报告、监事会报告投出反对票，宝能系亦对2015年年度报告投出反对票。

（七）黑石

2016年7月12日，万科宣布将与合作方收购黑石基金持有的商业地产公司（印力商用），收购标的公司96.55%股权，收购对价128.7亿元，万科自有出资额38.89亿元。

据香港媒体披露，万科此次交易拟与招商银行、绿景中国共同进行，招行扮演借贷方角色。亦有媒体宣称，此为万科引入深圳地铁集团的Plan B，目的是若被大股东罢免，万科能有新的运作平台。

（八）万科反击

2016年7月20日，万科公告称，其确于7月19日、20日向证监会、基金业协会、深交所等监管机构递交《关于提请查处钜盛华及其控制的相关资管计划违法违规行为的报告》，对宝能系采用资管计划增持万科股票事项请求查处，认为宝能系违反信息披露及资产管理的法律规定，并由资管计划让渡表决权的合法性等提出质疑。

2016年7月，万科工会向罗湖区法院起诉宝能系及背后资管计划，认为其未按照法规要求履行披露义务，增持属无效行为，损害股东利益。被告方宝能系认为此案不属于罗湖人民法院管辖，但深圳中院未予支持。

（九）恒大

2016年8月4日，据恒大公告，恒大系购入约5.2亿股万科A股票，持股比例约4.68%，成本91.1亿元。

2016年8月16日，万科公告称，恒大持有万科股票7.5亿股，占比约6.82%，总代价145.7亿元。

2016年11月18日，万科公告称，恒大已持有万科股票10.4亿股，占比9.45%，总代价222.6亿元。

2016年11月23日，恒大再次举牌，其持有万科10%股票。

2016年11月29日，恒大发布公告，其共持有万科15.53亿股，占万科总股本14.07%，逼近华润15.31%的比例。根据万科11月30日的公告，恒大的持股成本为23.3元/股。

（十）监管

据媒体透露，2016年12月，深圳市相关部门介入协调，与华润、万科达成有关股权转让的协议。消息称，华润亦受到国资委监管层面的压力，国资委要求华润配合深圳市政府妥善解决问题。

2017年1月13日,万科发布公告:华润系将名下15.31%的万科股票,悉数转让至深圳地铁集团,转让对价为每股22元,深圳地铁成为万科第二大股东。

2017年3月16日,万科发布公告:恒大与地铁集团签署《战略合作框架协议》,将恒大持有万科14.07%股权的表决权、提案权及参加股东大会的权利不可撤销地委托给深圳地铁集团,期限一年。

地铁集团拥有万科29.38%的股权权利,成为万科实际上的第一大股东。

保监会亦表明立场,2016年12月,保监会下函责令前海人寿整改,并要求停止开展"万能险"新业务。

2017年2月24日,保监会下发处罚决定书,对前海人寿编制虚假资料、违规运用保险资金等事项进行处罚,给予姚振华禁止进入保险业10年的处罚。

2017年2月25日,保监会对恒大人寿亦进行处罚,给予其副总刘浩禁业5年的处罚。

(十一)尾声

2017年6月9日,恒大发布公告,将所持有的15.53亿股万科股票出售给深圳地铁集团,出售价格为每股18.80元。此价格与恒大平均持股成本23.3元/股相比,每股亏损4.5元,合计亏损约70亿元。

(十二)点评

1. 敌意收购中的"矛"与"盾"

在无法采用MBO的前提下,敌意收购往往会激发原管理层的强烈抵触。在未介入董事会之前,新股东往往无法在企业管治层面实现话语权,而原管理层则可以在公司章程规定的范畴内,通过引入白马骑士、毒丸计划或如万科事件中的增发股票、购买资产等方式,抵抗新股东的介入。因而,收购方在介入收购前需对目标公司章程和议事规则细节深入研究,避免介入后进退两难的局面。

宝能系显然未能料到,万科搬出深圳地铁集团的重组收购居然能避过股东会层面的表决。万科股权分散既是"矛"也是"盾",宝能易进入,意味着其他人也容易介入。三块地即可换得万科大股东身份、增发股权不涉及重大资产重组,这些巧妙的细节也体现万科法务团队的高明。

2. 寻求帮手时,勿树立新的敌人

站在万科的角度,其引入深圳地铁集团时,应不曾料到华润一度倒戈。从华润的立场看,虽然自己没有能力(或合规需要)继续增持万科与宝能角力,但也不希望深圳地铁集团抢占自身地位。万科在引入新股东时未能充分领悟华润诉求,险些失去主动权。若彼时华润、宝能联手,管理层的地位难保。

3. 规则

宝能此役,输在了未顾忌利益相关者(stakeholders)。商场如战场,没有谁的屁股完全干净。宝能利用资管计划举牌,曾被时任证监会主席公开反对,后又被保监会抓了典型。万科作为公众上市公司,其股权之争引发广泛关注,宝能显然塑造了强势资本抢夺创业者位置的形象,也触及了监管层不希望资本大额干扰市场稳定的红线。

站在监管层的角度看,扶持企业发展、规范金融市场是第一要务,万科之争亦上升到了健康的资产市场、社会利益之争。

4. 谁输谁赢

恒大一进一出,折损 70 亿元。或许由于恒大主动退出的态度,深圳市政府会给予一定补偿。但此妥协之举,很难看出恒大能从中收益。

宝能陷入两难,资管计划若到期面临兑现的流动性风险,同时万科股权未到手、姚振华退出几乎成定局。为此,宝能的险资小道受到监管层的关注,后期想继续通过此进行并购的难度将增大。虽然面上姚振华仍有账面浮盈,但由于持仓量巨大,退出必然会影响股价。

华润经此一役,彻底退出万科。华润持有万科十数年,已赚盆满钵满,但此番再无万科股权。

深圳地铁集团成为万科第一大股东,赢得了股权之争。其背靠的深圳市国资委作为第一大股东,对万科拥有强有力的话语权。但从账面看,深圳地铁集团持有的万科股票已有巨额浮亏。

安邦近期在万科事件中已属低调,从持仓成本看,安邦略有浮盈,但安全垫已经较低。

万科管理层看似狙击了"野蛮人",但在振荡后,失去原先相对"自由"的管理局面。在深圳地铁集团对万科的管控介入未能明晰之前,表面上看,万科已经"有人管"了。

二、光大"乌龙指"事件

2013 年 8 月 16 日 11 时 05 分,上证综指突然上涨 5.96%,50 多只权重股均触及涨停。造成当天市场异动的主要原因是光大证券自营账户大额买入。经核查,光大证券自营的策略交易系统存在设计缺陷,连锁触发后生成巨额订单。

这是中国A股市场上至今为止最大的乌龙事件。这一意外让光大证券损失惨重,从总裁到部门负责人直至程序员,每个人不得不当机应变作出决策。短短24小时,他们的职业命运也被这一偶发事件所改变。这也是中国证券史上此前从未发生过的案例。面对处罚,事件当事人之一杨剑波仍在抗辩中。在股市被热炒的今天,这仍是中国投资机构极为难忘的一课。

（一）事件始末

2013年8月16日上午11点05分08秒,沪指突然直线拉升100点,暴涨5%,2分钟内成交额约78亿元,造成了6年来最大的波动。

沪指的暴涨源于光大证券的误操作——光大证券自营的策略交易系统包含订单生成系统和订单执行系统两个部分,存在程序调用错误、额度控制失效等设计缺陷,并被连锁触发,导致生成巨量市价委托订单,直接发送至上交所,累计申报买入234亿元,实际成交72.7亿元。

根据事后监管层的调查和处罚认定,当光大证券发现误操作后,相关人员不是第一时间披露信息,而是利用内幕信息反向操作,规避损失,将18.5亿元股票转化为ETF卖出,并卖空7 130手股指期货合约。

光大证券在期现货市场上的套利行为让众多跟风买入的无辜投资者受损。当天沪指瞬间暴涨逾5%后,45.7万户个人投资者跟风买入,买入金额330多亿元;1 613户机构投资者跟风买入,买入金额65亿元,推动早盘沪指3%以上的涨幅。但午后,沪指持续回落,并以0.64%的跌幅收盘,T+1的交易制度使这部分跟风入市的投资者损失惨重。

（二）证监会调查

2013年8月30日,证监会公布了对光大异常交易事件的调查处理情况,此事件被定性为内幕交易与信息误导、内控缺失。其中,"因程序错误,以234亿元巨量申购180ETF成分股,实际成交72.7亿元"为内幕信息,光大证券为内幕信息知情人,此内幕信息在14时22分才由光大证券发布公告公开。11月15日,证监会正式公布《行政处罚决定书》,没收光大证券ETF内幕交易违法所得1 307万余元、股指期货内幕交易违法所得7 414万余元,并处以违法所得5倍的罚款,上述两项罚没款共计5.23亿元。光大证券时任公司总裁徐浩明、助理总裁杨赤忠、计划财务部总经理沈诗光、策略投资部总经理杨剑波被给予警告、罚款60万元并终身禁入证券期货市场的处罚。

几人之中最年轻的杨剑波不服,他认为当天下午的对冲操作并不能被认定为内幕交易,他举出无数成熟资本市场的类似案例,以及大量的学理和事实论述作为申辩提交给中国证监会,均未被采纳。2014年,杨剑波委托北京市中兆律师事务所律师提起行政诉讼,状告中国证监会,要求撤销处罚决定。此案为中国资本市场首次发生的新型案件,属于重大疑难,一审判决延期了三次,2014年12月,杨剑波一审败诉。其不服上诉,2015年5月,杨剑波二审败诉。其决定向最高人民法院申诉。

（三）反思

该事件让我们反思的第一个问题是,光大的交易风险控制系统是如何运行的。交易员一键下去,放大了100倍的天量交易居然无障碍地进入了成交程序,我们不禁要问,光大的风控系统当时处于什么状态?

该事件让我们思考的第二个问题是,突发情况下,如何处置系统性风险。正常情况下,光大的错误交易被发现后,应启动"急刹车",停止一切交易,并立即报告证交所待查。在股指短时间出现剧烈波动后,证交所也应该果然启动自行融断程序。

该事件让我们思考的第三个问题是关于赔偿。光大面临的索赔可能来自两个方面,一方面是来自这个ETF套利产品的客户,因为管理人光大的风控失误导致的交易失误如何赔偿？另一方面的赔偿当然是来自在朦胧中追涨和被迫平仓的期货市场空头投资者,这一群体面广量大,索赔金额具有极大的不确定性。而光大作为责任主体,是千夫所指,难辞其咎。

通过对金融案例的讲解,将理论知识嵌入实际运用的案例中,既可以将枯燥的理论以及分散的知识通过案例串联起来,又可以通过鲜活的案例让学生感受金融的魅力,进而提升其学习的动力和兴趣,可谓一举多得。

如何提升高校大学生的科研能力

王建香

一、引言

自2012年以来,中国GDP增速一直保持在8%以下,至2015年中国GDP增速降至6.9%。在经济从高速增长转变成中高速增长的背景下,如何转变经济增长模式成了摆在政府和学界的难题。习总书记提出了建设"创新型国家"的伟大理念,要求要把提升创新能力作为转变经济增长方向的重要举措。培养具有创新竞争力的大学生是支撑创新型国家建设的重要抓手,而提升学生科研能力又是培养大学生创新力的重要体现。因此,在经济发展进入新常态下,作为人才培养摇篮的高校,思考如何提升大学生的科研能力对于培养创新型人才和建设创新型国家具有战略意义。

然而,我国高校目前在大学生的科研能力培养上表现不尽如人意。随着近十多年来高校不断扩招,导致高校在招生数量上急剧增加,人数的增长使得高校在大学生素质与能力教育上明显表现出应对不足。高校在大学生培养上存在较为明显的"走量"现象,大部分高校对于思考和应对如何提升学生的科研能力和创新力表现不佳,最终的结果就是目前大学生的综合素质越来越难以得到社会和用人单位的认可。鉴于此,本研究认为培养学生的科研能力是提升高校大学生综合素质的重要抓手,对于改变目前高校扩招所导致的学生培养质量下降、提升学生创新能力、推动经济和社会的大发展具有重要意义。

二、大学生科研能力的内涵和组成

（一）科研能力的内涵

科研能力是科学研究能力的简称，是人们在开展科学研究活动时，运用科学方法探求事物的本质和规律的过程中所表现出的本领。与一般能力不同，大学生科研能力是一种专业能力，需要经过专业训练才能获得。大学生科研能力是保障大学生顺利开展科研活动，提升科研效率，掌握客观世界规律的重要抓手。大学生科研活动一般包括知识和信息的搜索、知识分析、问题归纳凝练、论文写作、成果汇报展示等几个阶段，大学生在这几个阶段都需要拥有相应的能力。按照科研活动开展的逻辑顺序，本研究认为大学生科研能力可以划分为知识搜索能力、知识分析能力、问题归纳能力、论文写作能力、论文汇报能力。

（二）科研能力的组成

1. 知识搜索能力

21世纪是信息爆炸的时代，除了传统的报纸、电视、书籍、数据库以外，互联网时代的各种网络和传播媒介充斥着多种多样的海量信息。科研活动的开展是以知识和信息的获得为前提，通过对知识和信息的分析、处理从而获得有价值的结论。因此，能否从海量的信息库中获得自己需要的、有价值的、准确的信息是开展科研活动的必要条件。作为新时代的大学生，必须具备知识和信息的搜索能力，要求能够熟练应用各种网络搜索工具和图书馆检索工具进行信息搜索，并且能够从各种相关信息中甄别出对科研项目开展有用的信息。可以说，大学生的知识搜索能力对于科研项目的顺利进行至关重要。

2. 知识分析能力

在通过知识搜索和初步甄别获取海量的信息之后，大学生需要能够对所获得的初步资料和数据进行深入的分析和处理。一般来说，知识的分析过程包括定性分析和定量分析两个过程。定性分析是大学生综合应用比较、综合、归纳、演绎等逻辑方法对所获得的资料和信息进行处理，从而获得最终的结论。定量分析是大学生能够熟练应用如相关分析、回归分析、结构方程建模、信度和效度分析、计量模型分析等方法对所获得的数据进行深入分析，通过数据之间的定量关系来得出变量与变量之间的关系，找到所研究现象背后的联系，揭示出现象背后的客观规律。

3. 问题归纳能力

开展科学研究的一个出发点就是要求大学生能够根据自己的分析和观察提

出深刻的社会问题,能够找到解决目前困扰国家、产业和企业发展难题的突破口,即大学生要能够通过对现有的知识和信息进行归纳并最终提出问题。问题归纳能力是大学生科研训练的一项重要任务,目前我国大学生的填鸭式教育在很大程度上打消了学生主动学习的积极性,学生往往都是被动地吸收老师传授的知识,最终导致大学生的问题归纳能力极差。实际上,能否通过信息检索和分析进而提出问题在一定程度上反映了学生的学习状态和能力水平。

4. 论文写作能力

在经过前面的知识和信息的搜索、分析、问题归纳之后,大学生要能够对所思所想形成逻辑清晰的文字材料,要能够通过自己的写作来表达自己的思想和观点。目前,高校学生由于往往过于注重理论学习,通过记、背、算来考取高分,老师在考查学生能力时也没有设计出能够考查学生综合能力的方案,还是依靠一张考卷来判定一个人的能力高低,而极大地忽视了对大学生写作能力的考查。实际上,大学生在走入社会之后有非常多的写作需求,如对本部门的工作进行规划和年终总结。

5. 论文汇报能力

除了良好的文字功底以外,大学生的科研能力还包括论文汇报能力,即我们通常说的自我展示能力。开展科研活动的一个重要环节就是与同行进行科研交流,这其中就涉及把自己的科研成果向别人汇报,听取对方的意见,并作进一步改进。科学研究绝不是闭门造车,也不能闭门造车。科研交流是有效提升大学生科研能力的重要途径。此外,通过在公开场合展示自己的成果还能够完善自己的逻辑链条,使自己的研究思路更加清晰。因此,本文认为论文汇报能力也是科研能力的重要组成部分,是研究成果的展现,也是研究结束或告一段落后总结的需要。

三、培养大学生科研能力的重要意义

(一) 对建设创新型国家具有战略意义

创新已经成了各国竞相追逐的焦点,而引领这场创新争夺战的就是人才。大学生是推动国家建设的主力军,是国家的重要智力资源和知识储备库,大学生的科研创新能力对于我国建设创新型国家至关重要。值得指出的是,加强高校大学生科研能力培养并不仅仅是为了培养一批研究型人才,大学生科研能力的培养对于其将来开展其他日常工作、创新和创业都是非常必要的。科学研究的过程本质上就是一个发现问题和解决问题的过程,学生在这个过程中能够学习到大量的信息搜索和信息处理能力、逻辑思维能力、团队协作能力、口头表达能力和综合分析能力,这些能力对于大学生日后的长远发展都是非常宝贵的。

(二) 对高校健康发展具有战略意义

经过几十年的教育现代化发展,我国已经建立了一批国家"985"和"211"知名高校,积蓄了一批科研力量,为本科生科研能力的提升打下了坚实的基础。然而,值得指出的是,由于我国高校近年来大规模扩招,导致目前我国高校在大学生综合素质培养上还存在很大的不足,培养出的人才难以满足社会和经济发展的需求。《国家中长期教育改革和发展规划纲要(2010—2020年)》指出,我国高校教育体系还不完全适应国家经济社会发展和人民群众接受良好教育的要求。高校教育观念相对落后,内容方法比较陈旧;教育体制机制不完善,学校办学活力不足。因此,加强大学生的科研能力对于提升高校大学生竞争力,提升高校服务国家经济发展的能力均具有重要意义。

(三) 对推动个人成长和发展具有积极意义

1. 提升大学生创新能力

开展大学生科研能力建设能够在很大程度上提升大学生的创新能力。或者说,科研能力训练为创新能力提升提供了一种途径。传统教育的失败之处就在于抹杀了学生的好奇心和学习主动性,开展科研能力训练能够在很大程度上破解这种难题。进行科学研究就需要学生主动地思考如何解决问题,主动搜索信息和分析信息,并且对分析得出的结论思考如何解释。这一切都能够激起学生的学习主动性和创新思维。

2. 推动理论与实践结合

目前我国绝大多数的大学还是采用传统的教学模式,通过"老师教、学生听"的教学模式来灌输书本上的理论知识。这种模式长期以来受到了教育界的强烈批评,学生觉得教师的教学模式枯燥乏味,而教师也觉得讲的过于空洞。最终的结果是学生往往依靠死记硬背记住了课堂的理论知识,但却陷入了"知其然不知其所以然"的局面。开展科研训练能够在很大程度上解决理论与实践脱节的问题,最大限度地让学生消化课堂所学的知识,加深对最基本理论知识的理解。

3. 增加大学生的就业机会

随着高考的不断扩招,高校近年来培养了大量的大学生,使得社会上大学生严重供过于求,而近年来我国经济发展速度总体趋缓更加使得大学生就业形势极端严峻。大学生的供过于求使得用人单位对大学生的要求越来越高。在招聘过程中,用人单位不仅要求学生具有良好的专业知识,还要求大学生具有优异的合作精神、创新意识和问题解决能力。在这种形势下,只有不断提升大学生的综合素质,才能够缓解大学生的就业难题。

四、大学生科研能力培养面临的问题

(一)学生对科研活动缺乏认识

传统意义上,大学生在校期间主要是学习书本知识,参加一些社会实践,而对于如何开展科学研究缺乏规划,这种规划的缺失最终导致的就是高校大学生对科研活动缺乏认识。大部分学生将科研活动等同于社会实践、社会调查、读书报告,没有领悟到科研活动的精髓。

(二)大学生科研资助经费不足

开展科学研究需要一定的科研经费支持,如资料收集、外出参会、外出调研、项目讨论都需要一定的经费。然而,目前我国高校普遍面临经费过少的问题,在科研场所供应和数据库购买上仍存在不足,对于高校教师的科研资助力度尚不能满足教师的需求,更加谈不上支持学生的科研活动。因此,目前我国高校大学生的科研活动基本都是零敲碎打,或者是依附于某些教师开展一些简单的研究。

(三)科研选题超出学生能力范围

目前,高校大学生缺乏选题能力,而大学教师在学生的学年论文和毕业论文的指导过程中往往存在选题过大、超出学生能力范围的问题,在选题时,时常以"中国(我国)企业""中国(我国)产业"等作为标题,这种选题最终必然使得学生感觉无从发力,阻碍学生科研活动的开展。大学生选题应该是小而精,聚焦于某个小问题,应用所学的基本理论进行解释,得出有益的结论。

(四)教师整体科研能力参差不齐

大学生科研能力的提升必然依赖大学教师的培养,因此大学教师的科研能力直接决定了大学生科研能力的高低。在大学扩招的直接驱动下,我国高校从应届博士毕业生中招聘了一大批的青年骨干教师,这些教师拥有较强的科研能力,直接拉升了高校的整体科研水平。然而,高校中还存在大量的中老年教师,这些教师中的很多人由于没有接受过系统的科研训练,因此导致高校教师的整体科研能力参差不齐,进而也影响了大学生科研能力的提升。

五、提高大学生科研能力的举措

(一) 更新高校对于大学生的教育观念

传统的大学生培养模式只是注重大学生的书本知识传授,注重理论知识的学习,而对于如何发挥科研活动在学生培养中的作用缺乏关注。事实上,传统的教育理念已经不能适应现代市场的需求。经济的发展使得市场对于大学生提出了新的要求,要求大学生拥有更强的学习能力、创新能力、沟通能力和团队协作能力。高校应充分认识科研活动在培养高素质人才中的重要作用,要充分实现"教学与科研"的两翼化发展,实现教学推动科研,科研反哺教学,通过教学与科研的互动来提升大学生的创新能力和竞争力。

(二) 发挥教师在学生科研中的关键作用

大学生参与科研活动主要是学年论文、毕业论文以及平时的各种科研项目和创新创业比赛,而这些环节均离不开教师的指导。因此,高校教师应该加强党性教育,以培养高素质人才为荣,发扬毫不利己、专门利人的精神,积极和学生打成一片,通过亲身实践和言传身教来提升大学生的科研能力。另外,高校教师需要创新教学模式,在教学过程中充分整合科研训练模块,将科研和教学融为一体,通过实验设计、案例分析等课后作业的形式来锻炼学生的信息收集能力、信息分析能力、数据处理能力和口头表达能力。

(三) 建立专门的大学生科研启动经费

科研能力的提升依附于科研活动的开展,而大学生科研活动的开展离不开科研经费的支持。目前我国高校将经费主要用于教师教学激励计划和教师的科研活动奖励,而对于大学生的科研活动支持力度较小。因此,高校在培养大学生科研活动的过程中必须以一定的经费支持为依托,通过设立如大学生创新创业基金、大学生创业模拟大赛、大学生科研启动基金等项目来推动大学生科研活动的开展。科研经费的资助范围应该包括社会调查、读书报告、学术论文、建模大赛、挑战杯系列比赛等。

(四) 建立科学的科研奖励和科研学分机制

目前,高校大学生对于科研活动的理解存在偏差,认为科研活动是一种课外活动,仅仅是对课程学习的一种补充,是一种可有可无的学习活动。因此,高校要从根本上纠正这种认识偏差,必须从制度上通过适当的设计来扭转这种认识。具体来说,要想充分调动学生的科研活动积极性,必须解决两个问题:第一,建立科学的科研评估和奖励机制。对学生的科研活动进行监督和指导,对学生取得的科研成果进行奖励,充分调动的学生的科研兴趣;第二,将科研活动量化和学分化,使得大学生的科研和上课一样具有学分,从而吸引大量的大学生开展并完成科研活动。

参考文献

[1] 张健.大学生科研能力的培养探析[J].辽宁师专学报:社会科学版,2010(1):57-59.

[2] 罗遐.大学生科研能力培养策略研究[J].当代教育理论与实践,2015(7):155-157.

[3] 曹洪洋.大学生科研能力培养存在的问题及思考[J].中国电力教育,2012(23):15-16.

[4] 颜廷丽.大学生科研能力培养的必要性及可行性分析[J].中国成人教育,2013(7):70-72.

[5] 王广顺,陈小雷.论大学生的科研能力及培养途径[J].河北师范大学学报:教育科学版,2006,8(6):95-97.

[6] 陈金飞,李康,王薇.大学生科研能力培养的理论与实践探索[J].产业与科技论坛,2012(1):200-201.

[7] 陈林飞,葛凡,吴玲.大学生科研能力培养的若干方法研究[J].课程教育研究,2016(2):204-204.

[8] 韦思明,戴玉英,蒋建平,等.大学生科研能力培养的探讨[J].教育教学论坛,2013(43):195-197.

[9] 董发广,赵毅斌.大学生科研能力培养的研究[J].山西财经大学学报,2007,29(z1):237-238.

[10] 王茹,王玉华.大学生科研能力培养机制探讨[J].天津职业技术师范大学学报,2003,13(1):53-56.

[11] 尹蓉蓉.大学生科研能力培养研究初探[J].江苏科技大学学报:社会科学版,2011,11(3):102-105.

[12] 王守华,纪元法,孙希延.大学生科研能力培养因素分析与模式探索[J].科教文汇旬刊,2015(10):189-190.

[13] 陈新景,何俊华.大学生科研能力现状及原因分析[J].河北广播电视大学学报,2011,16(3):79-81.

[14] 刘亦工.地方性本科院校大学生科研能力的培养[J].湖南第一师范学院学报,2011,11(6):57-60.

[15] 李飞.基于大学生科研能力培养的高校课堂教学策略探析[J].教育理论与实践,2014(27):47-48.

[16] 张志刚,殷科生.加强应用型高校大学生科研能力培养的探索[J].当代教育论坛,2011(1):48-49.

[17] 苏盛光.努力提高文科大学生的科研能力[J].中南民族大学学报:人文社会科学版,1999(s1):39-40.

[18] 常天俊.培养大学生科研能力的探索和实践[J].黑龙江教育:高教研究与评估版,2012(8):12-13.

世界一流商学院学科设置研究
——基于世界百强商学院的数据统计分析

曲怡颖

一、引言

十九大报告指出:"加快一流大学和一流学科建设,实现高等教育内涵式发展。"这为本科高校的发展提供了新动力。一流的商学院在本科高校教育中扮演着重要角色,在一定程度上起着引领商业管理教育潮流的作用,是实现高等教育内涵式发展重要的、不可或缺的一部分。随着经济的不断增长,商学院的发展呈现出以下趋势:以应用型研究为导向,建立特色学科体系;建设一流师资队伍,强化学术研究,打造核心竞争力;建立完善的市场化运作体系,研发符合市场需求的课程;全方位的国际化战略。定位是战略制定的起点与依据,是一所商学院能否科学发展、创出品牌、办出特色的重要前提,这就需要学院有高层次的目标定位,立足于自身的实际,从目标、类型、学科、层次等几个方面通盘考虑,找准定位,使之科学化、合理化,找到适合自身的具有一定特色的发展道路。

理论界学者们和教学实践者对商学院学科设置的研究方面,重点关注了世界顶级的几所商学院的发展经验,尤其是哈佛大学商学院、斯坦福大学商学院、伦敦商学院等。虽然顶级商学院的发展经验值得借鉴,但是由此而得的研究结论较为片面,无法呈现出各个发展阶段的商学院发展情况。那么,本研究将从更广泛的样本视角出发,统计世界百强商学院的学科设置情况,并对学科质量与学科结构方面进行统计分析,试图为国内商学院学科设置给出一个较为全面的现状统计,并总结得出百强商学院的三种发展模式。

二、研究设计

（一）世界百强商学院的排名体系概况

国内外商学院或者管理学科的评价大体可以分为商学院认证和排行榜两种方式。国外商学院的认证主要是以美国认证体系和欧洲认证体系为代表，其他国家的认证体系大多以欧美为参照，结合本国特色设计。另一种方式为排行榜。在所有的商学院排行榜中，美国和欧洲的排行榜最多，两者亦不分伯仲。基于中国情境，本研究综合参阅了七种版本的商学院排名，包括《金融时报》2012 全球最佳商学院排名，上海交大 2012 全球经济学商科专业大学排名(学术)，《经济学人》2012 全球 MBA 排名，韦伯麦特里克斯网全球商学院排名（2012），Quacquarelli Symonds（简称 QS）2012 年商学院全球 200 强排名，《福布斯》2012 美国最佳商学院排名，以及《美国新闻与世界报道》2013 年美国最佳商学院排名。

（二）世界百强商学院的选取及数据收集

本研究以《金融时报》评选的全球最佳百所商学院为基准，统计了百所商学院学校在其他排名表中的情况。从统计结果中可以分析得出：《经济学人》的排名结果与《金融时报》差异较小，《金融时报》百强商学院有 84 个排入经济学人商学院百强中，有 52 个排入上海交通大学经济学商科专业大学排名百强；韦伯麦特里克斯网与前者的差异较大，百强中只有 40 个相同的商学院；除此之外，基于全球的北美、欧洲、亚太、拉丁美洲、中东和非洲五个地域，QS 商学院 200 强的排名分别对这些地区的商学院进行排名，北美进入排名的有 82 个商学院，欧洲 67 个，亚太 36 个，拉丁美洲 10 个，中东和非洲各 5 个。福布斯和美国新闻与世界报道都是专门针对美国的商学院进行排名。综合以上分析，本研究选取了在七个商学院排名榜中出现频数超过 3 次的商学院，即得到了研究所需要的样本。

以筛选出来的世界百强商学院官方网站为一手数据源，参阅权威文献、新闻媒体报道以及相关政策，整理获得本研究实证分析国外百强商学院最新发展状况的统计数据。

三、世界百强商学院学科设置现状分析

（一）世界百强商学院学科质量分析

1. 世界百强商学院的学科排名

《QS 2012 年商学院全球 200 强报告》除了对世界商学院排名的关注之外，

也对商学院的 10 个专业进行了排名,分别是企业社会责任,创业,金融与财政管理,信息管理,创新,国际化管理,领导学,市场营销,运营管理以及战略。将每个专业排名前 30 的学院与我们选择的样本学院相对应,分别统计得出全球百强商学院的十个专业排名情况,如表 1 所示。

表 1 全球百强商学院的十大专业排名

排名	学校名称	企业社会责任	创业	金融财政管理	信息管理	创新	国际化管理	领导学	市场营销	运营管理	战略
1	斯坦福大学商学院	2	2	9	5	2	9	4	10	4	4
2	哈佛商学院	1	1	5	2	3	2	1	3	2	1
3	宾夕法尼亚大学沃顿商学院	4	3	1	3	4	4	2	2	3	2
4	伦敦商学院	15	8	1	7	6	6	5	20	7	5
5	哥伦比亚商学院	8	11	6	8	14	19	7	22	21	8
6	欧洲工商管理学院	3	4	7	4	5	1	3	14	5	3
7	麻省理工斯隆商学院	14	7	12	1	1	18	9	8	1	13
8	西班牙 IE 商学院	11	5	8	6	7	7	10	15	6	9
9	西班牙 IESE 商学院	12	19	13	23	12	16	15	27	14	11
10	香港科技大学工商管理学院				28	19					
11	印度管理学院艾哈迈德巴德分校	21	17	11	15	10	29	18	21	12	14
12	芝加哥布斯商学院	16	18	2	13	17	20	11	24	13	10
13	瑞士 IMD 商学院	24	25	21	11	11	14	17		8	7
14	加州大学伯克利分校哈斯学院	28	10		10	18	15		17		25
15	杜克大学福库商学院	22	22	23	22		24	20	6	26	22
16	西北大学凯洛格商学院	7	9	10	9	8	13	6	1	11	6
17	纽约大学斯特恩商学院	18		4	14	9	22	13	13	20	12
18	法国巴黎高等商学院		19	24					24	16	
19	达特茅斯大学塔克商学院	5		27				8	18		15
20	印度商学院		29				23			18	18
21	耶鲁大学管理学院	13				16		25			20
22	牛津大学赛德商学院				24	26	23	12			
23	新加坡国立大学商学院			14	19	25	19	11	22		

（续表）

排名	学校名称	企业社会责任	创业	金融财政管理	信息管理	创新	国际化管理	领导学	市场营销	运营管理	战略
24	中欧国际工商学院										
25	康奈尔大学商学院	23						27			
26	剑桥大学贾奇商学院	15	30		26	11		4			
27	英国华威商学院								23	16	
28	香港中文大学										
29	密歇根大学罗斯商学院	9		17	20			12	5	17	19
30	荷兰鹿特丹伊拉斯姆斯大学的鹿特丹管理学院				21	28					
31	曼彻斯特商学院								27		
32	加州大学洛杉矶分校安德森商学院	16			22	30	16	7			
33	西班牙 ESADE 商学院		30		26		27		28	19	26
34	南阳商学院				30						
35	卡耐基梅陇泰珀商学院	13		12	15				10	24	
36	英国克兰菲尔德管理学院								15		
37	香港大学				18	25		29	29		
38	弗吉尼亚大学达顿商学院	19		29		20		26	19		17
39	伦敦城市大学卡斯商学院		24								
42	意大利博科尼管理学院				16		8		9		
43	乔治敦大学麦克多诺商学院	30			25			22			21
44	多伦多大学罗特曼管理学院				28						
46	伦敦帝国理工学院商学院	24	22								
47	澳大利亚墨尔本大学商学院	29	20	20	16	27	12	24	16		28
56	北卡罗来纳大学 Kenan-Flagler 商学院				29		21				
59	约克大学舒力克商学院	17									
60	普渡大学克兰纳特管理学院			27					9		
62	范德堡大学的欧文管理学院								30		
63	南加州大学马歇尔商学院	14				5		26			
64	加拿大麦克吉尔大学德桑特尔斯管理学院					30					
68	加拿大西安大略大学毅伟商学院					21	14				

(续表)

排名	学校名称	企业社会责任	创业	金融财政管理	信息管理	创新	国际化管理	领导学	市场营销	运营管理	战略
71	兰卡斯特大学管理学院						28				
73	华盛顿大学福斯特商学院	6	28								
78	波士顿大学管理学院			26		23				23	
79	乔治华盛顿大学	10									
85	圣母大学门多萨商学院	25									
89	雷鸟国际工商管理学院	27	21				3	30		25	30
92	SPJain 环球管理学院									29	
95	南卡罗来纳大学摩尔商学院				17						
96	西班牙 Ipade 商学院								29		
100	百森商学院		6							28	

由表 1 的统计数据不难发现:十大专业全部进入前 30 名的商学院在世界的排名是 1～18 位(第十名的香港科技大学商学院除外),表明这些学校各个专业的整体质量较高,发展稳固且平衡;商学院排名在 19～30 位的 12 所学校平均有 3 个专业进入了专业排名的前 30 名,表明这些商学院在整体平稳发展的基础上,有重点地发展其各自的优势学科。排名在 31～100 位的 70 所商学院中,31 所商学院有专业进入专业排名的前 30 名,统计结果如图 1 所示,这些学院在其发展过程中,因为具有明显的个别优势学科和特色学科,从而能在全球众多商学院中脱颖而出,挤入全球百强名单中。

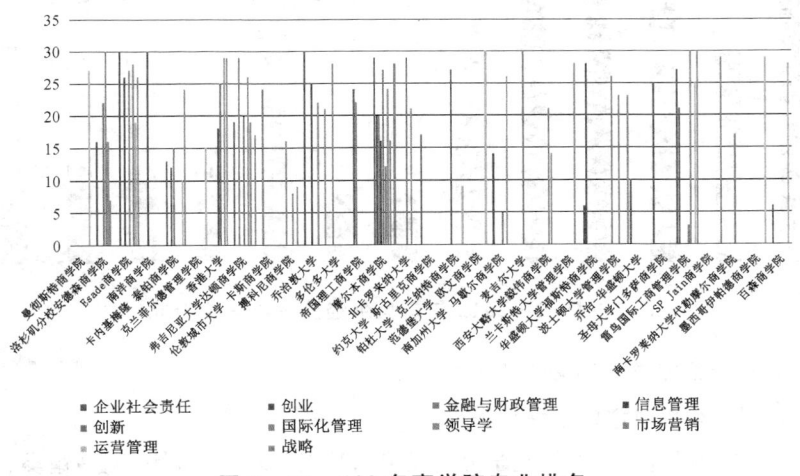

图 1　31～100 名商学院专业排名

2. 世界百强商学院的学科水平

作为全球最高荣誉之一的诺贝尔经济学奖以"贡献人类最大利益"为原则,代表着经济学科最高发展水平,本研究搜集了1982—2012年诺贝尔经济学奖获得者的名单信息,并从中统计出任职于全球百强商学院的教师人数。在1982—2012年,共有52位诺贝尔经济学奖得主,其中有35位任职于我们所选的目标学院对应的大学中(以获奖者职业生涯最后任教的学校为标准),占总人数的67%,这些教师就职于斯坦福大学、哈佛大学、哥伦比亚大学、麻省理工学院、芝加哥大学等13所学校中,具体分布如图2所示。在这13所学校中,4所排名在30名之后的商学院具有获得诺贝尔经济学奖获得者,其中加州大学洛杉矶分校有1名,卡内基梅隆大学有2名,马里兰大学1名,明尼苏达大学1名。除此之外,芝加哥大学以7名诺贝尔经济学奖获得者排在首位(这些教师并不都属于布斯商学院,还有的任职于法学院或者经济系),远高于其他学校的获奖人数(最小的差距是3名)。从地域方面分析,诺贝尔经济学奖获得者任职的这13所大学中,12所位于美国,1所位于英国,这一统计结果充分显示出美国在经济管理学领域的领先地位,也近乎是垄断的地位。

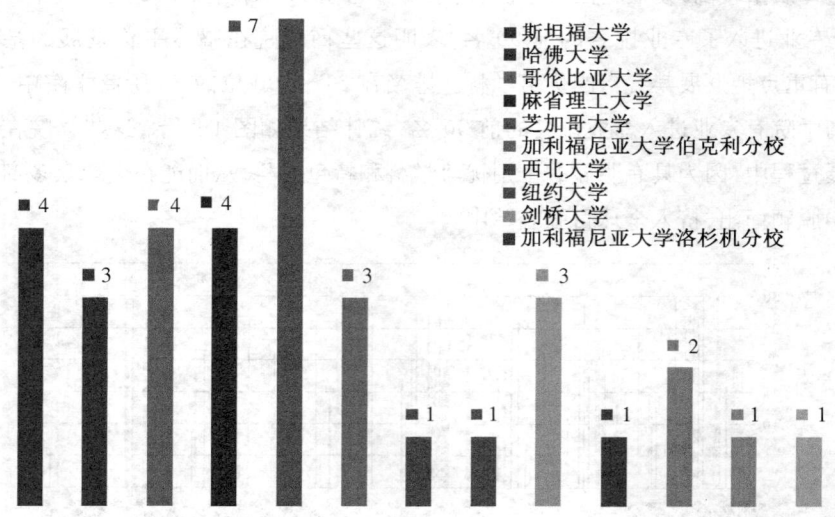

图2 1982—2012年诺贝尔经济学奖得主分布

(二)世界百强商学院学科结构分析

1. 国内外管理学的学科划分

以欧美地区为代表的管理学分为工商管理类、农林管理类、图书馆类、公共管理类四类,而我国教育部2012年公布的管理学分为管理科学与工程、工商管理、农林经济管理、公共管理、图书馆情报与档案五个一级学科,国外管理学的分类基本与我国的管理学设置相近(蒋石梅等,2006)。因此,在考虑一级学科的内容方面,分析国外商学院的学科体系更有助于深入理清我国学科设置现状。

工商管理学科是管理学门类下的一个一级学科群组,是以微观营利性经济组织活动规律为研究对象的一类学科群,包括管理的基础理论与方法、组织的经营管理、组织行为理论以及战略管理等分支。以美国CPI 2000学科划分为标准,参考欧洲学科体系,对国外工商管理学科的专业划分分为两大部分:

(1) 工商管理类学科,主要包含:商学综合、商业管理与经营、会计学、商业管理服务、商业/企业交流、商业/经营经济学、企业经营、金融与财政管理、旅游服务管理、人力资源管理、国际商业、管理信息系统与服务、管理科学与定量方法、市场营销、房地产学、税收学、市场经营、特种市场经营、保险、基本建设管理、工商管理其他。工商管理其他类中,组织、战略较为突出,作为单独项进行统计分析。组织的分类,以统计分析组织和管理、组织和人力资源、组织和战略相结合的学校数目为基准进行断定组织的划分类型。

(2) 工商管理以外的其他学科,本研究统称为非工商管理类学科,其主要有八个,包括社会科学和经济学、公共管理、医学类医疗卫生事业管理、农学类农学经营、生物学与生物科学中的生物技术管理、军事技术、机械中宇宙航天、数学。

2. 世界前百强商学院开设工商管理类专业分布

统计七大世界商学院排名榜筛选出的百所目标商学院的学科设置数据,其中缺失芝加哥大学布斯商学院、瑞士国际管理发展学院和墨西哥伊帕德商学院三所院校的信息,可得有效样本总数为97所商学院。

国外开设工商管理类各专业的商学院数量分布见图3,由图3可知:①综合世界前百强的学校,商学院开设的工商管理类总专业数量为21类;②21个专业中,开设数量最多的是金融与财政管理专业,97所商学院中有96所学院开设该相关专业,所占比例高达99%;③90%以上商学院开设的专业主要有金融与财政管理、市场营销、会计学。其比例分别为:金融与财政管理99%,市场营销97%,会计学91.8%;④50%以上商学院均开设的专业主要有8个,分别为:金融与财政管理;市场营销;会计学;商业管理与经营,所占比例为82.5%;商学综合,所占比例为70.1%;管理信息系统与服务,所占比例为62.9%;企业经营,所占比例为61.9%;人力资源管理,所占比例为60.8%。

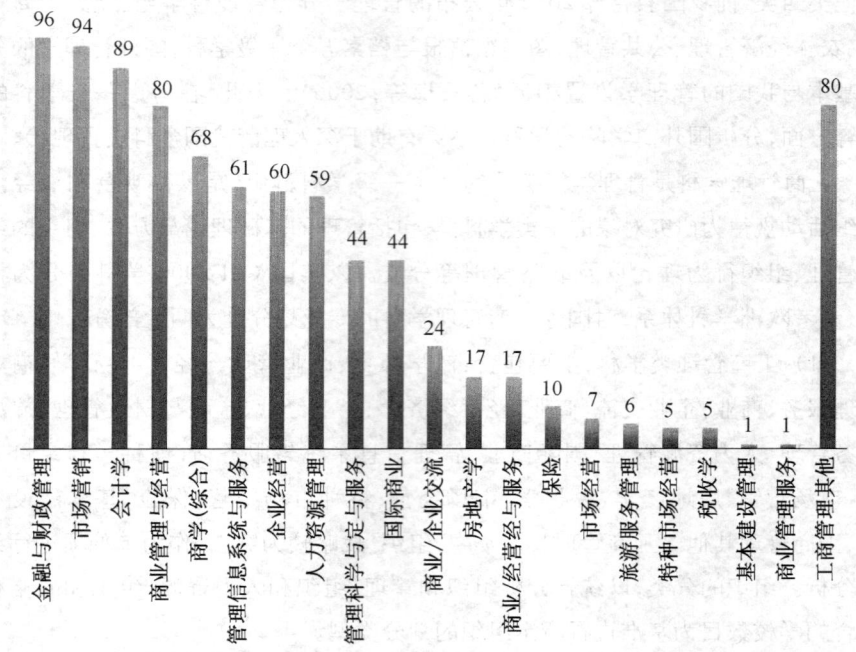

图3 开设工商管理类各专业的商学院数量

开设工商管理其他类专业的学校分布如图4所示,数量较为突出的有战略、组织、商业法和商业伦理四个专业。在目标商学院全样本中,有62所商学院开设战略管理,34所商学院开设有组织专业。商业伦理作为当今商业行为的重要

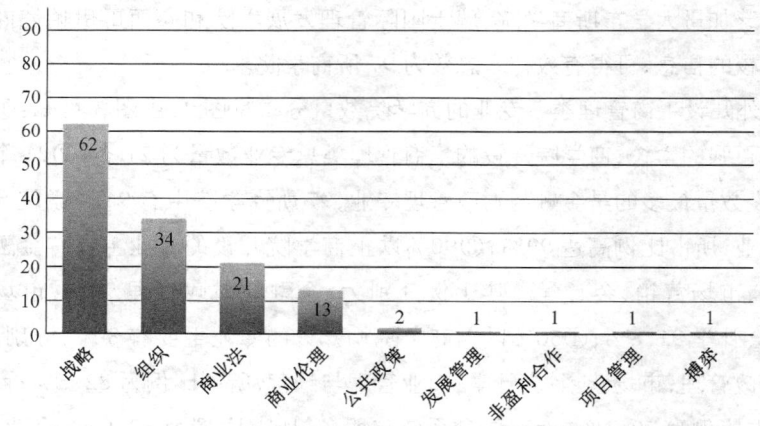

图4 开设工商管理其他类专业的学校数量

影响因素,也成为13所商学院的独立专业。

组织在国内多以组织战略或组织人力资源开设专业,经数据分析统计可知(见图5),世界前百强商学院中有34所开设有组织专业,其中有20所商学院将组织与商学相结合,即组织和管理或组织管理,占总比例的59%;有5所商学院将组织与人力资源相结合,项目为组织和人力资源管理,占总数量中的15%;5所商学院将组织作为单独的专业进行开设,占总量的14%;另有2所学校将组织

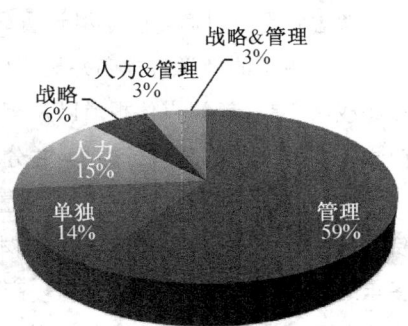

图5　组织专业与其他专业相结合的学校比例

与战略相结合,1所学校将组织与战略、管理相结合,占总数量中的3%;1所学校将组织与人力、管理相结合,占总数量中的3%。

工商管理与其他学科的交叉学科主要以社会科学、医疗卫生管理、公共管理为主。由图6可知,97所商学院中,有39所学院开设有社会科学类专业,其中39所学校开设有经济学,如微观经济学、宏观经济学、应用经济学等,1所学院开设有文化与语言类专业(兰卡斯特大学管理学院开设的文化与语言),1所学校开设图书馆学(印度管理学院阿默达巴德分校开设的图书馆和信息科学);有21所学院开设有医疗卫生服务管理专业(大类中的健康/康复管理);15所学院开设公共管理类专业,多为公共政策和公共管理;另有少数学院开设有农学管理、机械、数学(百森商学院)、生物科学(加州大学欧文分校Merage学院)、军事技术(杨百瀚大学麦丽特商学院)等交叉学科。

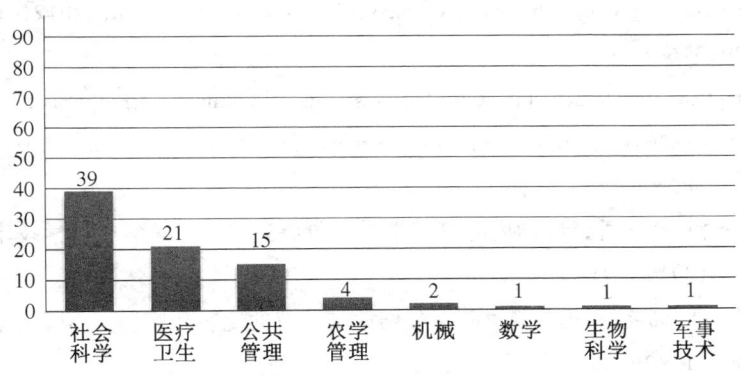

图6　开设工商管理类的交叉学科的学校数量

四、结论

考虑到现有对商学院学科设置研究中尚未给出全面的现状统计分析,本文参阅七种版本的商学院排名并最终以世界百强商学院官方网站为一手数据源,参阅权威文献、新闻媒体报道以及相关政策,整理获得本研究实证分析国外百强商学院的发展状况的统计数据,并分析了商学院学科质量与学科结构。

通过对世界百强商学院学科设置的数据统计分析,本文总结得出百强商学院的三种发展模式:①精英学院(如本次研究中排名为1~18位的商学院)经过多年的发展,其各个专业都达到较高水平,所以可以平衡发展每个专业,使其都达到世界一流水平;②优秀学院(如本次研究中排名为19~30位的商学院)在整体平稳发展的基础上,有重点地推进3~4个专业的发展,更好的提升竞争力;③特色学院(如本次研究中排名为31~100位的商学院)主要发展1~2个特色学科,达到世界先进水平,从而跻身百强名单。

本文的统计数据以及三种模式,可以为华东政法大学商学院的学科设置与发展模式提供一定的借鉴思路。对于华东政法大学商学院而言,第三种模式将会是迅速提升我院现有发展的一种有效方式,在充分了解历史与现状的前提下,夯实商学院的基础学科,继续稳固现有的1~2个优势学科,重点推动已开设且更具有快速发展基础的1~2个国际主流学科专业,以此推动华东政法大学商学院进入知名商学院的行列。

参考文献

[1] Sun H, Richardson J T E. Perceptions of quality and approaches to studying in higher education: a comparative study of Chinese and British postgraduate students at six British business schools[J]. Higher Education, 2012, 63(3): 299-316.

[2] Stephen W, Jeroen H. UK business school rankings over the last 30 years (1980—2010): trends and explanations[J]. High Education. 2012(63): 367-382.

[3] 蒋石梅,曾珍香,等.国内外管理学科评价综述[J].科学学与科学技术管理,2006(3):16-21.

[4] 吕一林,韩笑.国内外商学院课程结构与设置的比较研究[J].中国大学教学,2007(1):26-28.

探索"法商复合"的创业教育模式
——基于华东政法大学"创业管理"课程的教学改革

蔡新蕾

一、引言

当下我国的经济社会发展进入了新常态,要实现经济可持续、稳增长,必然要转变发展模式,实施创新驱动的发展战略。国务院总理李克强在2014年夏季达沃斯论坛上提出了"大众创业、万众创新"的号召,"双创"工作也受到社会各界的关注。作为最具创新和创业潜力的群体之一,广泛的大学生群体也将是"双创"的最佳主体。

创业教育作为一种新的人才培养方式,正逐渐成为当前高校教育教学改革的热点。在英美等创业教育比较成熟的国家,创业教育已经从独立的研究领域发展成为管理领域之外的非商业研究学科领域。美国高校创业教育课程主要有创业意识类、创业知识类、创业能力素质类和创业实务操作类4种类型(黄兆信,赵国靖,2015)。

然而清华大学中国创业研究中心2016年发布的"全球创业观察中国报告"中显示,虽然中国创业活动指数高于美国、德国等发达国家,但创业中的"创新指数"却远远低于这些国家,报告还指出需要重点改善创业环境中的教育领域。当前中国的高校逐渐开始宣传创新创业的理念,但是引导力度不够;高校中,大学生勇于承担风险,开拓创新的氛围远远没有形成。因而有必要结合高等院校教育特色,实施全面的创业教育,推动高等学校创业教育科学化、制度化、规范化建设。有特色的全面创业教育,既是顺应时代发展的潮流——发扬"双创"的精神,也可以缓解当前日趋严重的学生就业压力。

二、探索"法商复合"创业教育模式的必要性

创业教育是适应经济社会发展和高等教育自身发展需要应运而生的教育理念,具有的重大战略意义和教育价值,已经被高校广泛关注和逐步认同。然而,我国高校创新创业教育的总体发展水平还有限,系统性和实效性都有待提高。北京大学党委副书记张彦(2010)提到:我国高校创新创业教育推进过程中,各高校在进行本校创新创业教育战略规划时,应该结合自身教育发展的阶段现状,特别是要综合考虑本校学生创新创业教育需求、可以利用的社会资源、整合利用资源的能力,以及当地政府提供的指导和支持的实际状况,实事求是地确立适合自身的教育模式。本文就是以华东政法大学(简称华政)全校公选课"创业管理"课程建设为例,探索在法学为主的院校内开展创业教育的有效模式,完善创业教育学相关知识。

"创业管理"课程教学改革前仅面向商学院学生开设课程,也就是"聚焦模式"的创业教育模式(另两种为全校模式和混合模式)。聚焦模式通常主要针对固定的学生范围开展创业教育,可以说它是一种"点"状的教育模式,特点是教育范围小,针对性强。在华政,"创业管理"是商学院大二及大三年级学生的限制选修课,选课学生接受创业教育之前已经有了相关的经济学和管理学的知识基础,因而课程内容涉及较多的新创企业管理知识。而将该课程建设成全校的核心通识课,面向全校学生开设。亦即实现创业教育的"宽覆盖",很多综合类院校已经开始实施。但我校的创业教育"宽覆盖"并不能简单地将商学院的"创业管理"课程的教育模式复制到全校各专业学生的教育中,主要原因有两方面:①原有教学体系中的新创企业管理等知识需要有较强的商科知识基础,而全校各学科背景的学生接受的专业教育基础知识与基本理论各不相同,且普遍缺乏相应的商科知识;直接复制原有教学体系,将给学生带来较大的课程压力。②"双创"活动中,创新与创业密不可分,创业的核心和本质是创新,创新的思维和意愿支撑着创业;而各学科专业教育的基础知识与基本理论是学生创新精神、创业意识与创业能力生成的深层根基。只有结合了学生的学科特点,才能发挥大学生创业活动的专业优势。

具体到我校的学科特色,我们提出了"法商复合"的创业教育模式探索。这既是结合了我校法学教育见长的特点,也是因为面向大学生的创业教育中加强大学生创业法律教育,具有其必要性(黄兆信,黄丽君和宋兆辉,2012):法律通过设定以权利义务为内容的行为模式,明确从事以及不得从事的行为的界限,符合各

项法律、法规的创业活动才可以健康、持续的发展。法、商双重视角研究有助于深入认识创业的各项商业活动以及法律知识的商业应用(黄兆信和王志强,2013)。

法学知识体系复杂,强调"法商复合"的创业教育思路,需要学生有强大的法学知识背景。而华东政法大学的实际情况,就为法商结合的创业教育提供了很好的学生基础。学生在经过了一两年的专业课学习后,已经具备了较为充分的法学知识储备。在创业管理课上,就可以融会贯通了。

因而,公选课"创业管理"建设的重点就是在开展创业教育时,如何与以法学为主的专业教育知识相结合,建立相关的教学目标、教学模式。培养"善于创新、敢于创造、勇于创业"的学生,促进学生学以致用、学有所用,形成创业型校园整体文化氛围。

三、"法商复合"的创业管理课程建设准备

(一)课程建设思路

"法商复合"的创业管理课程建设的思路为"管理为体,法学为用"。结合法学的创业管理教育,最终还是落在管理上,通过法学的思维和商科的思维,为创业活动的成功奠定基础。

(二)课程建设目标

通过教学改革,在公选课"创业管理"课程中完成"法商复合"模式下的创业教育与法学教育的融合模式、创业教育与法学教育融合的实现路径探索以及推进教育方法的启发性与参与性革新。

1. 创业教育与法学教育融合的培养定位

创业教育的定位可以分为三个层次:一是普惠性的创业意识和就业观念引导,培养大学生良好的自主创业意识,树立全新的就业观念;二是提升型的知识结构和创业素质培养,构筑大学生合理的创业知识结构,提高创业的基本素质;三是针对性的创业技能和核心能力打造,指导大学生掌握创业的基本方法,提高创业的核心技能。这三类定位,应贯穿于华政的与法学教育相结合的创业人才培养方案改革中。

2. 创业教育与法学教育融合的课程体系建设

创业教育课程是实施创业教育的载体,课程设置应注重创业与法学专业的结合,不只拘泥于简单地传授创业相关知识,而是注意打造普及性创业知识与专业法学知识融合的创业教育课程体系。如何在介绍创业基础知识(如机会识别、

企业融资、创业企划、新企业管理等)之余,基于选课学生的法律背景建设创业法律知识体系,以及相关案例是课程改革的重点目标之一。

3. 教学模式的启发性与参与性革新

在课堂教学方式上,创业教育是一门实践性非常强的学科,必须注重理论与实践两方面相互对接,相辅相成,才能保证教学效果。传统的"教师讲,学生听"的教学方法无法调动学生的主动性,也压抑了学生的个性发展和创新能力的发挥。因而如何使学生成为学习的真正主体,教师如何在深入了解创业教育及法学教育的理论和实践知识基础之上,扮演好课程程序的设计者、指导者、控制者角色,也是本文的研究内容之一。

相应的,如何实现对学生的知识考核方式,倡导学生对考核的自主性和参与性,提高学生的学习热情和创新精神,也是本次教改的研究内容。例如如何组织与引导学生参加创业竞赛,或创业计划竞赛等。创业计划竞赛过程中,学生要经过组队、选项目、培训、市场调查、完成创业计划书以及答辩等阶段。通过参与这个过程,学生获得了宝贵的模拟创业经历,学习积累了创业知识,培养了创业能力,锻炼了团队精神、沟通交流和组织管理能力,提高了分析和研究能力。可以利用创业计划竞赛这个载体,构建培养模式和训练体系,激发学生的创业精神和事业心,培养学生的创业意识,提高他们的创业技能。

(三) 课程建设方法

(1) 文献研究。在分析借鉴英美等国家创业教育成功模式的基础上,探索创业教育融入专业教育的运作形式(黄兆信和赵国靖,2015)。基于新闻报道或文献研究,深入分析国外创业教育开展的模式及可以借鉴的经验,为"法商复合"的"创业管理"课程探索奠定基础。并针对具有法商教育特色的中国政法大学商学院进行调研学习。

(2) 案例研究。课程建设中重视理论与实践结合,与企业界开展深度合作,收集并整理复合法学知识的创业管理企业案例。问卷调查,创业教育的服务对象为各专业学生,因而也有必要深入分析学生对于创业教育改革的期望与评价,作为调整与控制教学改革方向不脱离我校学生实际的依据之一。

四、"法商复合"创业管理课程建设成果

将面向具有相关管理学、经济学基础的商学院学生的"创业管理"课程建设成面向全校学生的通识课,主要成果有如下方面。

（一）教学理念的调整以及新的教学内容

针对学生背景知识的差异，教学重点应从具体而专业性强的商业运作知识传授，转变为对学生创新创业思维的培养、对法学知识在创业活动中的应用认识、对创新创业活动兴趣的激发，以及对创新创业行为的促进等。

通过在课程中复合法学知识，使学生了解在经济社会中与创业相关的现行法律制度，掌握企业在运行过程中的法律与政策问题，熟悉各种创业法律规范，培养大学生投资创业企业，以及解决企业创业实践问题、处理企业纠纷的能力。在教学内容上的改革主要有：改革后的"创业机会的识别以及创业机会的评价"教学内容，更加侧重对创业机会的合法性判断以及法律风险判断。如是否侵犯了其他主体的知识产权，以及凭借知识产权的保护建立市场及产品的难以模仿性，提高创业企业的竞争力。

改革后的"创业团队的组建"教学内容，注意对创业团队中的职权划分要合理合法，防止潜在的利益分成纠纷。指导学生进行模拟创业，并完成公司创立时的一系列规章制度、初创公司设立时的公司章程的法律属性等。

改革后的"创业融资"教学内容，不仅向学生介绍了各种的资金来源渠道，同时介绍了相关的金融法律规定。引导学生正确融资，远离非法融资和集资诈骗罪。

改革后的"创业营销"教学内容，在原有营销管理的知识点之外，还引入竞争中对产品与服务的商标保护的相关知识。例如《中华人民共和国反不正当竞争法》及"王老吉商标之争"等典型案例。此外，还有对《中华人民共和国消费者权益保护法》《中华人民共和国产品质量法》等内容的介绍与相关案例。

（二）"法商复合"的案例库建设

1870年，哈佛大学法学院院长兰德尔教授首创案例教学法（case method of teaching），此后，案例教学作为沟通现实世界与书本知识的桥梁，是系统的法学教育方法，也成为商科课程普遍采用的教学方法之一。美国哈佛大学商学院的MBA课程学制为两年，需完成800多个案例分析。因而案例教学在法学教学和商科教学中都有广泛的应用，在实现创业教育与法学教育融合的课程体系建设中可以发挥重要的作用。

在我校的创业管理教学中引入复合法学背景的教学案例，不仅使学生学到创业的基础知识与实务，更能把法学学科领域的知识同预期创业项目相结合。培养学生的创业主动性和创业素质，增强学生自主全面学习和独立参与社会活动的能力。然而市场上各种《创业管理》版本上的案例以及网络上的创业管理相关教学案例，都是以面向商科学生为主。并不符合"法商复合"的"创业管理"课程教学需求。

因而该教改项目的成果之一，是面对以法学专业为主的全校学生，改写已有的案例资料，并收集新的资料。在注重对案例中涉及的管理学方法、商科术语的合理使用和解释，消除不同专业背景学生的阅读理解障碍的基础之上；重点发展部分基于法学背景的创业案例，将有效激发学生的兴趣，并为学生创业实践提供更加有效的指导。

（三）考核方式的改革

以前"创业管理"课程的考核方式是以课程论文形式提交的完整创业计划书，需要学生结合之前的管理学、经济学知识（例如财务分析是创业计划书中的重要组成，要求学生具备会计知识），不适合面向全校学生推广。但是该课程也不适合仅仅考查学生对相关概念、知识点的识记，这样就失去了实践指导意义。因而合理的考核方式应当是考试与实践考核相结合。一方面，建设了"创业管理"通识课程试题库；另一方面，对学生创业实践的训练进行任务分解，重新构建每一教学模块的课堂/课外练习任务，在确保学生普遍可以锻炼创业能力的同时也能从中发现有潜力的学生进行重点培养。

（四）教学模式的创新

（1）在课堂教学中采用翻转课堂、探究学习与问题本位学习等以学生为中心的教学方式，重视大学生在高校创业教学中的独立性和主动性。

（2）发展课外平台：积极对口校教务处、学生处等部门的相关工作，成功举办了两届"大学生创业模拟实践大赛"，并指导有潜力的学生项目参加各种实训或竞赛，培养学生的实践应用能力。为优秀学生联系相关创业园区或风险投资公司，进行实践教学指导，以及创业项目孵化，实现"教学、实践、创业"相结合。

五、"法商复合"创业管理课程建设的意义

（一）理论价值

大学生创业能力的培养既是全民创业素质提升的重要组成部分，也是毕业生创业成功与否的根本性制约因素之一，已经成为高校创业教育的核心内容之一。

创业教育融入专业教育（法学教育）是两者互相促进的过程。从创业教育的角度讲，创业教育不能脱离知识教育和专业教育孤立地进行。人们的某种能力应该通过从事需要这种能力的活动来获得，因此，创业能力的培养不能游离于学

科课程之外。从专业教育的角度讲,创业教育可以促进专业教育的改革和发展。这既是因为创业知识具有综合性的特点,可以反映出社会主流的和日常的商业运作流程,以及社会态度、政治行为、经济政策和法律制度对创造力、冒险精神和新企业创立的支持等,也是因为华政创业教育的思想是着重于对学生企业家精神的培养,创新是其最主要的内容。因此,创业教育能引领学生关注专业领域的前沿问题,关注该领域是如何进行创新的,促进专业教育发展。因而"法商复合"的创业管理课程教育改革的另一理论价值体现在,为实现与专业背景相结合的创业教育,辩证分析创业教育问题当中包含的若干核心概念、要素之间的关系,对创新创业教育现象进行由表及里的辨析,以及分析法学等其他学科与创业教育的结合点,有助于加深理论界对创业教育的认识。

(二) 实践意义

面向全校的创业教育实践探索对华政本科教学实践的意义主要有:首先,基于华政的办学定位、人才培养目标和学科专业特点,自主开发有本校特色的创业教育选修课,建立系统科学的创新创业教育课程体系,打造与法学相结合的特色创业平台和品牌。属于法商结合的一个有效探索。其次,主动承担"大众创业,万众创新"的社会责任,在专业知识的背景下,帮助学生建立创业思维、增强创业意识、提升创业能力,让创新创业教育成为学生终身受益的思维和行为方式。切实提升华政人才培养的质量,提升学生在创业、就业市场上的竞争力。需要说明的是,开展创业教育也并不等于鼓励大学生一毕业就去创业,甚至休学创业,而是培养他们的创新创业精神和能力,为学生的长远发展提供一种素质。正如同创业学家蒂蒙斯(Timmons)所言,真正的创业教育应该是为未来几代人设定"创业遗传代码",提高学生的整体素质与竞争力。

参考文献

[1] 张彦.高校创新创业教育的观念辨析与战略思考[J].中国高等教育,2010(23):45-46.

[2] 黄兆信,黄丽君,宋兆辉.大学生创业法律教育:必要性、问题及其建议[J].中国高教研究,2012(11):76-78.

[3] 黄兆信,王志强.论创业教育与专业教育的融合[J].教育研究,2013(12):63-64.

[4] 黄兆信,赵国靖.中美高校创业教育课程体系比较研究[J].中国高教研究,2015(1):49-53.

生产性服务业创新集群发展形势下工商管理教学标准研究

甄 杰

上海"十二五"规划强调在全国实现"四个率先",并在首要的"率先转变经济发展方式"中突出"着力提升现代服务业能级和水平",形成以服务经济为主的产业结构,并使服务业增加值占生产总值的比重达到65%左右。其中,生产性服务业是经济增长的主要动力和创新源泉(Bayson J R,1997),并已成为上海经济发展的重要领域。同时,生产性服务业逐渐呈现出集群化趋势,而创新集群则是生产性服务业集群的高级形式,其要求集群内各主体间通过产业链、价值链和知识链进行各种合作,并表现出集聚经济和大量知识溢出的特征。

为此,工商管理专业必须在这一发展形势下,对该领域中以企业为核心的包括其他各类主体的相关理论知识进行系统的学习,对企业管理实践及时跟踪、介入和深入认识,从而为上海经济社会发展提供强有力的人才保障。尤其是,由于教学标准在整个教学指导系列中发挥着纲举目张的作用,因此,需要针对工商管理的教学标准进行系统深入的研究,从而为生产性服务业创新集群的发展提供有效的人才保证。

一、教学标准设定原则

设定教学标准原则是整个标准体系构建的基础性工作,以生产性服务业集聚发展为背景的企业管理专业教学标准的研究更是一个复杂的系统工程,不仅需要以明确的教学目标为依据,而且要统筹理论知识学习与学科实践。

同时,需要借助教学标准的实施过程与结果对所设计的教学标准进行修正与完善(见图1)。

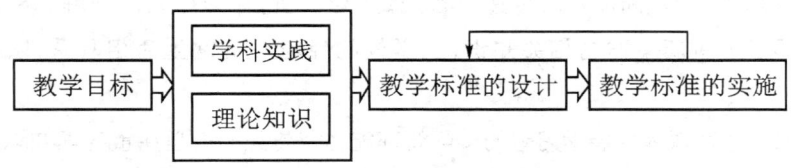

图1 教学标准的设定原则

(一)教学目标应与生产性服务业创新集群发展要求相一致

在设定工商管理教学目标时,应充分考虑生产性服务业创新集群的相关要求。目前,工商管理专业的培养目标是:培养适应现代市场经济需要,具备人文精神、科学素养和诚信品质,掌握现代管理理论,具有国际化视野、创新意识、团队精神,具有实践能力与沟通技能,能够在营利性和非营利性机构从事管理工作或理论研究和教学工作的应用型、复合型专业人才。为此,进一步明确以下教学目标。

(1)满足生产性服务业创新集群发展的需要。生产性服务业创新集群具有知识共享的特征,政府、风险投资机构、权威机构、大学和研究机构等,以多种途径与企业交换信息、经验等知识,产生协同价值,从而提高企业的创新能力和适应能力。因此,适应这一发展状况,应培养对知识密集型企业和单位进行沟通式管理的人才。

(2)提高管理中的合作创新意识与能力。由于企业等各主体间的合作较为频繁,应培养学生在管理中的合作创新意识,学习合作共赢的相关理念、制度、方法,提高围绕知识共享的合作创新能力。特别是,作为管理者,在组织间合作管理中注重长远利益的能力。

(3)培养国际化发展的拓展能力。在全球化背景下,生产性服务业创新集群中的各类组织将在全球范围内配置资源和寻求合作伙伴,因此,应在这一开放式创新的背景下,培养学生具有国际化管理的视野,使其具有跨文化管理的能力,尤其是对国际市场的拓展能力。

(二)教学实施的有效性应持续提高

教学实施的有效性标准基本是就课堂教学来进行要求的,而对课堂教学过程以外的社会、政策等其他子系统则没有涉及。在生产性服务业创新集群的发展背景下,有效教学的研究应更注重社会性,更注重体现个体的主体价值。

(1) 师生共同参与创造性活动。通过师生共同学习和工作,使得教学交流大大增加,相互间能及时传递语言、意义与价值,让师生共同理解和发展生产性服务业创新集群的相关知识,把学校的经验与日常生活相联系,以促进学习。

(2) 通过课程发展学习者的实际管理能力。传统的教学注重管理知识的传授,通过机械的背诵、练习来记忆和理解管理知识,而很少注重学生实际管理能力的发展。因此,应加强实践调研和案例分析的课程时间,发展学生管理知识的实践运用能力。

(3) 锻炼学生复杂的思维技能。生产性服务业创新集群中的各主体之间存在多种合作类型,进行着较为复杂的知识共享活动,不仅需要对正式合同进行管理,而且需要对主体间的信任、声誉、文化等关系要素进行管理,因此,需要锻炼和培养学生面临复杂局面进行思维与分析的技能。

(4) 教学与实践之间的紧密联结。形成课堂教学与管理实践之间多种形式的联结关系,建立师生与管理者之间紧密的沟通联系机制,形成座谈、实习等有效的学习方式,从而提高教学实施的有效性,并且形成课堂与实践之间双向的问题反馈与解决机制。

二、教学标准结构模型

教学标准的结构包括课程体系结构、课程内容结构、教学主体结构、教学活动结构(见图2)。

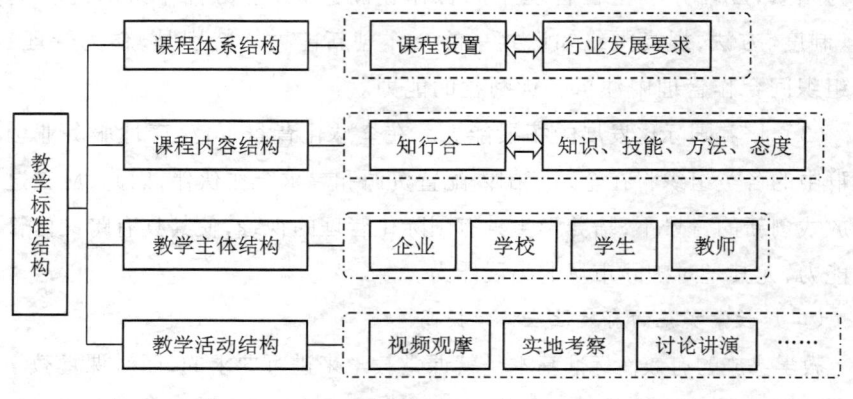

图2 教学标准结构模型

（一）课程体系结构

课程体系结构主要由课程设置与行业发展要求两部分构成，一般来看，课程设置比较固定，而行业发展要求尤其是经济管理各行业的发展速度较快，课程设置须根据所在行业的发展情况而进行适时调整。

1. 课程设置

工商管理专业的核心课程包括管理学、经济学、会计学、财务管理、市场营销、人力资源管理、战略管理、生产运作管理、管理信息系统等，该专业可以根据发展需要设置不同的方向。以项目管理方向为例（表1），课程设置中包括普通教育课、专业课，在专业课程设置中，可以充分体现行业的发展需求，如服务外包项目管理、项目论证与评估等。项目管理在生产性服务业创新集群中具有很强的应用性，工商管理专业课程的设置须更贴合该领域的需要。

表1 工商管理专业项目管理方向指导性教学计划总表（含必修课）

类别	序号	课程名称	课程代码	学时数			学分	各学期学分(学时)分布								课时百分比
				合计	讲授	实践		一	二	三	四	五	六	七	八	
普通教育课 思想政治理论课	1	马克思主义基本原理	1011333	54	49	5	3			3						324/12.2%
	2	毛泽东思想与中国特色社会主义概论（上）	1011343	54	49	5	3	3								
	3	毛泽东思想与中国特色社会主义概论（下）	1011353	54	49	5	3		3							
	4	中国近现代史纲要	1011362	36	36	0	2		2							
	5	思想道德修养与法律基础（上）	1011562	36	36	0	2	2								
	6	思想道德修养与法律基础（下）	1020022	36	32	4	2		2							
	7	军事理论	1000012	36	36		2		2							
	8	形势与政策	1000051				1+									

(续表)

类别		序号	课程名称	课程代码	学时数			学分	各学期学分(学时)分布								课时百分比
					合计	讲授	实践		一	二	三	四	五	六	七	八	
普通教育课	文化基础课	1	汉语与写作ⅠⅡ	101(007-008)2	72	66	6	4	2	2							630/23.6%
		2	大学英语(阅读与听力)ⅠⅡⅢⅣ	108(001-004)2 108(101-104)2	288	288	0	16	4	4	4	4					
		3	逻辑	1010093	54	50	4	3	3								
		4	体育ⅠⅡⅢⅣ	101(142-145)2 101(032-033)2	144	144	0	4	1/2	1/2	1/2	1/2					
		5	计算机应用基础	1090014	72	37	35	4	4								
专业课	专业基础课与专业主干课	1	高等数学ⅠⅡ	1061345 1061313	144	144	0	8	5	3							1188/44.6%
		2	概率与数理统计	1060173	54	48	6	3		3							
		3	运筹学	1060083	54	48	6	3				3					
		4	管理数量方法	1061532	36	32	4	2			2						
		5	项目管理学	1061353	54	48	6	3	3								
		6	项目范围管理	1061363	54	48	6	3									
		7	项目成本管理	1060093	54	48	6	3			3						
		8	服务外包项目管理	1060733	54	51	3	3	3								
		9	项目时间管理	1090773	54	48	6	3		2							
		10	项目质量管理	1060713	54	48	6	3				3					
		11	项目管理软件	1060263	54	48	6	3						3			
		12	项目论证与评估	1030183	54	48	6	3				3					
		13	项目管理案例分析	1061282	54	48	6	3					3				
		14	项目融资资源管理	1060943	54	48	6	3						3			
		15	项目招标管理	1070433	54	48	6	3				3					
		16	项目风险管理	1060953	54	48	6	3				3					
		17	工程项目融资	1061472	36	32	4	2									
		18	工程造价管理	1060973	54	48	6	3				3					
		19	项目合同管理	1060983	54	48	6	3				3					
		20	项目工程管理	1060993	54	48	6	3				3					
		21	房地产项目管理	1061003	54	48	6	3					3				

(续表)

类别	序号	课程名称	课程代码	学时数 合计	讲授	实践	学分	一	二	三	四	五	六	七	八	课时百分比
必修课				2 142	1 965	177	115	26/27	27/28	21/22	19/20	12	9			2 142/80.4%
选修课(含限选课和任选课)				522			23+6				4	6	8	7	4	522/19.6%
实践课程							16									
总计				2 664			160	26/27	27/28	25/26	25/26	20	16	4		2 664/100%

2．行业发展要求

由生产性服务业创新集群知识共享的特点可知,在创新集群中,知识共享是一个连续的动态过程,并以合作产生的共有知识的共享为主。

因此,课程设置需要充分考虑知识共享特征对具体课程进行调整,以培养学生适应这一经济发展环境的要求。其实,即便不是在创新集群中,企业之间的合作也具有相应的一些特点,课程的调整与优化设置具有较好的普适性。

(二) 课程内容结构

围绕知行合一以及在知识、技能、方法、态度方面的要求,对工商管理专业的课程内容进行归纳,主要涉及三个层次的问题:一是为什么要学相关课程;二是学什么;三是怎么学,怎么做。

(1) 学习动因。在相关课程内容的绪论部分对学习理由予以解决,目的是使学生明确本课程在工商管理教学以及生产性服务业创新集群发展背景下的重要地位,这也是使得学生形成对学科及课程系统认识的重要阶段。

(2) 学习内容。"学什么"是课程教学的主体部分。各门课程的内容不仅要体现课程本身的内容体系,而且要根据生产性服务业创新集群发展的最新需求,进行相应的调整与补充。

(3) 学习方法。"怎么学,怎么做"是涵盖教学内容最重要、最灵活的方面,也是开设相关课程的根本目的。教材在编写中虽然加以特别的关注,但由于经济发展的相关要求,仍需要任课教师与时俱进地增加大量的、联系实际的鲜活教学案例,充实教学内容,达到学以致用。

(三) 教学主体结构

传统的教学模式是以教师为主体,虽然在学生实习阶段不再以课堂教学为主要方式,但是一方面实习的时间并不充分,另一方面实习期间的活动主题往往不突出,学生适应经济发展新形势要求的能力不能得到持续和专门的训练。为此,在工商管理的日常教学中,需要重视企业、学校、教师、学生等多主体间的合理结构的形成。

(1) 平衡并重的学习主体。改变以往只重视教师授课的教学结构形式,对生产性服务业创新集群发展背景下的企业、学校、教师、学生同样重视,让每一个主体都可以在专业训练中主动发挥作用。

(2) 沟通互动的工作机制。在企业和学校之间、师生与管理者之间搭建互动平台,形成定期研讨的工作机制,并使得该沟通机制日常化,也可以将集中实习的时间适当延长,并且进一步明确实习活动的主题。

(3) 问题导向的科研实践。改善单纯讲座形式的企业进校园或学生入企业实习的模式,做到企业和学校都可以发现和寻求现实问题,并以问题解决为导向,进行主体间的沟通与联系,提高工作效率。

(四) 教学活动结构

在多媒体和重视实践教学的工作机制下,教学活动比较丰富,包括视频观摩、实地考察、讨论讲演等多种方式,在目前的教学过程中,这些方法都有不同程度的运用,但关键是要形成较为适当的结构。

(1) 增加各种活动中的考核环节。传统的各种教学活动主要是基于增强教学效果的直观性,提高学生的学习兴趣,而在企业实践中,学生甚至只是处于轻松休闲的状态。应在各种活动的参与中,增强对学生学习效果的考核,不仅增加学生学习的动力,还要适当增加学习压力,提高学习的成效。

(2) 强化学生参与或者设计活动的主动性。传统教学中的各种活动基本上是教师来进行安排或设计的,从整体上来看,学生处于较为被动的参与角色。应当激励学生形成项目团队,自己明确问题或活动主体,设计和安排活动,锻炼学生的组织管理能力、问题解决能力,提高教学活动的实际效果。

三、教学标准实施平台

教学标准的实施平台包括隐性实施平台与显性实施平台两部分,并涉及校企、校校等多主体间的合作。

本文将重点关注权益保护平台、教师在线平台、显性化学习平台、网络答疑平台、校际交流平台,并对知识检索、梳理与创新等隐性过程以及实地考察、资料搜集、讨论讲演与报告撰写等显性过程进行分析与系统整合。

（1）权益保护平台。在较为深化的校企合作过程中，由于校企各主体间有较多的知识共享行为，因此，该平台一是要促使合作主体明确知识共享的宗旨和目的，规定各自的权利义务与合作准则；二是提高合作退出壁垒和成本，防止相互欺骗与其他机会主义行为的发生；三是明确需进行必要保护的关键资源的范围；四是提倡合作主体间签订详细的保密协议。

（2）教师在线平台。工商管理教学效果以及校企合作效果受到学生学习能力与知识吸收能力的影响，加强学生的培训与组织学习即成为提升其管理实践能力，并最终提高为生产性服务业创新集群服务能力的重要举措。可以采用文档化资料，如知识库、操作手册等显性知识进行专业培训，教师包括企业兼职教师应在培训活动中扮演核心角色。而对于其中的隐性知识，一方面需要借助该平台进行持续沟通；另一方面需要在教学实践过程中对知识进行加工、总结和归纳，形成个人独有的经验和知识。

（3）显性化学习平台。一般来说，创新集群内企业间的情况并不为其他企业所了解，更不为学校所了解，因而在工作内容、方式、成果等相关信息方面，呈现出事实上的隐性特征。通过在各主体间建立教学合作显性化平台，可以将教学以及企业工作过程中的相关信息以某种形式公开发布。例如，企业通过该平台及时发布知识需求信息，便于学校师生开展研讨。另外，可以通过该平台发布相关政策法规以及行业发展情况，加深学生对行业具体情况的深入与系统理解，预测行业与企业发展趋势，形成战略思考的习惯和能力。

（4）网络答疑平台。互联网尤其是当下的移动通讯设备是基于用户关系的信息分享、传播和获取的重要平台，用户可以通过WEB、WAP以及各种客户端组建其社区或工作群。学校师生可以更为便捷快速地在这一平台上提出问题、答疑解惑，师生间特别是企业方面的相关人员可以就实践中的做法，对问题提出相应的解答，也可以就此展开更为深入的讨论。在这一沟通平台中，所提出的问题会得到各方的关注与解答，一方面这种沟通可以成为教学活动的一部分内容，另一方面也可以增加企业威望，有利于企业建立良好的声誉。

（5）校际交流平台。该平台类似于公益性虚拟组织，围绕提高学生的管理实践能力，把各方力量组织在一起，达到资源整合的效果。并且，进一步地，可以把虚拟的组织通过现实的活动展现出来。首先，该平台具有原始数据收集功能，在学校的推动下，各方主体可以在该平台展示相关知识信息，提供相应的在线阅读或资料下载服务;其次,该平台具有公共服务功能,即学校作为平台维护方,可以将相关信息整理形成清晰的知识地图,为学生学习提供有力支持。

总体来看,以生产性服务业的优先发展为背景,应重点分析和确定企业管理专业教学标准的设定原则、标准体系内容、标准实施方案,所涉及的相关具体研究环节及其逻辑关系可以通过图3得以描述。

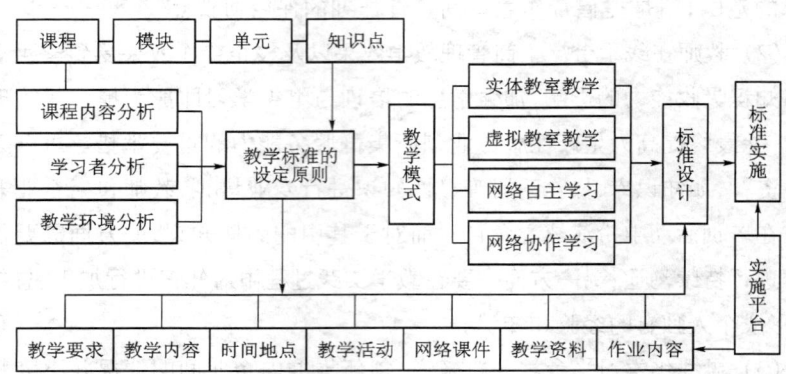

图3 教学标准研究内容概要图

参考文献

[1] 吴瑛,马行耀.基于工学结合的建筑经济管理专业教学标准的开发[J].职教通讯,2011(6).

[2] 谌启标.美国有效教学标准框架及其研究[J].教学与管理,2003(6).

[3] 胡江倩.论有效教学标准及实施策略[J].黑龙江教育,2001(10).

[4] 甄杰.生产性服务业创新集群内企业间协调机制研究[M].上海:复旦大学出版社,2012.

[5] 顾小明.教师有效教学标准编制的比较及其启示[D].杭州:浙江师范大学,2010(9).

[6] 姜大源.国际化专业教学标准开发刍议[J].中国职业技术教育,2013(9).

第二篇
课程教学改革篇

第二编

"物流与供应链管理"课程研教结合与共促的创新策略

李培勤

一、"物流与供应链管理"课程研教结合的创新现状

(一)"物流与供应链管理"课程的现状特点

"物流与供应链管理"课程涵盖一系列相关的工具和专业基础类课程,属于工商管理专业课程体系下的一个分支,包括"高等数学""大学英语""运筹学"等工具类课程,以及"管理学""市场营销""电子商务""运作管理"等专业相关课程。在该课程体系分支下,"供应链与物流管理"课程综合以上各个相关课程知识与理论基础,从供应链与物流这个细分领域入手,深入探讨其运作规律和特点,紧密迎合现今"供应链与供应链之间竞争"的白热化市场竞争现实,用丰富的案例和多样化的理论综合教学,其双语教学的风格更是囊括国内外此领域的研究前沿和热点,紧跟时代步伐,且引入实验室软件教学来辅佐和强化教学效果,将理论与实践全方位结合起来。"供应链与物流管理"课程经过十余年的教学实践,已经开创出了一套独特的教学模式和思路。

(1)双语教学。该课程选用高等学校经济管理英文版教材,教材内容英文为主,配套中文翻译。课堂教学以英文ppt和英文讲解为主。

(2)实验室教学。该课程配备了金蝶公司开发的k3cloud供应链管理软件模块,包括生产管理、电商管理、分销管理等模块。在教学计划里安排6个课时供该课程的实验室教学使用。

(3)案例教学。我国目前经济高速运转,生产和销售领域发展突飞猛进,电

商板块更是异军突起,支付手段甚至处于世界前沿。供应链管理领域里,理论与实践脱节现象突出,飞速发展的经济导致供应链管理者能力与经验跟不上,急剧的市场竞争又使得这种脱节被放大。这一方面带来了整个供应链运作成本的上升,同时也涌现出大量的案例和问题,推动了供应链管理理论研究界的发展与创新。

(4)分组讨论与演示教学。本课程属于小班教学,结合案例教学特点通常会进行小组分组,4~5人一组。每一组为一个整体,一起讨论、准备案例分析ppt等,一起拿一个共同的平时成绩分数。此方式促进了组员间凝聚力的提升,也提高了学习的热情。

(二)"物流与供应链管理"课程研教结合创新的迫切性

研究与教学的良性互动结合,是供应链管理课程一直努力的方向。过去十余年来,这种研教结合的形式已经发展得比较健全,比如将研究课题和热点,转换为学年论文选题、毕业论文选题等,或者将研究成果以通俗易懂的形式穿插到课堂对应的知识点学习上,等等。然而,"物流与供应链管理"课程研教结合的方式,以及研究与教学的相互促进还需要进一步开拓创新。这种迫切性体现在如下几点。

(1)供应链管理实践急需专业化人才来拉近和弥合现实经济发展中,理论与实践脱节的严峻现实。也就是说,现实中蜂拥而出的供应链优化协调问题,比如,上下游企业的系统化视野缺失,导致供应链上成员企业内耗严重,供应链效率低下;供应链的风险防范意识不够,不能从全局观入手防范供应链危机,等等。这些事件中层出不穷的问题根源,在于实践界的参与人员意识不足,对供应链的规律和优化路径不熟悉,认识不到重要性。因此迫切需要在供应链管理中,做到研教结合与共促,为社会培养符合经济真实需求的人才。

(2)供应链管理的相关理念正被企业实践界应用到人才管理模式中去,使得课堂学习等传统培养方式面临的成本高昂、效果难以保证等缺点,逐渐被其他更有效的培养方式所取代。这种挑战与日俱增。也更凸显了供应链管理课程研教结合的重要意义。具体来说,未来的专业化人才培养发展具备如下特点。

第一,由"学了再做"转变为"在做中学"即"轮岗＆行动"学习模式,"在做中学"成为眼下非常盛行的方式,诸如轮岗和行动学习的计划由于其更加贴近于真实的工作任务,且学习成果更有利于推动真实情境下的绩效提升而备受推崇。

第二,由"培养后再提升"转变为"提供JIT模式的培养以匹配新岗位的要求",如此就能够克服有提升潜力的人在还没有等到技能施展的舞台就已经离开公司的困境。这种更加符合供应链特征的培养方式,能够对新岗位上的绩效提升产生正面的推动效应。

第三,小批量、多批次的培养,提升人才培养的周转率。过长周期的培养所导致的培养周转率过低,一方面使得培养的效果难以及时体现,另一方面也会降低培养对象的自身积极性。通过小批量、多批次的培养方式加快培养周转,有利于企业及时消化培养后的员工,提升投资回报率。

第四,有预测性的培养通用技能,尤其是 Just-In-Time 培养岗位专业技能。即从以往培养某一领域的专才,转变为培养适合更广泛工作类型的通才。对专业技能人才,侧重 JIT 式的培养,帮助其更好适应具体的专业工作。

(3)供应链管理理论需要经得起实践的检验,"物流与供应链管理"课程理论知识体系与课程教学融合间的创新突破,同样具有迫切的时代必要性。这主要体现在,新时代下,纷繁复杂的经济环境催生了不断更新和完善的理论知识体系,应该将不断涌现的新问题和新理论贯彻到教学中去探讨学习,实现教研结合的相互促进,创新突破。

大学生是将理论转化成实践的先锋军,这种理论实践的相互转化,需要在试验田里进行培育和验证,而参与的主角就是在校相关专业的大学生。这是本课程研教结合与共促的另一个重要价值所在。

(三)"物流与供应链管理"课程研教结合的创新策略

1. 细化教研结合与共促研究主题的创新策略

第一,基于学生教材体系和专业研究的现状热点,紧紧抓住供应链实践界目前及未来正面临的重大挑战,或者说重大突破和发展趋势,将其细分为若干研究主题。基于案例展开教学及 ppt 小组分析,让学生真正深切体会到,书本知识与现实生活的紧密结合,激发他们的创新热情,为国家培养潜在的供应链管理人才。文献研究法在本部分是一个重点工具,通过汲取相关领域文献研究的成果和心得,化为己用,为供应链管理类课程的研教结合及创新策略提供研究灵感和借鉴。本部分应该找出 15~20 个研究主题。目前计划的研究主题如下。

(1)供应链与物流关系的系统动力学思考。

(2)供应链与市场营销的理论交互与实践融合。

(3)绿色供应链的可行性与运作实践探讨。

(4)生鲜供应链的行业洗牌背后:供应链竞争和优化规律研究。

(5) 供应链风险之运作周期系列研究。
(6) 供应链风险之强势零售商系列研究。
(7) 供应链风险之制造商系列研究。
(8) 预售模式下供应链运作技巧和应对。
(9) 策略化消费者行为下的供应链运作规律探讨。
(10) 互联网+时代小微企业的供应链存活之道。
(11) 协调的艺术：供应链成员间的协调共赢技巧。
(12) 协调的艺术：供应链间的共赢与协调策略。
(13) 创新策略之一：重新审视供应链的终端客户。
(14) 创新策略之一：供应链需求管理结构的再思考。
(15) 创新策略之一：技术创新下的供应链实践对策研究。
(16) 创新策略之一：系统论的供应链管理实践运用。
(17) 创新策略之一：大数据对供应链实践运作的影响研究。
(18) 创新策略之一：支付方式革命对供应链运作的影响研究。
(19) 创新策略之一：供应链金融的新时代变化规律探究。
(20) 创新策略之一：供应链"部门墙"的障碍及创新突破研究。

第二，基于第一部分拟定出的研究主题条目，经过教学和科研结合效果的反馈，进一步拟定出学年论文与毕业论文的选题，力争每一个选题都具有高度的现实意义和理论价值。此处需要把握两个基本原则：一是学年论文和毕业论文的选题原则上来自第一条的研究主题，如此虽然学生对象会有变化，但是有助于授课教师自身对研教结合的经验积累和技巧熟练度的提升；二是"物流与供应链管理"课程的案例紧贴时代变化的脉搏，案例更新速度快，呈现出来的问题也新颖且挑战大，授课教师需要紧跟时代步伐，更新案例和相关研究主题。这是实现研教结合创新的根本之一。

2. 相关课程体系研教结合的全方位创新策略

在专业课程体系的综合学习与运用上，应该与供应链其他相关课程一起合作。比如实验室教学等，力争多角度、全方位创新出教研结合的多样化教学形式。具体设计如下。

第一，形式可以丰富多样，包括创业大赛、暑期实践、大学生学科竞赛、项目策划与调研、论文竞赛、辩论赛等多种形式。授课教师团队已经具备成熟的开办各类比赛的经验，未来会根据实际情况的变化、学生特点的差异等，及时补充并开发出更新的比赛形式及细节内容。

第二,从专业课程知识融合的角度,找到创新的突破口,拓宽教研结合的内涵和形式。比如"创业管理""供应链与物流管理""供应链创新"等课程之间内在理论体系关联紧密,可以相互作为教学参考用书,授课教师之间可以通过协商沟通探讨有效合作方式,比如共同用一个案例从不同角度让学生做分析,教师再融合起来讲解等。

第三,实验室教学是极佳的锻炼学生融合各相关课程知识的机会。一方面,大学生在实验室中接触到各类教学软件,软件实践操作需要熟悉各类相关课程知识。金蝶公司提供的供应链管理软件含有供应链协调、供应链风险、电商运作等模拟流程。同时,实验室电脑上还有其他相关软件,比如创业大赛软件、人力资源管理软件等,实验课老师保持沟通和切磋,寻找不同软件课程之间的有效互动创新形式。

3. 学生掌握本课程研究方法和学习方法的创新策略

从学生学习兴趣和热情的把控上,循循善诱,教会其创新性的研究方法和学习方法,使其成为学生未来从事供应链管理相关行业发展的根基之一。也就是说,从理论研究高度入手,从方法论的高度,彻底将供应链类课程的创新性学习方法植入学生大脑,化为未来工作发展的精神财富。本部分重点采用理论研究方法与案例研究方法相结合的方式,来探讨如何有效将创新研究方法转化为学生内在的娴熟运用。具体如下。

第一,不断培养学生各种口头、书面沟通的能力,以便在沟通中启发出创造性思想。管理学学科关于沟通有若干相关课程解读和分析过,如"管理学""组织行为学"等,因此,应该鼓励学生学有所用,将沟通的相关技巧和知识切实转化为自己内在的收获,应用到本课程学习方法的提升上去。

第二,引导学生的创新冲动,使之能够良性循环发展。在思考一个新问题时,学生有强烈的渴望去创新性地解决问题,积极主动探讨解决问题的方法,这种创新冲动是激起学生兴趣、展开创新研究的原动力。在提出科学问题的基础上,激发起学生兴趣的情况下,授课老师需要进一步有意识地培养大学生独立分析问题、解决问题的创新能力。举例来说,当大学生在研教结合实践中遇到困难的时候,授课老师先不直接给出答案,而是采用启发引导、旁敲侧击的方法,与学生一起分析可能存在的问题,在这一过程中重点培养起学生分析、思考问题的方法,使之具备举一反三、应用相应方法解决相关领域问题的创新能力。

第三，培养学生建立一套系统化的科学研究方法体系的能力，使其能在纷繁复杂的案例情境下，提炼出供应链管理中的核心问题，透过现象看本质。回顾关于科学研究方法的文献背景，李秉德教授著作的《教育科学研究方法》（1986年，人民教育出版社）和裴娣娜教授著作的《教育研究方法导论》（1995年，安徽教育出版社）这两本作品的影响力最为广泛。前者比较适合初学者，注重教育科学方法等操作性概念，对教育科学研究方法的层次性、系统性等，没有从方法体系的角度展开逻辑上的梳理和整合，这是教育科学研究初始阶段的必经之路，对其的普及和推广大有裨益。后者即逻辑知识体系，相比前者的并列知识体系，在外延上和内涵上都有极大的扩展，不再是"总—分"式的知识结构线索，而是自上而下、自始至终的研究思路和体系。

本课程教授的科学研究方法，从本质上定性来说，隶属于方法论知识体系中底层的各门具体学科方法论，受高层的哲学方法论、中层的系统科学和数学方法论、低层的自然科学、管理科学、社会科学等的影响，同时，自身本身又有独特的方法论知识体系。这种底层的具体方法科学论体系，根据本课程的学科及研究主题特点，又可以根据研究进程的逻辑顺序，划分为发现问题的方法、收集资料的方法、分析资料的方法和成果总结的方法等四步骤。

第一步，发现问题的方法。包括基于作者个人的兴趣爱好、内在冲动、成长阅历、个性需求等内生性选题的方法，以及基于社会、政府、学校、他人意愿的外生性选题的方法。

第二步，收集资料的方法。分别是文献法、观察法、问卷法、访谈法和实验法，其中文献法是各种研究类型和研究范式通用的一种方法，问卷法和访谈法则是调查研究、学术研究、政策研究最为常用的方法，实验法则是行动研究中必须掌握的基本技术技巧。

第三步，分析资料的方法。通常分为定量分析方法和定性分析方法，进一步细分的话，还可以有统计分析、测量分析、政策分析、比较分析等。

第四步，成果总结的方法。通常的体现形式为学术论文、课题报告、经验总结报告、调研报告、实验报告、学位论文、专著、专利等方法。

通过对该课程系统科学化的研究方法的学习，培养大学生逐步形成拥有自己的思维方式、学术风骨和研究范式的雏形，有"精于此、博于彼"的研究意识，积累起进行多学科知识融合学习的创新能力。从科学研究方法的内容设计上来说，应该呈现出螺旋上升、波浪前进的特点。对于做学术研究的探究型知识体系设计来说,首先,以研究进程为主线,采用"研究类型＋研究方法"的方式进行,如调查研究、叙事研究等,然后,再从选题的方法、收集资料的方法、分析资料的方法和成果总结的方法四个步骤,依次对相应方法进行介绍。在研究方法层面上,尤其要深化相应的方法技术,如文献法中文献趋势的分析、逻辑分析的方法、政策分析的方法等。

第四,学生应该能够评判各种研究方法的优劣,找出解决问题的最优途径和方法,进而不断巩固加深对供应链管理相关理论基础知识的认识。应要求学生给出的解决方法能够在实践中经得起严格、全面的检验。

4. 教师角色在教研结合与共促上的创新突破策略

教师在研究学术与研究自我之间,应做到不断地创新性突破,使得教师的个性特质、学生的群体特点、课程教学与学术研究之间,实现完美的匹配共赢。根据自身"研究与教学结合型"的教师角色,在发现经济实践里的突出问题,汲取高层次的研究成果、进行高水平的学术研究的同时,不断清晰自己的教育理念,不断调整和完善教学风格,实现自身个性特质与教授课程、学生特点的创新性结合。作为教学研究型教师,除了积累丰富的教学经验之外,更应该具备坚实的学术研究能力背景。科研和学术能力的提升遵循自身的运作规律,是循序渐进的、逐步成熟的思维蜕变过程。在本课程的研教结合上,具体思路如下。

第一,从教材知识点来说,授课教师应该突破现有理论与实践结合的模式,不断开创新的研教结合与共促体系。创新就是用别人没有用过的方法、观点对学术问题的再解释。关于本学科、本专业知识背景,对学科专业内的基本理论知识做到熟练掌握和运用,有助于授课教师深度贯彻到实践教学中。

第二,从课程教授的讲义设计上来说,授课老师应该实现"问题意识"导向的创新,实现教研结合与共促的多元化形式发展。问题意识包括发现问题、提出问题、甄别问题和确定问题四个基本环节,通常这是一个由简入深,由易到难的思维升级过程。在课程教授上实现研教结合与创新时,需要特别重视授课教师自身个性特质等的差异,寻找出符合自身个性特质与专长、学生整体特质在研教结合方面的最佳匹配。在进行研究的过程中,授课教师首先应该认清自己的角色,是教学与科研并重型的。除了研究专业学术领域外,还必须研究教师自身的个性特质与专长等。这既包括自身的教育理念及更新路径,反思自己的教学行为改进方向,寻找自己的利弊得失重点等,更包括清楚认知自身的个性特质比如健谈与否、外向与否、善于沟通与否等,寻找出一条最优路径,来做到符合自身个性特质与专长、学生整体特质在研教结合方面的最佳匹配。

第三,从课程教授的讲义设计上来说,授课教师在实现"问题意识"导向的创新之后,就进入了重点关注研究内容的创新,这是实现教研结合与共促的深层次创新命题。此过程要求教师对相关经济管理学科、各类专业性期刊书籍等进行大量阅读和分析,尤其是结合实践案例,对相关学科的研究领域都要有所涉猎。这需要保证有足够的时间和精力投入。

此外,授课教师也应该熟练掌握研究技巧,结合实际问题,选择合适的、可行的、正确的研究方法来进行探究,避免陷入研究中的死胡同,这对研教结合没有帮助,是研教结合与共促中应该避免和有所突破的关键之一。

（四）结语

"物流与供应链管理"课程研教共促未来的创新实践,路径基本清晰,规律还待继续挖掘和思索,应该加强供应链管理相关课程理论知识体系的彼此融合,实验室教学、各类学术竞赛等与之一起融合,实现研教结合共促的整体突破。在如何激发学生的创新热情和冲动方面,勇于尝试实践,实现突破。在教师个性特质、学生群体特点、课程教学与研究之间,寻找实践融合的方式方法,做到共同促进,创新突破。

参考文献

[1] 王丽梅.基于创新性应用型人才培养的实验教学方法研究[J].实验技术与管理,2014,31(1):19-21.

[2] 李国臣,耿彦秋.立足实践教学环节,加强本科生创新能力培养[J].中国大学教学,2009(6):69-71.

[3] 李慧中.高等实验教学与创新人才的培养模式[J].湖南医科大学学报:社会科学版,2009,11(5):159-161.

[4] 张小菊,黄慧艳,杨娟,等.教研与教学相结合促进学生核心能力培养.山东农业工程学院学报,2015,32(4):85-87.

[5] 方在庆.教研结合、同行评议与大科学规划[J].科学文化评论,2004(6).

[6] 侯娟,曹海宾.教研结合的近代物理实验教学模式的实践探索[J].科技信息,2010(15).

案例教学法在"国际投资学"课程中的创新型应用

魏 玮

随着全球经济一体化和投资自由化程度的进一步加深,国际投资已成为国与国之间经济活动和联系的主要内容,是国际经济领域所关注的热点话题。传统的国际投资学教学以讲授式教学方式为主,注重理论知识的传授,在此过程中学生以被动接受知识为主,这导致教学过程过于单调和抽象,影响了课堂教学效果。案例教学的方法目前已历经百年,在许多国家都被视为管理学的重要教学方法之一。联合国教科文组织曾对课堂讲授、案例研究、研讨会等九种教学方法进行研究,分别在知识传授、分析力培养、态度转变、提高人际沟通技巧、接受度和知识保留力等六个方面对各国专家做了广泛调查,结果发现案例研究的教学方法综合效果名列第一。所谓国际投资案例研习,就是根据预先设计的教学目的和教学大纲要求,由教师组织学生对特定案例资料进行调查、整理、阅读,并结合理论知识对特定案例进行分析、讨论和展示等活动,提升学生对国际投资的知识灵活运用能力的一种教学辅助方法。

一、传统案例教学法在"国际投资学"课程运用中存在的问题

我国于 20 世纪 80 年代引入案例教学法,目前,许多在管理学、法学和其他学科领域中都得到了广泛的应用,但在实践活动中,大多高校对案例教学方法的尝试和实施还处于起步阶段,以"国际投资学"的本科教学实践为例,案例教学法尚存在以下几点不足。

（一）"理"与"例"的学时分配不合理

尽管许多教师对案例教学的应用能有效提高教学质量和课题效果已有一定的共识，在教学实践中也积极尝试，随着多媒体教学手段的普及和互联网上案例资料收集便捷性的提高，案例教学在整个课程中所占课时比例日益增大，但在许多大学开设的"国际投资学案例研习"课中对"理"与"例"的学时分配比例划分仍不合理，多数仍延续传统教学方式，侧重于对基本理论的讲解，理论教学课时时间占绝大部分，这样虽然有助于学生对课程体系的理解和把握，但不利于学生的主动学习，也不利于锻炼学生灵活运用理论知识的能力。还有一部分课程的课时设置则走向另一极端，只是纯粹用案例来填充所有章节的教学活动，对国际投资学的基础和重要的理论原理并没有进行必要地阐释，使学生在案例分析时缺乏必要的理论支持，影响案例分析的深度与全面性，缺乏"例"与"理"的有机融合。

（二）将"案例教学"与"举例教学"相混淆

案例是案例教学的核心内容，许多案例教学课程将案例教学法与举例教学法混淆，在案例教学环节中只是举了些简单的教学例子。实际上，举例只是教师在教学过程中的一种提高学生认识的教学辅助手段，只是为了帮助学生进一步理解问题的一种方式。举例教学过程中学生仍处于从属地位，是知识的被动接受者。在教师举例过程中，学生并没有主动将投资理论应用于投资实例的分析中。而案例教学过程中，学生应会利用理论和原理积极主动的进行分析，发表自己的观点和见解，变被动学习为主动学习。在经过案例分析训练后，学生不仅获得了系统性的理论知识，并且提高了学习的自主性和主动性，提升了将国际投资原理、动因和机制灵活应用于现实案例分析的能力。

（三）案例来源渠道有限，案例编排质量和层次参差不齐

案例教学中所涉及的案例的选取和编写一般由教师提前完成，许多案例教学课程中课堂上大部分时间是教师对理论知识的讲授，只在一章节最后安排一个教学案例，通常处于零散化状态，缺少背景完整、分析角度完备的案例，使得很可能各个学年所使用到的案例较为随意和随机，并没有列入各个章节的教学大纲和教学课件中形成固定的教学内容，案例教学大纲整体缺乏系统化和标准化的组织。并且，很多的案例都是由任课教师基于个人的专业特长来开发和制作，而较少有专门的开发团队来编排开发案例，这使得案例的开发工作缺乏明确的评价标准，难以保证案例的质量和稳定开发。

在现实教学活动中,好案例的编写费时耗力,并且与职称并不直接挂钩,教师在主观上开展案例教学,优化案例教学方案的动力不足。此外,授课教师由于缺乏在国际投资行业和跨国公司实习和工作的经历,对案例的收集、整理、编排和分析往往较实践活动有一定的滞后和差距,导致案例的理论与实际的联系不够紧密,授课案例质量普遍不高,并未体现典型性或启发性等案例研习课的必要特征。部分任课教师通过自身的资源亲自参与企业家的访谈和企业的投资实践活动,力图集合企业背景和相关资料编写一手案例,但在与企业的沟通过程中,很多企业对自身问题认识不到位,或者不愿意将公司的内部信息与问题暴露于公众讨论,对于技术研发创新更是闭口不谈,这使得案例的采集过程更为艰难,采集渠道更为狭窄。主讲教师的职能更多依赖于互联网上的碎片化二手教学资源来改编案例开展案例教学实践活动。

在开设有"国际投资学"课程的高校之间也缺乏教学资源共享的平台,不具备整合各高校资源整合开发国际投资学案例库的教学条件。即使有教师愿意共享教学案例资源,但由于缺乏统一的案例教学效果评判标准,其他老师也不了解案例的开发背景和使用的前提条件,达不到理论与案例有机结合的教学效果。种种原因必然导致国际投资案例资源匮乏,案例资源库难以建立,案例的质量和层次参差不齐,出现诸如本土化的原创性案例数量少、案例内容不完整、案例分析深度不够、案例与教材内容不相匹配、案例实践价值低等一系列问题。

(四)教师缺乏对开放式案例讨论的积极引导

许多案例教学课程在实践中,把案例教学作为单纯吸引学生兴趣的教学方式,忽视了教师在教学过程中的导向作用,在一部分案例教学活动中,过分强调和突出学生在讨论中的"主体"地位,形成了教与学倒挂的现象。在互联网时代学生尽管能够从各个渠道获取大量企业背景、投资事件信息、投资过程信息,但是这些信息是以非系统的、碎片化的形式存在的,学生在校园中与业界实务之间存在着较为严重的信息不对称,如何从浩如烟海的投资事件信息中筛选出与教材理论相匹配的知识集合,这是互联网时代背景下进行开放式案例讨论学习的一个重要问题。

由于缺乏教师的及时引导,使得学生在讨论过程中尽管氛围比较热烈,但是很难抓住案例的本质特征去揭示国际投资发生的主要动因,找不出国际投资的变动趋势和发展规律,更发现不了案例与国际投资原理之间的必然联系。

二、"国际投资学"课程案例资源库建设目标定位

"国际投案"课程案例资源库建设应从全球跨国公司的微观视角研究出发,在经典理论的基础上引入国际投资实践活动中的大量生动案例,重点讨论资本在国际间的运动过程及其对全球经济影响的客观规律。该案例课程设置应力求使学生获得国际投资领域前瞻性的理论知识,以及具有普适性和实用性的投融资方法技能。

（一）获得具有前瞻性的国际投资理论知识

在教学过程中以问题为载体,使学生在案例分析与讨论过程中了解有关国际投资与跨国公司的相关理论、法规、动态与历史事件,掌握近几年国际投资与跨国公司领域的重要研究成果和新进展。

（二）获得在开放经济条件下分析与解决国际投融资问题的技术和能力

以实例进行模拟训练,创设一种类似实践操作的学习情景和途径,使学生对国际投资有从量变到质变的规律性认识,提升学生在案例合情推理和演绎等方面的能力。对于日后从事经济研究、企业管理、对外经贸等相关工作的学生获得相关的实际操作能力有相当的帮助。

（三）培养和提升学生团队合作意识及信息处理的能力

通过对本课程理论知识的学习和实例模拟训练,引导学生创造性地运用所学的国际投资知识,搜集组织信息资料,合作解决实际问题,主动体验世界知名跨国公司案例。并在此体验学习过程中,提升团队合作意识及信息处理能力。

三、"国际投资学"课程案例教学创新方案设计

"国际投案学"课程设计力求兼顾国际投资理念的培养和操作技能的掌握,具有以下特色。

（一）充实案例教学内容,有效组织案例教学过程

案例教学是在理论教学的基础上推进的,是理论教学的有益补充和完善。在案例教学过程中应鼓励教师选择、重组和优化教学内容,对案例进行多元化、多视角和多层次的安排,案例内容应该全面覆盖国际直接投资和国际间接投资重点部分,同时注重跟进案例发展的动态性,紧跟国内外投资环境和投资政策变化,动态调整案例资源库的建设,结合互联网平台挖掘新颖的国际直接投资和间接投资案例。

教师应紧密结合国际投资学授课的具体内容、情境和学生特点,多角度不断

充实"国际投资案例研习"课程中所引入的案例,积极开展案例资源库的建设,在案例资源库中既包含直接投资案例又包含间接投资案例;既包含外商对华投资案例又包含中国企业对外投资案例;既包含政府投资案例又包括民间投资案例;既包含成功案例又包括失败案例;既包括典型案例又包括极具时效性的案例。在案例分析教学过程中,对案例进行严谨、全面、开放性的分析与讨论。将个案分析与总量分析相结合,静态分析与动态分析相结合,力求展示不同国际投资环境中国际投资与跨国公司的动态演进过程,辩证地说明国际投资中真实的风险与投资回报。

(二)鼓励编排和创作本土案例,建设动态案例资源库

本土案例的编选是教学质量保证的一项重要元素。面对国内外投资环境的快速变化和互联网环境下的新型学习趋势,应积极构建国际投资学案例资源库,在案例教学、互动教学、开放式教学方面进行教学范式的改革创新。课程教学团队应清晰地掌握和了解国际经济发展活动中的新现象,及时获知国际投资发展的新动向,突破教材的限制引入时效性强并极具分析价值的本土国际投资案例。同时,要充分考虑案例与课程内容和中国实践的匹配程度,不仅要筛选具有典型性和代表性的案例,还要对案例进行深度的和全方位的挖掘,结合课程理论原理,最大程度的发挥案例的典型性和实务性教学效果。通过教学案例库的设立与互动环节的设计,形成"生生互动"的教学范式,改变传统理论授课教师低效率传递知识的现状。

为避免本土案例资源内容与中国实践脱节的问题,应鼓励主讲教师和课程教学团队通过与资深业界人士进行深入访谈、进入企业调研、参与行业研讨。通过与学校"企业家进课堂"等相关活动和校友活动的结合,产生与课程良好的协同效应。重视双师型教师队伍的培养和构成,将来自大型国企、世界500强企业、证券公司、投资公司等行业的中高层管理人员、首席分析师等资深业界专家引入课程的师资团队,形成课程稳定的外部教师资源,极大地增强了课程教师资源的开放性。同时,注重教学教师与企业指导教师的沟通,通过业界实例与开放式课堂设置,将业界最新的动态与实践,可操作性强的实例、前沿性的国际投资领域知识带入理论课堂,弥补教学理论与实践中的缺口,解决西方的国际投资理论与中国实践相脱节的问题,达到投资学理论与中国实践相结合的效果。此外,还可以通过实践锻炼提高国际投资学教学团队的实践能力,制定详细的计划定期定量将主讲教师派遣到跨国投资业务的公司或部门进行挂职锻炼,以获得一

手的国际投资学教学资料,提升教师的教学实感并丰富课程教学内容。积极与国外大学相关专业合作,引入国外的教学案例并参照国外的案例教学方法提升本土化案例教学水平,提高教师授课效率。

(三)多元化学业考核标准,充分调动学生学习讨论案例的自主性

为了充分调动学生学习案例的积极性,选用的案例必须难度适中,将学生的理解能力和探索性思考能力有机结合。在阐释和分析案例时,引导学生进行创新思考和辩证思考,提升学生对国际投资问题的思考、分析和解决能力,并积极有效地培养提高学习兴趣。在教学过程中,通过引入小组讨论、PPT展示、视频教学、课堂模拟等案例教学元素,引导学生主动参与学习,加强课程与现实投资环境的循环互动。对高年级的案例教学则可设计动态跟踪案例发展与预测案例发展走势的教学环节,并在班级进行展示和分组辩论,激发学生自主学习和个性化学习的潜力。

为保证教学质量,案例研习课程建议采取小班化教学,每班的班级人数被限定为30人。课堂上应采用个体、分组和全班讨论相结合的案例讨论方式,将教学理论贯穿于教学案例研讨之中,从以教为主向以学为主转变,使得学生成为教学活动的主体。个体分析案例对学生个人本身素质一般要求较高,学生须做到独立分析和思考案例,同时有利于教师利用互动教学识别个别学生在课堂学习过程中的理解偏差并及时加以修正。分组讨论可以营造活跃的讨论气氛并达到问题的多角度思维的效果,授课教师可以通过模拟设置投资目标与计划布置小组作业等形式,培养学生之间团队合作意识,将团队合作与组间竞争贯穿整个课程的案例分析、投资方案互动讨论之中。全班讨论方式有利于学生之间开展头脑风暴,集思广益,拓展和启发思路,在思想的不断碰撞中提高和深入对国际投资的认识,培养学生的创新精神和实践能力。

在期末考评成绩中多元化学业评价考核标准,调动学生的学习积极性和自主性,最终考评标准包括四个部分,具体分值占比为:①课堂参与(20%),指教学过程中的问题讨论、问题解决、实地调研的参与度。②小组展示(20%)。学生自行组成3~4人研究小组,收集自己感兴趣的案例资料进行分析、制作PPT、讲解以及回答问题。③案例模拟(20%)。设置特定国际投资环境,在一定的预算约束下,由学生组成模拟小组制定投资计划,并就班级其他成员提出的问题进行答辩。④期末考查(40%)。重点考查学生在直接投资、间接投资、投资环境、跨国并购、风险投资等方面的理论及实务操作能力。学生课堂讨论发言的考核

评价有利于鼓励学生在课堂上积极思考,积极参与讨论。小组分析作业PPT演讲的考核方式有利于考查学生对课程学习内容的掌握程度,并锻炼学生收集案例资料、归纳整理、综合运用课程知识点进行案例分析、口头表达等多项能力。在案例准备及展示全过程中让学生自发式实现知识和能力的自我构建。在期末开卷考试中,设置以开放式问题为主的案例分析题,重点考查对每个案例中所包含的多重国际投资理论知识点的综合应用分析能力。积极鼓励学生参加校内外的国际投资案例大赛,激发学生创新投资意识,学生可以在参与竞赛和申报项目的过程中得到不断的历练,拓宽投资视野,通过大赛等拓展式教学与探究式教学模式培养学生主动解决投资问题的能力,实现以教为主向以学为主的转变,以赛促学,并将参赛成绩适当折算成平时成绩,鼓励学生组成投资小组在校内外展开团队竞争,培养学生拥有较强的实践创新能力和国际投资实务问题的解决能力。

参考文献

[1] 王聪聪.基于案例互动与开放式课堂的教学范式改革与实践[J].金融教育研究,2017,30(3):81-84.

[2] 郑先勇,胡纯.国际投资学课程实验实践教学模式创新研究[J].时代金融,2016(11):254-255.

[3] 王林雪,吴玉贝,郭宝龙.以探究式教学方法培养创新型人才[J].中国高校科技,2015(12):44-47.

[4] 刘录护,扈中平.教师教育中的案例教学:理念、案例与研究批判[J].教师教育研究,2015,27(3):79-85.

[5] 张武康,魏昀妍,白丹.应用型高校经管类专业互动教学模式研究述评[J].高教论坛,2015(2):71-73.

[6] 吕秀梅,邵腾伟.基于构建主义的《金融理论前沿》教学探索[J].教育教学论坛,2013(34):216-218.

[7] 王应密,张乐平.全日制工程硕士案例教学资源库建设探析[J].高等工程教育研究,2013(4):166-171.

博弈论课程教学改革及 MOOC 教学模式探析

李 叶

1960年,托马斯·谢林在《冲突的战略》一书中开创性地运用博弈框架分析经济学以外的社会科学问题,随后博弈论这门学科逐渐覆盖了非常广泛的领域,类似的博弈思想在商业、政治、生物、外交以及军事中经常发生。实际上,当人们为了达成某种协议或者解决某些矛盾而相互制约时,博弈就实际上发生了。因而,深层次洞悉这样的博弈行为,可以丰富我们对世界的理解。

著名经济学家泰勒尔说:"正如理性预期使宏观经济学发生革命一样,博弈论广泛而深远地改变了经济学家的思维方式。"博弈论,英文为 game theory,作为一门独立的学科,是研究决策主体在之间产生相互影响和相互制约关系时的决策问题以及这种决策的均衡问题。严格来说,博弈论更是一种方法,其应用领域并不仅仅局限在经济学的范畴,政治学、生物学、军事、国际关系等都涉及博弈论。然而,博弈论发展至今,对经济学科的影响较为突出,这在教学计划的设计中更加凸显,目前涉及博弈论的专业基本上仅限于经济学。究其原因,博弈论与经济学都建立在理性人的假设基础之上,而博弈论更是要求理性是共同知识,即博弈主体都是以自身效用最大化为前提,因而博弈论在经济学中获得了最广泛的应用,成为现代经济学的基石和重要研究领域。迄今为止,博弈论作为经济学本科专业的一门课程,开课时间并不上,且专业范围并不宽泛,可以看出这门课程的教学处在刚刚起步的阶段,甚至很多高校并没有为本科学生开设这门课程。教学中,侧重于理论教学,且几乎涉猎的都是经济学理论,所以如何把博弈论融入社会科学各个学科的教学中以及如何丰富教学形式,已经成为本科博弈论教学中必须面对和解决的问题。

一、博弈论概述

(一)博弈论的研究对象

经济学假定人是理性的,而理性人在约束条件下最大化自己的偏好时,既需要相互合作,又存在着利益冲突。为了实现合作的收益并解决合作中的冲突,便产生了许多的制度来规范经济人的行为。而最重要的一个制度便是价格制度。传统的新古典经济学就是以价格制度作为研究对象,因而也称为价格理论。价格理论建立在两个基本假设之上:第一,市场是竞争性的,因而买卖双方都是价格的接受者;第二,参与人之间的信息是完全对称的。但这两个假定条件在现实中都是不满足的。首先,现实中市场很难实现完全竞争,而往往都是介于完全竞争和完全垄断之间的市场结构。在这种不完全竞争的市场中,行为主体之间的行为都是相互影响、相互制约的,每个参与人在做决策时必须考虑对方的反应,这便是博弈论所研究的范畴。其次,现实中市场参与人之间的信息都是不对称的,比如市场中卖方对产品信息的了解永远比买方多,而买方对自己效用评价的信息永远比卖方多。当出现信息不对称的问题时,一种有效的制度安排必须能够同时满足"激励相容"和"自我选择"的条件,这便是信息经济学所研究的内容。所以,博弈论研究的是一种策略行为,是研究不完全竞争市场环境下参与人行为的一门学科。

(二)博弈论的发展

通常认为,博弈论开始于1944年由冯·诺伊曼和摩根斯坦恩合作的《博弈论和经济行为》一书的出版,也是在此书中提出了预期效用理论。到了20世纪50年代,是合作博弈论发展的鼎盛期,包括纳什和沙普利分别在1950年和1953年提出了"讨价还价"模型,吉利斯于1953年提出了关于合作博弈中"核"的概念。

在合作博弈达到鼎盛时期的同时,非合作博弈论也开始创立。纳什在1950和1951年发表了两篇关于非合作博弈的重要文章,塔克在1950年定义了"囚徒困境"博弈的意义,这是现代非合作博弈论的重要基石。

发展到60年代,又出现了一些重要学者。泽尔腾将"纳什均衡"的概念运用到动态博弈的分析中,提出了"精炼纳什均衡"的概念;海萨尼则将不完全信息引入博弈论,并且提出了海萨尼转换,从而使博弈论又得到进一步发展且能更好的描述和解释现实。到了 80 年代,又出现了一些有影响力的人物,包括克雷普斯和威尔逊在动态不完全信息博弈中的贡献,在 1982 年合作发表了关于动态不完全信息博弈的重要文章,至此,博弈论体系形成了完全信息静态博弈(纳什均衡)、完全信息动态博弈(子博弈精练纳什均衡)、不完全信息静态博弈(贝叶斯纳什均衡)和不完全信息动态博弈(精练贝叶斯纳什均衡)四种博弈分析模型以及相应的核心均衡概念。博弈论在经济学中的绝大多数应用都是在 70 年代中后期开始发展起来的。到 80 年代,博弈论已经逐渐成为主流经济学的一部分,成为经济学的基础和重要分支,也开始作为硕士研究生的重要课程被广泛传播。

二、博弈论的教学特点

博弈论这门学科的逻辑性较强,需要一种抽象思维的理解,同时兼具较好的数学分析能力,因而这门课的学习,要求学生具备一定的数学功底,且已熟练掌握经济学基本知识和运筹学的基本方法。一般来说,博弈论教学主要面向研究生,目的是培养学生一种运用理论方法分析实际问题的能力,从而通过博弈论的学习能更好的从事科学和理论研究。也就是说,博弈论与其说是一门应用经济学科,不如说是一种理论分析工具,有助于我们通过理论分析来解释和解决经济现象与问题。然而,对于经济学专业的本科生而言,专业基础与数学功底还相对较为薄弱,用传统的硕士授课方式来教授博弈理论并不合适。针对本科生,如何增加博弈论教学的趣味性和生动性就至关重要。博弈论的思想精髓有助于本科生理解现实企业竞争与冲突,可以提升学生的团队合作意识,因而向各专业本科生开设相对浅显的公选课博弈论入门是非常必要的。当然,针对数学与经济学基础相对比较薄弱的本科专业,如何选择本课程教学内容并取得较好的学习效果也是需要深思的一个教学课题。在教学中帮助学生理解、掌握并很好的运用抽象思维分析问题是教学中最困难的环节。我们应该摒弃博弈框架直接引入概念的教学形式,代之以借助实际问题引入、加以抽象分析的方式,帮助学生运用所学概念和方法分析问题,从而锻炼学生解决问题的抽象思维。

三、博弈论教学中存在的问题

(一)教学方式过多依赖多媒体

随着科技的不断发展,多媒体教室已成为大学校园的必备设施,理所当然地多媒体教学也成为课堂教学的主要形式,博弈论这门课也不例外。这种现代化的教学设备丰富了课堂教学信息,方便学生复习,有助于学生宏观上把握课程内容和结构。多媒体教学有助于教师丰富教学内容,通过添加案例图片和影像,使教学更加形象、生动、更具趣味性,同时,有利于教师及时更新教学内容、方便讲授,节省时间。但是,博弈论这门课,除了抽象思维的训练,还有基本的模型推导与计算,这又需要大量的数学公式的推导和证明,多媒体教学的手段在这个维度上很难充分演示推导过程,传统的教学手段反而效果更好。所以说,如果过分依赖多媒体教学,也会带来不利影响。

(二)理论学习中缺乏案例的指导

博弈论是一门应用型学科,然而很好的应用博弈理论分析问题却要建立在很扎实的理论基础之上,甚至需要熟练掌握博弈的理论表达,往往求解博弈均衡时需要大量的数学推导和计算,所以博弈论的教学都在强调计算和理论分析,甚至有些学生把博弈论某种程度上当作一门数学课来学习,忽略了模型背后蕴含的经济学意义。这门课,我们在针对本科教学中,教学的最终目的往往是让学生学会将理论学习融入对经济现象的解释和分析,提高分析和研究问题的能力,培养解决问题的能力。若在教学中,过分的强调理论推导,缺乏案例的分析,反而会对学生产生一些误导或让学生排斥本课程,更谈不上深刻理解博弈的精髓。

(三)实验教学没有得到足够的重视

博弈论是一门应用性很强的学科,应该用相当的实验课让学生作为一个决策主体来根据实际情况作出决策,并分析决策的结果。这种形式不仅可以帮助学生提升分析和解决问题的能力,而且有助于深化对课堂知识学习的理解。然而,在经济学的领域中,实验课始终没有得到足够的重视,博弈论也是如此。在教学中引导学生运用理论知识分析实际问题方面相对匮乏,容易导致教与学相脱节,让学生觉得学无所用,这是教学最大的损失。

四、对完善博弈论教学的思考

(一)丰富教学内容

目前,无论是教材内容还是教学安排,大都侧重非合作博弈的介绍,甚至在很多教学中对合作博弈没有丝毫的涉猎。然而,合作博弈是现在学术界对博弈论分析的前沿领域,比如谈判、进化博弈等。教学中不仅要学习基本理论知识框架,还应不断关注前沿问题及热点课题,让学生不仅学习到扎实的博弈论基础知识,还能全面了解学科发展的最新领域和研究成果。

（二）充分利用案例教学

博弈论虽然是一门理论性较强的学科,但作为一种指导方法却有着丰富的现实案例,在教学中利用丰富的案例分析可以帮助学生更好地理解和应用理论知识。博弈论中有很多有趣而富有哲理的经典案例,例如,囚徒困境博弈反映了决策过程中个人理性与集体理性的矛盾、智猪博弈可用来解释大股东与小股东在监督经理人中所扮演的角色等,都是博弈案例的典型代表。同时,博弈理论在特定情形下的应用案例也是充分学习和掌握博弈方法的重要渠道。例如,对古巴导弹危机的简单博弈论解释、对投票悖论的思考和中位投票者定理的分析、对拍卖的思考与投标策略的分析、谈判中的纳什合作解以及市场竞争中的简单交易博弈等。这些都是博弈论应用范畴的重要案例。当然,案例选择要有针对性且不宜过于复杂。选择案例时最好以教学目标为依据,与所要讲解的博弈论知识点相对应。例如,从经典的"海盗分金"引入动态博弈分析中的逆向归纳原理,用"旅行者悖论"引入对逆向归纳法的预测合理性的讨论。案例的使用是为了使理论教学更加生动,让学生理解更加深刻。最后,案例的来源要多源化。博弈论是一门有关方法论的学科,已广泛应用于相关学科的各个领域,因此,我们在选择案例时,应该尽可能地覆盖所涉及的各个学科,包括政治、军事等各个领域。

（三）注重实验教学

实验教学通过学生亲自体验博弈决策过程,有助于更深入理解课堂教学内容,掌握基本理论知识,提升抽象思维能力,能够使教学效果事半功倍。我们可以通过分组来进行博弈实验,让学生充分参与博弈的整个过程。实验课程的设计要实现与理论教学的衔接,将实验课程穿插于理论教学之中,以实现理论与实践的有机结合。

（四）MOOC教学模式的引用

在教学方式上,如今MOOC式教学理念已开始普及并融合创新到当前大学教学中,这种教学方式我们称之为MOOC式课堂教学,学生可以通过信息平台进行课前学习,然后在课堂上内化课程内容。在博弈论的教学中,涉及很多概念介绍、模型推导、均衡求解和案例应用,这些都可以通过MOOC式课堂教学更好的实现教与学的衔接,提高教学效果,可以将大学传统课堂教学与线上教学相结合,集合两种模式各自的优势,提升高等教育的教学效果,也更能激发学生的学习兴趣与提高自我学习、自我思考的能力。实际上,MOOC式教学课堂对教师的教学工作量和教学能力要求更高,学生也需要有一个从被动学习向主动学习转变的过程。

对于博弈论这门课来说,运用 MOOC 教学模式,需要教师在博弈论领域有较强的教学和科研能力,在对基本理论深入理解的基础上,不断更新知识体系,完全掌握博弈论领域的前沿研究成果。对于本课程的整个教学过程的安排,具体到微课程的设计制作、阶段学习的目标与学习成果的归纳总结、整个课程教学进度的安排、案例分析的组织以及学生通过线上教学与线下教学平台如何实现很好的互动交流等都需要教师设计和安排。比如,在合作博弈中,如何设计讨价还价案例与机制,需要教师有丰富的教学案例和一定的研究能力。当然,在 MOOC 式课堂教学中,教师也需要引导学生培养自己查阅文献分析和解决问题的能力,鼓励学生自己去探索,而不是一味的依赖教师解决问题。

MOOC 式课堂教学方式和内容非常丰富且多样化,在博弈论这门课的教学中如何能充分地利用 MOOC 式课堂的优势,规避缺点,是实现 MOOC 式教学中需要考虑的重要方面。本文充分考虑博弈论的课程特点,结合 MOOC 式课堂教学的需要,提出几点或许有效的教学方法,更鼓励将这些方法相互结合和融会贯通。

(1)博弈游戏。虽然我们并不把 game theory 直译成游戏论,因为博弈与游戏之间存在着一些实质性的区别,比如,博弈一定有明确的收益函数,而游戏并不强调局中人所获得的具体收益,但博弈的决策过程确有一定的竞技性,且与游戏一样,局中人之间有着明显的相互影响、相互制约的关系。所以,我们在 MOOC 式教学课堂中可以设计一些博弈游戏让学生参与其中,通过博弈游戏来理解和掌握博弈论的理论知识和思维模式。例如我们可以设计一个选数字游戏,让学生在 0~100 之间选择一个整数,游戏规则是所选择的数字最接近所有同学选择的数字平均值的 2/3 者获胜,并可对获胜同学予以奖励以激励大家真正的参与到博弈中。这个游戏就是为了让学生充分理解在博弈中不要选择劣势策略的博弈规则。也可以设计一个成绩博弈,让大家在 α 和 β 两个字母之间作出选择,并且把这个选择作为对自己最终成绩的赌注。然后大家选择之后随机的把学生分为两两一组,根据两个人的选择来给出自己的成绩。如果两个人都选择 α,那么成绩都为 B−,如果两个人都选择 β,则都得到 B+,如果一个选择了 α 一个选择了 β,那么选择 α 的得到 A,选择 β 的得到 C。这个博弈游戏可以让大家深刻体会和理解博弈的基本规则,一定要站在别人的立场去思考对方会怎么选择，从而作出自己的最优决策。在博弈论中，有很多的经典博弈模型，比如囚徒困境式博弈、智猪博弈、性别战博弈等，都可以成为博弈游戏的素材。

（2）讨论与展示。博弈论的理论体系中，很多的结论都是建立在一定的前提假设和条件之上的，所以分层次循序渐进的讨论就显得至关重要。我们在运用MOOC教学方式中，可以充分结合"翻转课堂"等新型的教学方法，把知识点细分，更容易让学生理解其内在逻辑。同时利用课堂内的分组讨论使学生参与知识的发现过程，培养独立思考和团队协作能力。例如，博弈论中的经典案例——囚徒困境形成的原因，以及怎样才能走出囚徒困境。将囚徒困境式的博弈重复进行时，局中人的策略发生了什么变化，最优策略应该如何设计，实现集体理性结果的条件是什么等，这些深层次的问题是学生融会贯通所学知识的重要内容。

大学是一个丰富的课堂，在这个课堂上，学生所要学习和锻炼的不仅仅是对知识的认知，更应是对学生自我展示和表达能力的提升，所以教师应该更多的让学生来展示自己的学习成果。博弈论的知识体系中，涉及很多复杂的数学推导和理论证明，也存在很多较难理解的概念和抽象逻辑，因而锻炼学生系统展示所学所用是教学的一个重要方向。利用MOOC式教学与现代化多媒体教学手段结合，可以锻炼学生制作PPT、微视频等演示工具的能力，提高语言表达能力，启发学生思考和分析问题，无疑是教学的重中之重。

（3）实践与应用。对理论知识的学习目的是利用理论分析现实问题。在教学中，为了让学生更好地参与其中，充分理解博弈过程的决策行为，教师可以在理论知识学习之后的基础上加入实践课程。例如，学生可以进行一场真实的课堂拍卖，可以采用标准的英式拍卖、荷兰式拍卖、第一价格密封式拍卖、第二价格密封式拍卖等形式来实践，当然学生也可以自定拍卖机制，检验对机制设计理论学习的效果。通过有一定风险和成本的创新实践使学生真正掌握和理解博弈论的知识。

五、结语

针对博弈论课程的特点，结合目前在本科教学中博弈论教学内容和形式上所存在的问题，本文针对性的提出了几点改进意见，旨在提升教学高度的同时，丰富教学形式，进而激发学生学习的兴趣，从而达到更好的教学效果。博弈论作为一门经济学的专业基础课,更是一种研究方法,所以有必要开展具有通识意义的博弈论基础课程以更好的训练学生的抽象思维能力以及拓展学生的分析方法,通过这门课程的学习,还可以帮助学生更好的学习其他领域的相关课程以及提升研究能力。教学改革的最终目的,是为了使学生可以更好的利用博弈理论和方法去分析问题、解决问题,从而实现更高更好的教学效果。

参考文献

[1] 托马斯·谢林.冲突的战略[M].郑志刚,王勇,赵华译.北京:华夏出版社,2011.

[2] 张维迎.博弈论与信息经济学[M].上海:上海三联出版社,1999.

[3] 冯·诺伊曼,摩根斯坦恩.博弈论与经济行为[M].上海:三联书店,2005.

[4] 阿维纳什·迪克西特,苏珊·斯克丝,戴维·赖利.策略博弈[M].蒲永健,姚东旻译.北京:中国人民大学出版社,2014.

[5] 浦徐进.本科博弈论教学过程中的案例运用[J].江南大学学报,2009,(12).

[6] 朱阁,陈茜.《博弈论》MOOC式课堂教学问题与方法探索[J].教育教学论坛,2016,(4).

[7] 李太龙.博弈论通识教育课堂教学改革研究[J].教学与科研,2013,6.

创新创业类课程"任务驱动式"模块化教学模式的设计与实践
——以"创业营销"课程为例

李 丹

一、引言

培养创新人才是现今高等教育改革发展的必然要求,高校课堂则是培养创新人才的重要阵地之一,而如何提高创新创业类课程的教学质量也已然成为创新人才培养的重要课题。本文以"创业营销"课程的教学模式改革为探讨主题,应用任务驱动形式和模块化教学方法,尝试重新构建与设计教学内容和教学环节,同时设计了创新创业类课程的多元化课程考核体系,以此调动学生的积极性与主动性,鼓励学生独立思考、培养自身的创新意识,最大程度地发挥学生的创新潜能和综合能力。

二、创新创业类课程的特点分析

创新创业类课程的实践性、应用性极强,传统灌输式的授课方式达不到教学效果,需要学生主动对接知识点、借助课下时间搜集相关资料、巩固所学知识,甚至还需要借助相关的教学软件、教学大赛辅助提升学生的实践能力。目前,创新创业类课程特点主要体现在以下几个方面。

(一) 案例更新快

如"创业营销""创新管理""创业管理"这样的创新实践类课程,案例更新的速度非常快。2016 年课堂上还在讲述市场上各类共享单车的市场格局、布局和发展趋势,2017 年再讲授同样内容时,发现已经有很多共享单车离开了市场,宣布了破产。从案例中可以总结的市场规律和特征都会发生变化,所以必须更新授课案例,还有近一两年才出现的盒马生鲜、无人超市都是极好的案例。搜集最新的案例资料,将这些案例展现出的经验和教训讲授给学生,是创新实践类课程的关键内容。此时,教师的作用应该是引导,而不是灌输,不是单纯将案例重复,而是需要学生通过自己的语言,把对问题的认知表述出来,如果学生能够积极参与进来,那么教学效果会明显改善。

(二)知识点相互间关联性大

创新创业类课程的知识点相互之间关联性非常大,例如多数创新创业类课程讲到营销知识时多数都是按照4P理论的几个要素来讲授——产品、定价、渠道和促销。而设计每个产品的4P之前又需要进行营销环境的分析、营销调研分析和消费者市场分析。授课的时候这些内容是分开讲授的,每个内容相互独立,但是在应用的时候这些方面却又完全无法分离开来,缺少任何一个环节,最后给出的结论都是会出现明显偏差的,这就需要学生一方面知道每个要素的运作关键点,还要知道这些知识点之间衔接起来是怎样的,因此不经过实践的操作和营销策划是无法知晓和掌握它们之间关联性的重要性。

(三)考核难度大

目前,创新创业类课程期末考试多采用闭卷笔答或开卷论文模式,考核成绩多以"平时成绩+期末卷面成绩"之和,期末的卷面考核如果拘泥于书本,则更多考查了学生的记忆能力,但对知识的灵活运用能力却无法公平衡量,难免造成学生中普遍存在的"平时随意、考前突出、考后遗忘"现象;如期末卷面考核采用灵活题目,则教师的主观作用又太大,给出的参考答案不一定能涵盖学生出于发散性思维给出的答案,因此答题成绩也会稍显不公。而对于平时成绩的考核来看,更多采取的是考勤、课堂提问加分、课堂小测验、课堂演讲等形式来进行衡量,这种衡量方式较为注重现场考核。

三、"任务驱动式"模块化教学的设计理念与思路

基于创新创业类课程的特点,本文采用任务驱动形式和模块化教学方法设计和组织教学环节和教学内容,并以此构建与之相匹配的多元化考核体系。

(一)"任务驱动式"模块化教学设计理念

模块化教学即按照教学过程的基本环节,把课程结构、教学内容按教学目标

进行系统划分[4],而"任务驱动式"模块化教学模式则更为注重教学内容之间的关联,注重学习任务的设计技巧和任务的牵引作用,鼓励学生积极参与并认真完成各个教学模块的学习任务。"任务驱动式"模块化教学模式的授课方式采用"理论+实践"的方式,鼓励学生运用理论和现有知识解释和回答各种实际问题,考核形式采取模块化考核方式,每次开展的实践活动都有对应的成绩分数相匹配。

创新创业课程模块化教学模式的设计理念需要遵循下述原则。

1. 以人文本

以人为本即以学生为本。创新创业课程是引领学生理解、认识创新创业的课程,也是带动学生实现创新创业的课程,学生将参与到教学各环节中去,并居于主体地位。这意味着教师的责任更大,并必须切实做好以下基本工作:首先,熟悉教材知识点。其次,广泛熟悉其他与之相关的知识点、案例、行业现状及知识。对于创新创业类课程来说,更重要的是熟悉各类案例以及相关行业、领域的前沿知识、理念和运作机制。再者,提高课堂组织能力和指挥能力,从而提高课堂教学质量。

在实践中,遵循以人为本的原则,就是尊重学生的个体意识、主动精神,从而最大程度挖掘学生的智慧潜能。

2. 问题导向与任务导向

问题导向与任务导向教学模式就是以问题和任务为中心的师生角色互换体验式教学的课程教学运行机制模式。这一教学模式的研究和应用遵循的是"实践—认识—再实践—再认识"的辩证唯物主义认识论的认识路线。

坚持问题导向和任务导向,即在每个模块都尝试回答一些问题,多问几个为什么,授课教师不轻易给出明确的答案,而是邀请学生现场回答,同时给学生一些课后任务,自愿完成,并邀请完成的同学在课堂上分享他们的想法和收获,最终由教师总结知识点。

这种做法以问题与任务为中心引领知识、技能和态度,让学生在回答问题、完成任务的过程中学习了相关理论知识,提升了学生的综合能力,提高了学生学习的主动参与意识,激发了学生的学习兴趣,同时也能做到理论与实践的一体化教学,也容易对学生的综合能力作出较为公正公平的评价。

3. 创新意识

授课教师需要时时具备创新意识,不仅需要不断更新案例库,更新教学内容,还需要时时调整教学方式,切不可千篇一律,可以采用课堂上教师主导型、学生主导型、互动展示、互评打分等多种方式开展教学。互动模式可以采取对话、表演、实践操作、讨论、竞赛PK等方式;促使学生在学习过程中交流体会,畅谈感受,从直观到抽象,从一般到特殊等探究过程去寻找事物的发展规律、认识规律和总结规律。

（二）模块化教学的设计思路

1. 教学内容与学习任务的设计

基于学习任务驱动教学环节和教学内容的设计,在有限的授课时间内,合理安排几个必要的学习任务,将课堂的教学延伸至课后的业余时间,提升学生的参与度和认知度。

首先,将教学内容划分为几个重要的知识模块,罗列清楚教学内容和教学目标。

其次,在各模块设计互动环节或驱动任务。互动环节为师生课堂上的互动过程,包括问题提问、游戏、案例讨论等;驱动任务则一般需要借助课余时间完成一些任务,或应用某些理论知识或解释某些理论知识,具体方式包括:资料搜集、课堂演讲、视频拍摄、现实观察及总结等方式。

最后,由教师和学生共同总结教学内容,归纳所学及心得,积极鼓励学生课余与授课教师深入探讨某些案例和解决方案。任务驱动式教学模块的设计表如表1所示。

表1 任务驱动式教学模块的设计表

模块序号	教学模块	教学内容	互动环节及驱动任务
模块一	……	1. …… 2. ……	1. 互动环节 2. 驱动任务
模块二	……	1. …… 2. ……	1. 互动环节 2. 驱动任务
……	……	……	……

2. 多元化考核体系的构建

本文尝试构建多元化考核体系,其中涉及多元维度、多元形式,参见表2。

表 2 多元化考核要素及考核体系的建立

基本要素	具体要素指标	具体说明
考核维度	知识维度	1. 陈述性知识(说明事物特性和状况,如概念、理论、图例等); 2. 策略性知识(实践知识不同类型的相互迁移和转化,发现和应用实践的技巧性以及领域专门性的快捷策略)
	技能维度	演讲 PPT 制作、视频拍摄、报告撰写等
	素质维度	是否具有团队合作精神和协作能力,是否具有领导能力、求实和创新的科学态度
考核形式	卷面测试	用一个问题做引子,测试某些知识点或理论,了解其掌握程度和运用能力
	演讲水平测试	邀请学生进行主题演讲,测试演讲水平及语言表达能力
	知识储备及拓展能力测试	课堂上提出一个议题,邀请学生即兴展开讨论和分析,测评其知识的宽度和深度
	案例素材搜集及分析能力测试	基于某一个议题,搜集案例素材,评价学生的动手实际操作能力,进行资料搜集、处理和分析数据的能力
	合作能力测试	由小组共同完成一件较为复杂的事情,评价小组观点的独特性,每位学生的合作能力、领导能力
	报告撰写评估	测评报告撰写能力(其中涉及逻辑性、合理性、可行性、结论的真实性、过程的有效性等评价)

四、"创业营销"课程任务驱动式教学模式的设计与实践

"创业营销"课程的教学目标旨在让学生了解创办新企业必须思考的营销问题和必须知晓的营销方法,例如如何设计广告策略、如何为新产品定价、如何实现自我营销等,并期待借助各种案例、实践环节让学生了解创业营销的整体思路逻辑框架体系,以帮助学生解决在创业营销实践中可能遇到的各类实践问题。为此教师在授课过程中,将具体授课模块与互动环节、学生任务分配进行了合理融合。"创业营销"课程教学模块与任务分配情况参见表 3。

表 3 "创业营销"课程的教学模块与任务分配表

模块序号	教学模块	教学内容	互动环节及驱动任务
模块一	创业营销核心概念与理论	1. 创业营销核心概念 2. 创业营销的有利因素及障碍 3. 创业营销的关键目标——满足顾客需求	1. 互动环节:理解顾客需求与顾客是上帝的理念——描绘对某产品或品牌的感情账户图 2. 驱动任务:学生自行分组
模块二	创业者自我营销	1. 创业者素质分析 2. 创业者能力准备 3. 创业者自我形象塑造 4. 创业者的自我营销	驱动任务:营销团队展示(设计团队名称、口号、宣传语)

(续表)

模块序号	教学模块	教学内容	互动环节及驱动任务
模块三	创业营销环境分析	1. 环境概述 2. 宏观环境分析 3. 市场行业环境分析 4. 微观环境分析	1. 互动环节：大数据的应用进展、大数据能做些什么？ 2. 驱动任务：课下开展一次线上及线下的调研活动
模块四	创业市场机会寻找	1. 信息搜集与调研方式 2. 创业市场机会评估 3. 商业模式的原则及解构	1. 互动环节：案例——安于现状？还是创业？ 2. 互动环节：测测你对创业机会识别和把握的能力
模块五	初创企业营销战略构建	1. 目标市场战略 2. 竞争战略	互动环节：案例讨论
模块六	初创企业的品牌战略	1. 品牌的含义 2. 品牌化决策 3. 品牌扩展策略 4. 初创企业品牌战略选择	驱动任务——老品牌资料的搜集与演讲
模块七	初创企业的营销策略运用	1. 产品策略 2. 定价策略 3. 渠道策略 4. 促销策略	驱动任务： 1. 进行一次完整的营销策划(演讲) 2. 每一组最终为这一产品或服务(或创意)拍摄"微广告"，包括创意设计、拍摄，还有后期配音、配图等制作

（一）教学环节与教学内容设计

"创业营销"共设计了7个教学模块，每一个模块均有不同的教学目标和教学内容相匹配。课堂涉及的互动环节比较多，有些时候是任课教师现场抛出问题，随机问答，有些时候则会邀请所有同学针对一个问题共同作答，然后师生共同总结。以其中模块一中的互动环节为例，即理解顾客需求与顾客是上帝的理念——描绘对某产品或品牌的感情账户图。班级118位同学分别描绘了自己熟悉的某一个产品或品牌的感情账户图(见图1)，共涉及10多个领域的52个品牌，其中13个品牌情感账户持续下降；12个品牌情感账户持续拉升；其他品牌有升有降。

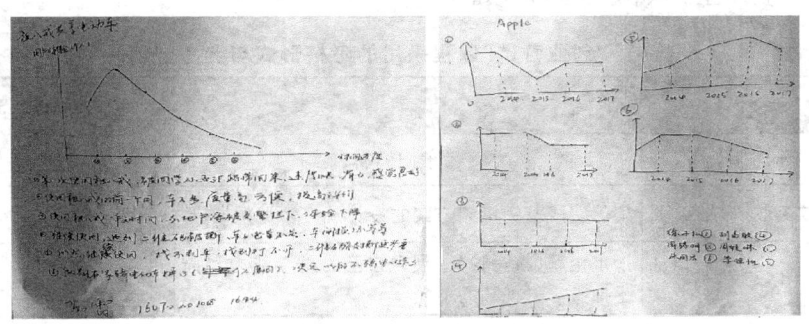

图1 学生描绘的品牌情感账户

在学生自愿分成任务小组的基础上,"创业营销"课程所设计的主要驱动式任务涉及如下内容。

1．任务一——团队展示

该任务对应第二教学模块内容,即自我营销理念的培养。每个小组都需要通过各种形式宣讲自己团队的创建名称、口号和未来发展趋势。

2．任务二——基于时事,开展调研问卷设计及实际调研活动

该任务对应市场调研模块的内容,鼓励各任务小组开展一次街头调研或微信调研,总结调研方法的应用,遇到的困难和调研结果,并鼓励学生在调研结束后在课堂分享经验。

3．任务三——搜集数据,课堂演讲

在初创企业的品牌营销策略教学模块中,邀请学生分组搜集资料,了解上海的老品牌,请学生讲述某一个上海老品牌的历史和发展前景。

4．任务四——营销策划方案设计与广告视频拍摄

每个任务小组开展一次完整的营销策划,即产品—定价—渠道设计—促销,完成创业营销策划方案。在讲解策划方案的同时,要求每组最终为这一产品或服务(或创意)拍摄"微广告",包括创意设计、拍摄、后期配音、配图等制作。

5．任务五——参加各类创新创业大赛

鼓励学生在课余时间参加各类校级、上海市乃至全国的创新创业大赛,邀请学生积极组队,授课教师给予具体指导。

（二）多元化考核体系的构建

任务驱动式教学模式的设计与实施离不开公平公正的多元化考核方式的配合。"创业营销"课程的考核也极为强调考核维度的多元性和形式的多样性,主要采取灵活的考核方式,以"基本任务＋额外任务""基本分值＋加分分值"的方式来评价学生。具体如表4所示。

表4　"创业营销"课程采用的考核形式与参考分值

考核形式	具体说明	参考分值(分)
平时考勤	考察出勤率	10
实践操作项目	集体完成营销策划方案的设计及广告视频拍摄	50
论文撰写	指定主题,撰写论文,展现自己的综合能力和描述拍摄广告视频的感受	25

(续表)

考核形式	具体说明	参考分值(分)
加分项目	1. 进行一次案例搜集或演讲 2. 进行一次线上或线下调研活动	5 5
额外加分项目	参加各类创新创业相关的比赛	5
合计		100

四、结论与展望

本文以"创业营销"课程为例,深入探讨了创新创业类课程"任务驱动式"模块化教学模式的设计与多元化考核体系的构建问题。实践中也发现了一些问题,例如报课学生众多,无法与学生充分交流;以小组为单位完成各种学习任务的过程中,因小组人数较多,仍存在搭便车现象;课堂上案例讲解、演讲时间不充分等,这些问题也期待在后续的课程和课堂上逐渐予以解决,进一步完善模块化教学模式,建立更为公平公正的多元化考核体系。

参考文献

[1] 党传升,刘喜华.创新人才培养的制约因素与改革路径研究[J].成才之路,2016(28):1-2.

[2] 吴树畅.我国高校创新人才培养的制约因素及对策[J].高等教育研究,2010(4):4-6.

[3] 万琼.高校创新人才培养影响因素及其优化[D].南京航空航天大学,2008.

[4] 黄芳等."交通港站与枢纽"模块教学设计与实践[J].中国电力教育,2011:133-134.

[5] 李彦哲,郭浩淼."国际商务谈判"课程多元化考核体系构建的实践探索[J].高教学刊,2017(10):106-107.

[6] 侯东亮,陈芳蓉.基于"五位一体"的多元化课程考核体系构建——以"现代物流设施与规划"课程为例[J].廊坊师范学院学报,2014,14(4):122-124.

创新任务式交互教学模式
——基于多层次学生背景

张德南

随着我国高校教学改革的深入和学分制的全面推行,我国高校培养人才的目标也在根据时代的发展和学生的需求不断调整。不但同一所大学内的专业、年级界限模糊,而且随着开放式教学以及校际学分互认,多数高校允许学生自主选课的比重增大。为使各方资源得到充分利用,实行了跨校选课。这样就形成了学生来源的多层次,也构成了生源的多样化需求。如何在多层次、多样化与教学效果之间达到统一是当今我国高校出现的新问题,也是急需解决的问题。

一、多层次学生的多样化需求

多层次学生包括不同学习目的、不同专业、不同年级、甚至不同高校的学生在同一时间上同一门课程。这其中还包括因个体前续知识的积累差异及个人生活成长背景不同形成的学生个性、理解能力、知识基础等方面的不同。为此势必造成有不同的需求和期望,在听课的表现上也会有所体现。

二、面向多层次学生开展教学研究的重要性

每门课程都有教学计划,这样才能保证教学目的的实现。但多层次学生个体需求的多样性和自身的差异性给统一教学带来了挑战。原设定的教学大纲、教学进度计划等都基于同质的学生,只强调教学任务的完成,表现在量和时间上,并没有充分考虑学生的接受程度、期望值和领会效果的不同而带来教学目标

实现的过程和结果。因此,这就产生了目前教学大纲和计划与多层次学生需求之间的矛盾,同时,将影响预期的教学质量无法保证,在某种程度上也会影响课程的教学效果。

前续知识掌握扎实而充分的学生,或个体理解能力较强的学生会觉得迁就大多数学生的教学进度很慢、信息量小、听课收效差。因为,学生都是基于某种目的来听课,尤其是在选修课程中,如没有达到预先的设想效果,会产生挫败感。久而久之则会丧失对该门课程的学习热情,甚至会产生对学习的厌倦,失去对学习的主动性。为此,有必要研究如何提升高校多层次学生教学效果。

三、创新任务式交互教学模式

为解决上述学生与现行教学效果和计划之间的矛盾,从保证教学质量和达到教学目的的角度来看,进行教学改革是解决问题的关键。

(一)创新任务式交互教学模式建构

任务式教学法,就是在课程教学过程中,学生在教师的帮助下,紧紧围绕任务活动中心,利用各种学习资源,进行自主探索和相互协作学习。任务式教学是以任务为驱动,体现自主学习与合作探索的有机结合。

目前实施的单纯任务式教学模式,在任务的设计上缺乏整体性、系统性和连贯性。这对于没有相关理论或实践知识积累背景的学生来说,很难达到掌握理论知识并在实践中灵活运用。另外,由于缺少课下的监督和指导,学生的课后任务准备也有些盲目。教材版本的单一,缺乏多样化,听课的学生水平不同却都用同一本教材。具有融入性学习动机的学生不多,而是因各种目的为获得成绩或好成绩。在思维方式上,中国的学生大多是由外及内属于归纳型思维,具有较大把握时才能得出结论和解决问题,这与任务式教学的实施过程需要学生的探索性、研究性、创造性、主动性还相差甚远,需要有效的激励手段调动学生的积极性。教师的水平参差不齐,制约着任务式教学的实施效果。

传统的交互教学或称为互动教学模式,是教师依据"问题解决"的思维规律,创设问题情景,通过学生独立思考及师生、生生间在互动讨论中辩难、研讨、探究结果的一种教学方式。然而,该模式在实践中存在的主要问题体现在:在当前学生个性化需求日益增加的情况下,教师使用传统的教学资源,势必影响教学过程教与学的效率和效益。

本文将任务式与互动教学相结合并引入管理学和心理学的相关理论,提出

"创新任务式交互教学模式",以满足多层次学生背景下的多元化和个性化需求,并通过对学生的反馈信息进行整理、分析总结出该模式是一种行之有效的教学改革尝试。

一般来说,教学模式有五个因素,也称为"五因素结构",即教学目标、理论依据、操作程序、实现条件和教学评价。

1. 教学目标

以"个性发展"为教学目标的创新任务式交互教学模式是实现教育的终极目的,即实现人自由而全面发展的重要路径之一。注重创新能力、思维能力、学习能力发展。之所以认为有必要实施不同层次的教学目标,是因为本教学模式承认学生对象之间存在差异,既有生理的、心理的,也有智力层面的。

2. 理论基础及应用

创新任务式交互教学模式包括教学方式、教学方法和教学手段的创新。用系统论的方法将单一的课堂教学向第二课堂延展,合理运用最近发展区理论和建构主义理论最大限度开发学生的潜能。在教学手段上充分利用现代信息技术与学生保持沟通,运用管理学中的快速响应理论对学生的需求快速响应。在教学方法上,通过设计系列层次任务,应用头脑风暴法,激发学生的兴趣,优化学生的思维结构,培养学生学习的主动性和创新意识、协作精神。

(二) 创新任务式交互教学模式的内容

1. 教学手段灵活化、多样化

建立多途径交流平台。交流的途径主要有口头交流、文字交流、电子媒介交流等,其中,电子媒介交流方式采用得较多,目前多数高校都建有校内的网络课堂(或称网上课堂),学生和教师可利用此系统随时留言和在线交流。另外,教师可根据系统的信息显示实时了解学生的课下学生状态。通过对信息的整理、归纳、分析及时调整课堂的内容安排,做到有的放矢。除此之外,教师与学生的交流方式还包括 E-mail、QQ、微信、网络电话、手机短信等。通过交流平台,教师可以为学生答疑、解惑,可以布置作业、论文、调查报告,还可以提供相应的参考指导等,真正发挥第二课堂的作用。

2. 教学方式的系统化、过程化

创新任务式交互教学模式能否保证既满足学生多元化需求又保证教学目标的实现,任务的设计与情境的安排是关键。为此,要遵循任务设计的几个基本原则:①真实性原则。任务是来源于贴近学生生活实际的事件。②兴趣性原则。

能调动学生的参与热情。③任务链原则。构成一个有梯度的连续活动。④可操作性原则。学生通过学习,实现任务的目标,感受成功。

实施差异性任务分配。根据性质,任务可分为静态任务和动态任务。静态任务用于单向的弥补信息差,主要用于理解原理,描述事实型的任务;动态任务,涉及信息的变化,要求有一定的知识基础和表达能力,描述抽象任务,涉及逻辑推理、判断、因果关系等。

可根据学生的差异,布置不同类型的作业,也可与学生协商作为小组角色分配的建议。

1) 系统任务设置

创新任务式交互教学模式的任务设计分为两类:头脑风暴和目标任务的设计。

头脑风暴任务需教师在熟悉教学内容基础上,依据实践中可能存在的问题加以提炼,有利于发展认知、培养创新、逆向思维。常有逻辑性问题,需要想象和推理;发散性问题,旨在引入教学内容;定向问题,以寻求最优方案;演绎推理问题,从现象到本质。其形式可分为寻找解决方案、寻找最优答案、总结规律、观察差异等。

目标任务,是针对教学所要完成的任务概括、提炼出来的问题。根据教材内容的重点和难点,以教学目的为中心,根据知识的递进关系和逻辑特征,以问题形式拉动学生的思维,重构教学内容的传播顺序。目标问题常有三类:解决简单问题的探索、分析;解决复杂问题的探索和分析;根据知识逻辑,直接提出教材中所论述的问题。

在任务的安排上,强调系统连续性。头脑风暴任务设置一个,目标任务设置两到三个即可。任务之间存在一种层次关系或递进的关联。每个任务的解决一般遵循学生搜索以往知识,关联以往的知识结构,澄清以往的误解或模糊之处。教师在任务布置不同阶段有不同的角色,在任务设置中,起到监控者和引导者的作用。在任务布置后,作为主持人,负责安排汇报和评价。

2) 过程考核评价

目前,大学多数课程评价功能狭窄、指标单薄、方法简单、主题单一、过于偏重终结性评价和学生结果,关注的重点是学习者有没有学到规定的知识。

创新任务式交互教学模式倡导促进个性化培养,定位于以评价促进学习者发展,包括:认知、情感、技能等方面的发展。强调学习者的个性化学习,评价重心是学生在学习过程中获得了什么能力。过程考核评价可以帮助学生识别当前状态的有效性、正确性或可行性、可获得性,注重平时学习的过程和效果,从心理状态和生理状态来讨论学习状态,有效跟踪、评价学生的学习状态。其目的是要从学习状态来了解学生,从而客观地、科学地评价学习绩效。

可利用网上课堂支持系统跟踪和监视各种特征的学生,从"能力、态度、绩效、参与"等几个方面对学生做出课堂内外的信息跟踪。设定合理的多元评价标准,使其充分反映学习者多元化的观点和多样化的问题解决方案;重点评价对掌握知识状态和对能力评价;主张评估形式多元化、参与者多元化、评估工具和内容多元化。可采取师生互评、学生自评、学生互评、教师之间多方位评估、外部协商对话式评价等方式,利用现有平台按完成任务的实际情况随时进行评价。具体方法有:改造传统评价方法,合理设计测验中的构答题和选答题;量规法,根据设定的学习目标要求学生自评或互评;学习契约,由学生与教师共同协商、设计、实施和评价的关于某一学习主题的书面协议;自我评价,根据评价指标体系对自己的学习活动或发展状况进行自我评判;电子学档,以档案袋为依据而对学生进行的客观综合性评价;绩效评估,运用一整套与上述相应的评价工具,对学生的学习行为过程进行评价。

具体参与考核的学习成果以研究报告、学习反思、调查报告、研究论文、团队展示、展板演示、交流观察记录等形式呈现。

创新任务式交互教学模式的评价是基于学生状态跟踪的成长评价。以课堂基本教学过程管理为核心,延伸到课前、课后的学习活动,以量化与定性相结合的方式对学生的发展实施多目标、多元化的评价。用层次分析法和模糊数学方法相结合构造多元目标评价指数与成长综合指数,完成课程的学业成绩评价。

3. 教学方法的延展化

创新任务式交互模式的教学整体上包括三个阶段:课前、课中、课后。三个阶段相互联系、互为前件,构成循环。

1) 课前阶段

课前可由学生根据自身的能力选择静态、动态、抽象等不同类型的任务,并确定自己在小组中承担的角色,完成预习任务及作业,以备课堂讨论。多层次学生在同一小组中可以相互弥补知识和专业方面的不足,运用多种思维方式、多角度看待和解决问题,是一种取长补短的学习方式和沟通。

课前教师与学生的沟通了解学生的状态及回答学生提出的问题。教师可通过查看学生在线练习、预习、作业情况,了解学生的个人情况及班级整体发展情况,以便对教学内容及设计交互流程和发布教学计划等进行相应的处理。同时,分析学生的不同需求进行资料的准备。因此,此阶段对于学生是全方位的学习,对教师来讲是全方位的指导,包括从资料的收集整理方法、问题的分析解决思路到预习的难点答疑等。

2)课中阶段

教师与学生共同参与,采用程式化的四个基本环节:头脑风暴、目标问题、教师精讲、总结。前两个环节突出了培养学生的能力目标,主要以培养与训练学生的发散性思维、问题分析、解决问题和创新能力为主。教师的讲解与点评强化并优化了传统教学方式中的重点讲解与难点突破模式,从而形成了以高效完成教学目标为核心的交互模式。

在此阶段,应用支持系统,随时都准备与学生交流,随时关注每个学生的需求状态的变化,随时都可进行引导和给予评价,随机抽取学生与方向性指定学生回答问题相结合,跟踪学生的学习状态,对教学资料进行有效合理分配。应用于课堂上的具体教学方法有:小组讨论、情景对话、提问启发、角色扮演、故事重组、个人汇报等。通过激励手段增加学生主动参与的意识。

教师对小组头脑风暴的讨论结果进行评析,并层层递进引导出目标问题,学生讨论后在教师点评中完成重点和难点知识的掌握和理解。

在此阶段的讨论中,可能会有课堂生成性问题,即教师没有预先设置而在课堂上生成的问题。该类问题最能够体现学生的主体性和思维性,教师要充分利用,正确引导。

3)课后阶段

教学总结是指撰写课堂教学日志。通过总结与自省,有助于教师调整教学策略、改善教学质量。

总结学生的学习状态。学生采取合作和独立两种学习方式完成课后任务,具体内容包括案例分析、调研报告、策划方案等。

课后任务除了保证对课堂知识的巩固与发展还有预习新知识的作用。教师对预习情况跟踪、反馈。在校园网上课堂系统支持下或所建的交流平台上,开展协同活动,对在线作业进行批阅、解答疑问、根据学习和作业完成质量的相关信息,及时调整下次课的教学内容和制定相应的教学计划。对状态异常的学生进行分析,及时通知学生,使学生对自己的状态有清楚的认识,能改进学习。

四、结束语

创新任务式交互教学模式,使学生的学习处于一种高阶的学习状态,即主动的、建构的、反思的、真实的和合作的。最大限度地应用建构主义理论来帮助学生构建起最近发展区。培养学生具备高阶能力,即创新、问题求解、决策、批判性思维、信息素养、团队协作、兼容、获取隐性知识、自我管理和可持续发展能力。

参考文献

[1] 王敏,王俊.任务驱动式教学法在部分管理类课程中的探索与实践[J].安徽电气工程职业技术学院学报,2014(6):110-115.

[2] 吕京.英语任务型教学法的有效实施[J].中国教育学刊,2010(6):53-55.

[3] 杨世生,方运纪.论任务型教学法的中国化[J].当代教育科学,2010(20):61-62.

[4] 闫学军,卢忠民,周立斌."基于问题的互动研讨式"教学模式实践探索[J].教育理论与实践,2013(21):55-56.

[5] 张革伕.广义交互教学模式——理论、方法、实践与支持系统[M].北京:经济管理出版社,2012.

[6] 钟志贤.大学教学模式革新:教学设计视域[M].北京:教育科学出版社,2008.

法经结合的"财政学"课程建设

许 峰

一、法经结合的"财政学"课程建设的必要性和迫切性

财政学是现代经济、管理和其他社会科学各专业重要的基础课程,它以经济学为理论基础,是经济学理论在公共部门这一特殊领域中的应用。随着政府在社会经济中角色和地位的不断变化,经济学理论的发展以及分析工具的不断创新财政政策成为政府干预经济的主要手段。20世纪50年代末形成的公共选择理论,又将政治学的分析思路和方法引入到财政学。现代新制度经济学派等的一些思想也对财政问题进行了很多研究。越来越多的研究表明,财政学已不仅仅是经济学的一门分支,它还涉及和辐射到管理学、政治学、法学等其他社会科学领域,财政学已日益成为经济学专业、财经类专业以及公共管理等各专业的基础理论课,在各专业的培养计划中占有十分重要的地位。

而在社会经济不断发展,民主与法制日益健全的今天,法律工作者应具备一定的经济知识、熟悉经济运行规律,并了解相关的经济理论。另一方面,法学的教学和研究中的许多问题(例如经济法学、法律经济学)也都会涉及财经学科的理论和知识,其创新和发展越来越多地取决于法学研究对经济学理论和知识的联系程度,财政学作为一门专门研究市场和政府(规制)关系的学科,为法学专业的发展和创新提供了充分的条件。因此,法学的发展离不开经济学的基础,在法学专业教育中增加财政学知识的培养具有重要意义。

近年来,随着我国财税体制改革的不断深化和市场经济改革逐渐进入深水

区,在实践中出现了更多的财政理论和政策需要探讨。在财政学教学课堂上,虽然可以借鉴国际上最前沿的财政理论和财政实践,广泛吸收国内外财政理论发展与财政制度以及政策创新的最新成果,将经济理论进行纵深透彻的分析,但是在结合中国国情、关注并理解最近、最新的财政和税收政策方面的改革动态还是做得非常不够。如和劳动保障内容相关的社会风险保障理论;最优税收理论与新一代的财政集权和分权理论;在国家预算理论方面,2012年全面改为公共财政预算、国有资本经营预算、政府性基金预算及社会保障预算,整个国家的预算程序已进入法律立法阶段;税收制度中,目前在全国范围内普遍实施的"营改增"、消费税、资源税、所得税等方面的改革更是进入白热化的探讨阶段;还有在公共定价理论中,地铁公交、煤气水电价格的制定、关于节假日道路免费通行等政策与人们生活息息相关的政策实施,都需要我们对公共产品理论进行深入审视。在法学院校从事财政学的教学,从与财政学科紧密相关的法学、管理学以及经济学多视域的角度,以立足中国当前财税改革进程中的实际,通过本土化的案例教学与实践教学,在制度、政策分析上兼顾一般原理与中国财政改革的实践,一方面将一般经济理论引向深化,另一方面可加强理论与实践的紧密结合,让学生对财政业务有理性分析,进而使学生能够熟练深入地运用财政理论方法分析并理解以及如何评价和制定科学、经济的财政政策。结合法律人才培养的专业知识和技能,通过让学生了解和掌握最基本的经济学知识,以期培养出既懂法律又懂经济和管理的复合型、应用型人才。

二、法经结合的"财政学"课程建设的意义和目的

(一) 法经结合的"财政学"课程建设的意义

作为"财政学"课程的教研人员,要注意把握好两个导向,即问题导向与制度导向。我们既不能故步自封,停留在改革开放的既有成就上沾沾自喜,当然更不能只眼向洋,言必称英美。特别在当前,中国的经济社会已进入经济新常态的情况下,中国的宏观经济系统以及任何一个微观经济领域,都有其鲜明的中国特色。我们从事学术研究,虽不能直接给改革开放直接献计献策,但在自己研究的领域,从微观的视角入手,把一个实际的问题研究透彻,也可厘清学界、学生的认识,这就是相当于在论证党中央政策的一种正确性和正当性。

(1) 有利于培养学生的责任感和事业心。财政与国计民生密切相关,学生参与学习、社会调研和实践,学会关注国家大事和社会问题,逐渐树立对社会的

责任心,强化专业意识。

(2)有助于培养学生发现问题和解决问题的能力。通过教师的积极引导和鼓励,让学生主动发现和提出问题,运用已有的知识、经验学会收集、分析、判断信息材料,在研讨分析、撰写论文中锻炼思维,掌握基本的科研方法,提高实际能力。

(3)有利于激发学生研究、探索、创新的欲望。学生通过自主参与科研活动,获得亲身体验,逐渐形成善于质疑、乐于探究、勤于动手、努力求知的积极态度,激发他们探索、创新的欲望。

(二)充分发挥法经结合的"财政学"课程的价值引领的作用

法经结合的"财政学"课程建设注重对学生的价值引领:通过法经结合的财政学的教学,进一步引导学生对当前正在进行的供给侧经济和社会改革,政府对市场规制的理解;通过对财政资金的使用原则的分析,进一步加深学生对当前进行制度性反腐的深刻认识;通过对当前财税制度的分析,加强学生对当前我国财税制度改革的路径和进一步改革的必要性的认识。从而引导学生对当前我国正在建设的有中国特色的社会主义制度的优越性的深刻认识和改革开放以来的重大成果,以及政府在推行公共服务均等化,进一步改善整个社会福利的不懈努力和使命,让学生在课堂上感受到爱国,爱社会主义以及明确自己人生的奋斗目标。

通过政府与市场的关系教育学生市场有缺陷,不能盲从,政府也会有缺陷,也需要制约;制度是有优劣比较的,要从公平和效率两方面来评判政策的实施效果;作为个体的经济人,需要自律(市场的道德规范)和他律(法律制度)来约束自己在人生中的行为,从而在追求小我的个体价值之中实现整个社会福利的增进,个体和社会是一致的。

三、法经结合的"财政学"课程建设的基本框架

法经结合的"财政学"课程建设可归纳为———一体两翼。"一体"是指在自编教材《新编公共财政学》的基础上,"财政学"课程已于2013—2015年获得上海市教委重点课程的立项支持,并以此为契机,团队成员一致努力合作,储备了丰富的教学资源。《财政学》教材主要编写思路是:财政基本理论——财政支出——财政收入——财政管理。其中第一章是财政导论,主要从政府和市场的关系入手,引入公共财政的概念和职能,公共财政学的研究对象;第二章是公共财政学的基本理论:公共产品理论,外部效应理论以及公共选择和政府失灵;第

三、第四章主要是财政支出理论,第三章是财政支出的规模和效益分析,第四章则是根据财政支出的分类,着重介绍了政府投资性支出和转移性支出;从第四到第八章则是财政收入理论,分别阐述了税收理论,国债理论以及其他财政收入形式;最后两章则分别介绍了公共财政管理体制以及宏观财政理论与财政政策。这样,循序渐进,由点到线,由线到面,自始至终地从政府与市场的关系中构建了经济宪政的这座大厦——公共财政,同时又强调了这个庞大构架中每块精细基石的具体运作。

"两翼"中的其中一"翼"是指我们教学团队成员对当前的前沿问题和热点案例相当熟悉和同步跟踪,编写出符合中国国情和反映中国财税改革最新实践的本土化财政学教学案例及评析,刘伟教授主编的《中国反垄断法最新案例评析》已完成初稿并与复旦大学出版社签署出版合同。许峰老师正在主持编写《公共经济与管理案例新编》并联系出版。另一"翼"是积极开展法经结合的实践教学和探究式教学模式,极为注重学生的社会实践和调研。

四、法经结合的"财政学"课程建设的主要创新

(一) 法经结合的"财政学"教学的目的创新

探索财政学人才培养的教学体系,提出了财政学人才培养目标的定位,为法经结合的教学模式的实施提供了教学理念和实施方向。法经结合的财政学教学目的定位是以期培养这样的人才:兼备经济理念、守法诚信和创新意识。"经济理念"就是要树立市场经济的抽象思维能力、逻辑思维能力、竞争观念、利益观念、差别观念、动态观念及交际观念;"守法诚信"就是要具有法制意识和守法担当,诚实的品格、社会责任心、敬业精神和奉献精神;"创新意识"就是要创新能力、交际能力、组织协调能力、操作能力等。

(二)"财政学"课程建设最大的特色和创新是在教学内容上注重突出"法经结合"

"法经结合"在教学内容上表现为法学院校财政学的教学内容紧密渗透法学知识而展开。当然,财政学的教学,首先应使学生掌握财政学和公共经济学的一般原理,充分了解政府公共部门在市场经济中配置资源的规律和理论,然后,在此基础上重点介绍与法学专业知识学习相关的财政学理论,譬如,法学中竞争法和反垄断法理论与公共定价和政府规制理论的结合,2012年全面改为公共财政预算、国有资本经营预算、政府性基金预算及社会保障预算,整个国家的预算程

序已进入法律立法阶段,国家税法体系与税收原理的结合,社会保障法规与政府转移性支出理论的结合,宏观调控法与财政货币政策理论的结合等,这样可以使学生既学习到财政学的知识,又可以运用所学知识来加深、巩固对法学专业知识的学习,一举两得。

(三)"财政学"课程建设的创新还体现在教学手段上推行案例本土化的教学

案例是为适应教学目标的需要,围绕一个或几个问题,在对企业进行实际调查之后所作的客观书面描述。案例教学法则是指在教师指导下通过各种视听媒体,对相关实践活动的典型事件展开情景描述和分析,通过学生对案例的思考、分析、研究和讨论,就问题作出的判断和决策,用以提高学生思考问题、分析问题、解决问题的能力而展开的教学活动。案例教学法与其他教学手段和方法相比较,具有以下几个方面的特征。

(1)针对性。任何一个案例的筛选,并不是针对理论的泛泛的教学手段,而是针对某一理论和某一特定的学生群体提出的有待于学生自己解决的实际典型事例,它强调的是具体问题具体分析。

(2)直观性。教学案例的选取都是来自相关领域的实践中,案例的载体或是视听媒体,或是书面材料,所反映的内容都是学生看得见、体验很深的典型的、真实的事例。

(3)研讨性。案例是教学的手段而不是目的,教师在课堂上对案例的介绍并不是仅仅讲故事,通过案例分析教学可以让学生通过对案例的分析、研究、讨论,而提高理解、运用经济学原理的能力。

此外,案例的收集和筛选应紧密结合法学专业的特点,力求案例内容贴近中国实践和本土化。我们搜集了大量的中国本土的案例,灵活掌握和运用"研究案例—导出原理"和"讲授原理—运用案例"两种教学次序。

在我们以前所用的《财政学》教材中,财政学的基本内容(特别是基本理论部分以及公共产品理论部分)基本上是一些抽象的理论和公式推导,而这往往是学生最头疼的。这些教材中所应用的案例大多数是西方国家经济运行中的典型事例(如美国1990年国会预算办公室关于征烟税、汽油税的案例,美国对奢侈品征税的案例等),这些案例对于土生土长的中国学生来讲,十分遥远,远离学生所处的特殊的社会经济环境。因此,我们在对案例进行搜集和筛选时非常注重紧密结合法学专业的特点,注重我国市场经济运行方面的教学案例,力求案例内容贴近中国改革实践和本土化。因此,我们在搜集整理教学案例并编写案例评析过程中,特别注重新时期我国财税领域综合改革的最新实践的教学案例,关于政府规模的演变、上海市"营改增"取得的成效、"营改增"后税收征管的分析、关于税收管理体制的"国地合并"的问题、可口可乐公司收购汇源案的分析、贵州的精准扶贫、南理工对贫困生的人性化补贴、浙江和深圳的教育券、北京市地铁票价的调整、厦门市的贫困线等,这些案例都非常具有中国特色,并体现着法学和经济学的互相渗透。

(四) 充分运用多媒体教学探索互动型的探究式教学模式

在财政学的教学中,传统的教学手段严重影响着教学效果,由于财政学教学中存在着大量的数学公式的推导和图表,因而,要提高财政学的教学效果,必须运用现代多媒体教学手段。这样,可以在预先制作的课件中把大量的数学公式的推导和图表及其变化的情况运用不同色彩和形状的图形进行标示并清清楚楚的表现在屏幕上,通过直观的多媒体演示,使学生清楚地理解图表曲线的变化,并结合教学案例分析,提高学生学习的兴趣。

在运用多媒体教学时,我们还特别注重教学课件内容的分级设计创新,在财政学教学中,根据内容的不同,大体可以分为四块:基本经济理论的文字演示,数学公式的推导,图表变化的演示以及教学案例的穿插播放等。采取这样的分级设计,一方面可以体现教学内容的树状立体结构,便于学生一目了然地掌握课程线索,另一方面建立相互连接,使各模块之间、各章节之间能够相互跳转。在财政学PPT的制作中,还特别注意在图表和图形的设计中,色彩明亮,文字和图像、图表的色彩搭配合理,对比鲜明,特别注重将美学、计算机技术以及神经学与课件的有效性、实用性、方便性、交互性相结合。

在开展探究式教学时,为了配合教学活动,除了以现行教材为基本探究内容,在教师的启发引导下,以学生周围世界和生活实际为参照对象,为学生提供充分自由的表达、质疑、探究、讨论问题的机会,让学生通过个人、小组、集体等多种解难释疑活动,将自己所学知识应用于解决实际问题。我们还组织学生参加一些可行性的工商企业的管理、运营活动,深入实际,增强学生的感性认识,例如,在讲述国有资产管理和国有资本运营时,曾组织部分学生到市北高新集团实地调研国有资本的壮大和运营方式,让学生自己综合分析,再从理论高度进行概括分析,教学效果更加明显。总之,这种探究式教学的目的是通过调动学生的积极性,促使他们自己去获取知识以及发现问题、提出问题、分析问题、解决问题,从而开发学生的智力,发展学生的创造性思维,培养自学能力和独立研究能力。

(五)探索和推进"实地考察"和"职场职业规划情景教学"的实践教学

除了倚重学校既有的实践教学基地和网络教学平台外,还积极进行实践性教学环节的进一步改革,和校外政府部门、研究机构和具体企业部门(上海市发改委政策法规处、市北高新集团、民生银行等金融机构以及宁波市北仑港招商办、无锡市惠山区地税局等)联系产学研访问和考察基地,增强学生的社会实践能力。且在这种实践教学理念的指引下,团队教师都已指导学生取得了不菲的成果。另外,积极探索职场职业规划情景教学,请已毕业且在职场有所成就的校友来学校和课堂做国债市场与金融期货的讲座,如在"国债市场"的教学中,就是请上海期货交易所 2014 年度最佳新人奖获得者、全国期货行业前 20 名分析师、现任职光大期货的彭程校友来校给金融工程专业的学生介绍期货市场的特点以及期货行业的入职准备,并特别介绍了股指和国债期货交易,加深了学生对金融期货的理解,打通了理论与实践结合的桥梁。

参考文献

[1] 许峰.新编公共财政学[M].北京:北京大学出版社,2012.

[2] 蒋洪,朱萍,刘小兵.公共经济学[M].上海:上海财经大学出版社,2016.

[3] 张英华,凌培全.案例教学法创新研究与应用[M].北京:经济科学出版社,2005.

高校金融专业课程教学改革

武 立

一、引言

  金融学专业作为现代商科的核心学科,受到了社会各界的广泛关注。该专业以现代金融活动为研究对象,以金融创新为核心,综合运用以数理分析为中心的现代金融理论、工具、技术与方法,创造性地解决金融问题的一门新兴金融学科,具有较强的应用性与技术性。主要培养金融产品和金融工具的设计与开发人才、大型企业的财务管理人才、金融技术与开发暨金融风险管理人才[①]。

  金融专业不仅在商科中居于核心地位,在历年的高考、研究生考试中也都是考生的热门之选,可以说金融专业不仅学科地位重要,在招生与就业的过程中也可以深切感受到这一学科的热门程度。然而,随着社会的不断进步,商科领域的不断发展,我们也深深地感到,金融专业的教学已经落后于社会对金融专业的实际需要。以作者所在的华东政法大学商学院为例,尽管华东政法大学商学院金融专业每年的就业质量都在学校名列前茅,但通过毕业生与用人单位的反馈,我们认为目前的课堂教育还有很大的进步空间。总的来说,我们希望通过四个方面的改革来对金融学专业课程进行改良。

---

① 摘自2017年华东政法大学关于设立金融学专业(数量金融方向)的申请报告。

二、从教学内容角度进行高校金融专业课程教学改革

从目前华政商学院金融学专业的教学计划来看,学生在本科四年的课程设置大致如下。

（一）必修课

"高等数学Ⅰ""高等数学Ⅱ""概率与数理统计""统计学""微观经济学""宏观经济学""政治经济学""国际经济学""货币银行学""会计学""财政学""计量经济学""国际金融""金融机构管理""金融市场""金融英语""金融工程""金融风险管理""公司金融""证券投资学""金融计算与建模""金融工程案例"。

（二）选修课（限选课）

"金融随机分析""企业和个人信用管理""期权应用与分析""公司并购""经济法学""金融法学""财务报表分析""国际贸易实务""市场营销""财务管理""外汇理论与实务""金融经典案例""线性代数""行为金融学""固定收益证券分析"。

上述课程基本涵盖了本科金融专业四年的课程,我们可以看到,这些课程本身内容丰富,确实对金融专业学生打好专业基础起到了很好的助推作用。尤其是,我们在课程设置中加入了大量数理金融的内容,可以说这些数理知识是非常适合学生在学校阶段打好基础的。因为学生毕业后不会再有整段整段的时间去学习这些相对深入的数理知识,零碎的学习时间可能只适合去学习一些通识类的知识。所以通过与学生的访谈,学生对这样的设置也是非常认可的。

然而,我们也发现,尽管主要的课程设置是很合理的,但对于应用型的课程设置数量还是不够。我们知道,学校的教育主要是以理论学习为主,应用型的知识教育为辅。然而,金融专业还是有其特殊性,事实上中国所说的金融学是指两部分内容。第一部分指的是货币银行学(money and banking)。它在计划经济时期就有,是当时的金融学的主要内容。比如人民银行说他们是搞金融的,意思是搞货币银行;第二部分指的是国际金融(international finance),研究的是国际收支、汇率等问题。这两部分合起来是国内所指的金融。中国金融专业本科课程设置似乎更偏向于经济而不是正统的金融学,它的核心学科是宏观经济学,货币银行学和国际金融,主要学习货币银行学、国际金融等方面的基本理论和基本知识,而它们都是属于经济学大类的,货币银行学属于货币经济学,而国际金融属于国际经济学。因此中国金融本科教育是一种经济与金融的交叉学科。然而上述的两部分在国外都不叫做 finance(金融),国外称的 finance 包括以下两部分

内容。第一部分是 corporate finance，即公司金融，在计划经济下它被称为公司财务。虽说是公司财务，而它的实际内容远远超出财务，还包括两方面：一是公司融资，包括股权/债权结构、收购合并等，这在计划经济下是没有的；二是公司治理问题，如组织结构和激励机制等问题。第二部分是资产定价（asset pricing），它是对证券市场里不同金融工具和其衍生物价格的研究。学习中教师着重讲的也都是资产的评估和证券市场的有效性等问题，并不把太多的精力放在研究货币和利率等宏观经济学和货币银行学研究的内容[1]。

从上述概念中，可以看到我们目前的课程设置主要是围绕第一部分的内容，即传统的货币银行学展开的。传统货币银行学的内容和教学体系历经多年的沉淀，已经相对较为完善，并且这一学科更注重理论基础的教导，学生在学习过程中也以理论学习为主，相应的，实践部分在这一部分的重要性显得并不那么突出。而在第二部分，即公司金融这一大类中，实践知识的重要性就显得分外重要了。公司金融主要研究企业的融资、投资、收益分配以及与之相关的问题。它不再局限于企业内部，因为现代公司的生存和发展都离不开金融系统，所以，必须注重研究企业与金融系统之间的关系，以综合运用各种形式的金融工具与方法，进行风险管理和价值创造。这是现代公司金融学的一个突出特点。同时就企业内部而言，公司金融所研究的内容也比"财务"或"理财"要广，它还涉及与公司融资、投资以及收益分配有关的公司治理结构方面的非财务性内容[2]。

综上所述，我们的金融学专业课程在涉及类似公司金融这块内容的时候，应该大幅增加实践知识，将上课的内容和市场上正在发生的知识结合起来。当然，要做到这一点，需要有一些制度保障。笔者认为可以先从如下两点着手改进，以期有所效果。

第一，通过校企合作培育师资。无论是何种教改，提高师资水平始终是一个核心问题。目前，我国的金融学专业师资存在一种"从黑板到黑板"的现象，金融教师从本科开始一路念到博士，但自身并没有什么丰富的实践经验，这种纸上谈兵的弊端，在强调实践操作的金融领域中尤其需要改进。而改进的方式就是通过校企合作，将年轻老师送到金融企业进行实操，借助学校与企业共同的资源打造高端金融师资队伍。

第二，通过鼓励实践提升认识。实践出真知，不仅是对于教师，对于学生我

---

[1] 该部分摘自360百科，https://baike.so.com/doc/5667417-5880079.html。
[2] 该部分摘自百度百科。

们也可以将课堂引入企业,将教授的内容从书本拓展到行业流程,市场准则。再通过结合课堂的理论知识,加深学生的知识理解。甚至,对于一些学习兴趣不够,学习习惯不佳的学生而言,这种方式还能起到调动学习积极性,提升学习效率的作用。

三、从教学方法角度进行高校金融专业课程教学改革

从教学方法而言,教学方法不同于一般的应用技术,拥有其作为"育人"的方法论特征。由此引出了教学方法研究固有的"教育关系"问题,形成了基于沟通理论的教学方法研究的基本范畴:教学形态、教学方式、教学方略。教学方法是一种复杂的、动态发展的概念,倘若没有多层面、多角度研究的支撑,是难以得到诠释和理解的。教学方法的发现与超越归根结底是教师学习的过程。

现有的金融学教学方法主要集中在课堂传授,由教师首先在讲台讲述,然后学生跟随教师的思路学习,进而再结合一些答疑过程。这些教学方法不光在金融学专业的学习中使用,在其他学科的教学过程中也使用了。

但在夸美纽斯(J. A. Comenius)看来,方法意味着包括教学的最一般原则在内的所有一切。他的《大教学论》开宗明义地声称"把一切事物教给一切人类的全部艺术",探讨"不会使教员感到烦恼,或使学生感到厌恶,能使教员和学生全都得到最大的快乐"的方法。而目前我们的教学方法或多或少存在一些既让教员感到烦恼,又使学生感到厌恶的弊端。为了克服这些弊端,我们需要从多个方面着手,改革教学方法。其中往往被忽视的就是教学方法的艺术化研究。根据钟启泉的研究,艾斯纳(E. W. Eisner)曾倡导"教学是一门艺术",与教学方法研究的技术化取向形成鲜明对比。其认为人的认知活动是借助两种作用——分析与直觉、科学认识与形象认识而形成的。教学实践活动也是一样,不仅要求科学的方法(技术化),而且要求艺术的方法(艺术化)。诸如教育机制之类的行为,借助这种研究方法论是可以揭示的。这种教育机制倘若能够作为艺术方法——教育鉴赏和教育评论的对象,形象地加以记述,就能够阐明教学事件的具体面貌。

从上述文献中,我们发现,教育方法的艺术化能从根本上改变当前金融学专业教学中既让教员感到烦恼,又使学生感到厌恶的弊端。当然找出问题并不代表解决问题,况且很多时候找出问题并不难,难的是如何解决问题。我们已经知道了要从教育艺术化的角度去理解金融专业教学方法改革,但如何艺术化呢?笔者认为作为一种探索,可以从以下两点着手切入。

第一，放松教师考核的缰绳，以效果导向激励教师。当前各大高校都形成了一套教师考核体系，大体从备课、上课、试卷出题、评阅等教学环节的各个方面对教师的教学工作进行约束。然而，艺术的天性是自然，教学艺术化的基本土壤是教师有教学方法的主导权。在一种严格的考核机制下，教学呈现出的面貌就有如统一标准化的工业品，学生在一种机械却也的确不容易出错的教学方法下受教育，这可能也是教育大众化的一种无奈。然而，笔者还是要呼吁从改革教师考核机制着手，以效果为导向，避免"不会犯错，又缺乏效果"的教学方法占据主流。真正做到使教员和学生全都得到最大的快乐。

第二，切实落实小班化教学，改善课堂教学效果。大学中师资比不达标是一个普遍现象，而金融专业教师的师资比不达标则是一个"正常现象"。这一切源于金融专业的教师很难招聘，高校招聘专业教师一般都要求名校的博士，而金融专业的博士在就业市场中又是非常受欢迎的，去金融企业的金融博士与来高校教书育人的金融博士在收入上差距异常明显，这导致金融博士一般不会来高校任教，而来高校任教的金融博士往往也会"身在曹营心在汉"。要完成金融专业教学的小班化，归根到底还是要有更多的金融专业人才加入高校队伍，这就要求决策者尊重现实，能改善提高金融专业教师的收入待遇。

四、从教学手段角度进行高校金融专业课程教学改革

教学手段的丰富可以直接促进教学效果的评估，要充分利用课堂教学质量的内涵及提高课堂教学质量，建立涵盖学生评教、督导评教、管理人员巡教、学生考勤、课堂实况、学习绩效等综合反映教学质量数据，进行大数据挖掘，找出影响教学质量的因素，并进行关联分析。对激励教学质量的政策设计，到改进具体课堂质量的每一个细节，例如到课率、抬头率、知识点、提问和回答情况等，均可以精准到每一位老师的每一堂课。这对于精准督导、精细化改进课堂教学质量起到了重要的技术支撑作用。

大数据在这个时代的影响已经无处不在，大学课堂教育每年都有大量学生，经过若干年的累计，这些大数据中反映的问题和可能对我们的启发非常值得好好研究一番。再加上已有的课堂质量考核数据，学生评教数据，毕业生反馈数据，用人单位反映数据，这么多有价值的数据如何利用好，值得我们教务部门好好思索。再聚焦到我们金融专业课程建设中，金融更是一个对大数据异常重视的学科，金融数据本身就是一个大数据，我们的教学活动中也会教授学生如何处

理大数据,但是我们在面对金融教学课程改革时,却没有利用好大数据的资源,确实有一点遗憾。

五、从教学成绩评定方式角度进行高校金融专业课程教学改革

教学成绩的评定直接关系到学生学习的积极性,因此从教学成绩评定方式角度进行高校金融专业课程教学改革是一种间接影响学生学习效果的改革。以往的教学成绩大多是把考试分数作为评价学生优秀、良好、及格和不及格的绝对标准,如规定考试分数达到 90 分及以上为优秀,达到 80 分及以上为良好,达到 60 分及以上为及格,达不到 60 分为不及格。再把平均得分作为评价班级整体教学质量的重要依据。这种方法的优点在于有很强的操作性,但与此同时缺点也很明显,其最大的缺点在于忽视了学生的不同基础。我们常说要因材施教,但在上述评价方法下,很难做到因材给分,因材评价。

为此,我们可以实行以相对评价为原则的评价方法,这些原则包括[①]以下内容。

(一) 比较性原则

有比较才有鉴别。这种评价方法充分考虑了不同班级学生的学习基础的差异,不是将学习基础有差异的班级放在相同的标准上进行评价,而是比较班级学生学习成绩的进步和成长,这是比较合理的。

(二) 发展性原则

这种评价方法的比较性原则也体现了发展性,另外,在确定指标基数以及最低分数线时,考虑到部分学生通过教师的教学有可能进入高分、优良或者及格的行列,所以将高分(优良、合格)标准人数基数除以 70%,加以放大,以此确定各组总分及单科的高分(优良、合格)最低标准分数线。

(三) 公平性原则

由于这种评价方法是相对评价的方法,充分考虑了班级学生的学习基础,考虑了学生学习成绩的成长性,无论是教重点班还是教普通班,只要教师付出了辛勤的劳动,他们获得成就的机会就是均等的,普通班的成绩增长幅度大,进步快,教普通班的教师也被认可是优秀的。

(四) 导向性原则

这种评价方法有利于引导全体教师积极从事教学工作,能调动全体教师的

---

① 该部分评价原则摘自百度知道。

教学积极性。同时，综合得分计算中，学校可以根据教学管理的目标或者重点要解决的教学问题，在权重的确定上作适当的调整，以引起教师的特别关注，在教学工作中加以重视。如要引导教师解决教学中的偏科问题，就可以加大单科合格配套率的权重；如要面向大多数学生，提高教学成绩的合格率，就可以适当加大合格配套率和均分系数的权重。

六、结论

本文从四个方面对高校金融专业课程教学改革的改革思路提出建议，这四个方面包括从教学内容角度进行高校金融专业课程教学改革，从教学方法角度进行高校金融专业课程教学改革，从教学手段角度进行高校金融专业课程教学改革，以及从教学成绩评定方式角度进行高校金融专业课程教学改革。通过这四个方面的改革建议也剖析了当今高等教育中的一些问题，这些问题有的是所有学科都存在的共性问题，例如课程考核方式。有的则是金融专业所特定面对的问题，例如人才的引进与培养问题。本文通过提出校企合作培育师资、鼓励实践提升认识、放松教师考核的缰绳，以效果导向激励教师、教学艺术化、切实落实小班化教学，改善课堂教学效果、建立大数据分析、以及评价原则改革等方面的观点对金融专业课程改革的具体抓手给出了建议。

参考文献

［1］王鉴,刘祎莹.论课堂研究范式的转型[J].东北师大学报,2016(4):216-222.

［2］胡玥,董永权,杨淼.基于CiteSpace的国内翻转课堂研究现状与趋势研究[J].高教探索,2017(11).

［3］杨春梅.高等教育翻转课堂研究综述[J].江苏高教,2016(1):59-63.

［4］黄济,王晓燕.历史经验与教学改革——兼评凯洛夫《教育学》的教学论[J].教育研究,2011(4):3-9.

［5］李蕊爱.积极探索专业实践教改的有效途径[J].中国高等教育,2011(12):41-42.

［6］钟启泉.教学方法:概念的诠释[J].教育研究,2017(1):95-105.

［7］夸美纽斯.大教学论[J].甘肃教育,2014(23):128-128.

［8］钟启泉.教学方法:概念的诠释[J].教育研究,2017(1):95-105.

［9］郑庆华.运用教学大数据分析技术提高课堂教学质量[J].中国大学教学,2017(2):9-9.

"国际贸易实务"课程教学中存在的问题与对策研究

刘 杨

一、"国际贸易实务"课程的特点

"国际贸易实务"是国际经济与贸易专业的必修课程。随着经济全球化的深入,也逐渐成为其他经济类专业普遍开设的一门重要的选修课程。它主要研究国际货物买卖的相关理论和进出口实际业务操作,具有很强的综合性、涉外性和实践性。该课程教学的主要任务是使学生掌握开展国际货物买卖所需的基本理论、基本知识和基本技能,具备在贯彻国家方针政策和企业经营意图、符合法律规则和国际贸易惯例的前提下,结合国家和企业的发展实际,在公平合理的基础上达成交易,并履行合同约定的能力。

本课程的一个显著特点是综合性强。"国际贸易实务"是多个专业和学科的复合,它要求从业人员具备非常高的综合素质。例如,早在17世纪,托马斯·孟就指出外贸商人必须具备的非凡品质:"他应该擅长书法、算数和会计……同时还要精通各种租船合同、提单、发票、汇票契约、汇票和保险单等的规例和形式;他应该知道一切外国,尤其是与我们有贸易关系的国家的各种度量衡和货币……;他应该知道各种商品向某些国家并从某些国家输出或输入时所应缴纳的关税、一般赋税、各种征课、护卫费以及其他费用;他应该知道各个国家有哪些商品是绰有余裕的,有哪些货物是缺少的,同时也应了解这种货物的供应情况怎样,它们是从哪里来的……;能说几种语言,并留心观察外国王公们的经常收入与支出,以及他们的海陆实力,它们的法律、风俗、政策、礼节、宗教、艺术等等"①。在当代,外贸从业人员仍必须具有外语、金融、贸易、法律等方面的专业知识和技能,熟悉国外的气候、资源、风俗和文化等自然环境和人文环境。可见,"国际贸易实务"是一门多学科复合的课程,包含了"国际商法""合同法""外贸函电""商务谈判""国际市场营销""国际贸易""国际结算""国际商务礼仪""商务英语""国际金融"等课程的知识。

涉外性强是"国际贸易实务"课程的另一显著特征。国际货物买卖是本国企业与其国外经济伙伴进行的跨国交易,在整个交易过程的大多数环节都具有涉外性。例如,在市场调研阶段,我国业务员需要了解目标市场的经济环境、法律环境、政策环境,还需要对潜在经济伙伴进行资信调查。在与国外经济伙伴谈判阶段,需要熟练运用外语进行商务谈判,在合同的履行阶段涉及国际运输、国际保险等,其中很多重要单证,例如信用证、海运提单、保险单据等也具有涉外属性。在国际支付环节,涉及本币与外币之间的汇兑,以及汇率风险的规避等。

实践性体现在,"国际贸易实务"的教学目的不单是让学生掌握开展国际货物买卖的基本理论知识,还要让学生掌握进出口的基本技能,例如,能够进行市场调研,能够与国外经济伙伴进行洽谈协商,能够熟练地缮制各种单证,同时能够控制整个外贸流程的风险。国际货物买卖需要非常丰富的从业经验,这是书本知识无法实现的。

二、"国际贸易实务"课程教学过程中存在的问题

当前"国际贸易实务"课程在教学过程中,大致存在以下几个方面的问题。

(一) 教学内容相对陈旧

当前"国际贸易实务"的教学内容主要是国际货物买卖,围绕进出口合同的签订和履行展开。课程的教学内容主要包括贸易术语、出口报价、合同的标的、国际货物运输、国际货物保险以及国际结算等。然而,随着国际经济发展,国际贸易的环境和方式发生了巨大的变化,尤其是互联网的飞速发展,以及国际服务贸易、电子商务和国际物流的发展这些都对传统国际贸易方式产生了深远的影响。例如,跨境电子商务推动国际贸易的各环节逐渐网络化、数据化,使整个交易流程扁平化、网络化、无纸化,提高了交易效率的同时,也对监管、税收、运输

---

① 《英国得自对外贸易的财富》,托马斯·孟(1571—1641)。英国晚期重商主义的代表人物,英国贸易差额说的主要倡导者。出生于伦敦的一个商人家庭,早年从商,成为英国的大商人。1615年担任东印度公司的董事,后又任政府贸易委员会的常务委员。

以及数据安全等方面提出了新的挑战。这些新趋势和新动向是国际贸易实务领域的前沿和发展方向，但是当前的教学内容对上述领域阐述的非常少。

（二）双语教学欠缺

"国际贸易实务"具有很强的涉外性特征，从市场调研、到谈判磋商、再到签订合同和履行合同的一系列过程均要求有较高的外语使用能力。而且，贸易实务中所使用的英语词汇具有较强的专业性。例如 average 通常指平均的、普通的，而在国际货物运输保险中表示"海损"；honor 通常的含义是荣誉、光荣，但在信用证中表示"承付"的意思等。因此，非常有必要在"国际贸易实务"课程的日常教学过程中引入双语教学。然而，当前"国际贸易实务"课程的教学过程对学生外语能力的培养重视程度不够，在课堂授课中较少使用英文，并且英文版的权威教材和教辅资料缺乏也是这门课程实现双语教学的重要瓶颈。

首先，在当前"国际贸易实务"的课堂教学中，多采用中文授课，虽然便于学生理解和掌握基本理论知识，但不能够使学生习惯用英语思维和操作，导致学生很难熟练地用英语进行发盘、还盘、缮制各种单证（例如进出口贸易合同、开证申请书、保险单、提单等），这就与实际业务能力要求存在显著差距。

其次，英语教材与教辅资料欠缺，成为将"国际贸易实务"课程建设为双语课程的一个重要瓶颈。在教材方面，中文版的《国际贸易实务》（或《进出口贸易实务》）有很多，但英文版的教材非常少，虽然有一些引进的英文原版教材，但是由于世界各国在国际贸易政策和国际贸易业务实际操作方面存在巨大差异，直接采用引进的原版教材是不适用的。虽然国内出版了一些双语教材，但仍然缺少一本权威的《国际贸易实务》双语教材，以及相关的教辅材料。

最后，缺乏双语教学的激励机制与考核机制。对于学生而言，双语课程的学分与中文课程一样，但双语课程的难度高，付出的时间精力远远大于中文课程，而选择双语课程的学生的绩点也没有优势；对于教师而言，从备课到授课，再到课后的辅导答疑以及期末测评，双语课程均需要付出比中文课程更多的时间和精力，然而双语课程的课时费与一般中文课课时费相等或略高一点。并且，学生评教、绩效考核、职称评定等非常重要的内容均没有针对双语课程做出相应的倾斜，挫伤了教师的积极性。

（三）实践性缺乏

"国际贸易实务"课程具有很强的实践性和操作性，学生需要掌握国际货物买卖的具体操作方法和基本技能。例如，如何进行市场调研、进出口价格核算、对外报价、磋商谈判、签订外贸合同,以及如何切实地履行合同,同时控制好各个环节的风险等。上述这些内容都具有极强的实践性特征,然而现实情况却是,大多数"国际贸易实务"课程的教学仍然停留在课堂上、书本上、考卷上,这种"纸上谈兵"的教学模式与本课程的教学目的不相匹配。尽管一些学校引进了一些外贸软件,建立了外贸实验室,但实验教学的时间和力度仍显不足,学生通过上机实验只能进行一个大致的了解,无法获得丰富的实践经验。

(四) 实验软件升级更新慢

目前,国内高校实验教学主要选用的是南京世格软件公司与对外经贸大学联合开发的 simtrade 虚拟仿真平台。该平台以进出口流程为主线,设计交易磋商、签订进出口合同、制定进出口预算、租船订舱、报检报关、办理投保、制单结汇。虽然该软件尽可能模拟现实贸易环境,但该实验软件内容更新慢,且滞后、仿真度仍然较低。

首先,simtrade 平台的市场调研与市场开拓环节设计简单。在 simtrade 平台上,市场调研与开拓环节是学生到广告公司发布产品广告和公司广告,进而相关的广告信息会出现在商机网上。学生无需考虑目标市场的社会、文化、政治、经济、法律和市场供求等因素,也没有渠道考察交易对象的资信状况。因此,这一软件规避了现实外贸业务中的很多复杂性、竞争性和风险性因素。其次,运输环节的设定过于简单和陈旧,simtrade 平台将国际运输方式限定在海洋运输方式,而不能使用其他运输方式或者国际多式联运。而在现实的外贸业务中,DAT 或 DAP 条件的多式联运非常普遍(从 INCOTERMS2010 对 2000 版本的修订也能看出这一趋势)。最后,国际结算方式方面,平台虽然提供了 T/T、D/A、D/P 以及信用证的结算方式,但限定只能选择其中单一的一种支付方式,无法混合使用。在外贸业务实践中,买卖双方会基于对方企业的资信状况、双方的业务往来关系、交易量和商品本身的特点,采用多种结算方式相结合使用的情况。例如,对于资信很好的贸易伙伴,可采用分批电汇的结算方式;对于初次合作,可采用电汇定金加信用证的结算方式等。因此,这一环节与外贸业务实践不符。

(五) 学习效果评估体系单一且机械

"国际贸易实务"课程当前多采用期中考试和期末考试的评估形式。这种传统的评估形式侧重考查学生对书本上的基本知识和理论的掌握程度。对实践内容的测评效果却不理想。传统测评方式的这种纸上考操作、纸上考实务的做法,无法反映学生的真实学习效果。并且会对学生的学习效果产生偏向性的引导作用,例如学生为了取得好成绩,重视理论的学习而忽视上机实习这种实验能力培养的机会。

三、"国际贸易实务"课程教学改革的建议

（一）教学模式的改革

"国际贸易实务"课程的专业性和学科的综合性非常强,需要学习的内容很多,而课堂教学时间却非常有限。因此,课程的部分内容可以实施翻转课堂的教学模式,能够增加学生和教师互动和个性化沟通的方法;提供学生自主学习的环境;直接指导和建议式学习的混合模式。教师可以提前将书本上的理论知识录制成微视频放置到网络课堂上,同时提供多种学习资料和参考文献供学生利用课下时间自行学习。教师将课堂时间安排更加具有灵活性、实践性、综合性的个性化教学内容,从而提高学习效率和效果。同时,翻转课堂的全套资料(例如微视频、各种教辅材料)也可以被永久保存,供查阅和修正。

（二）教学内容的改进

在教学内容中,宜采用多学科综合的渗透方式进行,同时增加该外贸实践的前沿问题以及案例研习板块。

首先,"国际贸易实务"涵盖了法学、经济学、商科等多学科的综合知识和理论。在全程教学中,宜采用渗透式教学的方法。比如,有些法律知识不宜像法学那样把公约、法律惯例等每个条款逐一跟学生讲解和分析,而是应将相关的国际贸易法律、条约、惯例贯穿到整个教学过程中进行渗透。再比如,可以将所有的单证穿插在一个完整的贸易流程中讲解。

其次,应该增加外贸前沿问题的讲解和讨论。例如将跨境电商,小额贸易等对外贸易实践前沿问题纳入教学内容。可采用布置作业的形式让学生自行搜集文献资料撰写研究论文,也可以将相关的重要文献资料发布在网络课堂上让学生预先学习后,在课堂上进行研究讨论。

最后,增加案例研习的比重。在外贸业务实践中,有很多涉外商务纠纷,一部分是由于一些资信不良的企业存心欺诈,另一部分是由于从事国际商务活动的企业对国际商务活动的基本常识和有关法规、惯例缺乏了解,而导致在工作中出现失误。因此,经验教学非常值得深入研究。在教学中加入案例研究,能够从实践角度进一步巩固所学知识,对理论学习起到有益且必要的补充,启发学生深入思考,有意识地培养和提高学生的分析和处理实际业务的能力、理论联系实际

的能力,同时激发学生的学习热情。案例的设计和选用可参考多本教材、新闻报刊和学术期刊等资源,同时考虑分别从进口商和出口商两条主线,按照进(出)口流程引入,包括进出口合同标的案例、贸易术语案例、价格条款案例、运输条款案例、保险条款案例,支付条款案例等。

(三) 加强双语教学的课程建设

考虑到学生英语水平参差不齐,加上专业基础的差异,应采用循序渐进、梯度推进的教学方式,而且要依据各知识点的难易程度和特点调整中英文授课的比例。例如在讲解进出口磋商环节,以及各种外贸单证的缮制时,应多采用英语授课;而在出口报价、贸易术语、国际货物运输和保险等难度较大的环节时,应以中文授课为主,辅以英文课件和强调英文专业术语。另一方面,应该对开设双语课程的教师制定合理的激励机制,除了在课酬方面予以体现之外,还应在职称评定、评教评奖等方面予以政策性的倾斜。同时对选择双语课的学生给予一定的鼓励。

(四) 实践教学模式的改革

进一步强化实验平台在教学中的作用、丰富实验教学资源以及优化实验方案;结合专业技能竞赛,实现以赛促学;与企业或机构联合,构建实训基地。

首先,增加学生上机实验的时间,推行任务式教学。任务式教学是指通过制定一整套明确的任务,每个任务有独特的侧重点,能够独立完成。同时,不同任务之间又密不可分。这种全新的教学模式,能够很好的锻炼学生理论联系实际的能力,与课堂理论教学相辅相成,有助于学生对理论的深入理解,同时能够极大地调动学生的积极性和主观能动性。在设计试验任务时,一方面要有针对性、全面性,每个任务能够独立成立,不同任务之间又紧密相关;同时,实验任务的设置还要注意既要有个人的任务,又要有团队任务,考察学生的团队合作能力。

其次,积极组织或参与贸易竞赛,实现以赛促学。参加国际贸易竞赛不仅能够激发学生对"国际贸易实务"课程的学习热情,还能够更好地促进国际贸易实践性教学的发展,在学习专业知识的同时,全面提高学生的实际操作能力。贸易竞赛的内容往往是外贸行业发展的前沿知识和岗位最新的技能要求,体现了当前外贸行业对国际贸易人才的知识和技能的需求方向。因此,应该充分发挥竞赛的示范作用,通过竞赛了解国际贸易发展的前沿信息,修订实践教学的课程标准,充分吸收最新竞赛内容,将其融入教学中。同时,贸易竞赛也可以作为检验教学质量的一种手段,使教师能够更及时地发现学生实践操作中存在的问题,从而进一步调整和优化。

最后,校企联合,建设校外实训基地。无论是校内实验平台还是贸易竞赛都是一个虚拟的或模拟的环境,不具备实际经济环境的复杂性和特定性,只有将学生放到校外的实际外贸企业环境中,在具体的岗位上进行实训,才能真正让学生将理论知识向实务能力转化。学校可以与外贸企业或从事外贸业务的金融机构签订长期合作协议,共建"合作教育基地"。学校负责为企业提供理论方面的培训和指导,企业负责为学生提供实训岗位和实践方面的指导。同时,学校也可以聘请企业的高级管理人员作为校外导师,通过建设双师型教师队伍实现校企合作。

(五)考试改革

将学生学习效果的测评过程化、系统化。考虑将出勤、案例研习、论文撰写、上机实习,校外实训等均纳入测评。教师根据学生一个学期的整套评估指标对学生进行评估,这样系统性的评估方法更加注重学生的具体知识的掌握,在操作上更加侧重对学生实践技能的测评,很大程度上提高了评估的质量和效果。

参考文献

[1] 魏宇潇."互联网+"时代下的国际贸易创新路径研究[J].商场现代化,2015(18):13-14

[2] 王学.国际贸易课程中英双语教学目标与教学方法探讨[J].北京大学学报:哲学社会科学版,2007(S2).

[3] 陈晓东.双语教学在商务英语专业国际贸易课程中的实践探讨[J].对外经贸,2011(12):150-151.

[4] 张颖.国际贸易实务课程实践教学应用研究[J].对外经贸,2013(06):140-142.

[5] 白孝忠.案例教学法在国际贸易实务教学中的应用探析[J].科教导刊,2013(02):91-92.

[6] 徐丽娟.以案例教学法为核心:谈中职国际贸易实务课程的创新途径探索[J].知识经济,2017(15):157-157.

[7] 裴蕾."SimTrade+POCIB"赛训结合模式对提升高职国际贸易专业人才素质的思考[J].知识经济,2015(09):165-166.

[8] 王金亮.基于慕课的翻转课堂教学模式探析——以国际贸易教学为例[J].对外经贸,2016(02):129-131.

互动式模拟教学在国际贸易实践类课程中的应用

晏玲菊

一、引言

近年来,随着世界经济形势的不断变化、科学技术的不断进步以及国家"互联网+"行动计划的提出,高校国际经济与贸易专业作为应用性、操作性比较强的专业,面临社会需求变化带来的严峻挑战。在传统国际贸易实务实践类课程的教学中,教学跟不上实践变化,培养出来的学生理论知识应用能力不足、动手能力不强、创新能力缺乏等问题突出。从根本上来看,这些问题是传统教学方式下的必然结果。在传统教学方式下,教师一言堂,进行"填鸭式"教育,缺乏教学过程中的"互动性",这不仅不利于调动学生的学习积极性,也不利于学生知识掌握情况信息的反馈。

互动式教学模式(interaction)是目前国际上普遍采用和推崇的教学方式,这种教学模式强调以学生为中心,要求学生成为信息加工的主体,同时亦要求教师不再只是专业知识的提供者,而是推动学生主动学习的帮助者、促进者,以便师生在愉快的情境中实现"互动"。而模拟教学则通过特定的教学方式、教学技巧和教学软件等将实践带入课堂,使学生能够在课堂上学习和了解实务知识和操作方法。

国际贸易实践课程中融入互动式模拟教学,通过多样的、开放的、非确定的、自组织的过程,在师生之间形成"传递—反馈"机制,使教师与学生、学生与学生之间信息实现多向交流和沟通,从而使实务实践类课程的教学效果得到提高。

二、国际贸易实务实践教学中存在的问题

(一) 师生教学信息沟通不畅

国际贸易实务实践类课程具有综合性和实践性等特点,在许多高校的教学过程中,乃至于应用型外贸人才的培养过程中,都存在诸多困难。传统课程教学采用的是灌输式的讲授教学模式,学生在整个教学活动中处于被动接受的位置,其主体地位未能得到体现,导致大多数学生在该课程的学习过程中形成了一种应付的学习态度,专业技能无法在实践中得到提高。这种"教师为中心"的传统模式,不仅不利于实践教学创新与教学效果的发挥,也不利于学生的国际贸易业务操作能力和学习能动性的提升。以"国际贸易实务"课程为例,"国际贸易实务"是国际经济与贸易专业的核心基础课程,目前在高校中该课程的教学基本上采用了"教+学"一体的教学模式,例如案例导入、软件模拟操作等教学来开展专业知识的传授和技能的训练,但仍然存在诸多问题:首先,在"国际贸易实务"课程传统的教学过程中,教师通常通过课堂将知识以讲解的形式传授给学生,由于知识是单向传授的,学生的知识掌握情况和学习积极性无法及时、有效地反馈给教师。实务性知识与理论知识不同,学生难以用所学的基础理论知识来理解或拓展实务知识,也无法通过各种理论研究方法来研究实践问题。如果不能在师生中建立有效的信息沟通渠道,实务实践类课程教学效果将大打折扣。

(二) 教学和实践脱节

从事对外贸易工作不仅需要业务员具备较强的业务能力和操作能力,还要求他们具备应对复杂多变的贸易环境,与客户及海关、商检、保险、物流各方进行交流和协调,所以沟通协调、应变创新、团队合作等综合素质。目前,国际经济与贸易专业的实践教学改革与探索仍存在重理论教学、轻实践教学的现象。教师在教学过程中以理论为主、实践为辅;学生偏重理论知识的学习,缺乏参与实践锻炼的主动性和积极性。实务实践类课程教学效果不佳,学生缺乏实战技能。尽管已经认识到实践教学的重要性,从专业培养方案到教学计划的制定,都已经向实践教学倾斜,但要提高学生的业务能力和操作能力,以及综合素质,还要进一步从教学形式上进行改革。

(三) 考核方式单一,学生缺乏主动性

相对于理论课程,尤其是必修课程,实践教学的考核过于单一和主观,造成学生在实践教学中缺乏积极性和主动性,存在应付心理。目前,国际贸易实践类课程仍以笔试方式进行考核。学生只需要背诵书本知识,在考试中回答相应的

问题即可。这种考核方式不能有效促进学生积极主动学习和探索实务知识,也无法真正掌握实践知识。以单证教学为例。在国际贸易结算中,常常会用到信用证进行支付结算。学生往往将精力放在信用证的定义、特点等方面,而忽视信用证在业务中的使用方法和业务中可能出现的拒付问题和欺诈问题。在综合实训中,学生学习和运用仿真软件进行业务仿真练习。在单一的考核方式下,学生则仅按照仿真软件的提示,逐项点击,实训结束后填制外贸单据和提交实训报告。学生并没有真正学会和掌握整个业务流程的进行,也不会主动思考各环节可能出现的问题等。因此,实践教学效果大打折扣。

三、互动式模拟教学模式

互动式教学模式是教师设计教学环节、组织教学方式,运用多种教学媒介,帮助和鼓励学生积极思考、主动参与,促进师生间和生生间的全面交流和集体学习,培养学生发现问题、分析问题、解决问题的能力以及创新能力的一种教学模式。模拟教学模式则是利用教学软件,以相关业务操作为主要内容,仿真模拟业务全部过程的一种教学模式。

互动式模拟教学模式在教学内容上强调实践模拟、在教学方法上强调互动性,将互动式教学融入实践模拟教学中。在该教学模式下,以学生为主体,互动为原则,知识、能力和素质的提高为目的,理论与实践相结合,书本知识与实践模拟相结合,讲授与讨论相结合,互动与模拟相结合,平时与考试相结合,把传统的教学方式改变为"教师学生轮流讲,书本与模拟相结合"的教与学过程。在互动式模拟教学模式下,教师提供教材、讲义、补充资料、视频文件、教学卡片等多种教学材料,进行案例引导、问题提出、情景模拟,指导和引导学生思考、向学生提问、共同讨论、作业批改等方式进行师生互动,学生则在教师的引导下分组讨论、集体学习、分工合作等,推动学生间信息和知识的流动。

在教学过程中可通过以下三个阶段进行互动模拟:一是教学引导阶段。在此阶段教师讲授为主,使学生掌握理论知识、前沿动态、基础应用,激发学生思考和进一步学习的兴趣,使学生进入学习状态。二是教学交流阶段。在此阶段教师进行案例引导、问题提出、情景模拟,引导学生发现问题、讨论问题,再通过辩论、作业、模拟等方式进行师生交流。三是教学应用阶段。在此阶段利用教学模拟软件,布置教学任务,指导学生进行模拟练习,让学生分组进行模拟操作设计,主动思考业务执行过程中可能出现的问题,使学生在实践和反思过程中提高操作技能和实践能力。

在教学手段上,互动式模拟教学是综合的、多样的、灵活的,不仅包含传统的口授和板书,也包括利用多媒体技术、计算机技术、网络技术进行教学,此外网络讨论、模拟大赛等也可用于教学。多种教学手段,有利于增加教与学的互动,调动学生的学习兴趣,提高教学效果。互动式模拟教学模式能较好地促进理论知识和现实实践的有效结合,提高学生发现问题、分析问题、解决问题的能力。

四、互动式模拟教学在国际贸易实践类课程中的应用

互动式模拟教学,是师生利用多种教学材料、采用多种教学方法、在教学内容上强调实践性、在教学过程中强调互动性的教学方法。在互动式模拟教学过程中,教师和学生之间进行教学交流、师生分享教与学的经验和体验,是一个师生共同学习、提高的过程。笔者在对"国际贸易实务"课程近10年的教学实践中,尝试运用互动式模拟教学法,经过不断地摸索和改进,总结出适应"国际贸易实务"课程内容的教学方式,经过教学实践和学生评教反馈,该教学模式对提高学生系统地掌握国际贸易实务知识、准确理解相关业务内容、正确高效处理业务的能力等方面有着传统教学方式无可比拟的优势。

国际贸易实践课程强调学生能够通过课程学习,熟练掌握外贸业务流程、各种单证的缮制、合同条款的法律意义、合同履行过程以及业务争议的解决等知识,同时了解外贸业务中的常见问题及其解决方案。通过学习,学生应获得专业知识的积累、实践技能的提高、分析与解决问题能力的提升。为此,本教学方法进行了知识导入、案例研讨和模拟操作三个实施方案的设计。

(一)知识导入

传统教学方法是由教师在课堂上采取一贯到底的传统教学方式,或以教师讲授辅以问答式的教学方式,或者增加实验室操作的方式。实践证明,这种教学方式仍无法解决理论知识和业务知识有机结合的问题,主要表现在以下几个方面:一是理论知识和业务知识关系。国际贸易专业应以理论为基础,实践为核心。然而,在教学实践中这两部分知识常常是相互脱离的。以笔者所授"国际贸易学"为例,课程内容分为贸易理论和贸易实践两部分,然而两者之间的关联度很小。二是理论教学和实践性教学失衡。这种失衡突出地表现为理论教学比重大,实践教学比重小。由于课时有限,教学时间不足导致单纯的知识讲解,此时常常会以压缩实践课时为代价。三是课堂教学方法有限易造成实践教学效果不

理想。传统教学方式强调教,教师上课主要以讲授为主,难以发挥学生的主动性。在讲授贸易实务时,业务流程、术语、名词等内容的讲授枯燥,难以引起学生的学习兴趣。

针对以上问题,在互动式模拟实践教学的第一阶段进行知识导入。根据国际贸易专业培养目标,要培养有创新精神的学生,就需要学生在掌握扎实的专业理论知识的同时掌握相关学科的理论知识。这不仅能使学生形成较高的专业素养,还有助于通过规范的理论方法训练来提高学生解决问题的能力。业务知识则有助于提高学生的实践能力和动手能力,这些知识的传授必须以有别于理论知识的方式进行。在各个教学章节教授的第一阶段,教师采用启发式教学方式可以减少课堂教学时间。教师提供部分教学材料与补充材料,提出问题,学生利用图书馆和网络收集材料和分析材料进行课外独立思考,而后在课堂上进行师生交流讨论。为完成学习任务,学生需要进行全方位学习,包括知识学习,资料收集和材料分析方法学习,这不仅能提高学生学习积极性还有助于提高学生的学习能力和动手能力。

(二) 案例研讨

"国际贸易实务"是一门实践性很强的课程,业务能力的培养不能只靠讲授,还要靠扎实有效的训练。在教学过程中,学生普遍存在着眼高手低的问题。订立合同,业务操作流程与单据制作听起来简单,但实际动手操作时往往容易出问题。用传统的教学方法,学生往往认为这些知识很简单,故学习动力不足。在"签订合同"板块的教学设计中,要求学生在外贸实习平台上自选出口方或进口方身份填写一份外贸合同。结果显示,很多学生无法按要求填写一份合格的合同,甚至一条完整的商品报价。互动式模拟教学可通过学生动手模拟,与实际案例进行对比分析的方式提高学生的参与意识,提高学生学习的主动性。以案例的形式展开"教—学—教—学"的互动循环,有利于鼓励学生自己动手找到答案,从而提高学生学习效果。

(三) 模拟操作

在教学内容方面,邀请企业技术骨干参与制订教学计划和教学大纲,结合学科发展对实践教学内容进行优化,利用先进的多媒体教学系统和外贸实习平台和单证软件进行仿真模拟教学。比如,对进出口业务模拟、外贸跟单、外贸制单及报关实务实训等实践教学内容进行优化,使学生既能够掌握国际贸易的相关理论知识,又能顺应社会发展的需要,提高学生的实际操作技能和解决问题的综合能力。从培养能力的角度出发,国际贸易实践课程更强调动手能力。在教学方式上,模拟教学方法和教学过程的重要性甚至大于教学内容。如果单纯沿着"先讲后学""不讲不学"的传统教学方式,对学生而言,不仅枯燥乏味,且对实务的感性认识不足。单纯教学无法提高学生业务操作能力和发现问题、解决问题的综合应对能力。为此,借助外贸实习平台软件,对进行模拟操作练习十分必要。贸易实训模拟着重培养学生在国际商务环境中的组织管理、应变以及交往能力。根据多年教学经验,在业务流程、外贸跟单、外贸制单等教学设计中,我们借助世格外贸实习平台,对学生按照每5人一组进行分组,并对其赋予进口商、出口商、进口地银行、出口地银行和工厂等5个角色,要求学生运用FOB和CIF两种贸易术语,L/C、D/P等结算方式分别完成一单业务。实习平台能够较真实地为学生提供"签订合同""审单""发货""租船""报关"等环节的模拟练习。通过这种练习,学生不仅可以加深对外贸业务流程各环节的认识,而且可以熟悉各种单据的各项内容,极大地提高了学生的学习积极性。与此同时,还应建立实践教学反馈机制,了解学生的需求和建议,使学生在模拟学习过程中能够及时与教师互动。

此外,模拟教学不仅可用于教学过程,还可以用于考核学生的学习效果。国际贸易实践教学考核应坚持以过程评价为主、过程评价和结果评价相结合的原则。实训模拟作为考核的一部分,通过设置登录率和提交率等过程性统计指标和实训任务指标对学生学习过程和学习效果进行考核。

五、互动式模拟教学在国际贸易实践类课程教学中的问题

互动式模拟教学注重学生主体性的发挥,让学生在问题讨论和经验分享中体验学习知识的乐趣与成就,从而提高学生的学习积极性和学习效率。在笔者采用传统教学与互动式模拟教学两种形式进行教学对比的"国际贸易实务"课程上,在采用互动式模拟教学过程中,学生在概念理解、动手能力、创新能力等方面取得的学习效果显著优于传统教学方式的效果。然而,互动式模拟教学在国际贸易实践类课程教学中仍有需要我们进一步解决的问题,例如实务类课程在进行互动教学时需要大量案例的支撑。因此,需要教师有着丰富的业务经验或收集一手资料的信息来源。实际上,校企合作和拥有实践经验丰富的教师在很多高校都是难题。此外,教学时间不足也是制约国际贸易实践类课程中互动式模拟教学深入开展的一个难题。由于课时有限,教学时间不足以充分讲解理论知

识和实践知识,此时常常会以压缩实践课时为代价。

参考文献

[1] 李娟,吕小锋,吴钢."三位一体"的研究方法课程体系的构建——以国际贸易实证研究方法课程为例[J].大学教育,2017(4):127-128,140.

[2] 徐华,石其宝,郝洁,吴向阳.高校国际贸易模拟实训课程的教学实践探索[J].经济研究导刊,2012(36):260-262.

[3] 沈克华,雷平,舒红.互动式全英语教学在国际贸易实务类课程中的效果研究[J].上海对外经贸大学学报,2017(3):81-88.

[4] 兰琦.浅析模拟教学法在教学中的应用——以"国际贸易理论与实务"课程为例[J].教育研究,2014(3):160-161.

[5] 刘尧,戴海燕.课堂师生互动研究述评[J].教育科学研究,2010(6):66-69.

[6] 成蓉.浅谈"国际贸易实务"课程中情景模拟教学方案的设计与实施[J].中国校外教育,2011(4):115-116.

[7] 左璜,黄甫全.课堂互动研究的主题、方法与趋势[J].外国教育研究,2011(5):81-86.

[8] 陈效兰,张岩.师生互动式研究型教学对创新型人才培养的探索[J].教育探索,2008(10):35-36.

基于培养学生实践和创新能力的国际金融教学改革探索

杨 熠

一、引言

随着世界一体化进程的持续推进,各国间的经济往来不断加深、相互影响的程度日益显著。如果说1929年大萧条时中国还能独善其身,1997年亚洲金融危机时中国还暂时得益于改革开放的红利和资本项目未完全开放的保护,那么2008年美国金融危机引发了全世界的经济震荡,中国也受到巨大冲击,已经让我们看到中国加入世贸组织后、经济开放程度日益提高,越来越容易受到国际经济因素的影响。当下世界经济局势波动加剧、各国经济危机频发,如果想要保持中国经济的持续增长与社会的平稳发展,我们就有必要学好国际金融知识,深入了解我们和世界的关系,从而为中国未来的经济建设提供理论和实践上的坚实保障(楼建强,1997)。

1978年改革开放以来,中国经历了近30年的高速增长,不但经济实力举足轻重,而且与国际间的融合日益紧密,人民币国际化的呼声也越来越高。2016年,人民币加入SDR货币篮子,成为人民币国际化的重要里程碑,体现出中国的国际化改革取得重大进展。然而,人民币的再进一步国际化,就意味着中国资本项目的更进一步开放。在国际游资泛滥的背景下,这意味着中国不但需要坚实的经济基础,还需要科学的货币政策和国际金融政策为保障,以在有序开放资本项目的同时,抵御住国际炒家的可能冲击,保证人民币价值稳定的情况下、使之走向全球市场。这也要求我们学好国际金融相关知识,为中国的国际化建设添砖加瓦。

上海一直是中国的金融中心、对外开放的窗口。国务院于2013年8月正式批准设立上海自由贸易试验区,这也是中国内地第一个自贸区。该试验区成立时,以上海外高桥保税区为核心,辅之以机场保税区和洋山港临港新城,成为中国经济的新试验田,并将大力推动上海市离岸业务的发展。同时,wind数据库的资料显示,2017年上海市的GDP构成中,金融业增加值的占比已超过17%。上海与国际持续深入接轨、金融化程度不断提高,这对上海高校培养学生的方向也提出了更高的要求,即在适应市场需求的前提下,提高学生的金融素养,成为具有应用和实践能力的国际化复合型人才。

以上经济情形,都对高校金融教育工作者提出了新的挑战:在对外提高人民币的国际影响力、争取中国国际话语权时,我们除了对远加强西方各国贸易联系、就近实施"一带一路"等政策,还能做些什么?在对内平稳中国经济发展、提高中国金融市场发达程度方面,除了埋头经济建设,还需要金融建设者们具备怎样的素养、进行哪些方面的变革和创新?在世界格局瞬息万变的今天,这些问题显得尤为突出、亟待解决。

二、现代金融市场的发展趋势与人才要求

高校金融专业的首要任务,便是培养与市场需求相契合的人才。这不但帮助莘莘学子毕业后学以致用,还不断向金融行业注入新活力与更前沿的金融理论知识。

那么,金融市场的现状和未来发展趋势是怎样的?我们又应当如何针对性地培养对口的专业人才呢?

(一)金融市场的现状和发展趋势

随着中国经济建设水平的不断提高,人民的生活水平和财富存量也持续增加,这不但从产品需求端推动了工业投资和产出的增长,也从投资需求端迫使中国的金融市场进行重大变革。

1. 居民的金融投资需求空前高涨

具体而言,中国居民拥有巨额财富,在生活水平大幅改善后,金融投资需求迫切高涨。根据招行与贝恩公司联合发布的《2017中国私人财富报告》,2016年,中国个人持有可投资资产总量已超过当年GDP的两倍,高达165万亿元。同时wind数据资料显示,截止到2016年底,中国拥有巨量的储蓄存款与理财余

额,其中储蓄存款余额高达59.8万亿元,理财产品余额更是接近30万亿元。

2. 中国金融市场顺势飞速发展

居民的投资需求和企业的融资需求,反过来也推动中国金融市场的发展。遥想改革开放之初,中国金融业结构单一、业务范围狭窄且业务量较少,市场化程度不高,在国民经济中的影响力也不够大,无法充分发挥引导资金流向、提高资金配置效率的作用。此后,中国金融行业经历了内部体制自上而下的改革,以及外部居民投资和企业融资推动,走上了快速发展的轨道。

国内外双重巨变的新形势,都对当下金融业提出了新的挑战,不但对内业务稳定、风险可控,还要积极拓展对外业务、持续进行金融产品创新,在保证一定的利润率的情况下,提高业务质量,为国内外投融资者提供可靠的投资方向和有力的资金保障(龙玉,丛菲菲,2015)。

(二) 金融市场对金融人才的要求

金融市场的变化日新月异,当然也对金融人才提出了更高的要求。然而,我们却往往看到市场需求和人才供给严重不匹配。一方面,金融机构求贤若渴,对金融人才的需求旺盛,且需求呈高端化的趋势;另一方面,高校学生的理论和实践能力还不够强,独立分析决策能力、判断能力与国际同行沟通的能力有待进一步提高,因此无法胜任这些高端的金融职位(郭景泉和董亚红,2014)。总体而言,现在金融市场对人才的要求体现为"国际化的理论知识""国际化的实践能力""个人素质"三方面。

1. 国际化的理论知识方面

在20世纪90年代之前,中国对外开放的程度还不够高,因此金融理论主要关注一国封闭经济就可以了,大量的金融学知识正是基于这个背景而被教授和掌握的。但在新形势下,中国的开放程度与日俱增,不仅需要掌握国内的经济情况,还需要充分了解开放经济体的经济理论,包括:在宏观方面,了解各国间贸易往来可能涉及的汇率和贸易知识,了解各国间长期投资往来可能涉及的宏观政治经济环境,了解各国间短期金融投资可能对不同行业产生的冲击以及泡沫形成和破裂的影响;在微观方面,能够基于国际金融等理论对汇率的走势和波动作出基本判断,对国际贸易转移的方向有基本的认识等(邵爱春,2005;岳福琴,2013)。

2. 国际化的实践能力方面

首先,现代金融人才需要具备国际沟通能力。随着中国金融行业走出国门、中国投资者开始引用外资,不可避免地要与国际机构和组织打交道,这对个人综合能力提出了很高的要求,包括熟练的英语听说读写能力,对金融英语、财务英语知识的扎实掌握。其次,要能熟练操作某一种程序语言,这些金融分析工具和语言在全球通用,有助于提高金融机构全球运营和决策的效率和质量(李东荣,2013)。最后,要能迅速适应不同的国际工作环境。

在扎实掌握金融理论知识的前提下,能够熟练运用金融理论、分析当下经济局势。现代金融市场对金融人才的要求是全方位的,需要有分析市场、把握市场的能力,具体体现为:在分析市场方面,能够熟练地在国内外网站和数据库中搜集、整理初级信息,并能结合各种突发状况,从数据中提炼信息,并综合判断市场价格的成因、市场风险的来源和结构;在把握市场方面,能够基于初级数据中捕捉到的信息,对未来的金融市场走势、各国局势变化作出有理有据的判断,从而抓住瞬息万变的市场机会,为机构或个人的投资或避险指出正确的方向(吴婷婷和傅连康,2016)。

三、国际金融本科教学工作的现状

在金融市场的发展日益国际化的背景下,为适应金融机构人才的需求日渐高端化的需求,国际金融本科教学的工作还有待进一步提高。具体表现为:学生需要在教师的指导下不断提升实践和创新能力;教师的教授工作有待进一步提高和创新。

(一) 学生的实践和创新能力有待加强

目前的学生情况是,大多基于课本理论知识、满足于考试通过,实践和创新能力都有待加强。

1. 实践分析能力有待改进

作为一个高素质的金融人才,第一要务就是基于理论进行实践分析的能力。当前,学生对国际金融理论知识的掌握有待加强,基础理论知识包括比较优势理论、绝对购买力平价理论、相对购买力平价理论、国际费雪效应和利率平价理论等。他们大多仅能在考试题目中,对基础国际金融理论进行简单的应用计算,如果题目稍微有所变动,即可能发现大面积的出错情况,更不要说将这些理论知识运用到瞬息万变的国际金融市场中去。

国际金融市场的现状,可能需要同时综合多个国际金融理论知识加以分析。比如在过去的20年中,中国的通货膨胀率长期高于美国,但人民币对美元的汇率水平却稳中有升,这个现象仅仅用购买力平价理论是无法解释的。又比如 2014年之后,人民币结束了对美元持续上升的趋势,甚至在部分时段发生了相对贬值,在中国对外贸易大量顺差且资本账户部分开放的情况下,仅仅用贸易理论也无法完全说清楚。

这就要求学生们对理论知识有非常深入的了解和掌握,并能综合运用,从而对某个国际金融现象或变动提出一点看法和判断。

2．动手操作能力有待加强

学生实践分析能力的提高,有赖于动手操作能力的配合。动手操作能力主要体现为,学生收集数据、用软件工具分析数据,最终提炼出信息并据此加以分析判断的能力。

然而,目前的国际金融考察内容,主要针对简单的计算运用,缺乏对动手操作能力的检验。因此,学生遇到实际问题,往往不知从何下手。

(二) 教师授课需要持续创新

教师教授工作的改进,主要体现在以下两方面。

首先,在知识的深度和广度方面。由于中国自90年代才逐步提高对外开放程度,因此早期的国际金融课本,主要基于封闭经济体展开,同时国内外交流较少,也使得国际投资实践部分在课本中的比重较小,更适于理论分析而不适于实践操作。针对这一情况,可以在使用国内国际金融教材的同时,大胆吸收国外国际金融课本中的实践部分,提高原有理论的可操作性。同时,要求教师在教授书本知识时,也需要不断接触国际金融的学术前沿,把握理论的动态方向,第一时间将最新的理论知识教授给学生。理论知识的深入掌握,将为学生接下来的实践分析,提供有力的工具保障(马风华,2008;吴英杰,2012)。

其次,在理论与实际相结合方面。这可以通过案例分析加以提升,不少国际金融案例,比如日本"失落的十年",其成因和应对方式至今仍受到广泛关注和争议。通过让学生进行相关的案例分析,可以促使其综合应用形而上的理论知识到现实问题分析中去,大大加深他们对知识点的理解,并开始逐步掌握理论的现实运用能力。

四、国际金融本科教学的改革建议

针对金融市场对人才的高端化需求,以及目前国际金融教学工作、学生能力素养等方面的不足,我们认为可在如下方面改进。

（一）提高教材的国际化程度

目前,已有不少国外畅销国际金融教材在国内发行了影印版或者是翻译版。比如克鲁格曼和奥伯斯法尔德的《国际经济学:理论与政策》,既有深入前沿的理论,也有联系实际的案例。其中描述赫克歇尔—俄林模型实证证据的部分,还包含有中国的出口模式如何根据赫克歇尔—俄林模型的预期发生改变的相关内容。书中还包括对开放经济中财政扩张规模的案例研究、汇率"流动性陷阱"的案例分析,以及欧元国家之间开展更密切合作的措施。该书通过强调概念及其应用,并通过广泛使用案例,帮助学生更快更好地理解国际金融知识,并进行简单的经济学分析。

笔者采用的是机械工业出版社出版的《国际金融》教材,作者为艾特曼、斯通西尔和莫菲特。该书从跨国公司的角度,对当代国际新兴市场环境的现实性、错综复杂的国际金融管理作了非常明晰的阐释。该书的内容包括国际金融环境、国际货币体系的发展历史和现状、外汇风险度量、金融公司融资、国外投资决策、金融衍生产品的定价和损益计算等。尽管该书中所介绍的部分金融机制和金融衍生产品尚未在中国实现,但却也拓展了学生的金融视野,有助于未来更好地融入工作环境、跟上金融市场的变化。

（二）提高学生的实践能力

学生的实践能力在于收集初始数据,运用已学的理论知识,对实际问题进行客观分析、科学判断。然而理论知识的学习往往占据课堂时间的大半,因此教师通常没有足够的时间训练学生的实践能力。在这种情况下,可以通过历史或者当下金融案例的分析,培养、锻炼学生的独立分析能力(张建波和白锐锋,2011;孙方娇,2013)。

1. 理论分析能力方面

笔者尝试让学生进行金融案例的分析,并取得一定的成效。比如80年代分析广场协议中,签约国不仅包括日本,还有德国,但本币升值对两国的影响却截然不同。日本似乎深受其害,随后进入"失落的十年",至今尚未复苏。而德国的对外贸易却未因货币升值受到巨大打击,经济发展一直处于欧洲前列。学生通过收集日本和德国的历史经济数据,包括出口贸易产品结构、GDP水平、汇率、利率和通胀水平,根据已学的比较优势、贸易理论以及垄断等经济金融学知识,对两国差异进行比较分析,大大加深了他们对相关知识点的理解深度,以及应用到现实问题中的能力。

2. 动手操作能力方面

理论判断离不开数据的量化分析。目前,在笔者国际金融课堂中,已经有学生采用 Stata 等软件进行数据比较和分析,并取得了非常好的示范效果。比如,在分析远期汇率和未来即期汇率间的关系时,借助 Stata 等软件可以迅速导入相关数据,并能够对数据进行合适期限的匹配、并展现在同一张图上,从量化和图片的不同角度,直观生动地将理论转化为现实,考察两者的联系,从而验证书中远期汇率是未来即期汇率的无偏估计的说法。此外,笔者也已经在研究生教学活动中,大胆引入 Stata 软件。学生的课堂表现和课后反馈表明,这种教学方式大大提高了学生的学习热情和积极性,课堂也变得更为生动,从而提高了教学的效果。

五、结束语

目前,随着中国国际化程度的不断提高,金融市场的逐步发展和金融产品的不断完善,金融人才的需求量越来越大,但要求也越来越高。作为高校国际金融的教育者,我们有义务对在校学生从知识理论、实践能力和个人素养上,进行高效率的培训和锻炼,以培养出基础理论扎实、爱岗敬业的高质量金融人才,为中国的现代化、国际化的金融建设,作出应有的努力和贡献。

参考文献

[1] 郭景泉,董亚红.现代金融企业对大学本科生能力素质要求的调研[J].金融理论与教学,2014(02):57-63.

[2] 龙玉,丛菲菲.中国金融市场的改革与创新——2015 经济新常态下中国金融市场改革与创新高峰论坛综述[J].经济研究,2015,50(11):177-182.

[3] 楼建强.金融市场建设是发展中国家利用发达国家资金的有效途径[J].海南金融,1997(12):23-24.

[4] 马凤华.研究性教学方法在"国际金融"教学中的运用[J].广东工业大学学报:社会科学版,2008(S1):101-102.

[5] 马翠莲.我国金融市场继续健康平稳快速发展[N].上海金融报,2011-04-12(A03).

[6] 李东荣.大数据时代的金融人才培养[J].中国金融,2013(24):9-10.

[7] 邵爱春.金融人才需求的变化对金融教育的启示[J].北方经贸,2005(11):

103-104.

[8] 孙方娇.科技与金融结合背景下金融教学改革与人才培养[J].上海金融,2013(08):113-114.

[9] 吴婷婷,傅连康.现代金融市场发展的新趋势及其对金融人才的要求[J].金融理论与教学,2016(01):15-19.

[10] 吴英杰.后危机时代的高校金融教学改革:理论发展与实践模式[J].广东技术师范学院学报,2012,33(07):126-129.

[11] 岳福琴.我国金融人才需求及高校人才培养的对接[J].知识经济,2013(19):147.

[12] 张建波,白锐锋.论案例教学与应用型金融人才的培养——案例教学在国际金融教学中的运用及改进[J].经济研究导刊,2011(01):244-245.

经济思想史在经济学研究和教育中的衰落

王　颖

经济学理论作为一个完整的学科,离不开经济思想史提供的学术背景、学术脉络和因学术积累而获得的思想积淀的支持。没有经济思想史的研究和教育,经济学的研究和教育会向着碎片化、技术化和去思想化的方向发展,从而脱离一门科学应当同时追求知识和思想的原意。但是,当前的经济学研究和教育的确存在着向碎片化、技术化和去思想化方向发展的倾向,这与学界对经济思想史的态度有很大的关系,学界对经济思想史投入的研究和教育在力度上远远比不上对经济学理论的投入。本文简单讨论经济思想史在经济学研究和教育中的衰落现象,并分析认为出现这种现象的根源在于经济学的研究和教育在哲学基础、研究方法和使用工具上过于追求理性和科学化,而轻视经济思想史所使用的以价值判断和描述、解释为主的研究方法和工具,从而导致经济思想史的全面衰落。在本文最后将对经济学教育中出现的要思想还是要技术问题进行思考,抛砖引玉,期待学界对此进行探讨。

一、经济思想史的衰落状况

边际革命以来,尤其是 20 世纪初期以后,经济学理论的研究越来越深化、细化,在研究方法上也越来越将理论是否进行了数理化、精确化的模型处理作为研究经济问题的基本标准,总体上,借鉴了牛顿力学的经济学在发展上越来越向自然科学靠近,论证过程追求高度简化、高度理性、高度抽象和高度总结,这些标准成为经济问题研究的充分条件。而且,经济学不仅将自己成功打造成一个类自然科学的学科,还尝试运用逻辑精确的数理分析方法横扫整个社会科学领域,试图建成经济学理论和分析工具的庞大帝国。但是,在这个知识的帝国中,作为广泛意义上的经济学的一部分——经济思想史的研究和教育不断的被边缘化。这种边缘化在2007年达到极致,澳大利亚国家统计局拟将经济思想史划归"历史学、考古学、宗教和哲学"分类中,引起了学界激烈的争论。这不仅折射出经济思想史在整个经济学科中从日薄西山衰落到岌岌可危的现实,还说明了在研究范式上经济思想史也面临着被经济学正统理论驱除出门的危险。在我国,经济思想史的研究和教育同样面临着和西方学界类似的问题,甚至由于主流经济学研究要赶上西方经济学的前沿水平,在主流经济学理论的研究和教育过程中更是有意识地将经济思想史推向衰落的边缘,不管是研究还是教育、教材等方面均出现了严重歧视经济思想史的现象。

这种情况不仅对经济思想史这一学科是有害的,对经济学理论本身的发展也是有害的。国际和国内的很多学者都意识到了这一问题,考德威尔(Caldwell)认为20世纪下半期以来,学界对经济思想史的研究兴趣就呈直线下滑态势。其后又有其他学者如鲍尔丁(Boulding)、斯皮格尔(Spiegel)、希尔(Hill)、洛兹(Rouse)等从不同侧面提出经济思想史在经济学研究和教育中被排挤出去的现实。为遏制这种趋势,自20世纪50年代起部分学者如维纳(Viner)就提出必须维护经济思想史在经济学理论界的位置,考德威尔、凯特(Kates)等也认为应该做出一定的努力以防止这一现象进一步加深。国内的学者对此有相同的看法,贾根良、兰无双、王今朝和龙斧、乔洪武等从经济学研究的方法论角度出发分析经济思想史与经济学的关系,艾春岐、姬超、颜玮、霍佳倩等提出经济学教育需要整合经济学理论与思想史的关系,朱富强提出经济学教育中使用的教材与经济思想史缺失的现象。但是,这些讨论看起来还不是很有力量,也不能就此遏制经济思想史衰落的倾向,还需要学界认真对待这一现象,以免给今后的经济学研究和教育造成更大的损失。因此,有必要从经济学理论和经济思想史所使用的研究方法、研究范式、研究工具及向学生提供的教育方面着手,分析两者在这些方面的差异,为找出解决办法提供思路。

二、经济思想史与新古典经济学理论在研究范式上的差别

(一)新古典经济学的研究

经济学作为一门学科从哲学这个范畴里自成体系之后,并非与哲学分道扬镳,而是以一定的哲学理论为基础构建整个经济学理论体系和框架,在这一体系和框架

内解释市场主体的行为及其行为的结果。康德哲学的立场是"哲学的任务不在于研究存在或客体,而在于研究我们认识客体的方式",这一立场体现在经济学理论中就是解释经济学研究经济现象的方式。由于不同的经济学者对经济现象进行研究秉持的方式不同,这造成了经济学领域中各种流派"百花齐放"的现象。不同流派从解释"如何进行家政管理"到解释"国家财富如何增长",从探索"商品价值从何产生"到探索"价值如何分配",从探索"微观效用最大化和利润最大化"到探索宏观"经济增长和经济发展",对这些问题的探索及上升到理论层面上的模型构建无一不体现着不同经济学流派在解释方法上的不同。新古典经济学被认为是19世纪以来经济学领域中的主流分支,其所秉持的哲学理念从经验主义、功利主义到实证主义将经济学带入所谓"科学"的学术体系,成为经济学主要的哲学基础。

经验主义最早来自英国古典经验主义,约翰·洛克、大卫·休谟及约翰·穆勒等是其代表,他们认为人类只能从经验的范围内获得知识,而非传统哲学所讨论的形而上学的方式或是神秘主义方式获得知识,在对世界的认识中必须依赖事实、感觉和经验,所得出的认识结论也只能反映这种事实、感觉和经验。在对人的本性和行为目标认识上,经济学接受边沁的功利主义假说,认为人的本性是自私的,天然地接受快乐与幸福,排斥痛苦与挫折,这为后来经济学假设人是自私的,即"经济人"假说提供了思想上的基础,并为假设经济人追求效用最大和利润最大进行理论推导。在此基础上,经验主义和功利主义哲学基础使得实证主义成为经济学研究使用数学工具的主要方法论指导。关于一个学科进行研究使用的方法论,波普尔认为方法论就是一种科学发现的逻辑,并与研究使用的方法选择有关。具体到经济学学科来说,就是"经济学家关于其理论与用这些理论得到关于现实世界特征的结论所使用的方法之间关系的观点",一般的,这两者之间的关系主要有归纳法、演绎法和回溯法三种。经济学采用科学哲学的方法论经历了以归纳法为主的古典时期、以演绎法为主的新古典时期以及倾向于以回溯法为主的演化经济学时期。

19世纪中期是归纳法在经济学领域中非常盛行的时期,以德国历史学派的研究为代表,提出经济学是建立在历史事实分析的基础上,运用历史史料进行归纳得出一定的经济规律,这即是经济学理论的实质。历史学派的思想对当时的经济学界影响深刻,但随着边际学派的兴起,在与边际学派就经济学方法论问题的争辩中逐渐衰落。新古典经济学派则是使用演绎法的代表。新古典学派与历史学派相反,他们认为经济学理论如同自然科学一般具有外在于人为要素的自然规律,经济学理论就是对这一自然规律进行的探索,因此,新古典经济学使用"假设—演绎"的方法模拟出与现实经济相似的理论,即先提出假设,在一定假设条件下提出观点,再对该观点进行数理模型工具的处理,以验证其真伪。演绎法最初来自自然科学的研究方法,追求的是演绎结论对现象的良好模拟,由于逻辑推理过程使用理性程度最高的数学工具进行处理,这一推理过程便具有无可挑剔的精确性,因而获得与自然科学一致的科学性,满足新古典经济学对科学性的追求。

（二）经济思想史的研究

相比较而言,经济思想史的研究与新古典经济学在研究内容、方法、范式和工具上都有着很大的差别。相较于新古典经济学研究的是经济现象,具体来说是研究人的行为和结果;经济思想史研究的是经济学思想和理论本身,是将这些与时代条件紧密相关的理论脉络以一种思想的形式梳理出来的研究形式,经济思想史为理解经济学理论提供素材,为经济学理论的进一步发展提供思想营养。以亚当·斯密之前的经济思想状况为例说明经济思想史研究内容、方法和工具的不同。在斯密之前,学术领域已经形成了大量的经济思想碎片,这些思想处于逻辑严密的经济学体系形成的前夜,涉及的问题方方面面,经过后来经济思想史学者们按照现代经济学体系的逻辑对这些思想碎片的梳理,这些经济思想表现为以下几大问题:①国家财富问题。包括国家财富从哪里来;金银是不是国家财富,如果是的话,金银是否可从国际贸易差额中获得;如果贸易差额不能增加金银,国家财富的增长从何而来等,这便是重商主义时期对国家财富问题的探索。古典政治经济学的探索廓清了对财富的认识,认为国家财富从资本、劳动投入中来,这又引发了对商品价值和分配的疑问。②商品价值问题。包括商品价值从何而来,又如何分配等,这一问题是经济学理论体系建立之前认识最为混乱的部分。商品价值究竟是从社会必要劳动时间的投入中来,体现为剩余价值,还是从劳动、资本和土地的投入中来,是资本家节约的后果?还是对资本家投入工作的回报?还是对三种投入要素回报之后的剩余部分? ③货币问题。包括货币是什么样的经济现象,是怎样出现的,又发挥着什么样的作用? ④国际贸易问题。包括国际贸易究竟对哪一方有利?贸易差额从何而来?贸易双方如何参与贸易等。

可以看出,经济思想史的研究方法主要是归纳的、描述的和解释性的。尽管经济学的研究方法和数理统计工具已经运用到了史学领域,并取得了一些进展,但经济思想史是以经济思想的内容和发展的来龙去脉为研究对象,与一般的经济历史研究还有着很大的区别。一般的经济史研究只要保证数据充足,完全可以在适当的条件下使用数理统计工具,当前与历史的关系只是时空的转变,并不会在研究方法上造成阻隔。但是,经济思想史研究的对象仅仅是已经发生过的经济思想,思想体现的是不可预期、不可控制的知识累积,对这种无法表现为理性数理关系的对象,学术研究难以使用演绎的方法以及数量统计的工具对之进行挖掘。事实上,多元化是知识生成应具有的本来面目,因为知识生成的方向是不可控不可预期的,因而知识在范围上的表现是多元的非线性的。但研究的局限性要求对知识有所挑选,由于经济思想史具备的这些特征与经济学哲学所倡导的科学化方向南辕北辙,因而,经济学将经济思想史的研究和教育从经济学中切割出去就顺理成章了。在为学生提供的经济学教育中,将经济思想史切割出去的倾向更加明显,这是导致经济思想史危机的重要渊源。

客观来说,经济思想史对经济学理论的梳理效果功不可没。经济思想自萌芽伊始就出现了各种差异性很大的学派,即使到了相对成熟的今天,仍有以新古典综合派和其他学派为主的主流学派,以及包含各种异端学派的非主流学派。不同学派对同一个问题的认识方法、观察角度和得出结论都有相当大的差异,各个学派的种种思路混合在一起,正是经济思想史采用归纳的、解释性的、描述的方法对之进行的研究,经济学理论的进一步发展和深化、细化才有了可能,如果不是经济思想史对这些经济学思想的总结、梳理,经济学研究的发展可能一直沿着碎片化的方向发展。古典时期的经济学家同时也是经济思想学家,他们注重对以往经济思想的梳理、总结工作,比如约翰·穆勒作为经济学领域重要的综合家,把当时关于商品价值、分配、货币数量论、国际贸易、剩余价值等问题综合起来,为后来亚当·斯密将经济学带入现代阶段奠定了基础,马歇尔又传承了亚当·斯密的工作,才有了今天微观经济学的雏形。在今天,经济学理论的发展更加呈现出"百花齐放"的姿态,越发需要这样的综合家对这一现象进行整合,尤其是整合研究的方法和工具,以突破今天新古典经济学所面临的窘境。

三、经济思想史在教育中的边缘化

当代的经济学教育对于为学生提供技术还是提供思想似乎已达成共识,即提供技术,至于思想方面的知识,学生可以自行学习。这造成了欧美国家大学的经济学教育中的共同问题,即学生对经济学的学习主要任务是学习如何构建梳理模型,如何使用计量工具对提出的问题进行检验。尤其是硕士阶段的学生,笔者了解到欧美国家对该阶段的学生培养方式是完全放弃理论方面的学习,而专注于数理工具的使用,甚至是大力培养计算机的编程能力。技术还是思想,这是近世以来现代教育中经常被拷问的问题。技术在工业时代中的作用毋庸置疑,工业革命的产生就是由技术领先并成功运用于生产过程的结果。进入工业革命时代以后,技术的作用被强调到无以复加的地步,甚至在熊彼特的创新理论中都占有一席之地。从衡量各国GDP的增长情况来看,技术进步与否,技术进步的程度的确在其中发挥着至关重要的作用。这一理念与经济学向"科学化"靠近相当投契,理工科学生的学习除了基础理论外,就是技术层面的培养了,经济学既然是一门科学,对经济学学生的培养自然也应该向着技术的方向发展,这一观点导向使得经济学的教育注重技术层面的培养比思想层面的培养要多得多。但是,经济学除了具备自然科学的一些特征和精神追求外,它其实更应该是一门人文社会科学。因为经济学不仅关心经济效率要达到最优,还要关心经济效率如何达到最优,这个过程必须具备社会公正的涵义。教育注重对经济学学生运用数理工具方面的技术培养无可厚非,但是强调过头就有背弃思想引导的嫌疑,而对经济学学生的培养注重思想素养方面的培育是应有之义。

由于中国对经济学教育更多地是借鉴了欧美国家的模式,加上经济学研究完全走上了技术分析的路线,毫无疑问国内也出现了过度重视学生的技术掌握,而轻视学生的经济学思想的现象。据统计,全国高校中财经类学院为学生开设经济思想史课程的比例走低,有些学校直接将经济思想史课程改为选修课。教师为了能够将课程开设下去,被逼无奈以高分为诱惑,这又导致开课质量欠佳的后果。在硕士和博士培养方面,这些年来,由于经济思想史专业所处的尴尬境地又面临着生源困难的问题,即使招来了学生,真正对经济思想史感兴趣的也寥寥无几。全社会形成这种氛围的后果就是连学生本身也对思想的学习失去兴趣,原因在于学习这样的课程对于将来就业毫无帮助,因此,全社会功利的结果就是全社会对学科的挑选更加强化了这种功利状态,但是,这样的结果就是中国经济学界顶尖的研究结果无法对建立真正的中国经济学有很好的帮助,这些研究成果以能够在欧美学界的顶尖期刊发表为最高追求,但这一结果对国内的经济实践帮助有限,事实上只是为西方期刊和西方国家的经济实践打高级工。

四、结论

经济思想史研究和教育的衰落折射了整个时代的功利主义导向,但是脱离了思想的指导和总结,经济学的研究和教育不会走得更远,这是历史本身公之于众的教训之一。从理论本身的滋养和发展来说,主流经济学理论需要经济思想史的支持,思想的力量可以使一个学科得到更好的淬炼,甚至为学科进一步的走向指明道路。比如奈特提出的不确定性理论就为西蒙提出有限理性提供了思想基础,如果西蒙不是从先贤思想的宝库中寻找到这一灵感,新古典经济学就没有今天以有限理性为假设条件的发展,众所周知这一假设条件的修正使经济学理论得以大踏步的前进。因而,经济思想史作为经济学的营养来源,是最不应该被忽视的一个领域,近年来,学界似乎也开始意识到这个问题,相信未来对此情况会有令人满意的改善,那么经济思想史的研究和教育必定会得到与它重要性相匹配的重新定位。

参考文献

[1] 钱颖一.现代经济学与中国经济改革[M].北京:中国人民大学出版社,2003.

[2] 斯皮格尔.经济思想的成长[M].北京:中国社会科学出版社,1999.

[3] 劳伦斯·博兰德.经济学方法论基础[M].长春:长春出版社,2008.

[4] 卡尔·波普尔.科学发现的逻辑[M].北京:中国美术学院出版社,2008.

[5] 恩斯特·卡尔西.人文科学的逻辑[M].北京:中国人民大学出版社,2010.

[6] 马克·布劳格.经济理论的回顾[M].北京:中国人民大学出版社,2009.

[7] Bruce Caldwell. Of Positivism and the History of Economic Thought[J]. Southern Economic Journal, 2013, 79(4): 753-767.

[8] Lewis E Hill, Robert L Rouse. The Sociology of Knowledge and the History of Economic Thought[J]. The American Journal of Economics and Sociology, 1977, 36(3): 299-309.

[9] 贾根良,兰无双.关于经济思想史学科专业归属和栖息地的争论[J].经济学动态,2016(12):132—140.

[10] 恩斯特·卡尔西.人文科学的逻辑[M].北京:中国人民大学出版社,2010.

[11] 卡尔·波普尔.科学发现的逻辑[M].北京:中国美术学院出版社,2008.

[12] 劳伦斯·博兰德.经济学方法论基础[M].长春:长春出版社,2008.

[13] 斯皮格尔.经济思想的成长[M]。北京:中国社会科学出版社,1999.

[14] 马克·布劳格.经济理论的回顾[M].北京:中国人民大学出版社,2009.

[15] 马克·卢兹,肯尼思·勒克斯.人本主义经济学的挑战[M].成都:西南财经大学出版社,2003.

浅谈统计学原理教学中的直觉引导与逻辑验证

王永水

统计学作为一门应用型学科，其理论发展受其在经济社会等应用领域面临的新问题、新思路、新办法的推动。同时，统计学理论的发展也会深化其在应用领域的研究。近年来，随着信息技术在数据处理领域的广泛应用，以及自身方法的不断创新和完善，统计学理论与方法应用得到了跨越式的发展。

中国经济社会正经历着快速信息化的进程中，大量的数据为我们分析和研究现实问题提供了可能。当我们尝试从观测到的样本数据推断总体特征时，统计学就提供了一整套可供选择的方法，并提出一系列的判断标准。此外，中国长期以来的高速经济增长历程势必与国家采取的多种经济政策有着紧密联系，各个行业、各个领域的政策有什么样的效果？在当前数据可得性大为提高的情况下，我们应该采用严谨的研究范式来研究经济政策，特别是提倡以统计数据和计量方法来量化分析与评估政策效应，"让数据说话"，而不仅仅是一些观点的陈述。以数据为基础的严谨的政策研究，包括政策评估与政策设计具有客观性与科学性，同时也是重要的经济理论应用，具有其学术价值，并且可以推动政策评价方法论的发展(洪永淼，2015)。

那么，在本科的统计学教学中如何让学生能够深入地理解统计学的思想方法，并在未来研究实践中能够熟练掌握和运用这些分析方法？根据笔者的学习以及教学中的粗浅经验，我们认为统计学原理课程的学习与高等数学并不相同，统计学原理侧重基本直觉，而高等数学注重逻辑演绎。统计学在学习过程中并不像高等数学那样需要大量的练习提供支撑，往往在一定的案例引导以后，配合少量的习题了解相关的理论过程,实践中的具体操作均可交由统计软件处理。因此,在本科的统计学原理教学过程中,案例引导成为学生在形成统计学原理的感性认识的基本手段,然后配合统计学的技术方法对之前的感性认识进行理性验证,这是为商科学生讲授本科阶段统计学基本原理的基本指导思想。

一、案例引导的重要意义

美国哈佛大学案例教学协会主席约翰·布勒(John Boehrer)教授认为案例教学是一种以学生为中心,教师为主导,对现实问题或者某一特定事实由同学和教师之间或者学生和学生之间进行交互式的探索的教学过程。案例教学法的主要目的是提高学生对理论知识的了解,增强理论知识的应用能力,还能培养学生的评述性、分析性、逻辑推理能力和概括演绎能力、思辨能力以及说服力等各种能力。案例教学法能够使学生认知经验、分享经验,能够促进学生增加社会认知面以及提高学生解决一些社会问题的能力。由于统计学教学中还是侧重于统计知识的应用,只有结合真实案例进行教学与分析,学生在案例教学中学习应用,教师在具体的应用中教学,这样就将教学的两个方面结合起来了,因此案例教学在统计学教学中越来越受到重视和欢迎(杜玉林,2013)。

(一)能够激发学生学习兴趣,加深学生对原理的理解

统计学原理的一大难点在于抽象概念繁多,这些概念一方面需要借助可视化图像帮助学生去理解,另一方面还需要学生动手去解决简单的问题以后才明白基本原理。在以往的教学中,有不少教师通常都先给出概念或问题定义,然后讲解方法和技术细节(包括计算、证明等),最后加一个应用该方法的例子。用这样的方式,认真学习的好学生可能是会按部就班地接受并逐渐消化每一个知识点,但是他们通常并不知道到底为什么要学这些。没有一个明确的动机,教学就会成了传统的填鸭式,学生也很难真正地投入进去,也很容易遗忘。学生一定要认可"我需要学习这个东西,它是有用的",才会全神贯注地带着好奇心学习(刘婧媛,2017)。而应用案例教学法可以充分激发学生的学习热情,明白这些统计学原理在现实中的用处,通过案例的讲解使统计学中的抽象概念具体化,而且这些案例往往具有延续性,可以帮助学生在消化前期的案例中进一步思考下一步所要解决的内容,这有利于下一步教学的开展。

(二)有助于学生理解现实问题并将其向统计学基本问题转化

我们所有的案例设计基本都能够从现实生活或者网络媒体上找到原型,当

我们打开手机或电脑浏览财经媒体时,就可以找到很多统计学案例的素材和问题。在课堂上,教师可以选择与学生专业紧密相关的一些问题进行讲解,比如宏观经济学、金融学、投资学等方面的知识,这些往往是同学感兴趣的,也是同学在未来工作中遇到的经济金融问题。在这个过程中,我们就能够让学生尝试运用经济学的思维方法分析问题,在讲授相关的统计学方法之前,学生往往会遇到很多障碍和疑惑,那他们就会了解接下来的统计学原理是如何帮助他们解惑的。经过这样的反复训练后,学生将能够更好地理解现实问题,并利用统计方法对其直觉判断给出理性分析。

(三)有助于学生掌握数据处理能力并利用统计软件解决问题

在教学过程中使用的案例往往还与教材中的实例相匹配,譬如华东政法大学商学院本科生所使用的教材——高等教育出版社出版的由管于华主编的《统计学》,该教材配备了大量的例题分析,并且详细地讲授了 Excel、SPSS 等统计软件在分析和解决问题时的使用方法。通过简单案例的示范学习,学生可以进一步掌握数据处理的能力,并了解统计软件中一些重要参数是如何实现的,这为他们真正动手解决研究问题大有裨益。

二、统计学直觉引导的实施范例

(一)描述性统计部分

我们在讲授描述性统计部分的过程中,学生往往会反映概念特别多,记忆困难。根据这些反馈的问题,我们会用一些简单的可视化图形让学生形成直观判断。比如,要了解总体特征,那么可以从分析其分布的位置和形态——这就是对应的集中趋势、离散趋势、偏度和峰度问题。集中趋势用于"反映一组数据向某一中心值靠拢的倾向,在中心值附近的数据较多,而远离中心值的较少",那么我们在跟学生解释这一概念的时候就可以提供一个正态分布图,集中趋势中一种最简单的情况就是正态分布的均值,这就确定了总体分布的位置。与此类似,离散趋势实际上是度量各个变量之间的差异程度,它能够大致确定分布的形状。但是该分布是否是对称分布,以及该分布与正态分布相比是高了还是矮了?那么我们就需要用偏度系数和峰度系数来进行说明。

(二)参数估计

我们在解释统计量的评价标准时,往往会涉及统计量的无偏性和有效性两条评价标准的解释。在正式给出偏差(bias)和方差(variance)的概念公式之前,我们通常会举统计学里面非常常见的关于运动员打靶的例子,给学生先看下面的四张打靶图(见图1),然后问他们哪位运动员的打靶成绩最好。很显然,学生都能快速地挑选出答案,即运动员D的成绩最好。为什么呢?他们同样会告诉你,因为运动员D打靶最集中,并且都集中在中心位置(也就是偏离得最小),因此说明他打得最准,成绩最高。那么对应地,在选择某一个点估计量的时候,我们既要看其是否有偏(偏离真实值),也要看其打靶成绩是否过于分散,这样在学生脑海中就能够形成无偏性和有效性的基本直觉。接下来就可以在技术细节上向他们阐述何为无偏性,何为有效性。

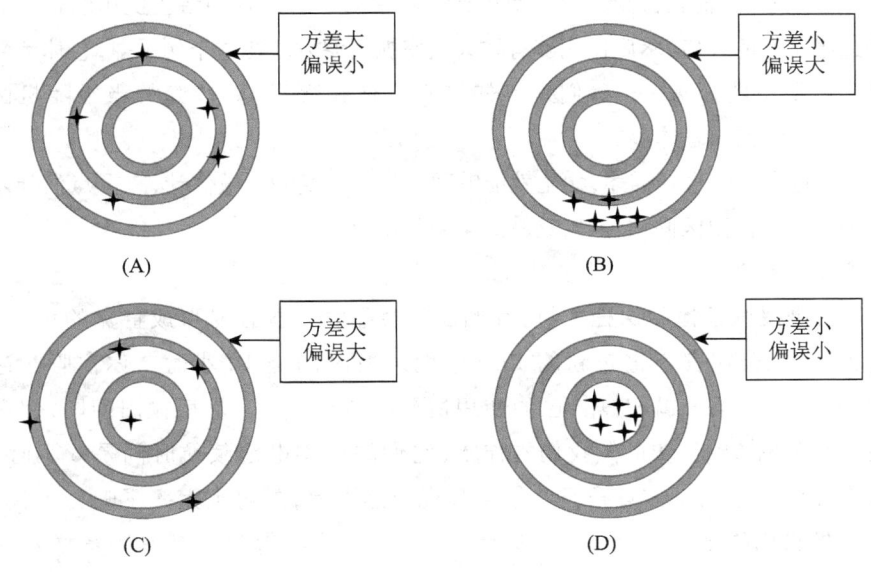

图1 运动员的打靶图

无偏性 $E(\hat{\theta}) = \theta$ 指的便是从平均意义来说,估计量 $\hat{\theta}$ 与真实参数 θ 是相等的;而有效性指的是,在两个无偏估计量 $\hat{\theta}_1$、$\hat{\theta}_2$,若 $D(\hat{\theta}_1) \leqslant D(\hat{\theta}_2)$ 则 $\hat{\theta}_1$ 比 $\hat{\theta}_2$ 更有效。此外,由于在估计总体参数过程中所构造的点估计量也是一个随机变量,尽管该估计量在平均意义上可能会等于总体参数,我们所观测到的只是总体参数的一个数量近似,但我们还没有掌握点估计量对总体的近似程度(或误差大小),而且还缺少在一定误差范围内捕捉总体参数的可能性(概率)。因此,我们就需要估计出某一个随机区间,使得总体参数置于该区间的概率为某一事先指定的值。这就是区间估计的基本目的以及思考置信区间的直觉所在。

很自然地,要构造置信区间我们就需要点估计量的抽样分布(这是学生在概率论与数理统计课程里已经学过的,因此这里可以帮助他们复习抽样分布的基本内容及作用),然后还需要事先确定以多大的概率保证总体参数落在该置信区间里。前述内容看起来有些令人费解,我们在讲授置信区间的时候常给学生举这样一个例子:小时候我们会用畚箕在河里捉泥鳅,通常情况下我们并不知道泥鳅的准确位置,但是如果拥有某些基本信息(比如看到水面持续冒泡,或者看到河里淤泥中有泥鳅洞等),要保证我们的畚箕能够尽可能抓获泥鳅,那么畚箕的开口宽度越宽越好(一个最极端的例子就是我们的畚箕开口无穷大),但是制作畚箕是有成本的,而且畚箕越宽则使用起来越费力。因此我们希望使用的畚箕有个适当宽度的开口,然后还能够有较大概率抓到泥鳅。在这个例子中,总体参数就是例子中的泥鳅——我们并不知道它具体在哪里,而畚箕相当于随机区间——用于捕捉总体参数。

通过上述的直观描述,学生就能够理解为什么我们要做估计,有了点估计以后为什么还需要区间估计等,这就是学习的动机。

(三)假设检验

在讲授假设检验课程之前,我们往往会先举一些容易形成直觉的例子。比如,苹果公司官方宣布新的 iPad 电池续航时间是 10 小时。你信吗?这时,有 iPad 的同学就根据自己的使用情况参与讨论了。然后抛出问题,假设现在我们有 50 个 iPad 做我们的样本,它们的平均电池续航时间是 6 小时,那么你信苹果的官方宣布吗?学生会说当然不信,差得也太多了吧!我说,那如果它们的平均时间是 9.99 小时呢?——那就得信了吧?毕竟样本有随机性在。那么 7 小时呢?8 小时呢?8.5 小时呢?学生就会主动去思考:什么叫"差得多",什么叫"差不多"。我们就可以告诉学生,当你面对很明显的事实的时候,可能你用常识就可以判断;统计最有用的地方就是在模棱两可的边缘。就像这个问题,常识没办法告诉你 8.5 小时是不是还跟 10 小时差很远,这时,我们就需要专业的统计工具——假设检验了。再比如,假设某企业生产的某种饮料包装盒标注净含量为 250 ml,其净含量近似服从正态分布。现在消费者保护协会接到消费者的投诉,认为该饮料净含量未达到标准含量。为了调查取证,消费者保护协会派出调查人员,从市场中随机抽取 16 盒该种类型饮料,测得平均净含量为 244 ml,标准差为 12 ml。那么请问根据上述资料消费者协会是否有足够证据说明该饮料生产企业涉嫌虚标饮料净含量？为了使得调查结果更加可靠，调查人员加大了抽样数量，最终得到容量为 100 的样本，测得饮料平均净含量为 246 ml，标准差为 25 ml。试问，此时结论是否仍然成立？这样的例子更容易让学生明白假设检验的目的，我们所考察的样本包含了误差因素，因此样本均值与总体真实值并不是绝对意义上相等。那么，多大的误差是允许的呢？要准确地回答这些问题就必须掌握假设检验的基本原理。

前述的各个示例主要目的是在讲授新课程时，引导学生思考问题并形成基本的直觉，然后告诉他们统计学思考的方式，最后再将统计学的基本方法与技术细节传授给他们。当然，在具体讲授过程中，我们还会结合一些新材料与新资讯，这能够在更大程度上调动学生的好奇心与学习热情，也不易使统计学的内容过于枯燥乏味。

（四）方差分析

在参数估计和假设检验部分，都会涉及两个总体均值之差的估计和检验问题。实际生活中，往往需要对多个总体进行比较，并分析它们之间差异的原因。这时候，如果还沿用两个总体比较的方法，不仅计算工作冗繁，而且由于不能同时利用全部的观察数据，推断的精确度也较低。如果采用方差分析来解决这类问题就可以取得较好的效果。方差分析实际上也是一种假设检验，它是对全部样本观察的差异进行分解，将某种因素下各组样本观察值之间可能存在的系统性误差与随机误差加以比较，据以推断各个总体之间是否存在显著差异。若存在显著性差异，也就说明该因素的影响是显著的。

如果我们向学生做上述解释，他们或许觉得不够直观，因此，我们需要通过案例来进行引导。比如某家饮料生产商生产了 4 种颜色的饮料，为了跟踪饮料的颜色对销售量的影响，市场研究部通过随机抽取的方式获取 5 个销售网点（近似同质）某一段时期内各种颜色饮料销售量数据，那么，如何检验饮料颜色对销售量的影响？再比如，使用教材中的一个例子，某公司采用四种方式推销其产品，为了检验不同方式推销产品的效果，随机抽样得到不同销售方式的各次销量观测值。那么，如何检验销售方式对销量是否有影响？我们就可以告诉学生，不同的饮料颜色或者不同的销售方式实际上是对样本数据进行分组，如果分组的依据（因素）不起作用的话，那么各组观测得到的均值应该无显著差异——构造原假设。然后分析分组数据差异来源——各组观测到的销量数据存在差异，这种差异可能由两方面的原因引起的：一方面是由于分组因素造成的(比如饮料颜色、推销方式),这部分差异就称为系统性误差;另一方面是随机因素的影响,即使是同因素水平(同样的饮料颜色或推销方式)在不同的时间或地点销量都会不同,它受到消费数量、经济收入、服务员态度等方面的影响,这部分差异称为随机误差。如果考察的因素(饮料颜色或推销方式)对销售量没有影响,那么观测到的样本中的误差应该主要是由随机误差构成的。这样向学生进行解释以后,可以让他们逐步建立起方差分析的基本思想,那么在利用方差分析数据结构讲授技术细节时他们就能够明白为什么假设检验的原假设应该如此设置,在原假设的条件下对应的检验统计量 F 应该如此构造,等等。

(五) 指数

指数部分是与统计推断相对独立的部分,其中有一些主要是介绍性的,比如介绍 CPI、PPI、PMI,以及一些股票指数、行业指数等。无论是生活中还是研究工作中,指数是学生经常会接触到的,只是原先他们并没有专门从学理上对指数进行探讨。华东政法大学商学院大二第一学期另外一门非常重要的专业课程是"宏观经济学",在宏观经济学中会介绍关于 GDP 的核算方面的内容,那么学生就可以较好地理解物品和劳务的简单加和没有任何意义。比如,一篮子物品中可能包含着面包、牛奶、黄油等,如果已知两个时期这一篮子物品中各种商品的生产量和价格,那么要问这一篮子物品的综合价格是如何变动的?大部分学生就知道它们单位不同,直接把价格相加计算得到的价格变动没有意义,因此要考虑引入产量等因素进行计算。再比如,我们还会举这样一个例子,假设某学生日常消费的一篮子物品价格和消费量基本资料如下表所示,为了帮助学生理解综合价格变动情况,可以假定他们保持某一时期的消费束不变,然后观察该消费束在 2016 和 2017 年两年的生活成本开支变动情况,这就是综合价格指数的直观理解。具体到消费束的选取,一种可以选择 2016 年(基期)来进行计算,其经济学的含义也是显然的——维持原来(2016年)的消费偏好不改变,这时候来考察 2017 年相比 2016 年的生活成本支出的变化就是综合价格指数;当然也有另一种选择,就是选取 2017 年的消费束进行计算,也就是保持当前(2017年)的消费水平,那么生活成本支出要多花或者少花多少?这两种计算方法就是对应拉氏指数和派氏指数的区别,我们按照这样的思路给学生讲解时,学生普遍都能够理解,其余的一些具体技术细节只需蜻蜓点水式地介绍,他们便能完全掌握。

表 1　某学生日常饮食的物品价格及消费量

产品名称	计量名称	价格		消费量	
		2016 年	2017 年	2016 年	2017 年
包子	个	1.5	2	3.0	2
牛奶	包	5.0	6	2.0	2
水饺	碗	8.0	10	2.0	1
苹果	斤	8.0	9	0.5	1
酸奶	盒	3.5	4	1.0	2

三、未来努力方向

前文我们通过列举部分案例来阐述统计学中的一些基本原理，当然未来教学过程中还存在诸多改进之处。下文尝试性地提出针对商科学生统计学原理教学的一些努力方向，这些是我们在未来教学中值得不断深化和尝试的方向。

（一）建立更丰富的案例库

比如在讲授统计学中关于概率的问题时，没有人真正特别关心怎么投硬币、掷骰子、取小球，这些经典的例子当然可以作为学生理解问题的范例，但是如果贯穿整门课程的例子都是一直在投硬币、掷骰子，那么学生会觉得相当乏味。因此，在利用案例进行引导教学中，案例是根本，要求教师编写出大量优秀的教学案例，这种统计学案例编写是持续的、长期的。案例编写过程中应该结合学生的专业知识分别编写，既要满足该专业统计学教学的目标和内容，同时又能够反映该专业知识，让学生真正体会到案例的用处，体现出统计学如何解决该专业的具体问题，从而激发学生学习的积极性和主观能动性。开始编写教学案例时要精，要由少逐渐增多，不求数量，但求质量，也可以适当地有针对性地让学生来完成编写某个案例。学生在编写统计学案例过程中，一方面使学生熟悉了统计案例的基本过程，学会了如何搜集资料，整理资料，另一方面也锻炼了学生的写作能力，也加深了对相关统计知识和理论的认识，在此过程中还有可能发现新的问题，收到很好的效果。

（二）案例引导与逻辑验证应因材施教

华东政法大学商学院的"统计学"课程是作为本科二年级第一学期的专业必修课，这时候学生已经学完了"微观经济学"，然后同步在学的专业必修课还包括"宏观经济学"。因此，我们在案例设计的时候一方面要注意满足直观性的原则，另一方还应该根据学生的知识储备来设计案例，让学生在学习统计学的过程中同时能够了解他们学习的其他专业课程的某些内容的实际应用，既丰富了学生的视野，也能培养他们综合分析问题的能力。此外，学生已经完成了微积分、概率论和数理统计等基础知识的学习，那么在统计学原理的一些技术细节方面，有不少学生渴望了解一些定理方面的证明，那么在时间允许的情况下还应该将一些相对简单的定理以及公式的推导给予介绍。

（三）应加强与主流统计软件的结合

统计学对于商学院学生来说更多地是作为一门应用学科，他们在掌握统计分析原理以后更为重要的应该是能够熟练运用统计软件对一些现实问题加以分析。目前统计软件当然有非常多，比如 SPSS、Eviews 等，甚至 Excel 也可以做一些基础的统计分析，这些数据分析软件很好上手，它们多是菜单式操作就可以完成统计分析，另外还有一些软件如 SAS、Stata、R 语言甚至是 Matlab 等，这些软件主要是使用命令式的，其中 Matlab 更多地还需要借助编程来实现统计计算，SAS 软件在生物统计、金融统计等方面应用非常广泛，但存在较高的学习门槛，而且用户需要花较长的时间来学习才能够熟练掌握。根据笔者的学习经验以及研究经验来看，对于商学院的学生使用 R 语言或者 Stata 软件或许更为合适，R 语言是开源免费软件，目前国际上许多统计学家撰写的统计学或计量经济学论文都给出了 R 语言的程序命令，我们在阅读最前沿的工作论文时便可以直接使用这些命令，省去了自行编程的过程，而能够将更多的时间花在方法消化和问题分析上面。Stata 无疑也是非常优秀的统计分析软件，它不仅将许多经典的统计和计量模型集成在窗口菜单中，而且这些菜单对应的函数命令实际上能够更快速地进行数据分析和模型分析，而且 Stata 非常容易上手，它与 R 语言一样有着丰富的帮助命令，一旦学生熟悉了 Stata 或者 R 语言中的任何一种，那么他们都可以很快速地习惯另外一种统计软件。事实上，R 语言已经能够在很大程度上兼容性地运行 Stata 命令，而且一些前沿方法的实现在这两种软件之间往往具有互补关系。

商学院的学生在大学第三年级时要专门提交一份学年论文，这个学年论文是让学生在指导老师的指导下尝试性地探索一些经济金融等方面的一些实际问题，这是他们进行学术研究的一个良好的开端，有一些学生对选题非常感兴趣，他们在余下的大学生涯中会持续思考该选题，最后会将先前的研究继续深化，从而作为他们本科毕业论文成果。笔者在指导学生的学年论文或毕业论文时，发现有不少学生都会涉及定量的实证分析,那么统计学以及计量经济学等课程的学习无疑为他们奠定了良好的理论基础,而统计软件的学习也帮助他们在写作过程中更快地进入主题。

参考文献

[1] 管于华.统计学[M].北京:高等教育出版社,2013.

[2] 徐国祥,等.统计学[M].上海:上海财经大学出版社,2007.

[3] 安德森,等.商务与经济统计[M].北京:机械工业出版社,2015.

[4] 朱平芳,等.统计学理论前沿[M].上海:上海社会科学院出版社,2016.

[5] 洪永淼.提倡定量评估社会经济政策,建设中国特色新型经济学智库[J].经济研究,2015,(12):19-2.

[6] 杜玉林.浅析案例教学法在财经类《统计学》教学中的应用[J].时代金融旬刊,2013,(30).

[7] Casella G, Berger R L. Statistical inference[J]. Technometrics, 2001, 33(4):xii,328.

[8] Kabacoff R. R in Action[M]. Greenwich: Manning Publications Co. 2011.

[9] 劳伦斯·汉密尔顿,郭志刚.应用STATA做统计分析[M].重庆:重庆大学出版社,2011.

浅析财经类"高等数学"习题课的教学

杜玉林

自1969年诺贝尔经济学奖设立以来,绝大多数获奖成果都是建立在比较复杂的数学基础上的,因此"高等数学"是财经类学生的一门非常重要的基础课程。但是因为高等数学比较抽象,因此对于某些同学特别是文科同学来讲,还是有一定的难度的,从而在高等数学的教学课程中,除了要在课堂上将这些比较抽象的数学概念讲清楚以外,适当设置一些习题课也是比较好的方法。因为习题课可以使得学生对于所学过的知识进行消化和理解,同时也为下一阶段的学习打好基础。习题课可以说是高等数学教学中非常重要的一个环节,既可以帮助学生加深对于经济数学概念的理解,也能够提高学生应用经济数学的能力。

一、"高等数学"习题课教学目的

设立"高等数学"习题课教学不仅是学生学习掌握知识的需要,还是高等数学课自身使命使然。对于帮助学生理解与深化概念、提高解题能力、加强经济数学修养以及培养学习兴趣都有很大的帮助。通过反复学习与训练,能够增强学生学习高等数学的信心。

(一)对所学高等数学概念和理论的再思考

高等数学是一门很严密的课程,对于概念的定义都很精确、抽象,因为时间的关系,课堂上教师不能面面俱到,习题课就是对加深高等数学概念经济理解的一种非常有效的补充。教师可以通过在习题课上对习题讲解,结合其中涉及的概念,加以有针对性地讲解,做到习题和理论有效结合,将理论和理论、习题与习题交织在一起,形成一个网络,这将有利于学生构架整个的知识框架,有了这个大框架,学生更加深刻地理解概念和习题,学习经济数学的热情就会提高很多,学习效果将得到较大改善。比如在讲到函数的概念时,要反复提醒函数概念的经济和金融应用。

(二) 提高学生的解题技巧

在高等数学的教学过程中,经常会遇见学生抱怨,如将书上以及教师讲的内容全部弄懂了,但仍不会做书后面的习题。究其原因,主要是因为学生看懂和听懂的内容不是他自己真正掌握的,比如,看懂的是作者所呈现的作品,听懂的是老师所传授的知识。那么如何才能将知识转换为学生自己的呢?笔者通过多年的教学实践发现,唯一的也是最为有效的途径就是只有通过学生自己去尝试,而习题课恰恰就是这样一个很好的平台。在习题课上,教师可以多讲一些解题技巧,然后让学生自己去实战,真正将自己所听所看的知识转换为真正属于自己的东西。同时教师不仅要讲习题,关键在于教会学生怎么去做题,怎么样举一反三,触类旁通,利用联想、类比、归比等各种手段。比如讲到数值计算的方法求定积分近似值的时候,常常会讲授两种方法,其中一种是比较简单的梯形法,另外一种是稍微复杂的抛物线型法,很多同学会将两者混淆,这时候就要善于归纳总结。有的同学就归纳出了口诀,比如梯形法是,一头一尾是一倍,中间统统是两倍,然后再除以 2;而抛物线法则是一头一尾还是一倍,奇数下标为 4 倍,偶数下标为 2 倍,下标是从 0 开始标,注意是除以 3。如果记住了这些归纳出来的口诀,那么以后这两种方法就不会混淆起来了。从而建立题设到未知路径的通道和桥梁纽带,学会分析问题,真正做到教会学生做习题并使他们乐在其中,这也是习题课的最大目的。

(三) 深化相关高等数学概念的经济含义

高等数学是经济类学科的一门基础课程,是以后学习概率论、统计学和计量经济学等学科的基础,而且很多概念和理论与现实的经济问题相关。在高等数学教学工程中,学生会经常问到数学到底有什么用处,学习目的不太明确。那么教师可以充分利用习题课这一平台,多举一些应用方面的例子,打消学生的数学无用论思想,增强学生学习的主动性和积极性。比如,当讲到函数的定义时,强调函数的概念中要排除一对多的情形,就可以将股票的价格看为时间的函数来进行解释,第一,在交易时期,任何时间都有股价,也就是任何定义域中的变量都有象;第二,任何时间只可能有一个股价,但是可以允许多个时间对应同一个股价,就是说,允许多对一,而不允许一对多。再者高等数学中常用的几类函数,例如符号函数,其实可以对应于一个赌博模型,也就是有输有赢,那么是不是可以设计只赢不赔的模型呢?答案就是绝对值函数,对应于金融工程中的跨式期权,只是要减去期权费而已。再比如,学期伊始,可以先向学生明确本课程的两大目的:求导数和求积分。然后说明导数和积分的实际背景:导数就是变化率,求积分就是相当于求平均值,可以就人的身高问学生两个问题:其一,人的身高一生何时变化最快,何时变化最慢;其二,人的身高一生的平均值如何计算。从而让同学明确高等数学的讨论较多涉及有实际意义的问题,而不完全是讨论抽象的问题。还有如定积分就是曲边梯形的面积,现实生活中在测量湖泊的流量就会用到相关知识。通过详细地讲这些例子,学生就能够加深对高等数学的经济含义的理解,从而激发他们对高等数学的兴趣,变被动为主动。其他的例子如弹性的经济含义等。

(四)培养学生分析经济现象的能力

高等数学基础课有很强的经济应用性,很多概念都是从经济学直接引用过来的,比如需求和供给函数,市场均衡,成本函数,收入函数和利润函数。还涉及弹性,如何求经济函数的最值问题,都可以找出其经济含义的背景,比如讲到定积分在高等数学中的应用时,就可以提醒学生,我们学了导数,那么导数是怎么应用到经济数学中的呢?应该是利用导数求出函数的最值问题,求出最小的平均成本以及最大利润。当然这还需要和连续函数在闭区间上的驻点唯一性定理结合起来用,只有在连续函数在闭区间上的唯一驻点才能够使局部效果的极值成为函数的整体最值。学了不定积分,那么在经济中是什么用处呢?可以利用不定积分求出经济函数,有两个步骤,第一步是求不定积分,第二步则是利用初始条件求出自由未知数,这样就可以将经济函数求出来,当然可以和导数在经济函数的应用结合起来一起用。那么定积分怎么样在经济中应用呢?通过定积分可以求出经济函数的改变量,利用的是牛顿-莱布尼兹公式即可以解决这个问题,这样将全部相关的串起来,那么学生就能够掌握知识结构,同时也确实能够体会经济中会用到数学,并端正学习数学的态度。教师可以将许多经济中的问题作为例子,从而引导学生培养对经济现象的分析和把握能力。

二、习题课教学的模式

"高等数学"课程和其他的课程相比,比较抽象,较难掌握。以前高等数学的教学模式主要是以课堂讲授的形式,但是随着计算机和网络的发展,笔者认为,可以在教学过程中采取以下几种教学模式。

(一)课堂教授型

高等数学是一门比较抽象、深奥的课程,要尽可能地让学生接受、理解,其中较有效的方式是课堂传授的方法。教师通过对教学素材精挑细选,课堂上使用幽默的口头语言、丰富的表情语言和形象的形体语言,将深奥抽象的数学讲的通俗易懂,浅显具体,重点讲解如何利用基本知识点来求解习题,将问题分解为基本概念和基本理论的逻辑推理关系,讲授通用的解题思路和解题方法,将寻求解题思路的思维过程呈现出来,这样学生才容易接受,才能达到预期的效果。

(二)小组学习型

数学的核心是问题,针对数学问题的讨论,可以组建一些学习小组,数学的习题课也可以利用这个学习小组,经过小组成员之间的讨论,学生学习高等数学的你追我赶的积极性得到很大提高。教师可以出一些相关的题目,以小组的形式,发动班级学生围绕专题进行讨论和交流,寻求解题过程,形成一致的意见,然后和其他小组的意见相结合,最后由教师加以总结或者评判。比如在讲求导数的过程中,介绍完了导数的基本公式后,笔者经常会出这么几个典型的题目,求下列函数的导数:①$y=e^2$;②$y=\frac{(x+1)^2}{x}$;③$y=\sqrt{x}\left(x-\frac{1}{x}\right)$;④$\ln\sqrt{\frac{x}{x+1}}$。要求学生分成几个小组进行讨论。我觉得这几个题目,一来新同学比较容易犯错误,二来题目本身有很多种做法,值得让大家一起来讨论。比如第一题:如果利用导数公式$(e^x)'=e^x$,则可以认为$(e^2)'=e^2$,而按照$(x^2)'=2x$,那么$(e^2)'=2e$,如果将e^2看成常数,那么很显然,结果应该是0。第二题,有两种不同的观点,一种是可以利用除法公式求导数,另外一种则是先做除法,将其分成三个独立的项,分别求导;第三题和第二题一样,但是这两个题目学生如果按照乘法和除法的话,根本不敢确认自己的答案的正确与否,所以最好是先化简然后再来求导数。第四题可能更加能够体现出化简的重要性了。所以,教师可以出一些能够用多种方法求解的题目以及解法之间有很多的差异的题目,通过学生之间小组之间进行讨论,然后教师加以总结组织,结果是很明显的。在此过程中,学生和教师的积极配合和有效互动,通过学生和学生之间,小组和小组之间以及学生和教师之间的多渠道全方位交流,能够达到很好的教学效果。

（三）网络答疑型

现在高校的网络资源相当丰富，网上不仅有教学资源、教学视频、网络课程，还有和学生交流的 BBS 平台及习题库，教师可以充分利用学校这些丰富的网上交流平台与同学展开交流。网络答疑形式类似课堂小组交流，而课堂上组织小组交流活动，花的时间会比较多，因此可以充分高效地利用网络答疑这种形式。具体的，可先由教师根据教学的进度，布置一些相关的作业或者习题，留给学生在课堂以外讨论，过一段时间，教师可以针对学生学习过程中普遍存在的问题或者比较难掌握的知识点组织一到两次实时 BBS，然后将讨论的结果加以整理置顶，以便学生学习和总结。这种有主题而且连贯性答疑形式很受学生的欢迎。另外教师也可以根据学生的水平，结合所学专业的特点，布置一些专业相关的开放题、思考题，也可以找一些数学史方面的资料，开展专题实时 BBS，找一些高等数学在经济学中的具体应用资料。一个学期反复做几次，可以解决学生在学习中遇见的很多问题，学生的学习信心和兴趣将会得到较大提高，使得网络课堂真正成为学生学习数学的第二课堂。

（四）分层次形式

学生的数学基础、理解能力、学习能力存在着较大差异，所以教师在进行习题课的教学时应该考虑不同层次的学生需求。特别是选取素材的时候要进行分层次教学，对于基础较差、学习能力不强的学生，要求其掌握基本的概念和理论；对于水平相对好点的学生则不仅要掌握书上的基本内容，还可以适当提高标准、增加习题难度，同时鼓励他们帮助那些学习有困难的学生。这种做法有助于提高每个学生的积极性，使得每一个学生在习题课上都有所进步。目前商学院每年组织一次高等数学竞赛，竞赛的获奖者推荐参加上海市的高等数学竞赛，取得好成绩的选手有资格参加全国高等数学竞赛，因此"高等数学"习题课的教学可以适当加入高等数学竞赛的导向，从而激发学生学习高等数学的热情和兴趣，提高课堂的教学效果和质量。

三、习题课教学的实施

习题课和一般的课程不同之处在于，其教学方式、教学目标、习题设计、教学策略是有差别的。这些差异要求教师精心准备，学生积极配合，这样才能将一堂习题课上好，达到预先设定的效果。

（一）倡导"避免一言堂"的教学方式

在高等数学教学过程中，由于教师和学生的差距，往往容易形成教师一言堂的情况,但是习题课主要是解决学生的问题,所以习题课必须要学生多讲多做,这样才能暴露出学生的问题,教师才能有针对性的解决学生存在的问题。高等数学概念以及经济数学知识都是相互联系的,所以教师和学生可以相互交流,积极发言,结合自己所熟悉的,谈谈各自对于概念的理解,以及概念和概念之间的联系,这样可以加深学生对于数学概念和理论的了解。在讲解数学题时,也可以对一个题目讨论多种解法。这样每个学生都是课堂的主体,没有局外人,师生之间,生生之间就实现了多向交流,会收到较好的效果。比如,求函数的最值,一般的方法是在求出函数的表达式后对函数求导数再求出驻点,然后进行最值的讨论,但是如果目标函数比较特殊,比如是一个二次多项式或者满足基本不等式的函数,那么此时就可以用二次函数的最值讨论或者利用基本不等式来求目标函数的最值,这样就可以和初中的知识挂钩起来,使得同学容易理解函数的最值问题。

(二) 坚持循循善诱的教学目的

根据课程标准,习题课教学目标可以概括为三级:理解知识目标、应用知识目标和能力目标。在设计习题课的时候,应该辨别该习题课的目标,然后按照此目标,注意目标的阶段性和可行性,循序渐进引导学生,千万不要急于求成,否则会适得其反。比如,求复合函数的导数,必须先掌握初等函数的导数,然后在掌握复合函数的分解基础上,再掌握复合函数的求导法则,才能够掌握复合函数求导。所以教师坚持循循善诱的教学目的,逐步引导学生上好这堂习题课。由于习题具有层次性,不同水平的学生都能学到其相应水平的知识,从而能够调动学生的积极性,极大改善学生学习效果,较好地完成教学任务。

(三) 遵循精编细选的习题设计原则

习题课上选用的题目有一定的要求,即要具有一定的典型性、针对性、科学性和启发性。所谓典型性就是指经常会遇见的问题,不偏不怪的题目;所谓针对性,主要是针对某个知识点或者经常容易犯错误的地方;所谓科学性就是指符合客观规律的表达;启发性主要是指对学生的思维具有一定的启发性。一般习题课上的题目要遵循上面四个条件,这样取得的效果会比较明显。比如,讲复合函数求导数的时候,应该举一些常见的函数的求导,两重或者三重的复合函数,三重以上的复合函数求导则属于偏怪的题目了,对学生知识的掌握帮助有限,这种情况应尽量避免。再比如教定积分计算的时候,我们可以设计如下的习题:计算(1)$\int_1^3 \frac{1}{x^2}dx$;②$\int_0^3 \frac{1}{x^2}dx$;③$\int_1^{+\infty} \frac{1}{x^2}dx$ 三个定积分。题目虽然简单,被积函数都是

$\frac{1}{x^2}$,但是体现了定积分种的三种基本类型,题目①是一般的定积分,在区间[1,3]上的定积分。题目②是瑕积分,因为被积函数在积分下限是没有意义的,题目③则是被积函数在无穷限上的积分,从上面的例子可以看出,题目虽然不是很难,但是能够概括出这章节讨论题目的基本类型和主要知识,如果选题能够顾及这点,那么习题课就能够取到很好的效果。如果所选的习题满足以上四个要求,遵循精编细选的习题设计原则,那么就不用再搞题海战术,达到较好的教学效果。

四、结束语

习题课是高等数学教学中的关键一环,通过习题课使得同学能够梳理高等数学中的抽象概念和相关的定理,另外一方面,也要加强高等数学知识在财经中应用的教学,使得同学具有应用高等数学知识解决财经问题的能力。教师想要将习题课上好,要在习题的选择、授课方法等方面下工夫。因此,如何上好经济数学这门课的习题课,这是一个值得不断探讨的问题。

参考文献

[1] 王喜林,刘丽红.关于大学基础数学习题课的思考[J].新乡学院学报,2009(8):79-81.
[2] 王美娟.高等数学习题课CAI的思考[J].上海理工大学学报,2004(3):35-37.
[3] 卢柏龙.在数学习题课中培养学生的思维能力[J].上海工程技术大学教育研究,2002(1):30-35.
[4] 郑之兰.浅谈高等数学习题课的教学[J].南京广播电视大学学报,2007(1):52-58.
[5] 同济大学应用数学系.高等数学[M].北京:高等教育出版社,2009.

商科院校本科生"计量经济学"教学的难点与应对

徐大丰

20世纪90年代以后,计量经济学得到了蓬勃的发展。1998年7月,中华人民共和国教育部高等学校经济类学科专业教学指导委员会经过广泛征求意见、讨论,并最终确定计量经济学入选8门核心公共课程[1],这意味着,凡申请经济学学士学位的学生均应该修习计量经济学。在此政策的推动下,各高校纷纷招兵买马,计量经济学得到了空前的繁荣。

开设计量经济学不仅是贯彻国家有关教育文件的要求,而且由于计量经济学的应用渗透进经济学各分支当中,所以计量经济学还是学生学习其他课程的基础。所以,全国高等院校,凡设有经济类专业、商科专业的,无论学校层次如何,几乎都开设了"计量经济学"课程。计量经济学课程的重要性毋庸置疑,然而,从计量经济学课程教学效果上来看,主讲老师觉得这门课程难教,课堂气氛沉闷;学生觉得这门课晦涩难懂,学习没有兴趣,师生难以进行卓有成效的互动。对商科大学生来说,由于数理基础相对较弱,所以此课程教学难度更大。

一、计量经济学课程教学的难点

(一)教学内容把控难

计量经济学的内容十分庞杂。尽管图书市场关于计量经济学的教材可谓汗牛充栋,但是本科阶段的计量经济学主要包括经典计量经济学,包括经典假设成立时的单方程一元回归模型，经典假设成立时的多元线性回归模型；经典假设不成立时的单方程线性回归模型；方程联立的计量经济学模型。非经典的计量经济学部分相对包括较少，主要包括非线性量经济模型、时间序列计量经济学模型。这些内容对于本科生而言是必需的，但是在讲解的过程中，授课人员往往会发现，教学内容的把握十分困难。比如，讲经典假设不成立时的计量经济学模型时，由于经典假设不成立的情况有很多，一般的教科书上会主要讲同方差假设不成立、序列不相关的假设不成立、无多重共线性的假设不成立、外生解释变量假定不成立的情况。然而，这些经典假设不成立并没有涵盖经典假设不成立的所有情况。学生会问，随机扰动项不服从正态分布为什么没有考虑？如果发现随机扰动项不服从正态分布，应该怎么办？随机扰动项期望非零为什么没有考虑？如果随机扰动项的期望不等于零，应该怎么办？教材在这些内容的缺乏给教学带来了很大的困难，对内容的深度，对经典计量经济学模型与非经典计量经济学模型的讲解的比例的分配，也是对计量经济学内容把控的难点之一。

（二）基本原理难

计量经济学是经济理论、数学与统计学三者的有机结合。其中，经济学原理是核心，统计学是基础，数学是工具。这决定了计量经济学在每一章节内容的讲解过程中，都既要用到经济学，又要用到统计学，还要用到数学。商科学生中，有相当一部分是文科学生，他们的数学基础相对较弱，数学思维与能力、统计学思维与能力相对较差，对经济理论的掌握没有系统化。在学习的过程中，经济学、数学与统计学知识的匮乏对商科学生的学习构成了较大的约束。不仅如此，计量经济学内容多，模型多，不同模型之间的联系不经教师仔细讲解很难发现。而估计方法也有很多，不同估计方法之间的关系、不同估计方法之间的优劣取舍，学生往往云里雾里。在这种情况下，计量经济学的基本原理不仅讲解起来难，而且理解起来更难。以笔者十数年对计量经济学的教学经验来看，学生往往知道教师在做什么，但是不知道为什么要那么做。因而，学生掌握、理解并接受计量经济学的原理十分困难。

（三）实际应用难

从学科分类上来讲，计量经济学课程是属于应用经济学范畴的一门课程，应用性强，能解决实际问题是计量经济学作为工具的一个显著特点，也是计量经济学虽然产生较晚，但是生命力强，发展速度快的重要原因。学以致用历来是保持学习积极性的重要方法,所以对于计量经济学来说,突出应用性是一个必须的要求,所有的计量经济学教师也都认识到这一点,试图在授课的过程中,给学生讲解如何应用计量经济学工具解决实际问题的过程,体现课程应用性的特点,不停留在对计量经济学纯理论的教学,业已成为计量经济学任课教师的共识。然而,由于计量经济学主要侧重于模型估计原理的演绎,对模型如何建立、变量如何选取、样本如何选择、结果如何应用、结果如何展示等讲解较少,所以给计量经济学的应用带来了很大的困难。在这种情况下,绝大多数学生不知道计量经济学有什么用,应该如何应用计量经济学模型来解决问题。

此外,计量经济学的计算过程大多比较复杂,需要借助于计算机软件才能进行。由于主流的计量经济学软件并没有汉化,专业术语、使用环境、学习界面等也给实际使用计量经济学工具带来了很大的困难[2]。

(四)质量评估难

计量经济学作为经济类、商科类专业学生的核心课程之一,必须要求测试与质量评估。由于计量经济学是经济理论、数学、统计学三合一,必然要测试与评估学生的经济学理论,测试与评估学生的数学能力,测试与评估学生的统计学思维。然而,如何区别于经济学测试、数学测试、统计学测试,经济学、数学与统计学三部分测试所占的比例是多少,如何体现计量经济学本身的特点,在对"计量经济学"课程质量评估的过程中,都十分难以处理。

二、"计量经济学"课程教学应对

(一)科学制订课程教学目标与内容

随着高等学校入学人数的增加及国家关于提升高等教育的措施,我国大学的基本功能已经由精英教育走向大众教育。大学本科阶段更加以注重基本知识、基本技能、基本素质为主的训练、教育。在这一判断下,笔者认为,在我国本科阶段的计量经济学的教学过程中,教学目标与教学内容也应该进行相应的调整。本科阶段应该培养学生掌握计量经济学的基本原理、理解计量经济学的思想方法,能够运用计量经济学的工具进行比较简单的实证分析,领会计量经济学强大的应用性。因此,从内容上来看,课堂教学应该比较系统地介绍计量经济学的理论体系,充分考虑上述目标的实现。

在"计量经济学"课程讲解过程中,合理科学的课程内容体系是课程建设的重中之重,正确处理基础性的教学内容和学科前沿之间的关系,基础理论、模型估计方法与计量经济学应用之间的关系问题对于计量经济学而言特别重要。

（1）理论与应用各有侧重，强调对基本原理的理解。计量经济学按照研究对象可以分为理论计量经济学和应用计量经济学。前者以计量经济学的理论与方法为主要内容，强调方法的数学基础，侧重于模型方法的数学证明与推导；后者则以计量经济学理论与方法的应用为主要内容，强调应用模型的经济学和经济统计学基础，侧重于建立与应用模型过程中实际问题的处理。国外本科阶段的计量经济学课程，除了一些例题外，虽然也有一些关于应用的专门章节，但是主要以理论方法介绍为主。在本科生计量经济学课程内容的设计中，坚持理论与应用各有侧重的同时，应该强调对基本原理的讲解与理解。

（2）基础性与前沿性相结合，注重经典理论的讲授。计量经济学理论方法的发展大体上可以分为两大阶段。从20世纪20年代末30年代初到70年代，经典的理论方法已经完全成熟；从20世纪70年代至今，以微观计量经济学、非参数计量经济学和动态计量经济学为主要内容的非经典计量经济学理论方法发展成果迅速，内容更新速度很快。经典理论方法不仅构成非经典理论方法发展的基础，而且其应用在当前仍然最为普遍的。本科生阶段讲授经典的计量经济学内容，在更高阶段（如硕士研究生阶段）讲授非经典的计量经济学。从商科院校的情况来看，本科生讲的内容当然是以"经典的计量经济学为主"。但是考虑到学时的约束（一般的商科院校学时为每周3学时）、学生的基础情况（经济学有一定的基础，但是计量经济学所需的统计学基础、数学基础相当薄弱），笔者认为，并不适宜在本科阶段讲授经典计量经济学的全部内容，可以以单方程计量经济学模型为主，介绍经典的计量经济学。适当增加关于计量经济学发展、最新动向之间的介绍性的内容，供学生课外阅读。

（3）重思想的同时重逻辑演绎。计量经济学理论方法描述当然离不开数学过程，虽然课时有限，但是也要在有限的时间内不仅让学生掌握计量经济学的基本想法，也让学生掌握计量经济学的逻辑演绎过程。对于简单的数学推导，应要求学生掌握，不仅可以为更高层次的学习奠定基础，而且更重要的是因为学生一旦发现有些不能理解就会有退缩情绪。当然，在讲解的过程中，要讲清楚思路，在不同的模型方法处理过程中，注重讲解模型之间的联系，非常重要。这对于正确运用模型是有必要的。所以，在课程内容体系的安排上，我们十分重视关于思路的描述，将它们看作为骨架，而数学描述则可以对骨架进行必要的补充，做到"有骨有肉"。

（二）温故而知新，帮助学生建立知识体系

1. 及时回顾经济学、统计学与高等数学所需要的知识

由于计量经济学的学习不仅需要掌握现代经济学的基本知识，而且需要有一定的统计学和高等数学基础。经济学知识的缺乏使得学生往往对计量经济建模的理解不够深刻，难以体会计量经济学背后的世界观。而统计学与高等数学基础知识的缺乏却又使得学生对计量经济学的基本原理的逻辑推理望而生畏。其结果导致学生对计量经济学的兴趣不足。教学过程十分困难。因此，课堂教学需要增加基础性的经济学、统计学与高等数学的知识的复习，对这些知识进行适当的回顾和补充经过笔者的实践被证明是相当有成效的。

2. 突出对计量经济学功能与解决问题的流程的讲解

计量经济学与其他学科不同，其因为有超强的应用性而具有强大的生命力。作为一门工具性学科，笔者认为，应该让学生充分了解此课程的作用。为此，笔者专门辟出一节课来向学生讲解计量经济学能够解决的问题，且效果很好。同时，为了向学生讲解计量经济学解决问题的效果，笔者还增加了关于计量经济学解决问题效果的评价方面的内容。

3. 介绍国内外高校计量经济学课程的设置及讲解情况

为了让学生了解计量经济学学科在其他高校的情况，我们增加了国内外有关高校的计量经济学课程设置的情况，列出了耶鲁大学的经济学类课程表和上海财经大学的经济类课程表，告诉学生计量经济学在这些学校的地位，帮助学生认识计量经济学的重要性。

4. 注重对经典计量经济学的讲解

计量经济学内容庞大，且还处在不断发展的过程中。考虑到本科生处于认知的起点阶段，因此本科阶段，笔者认为，应该将重点放在经典的计量经济学的内容的学习上，同时适当地介绍现代计量经济学的内容。

此外，虽然大多数本科生对繁琐的数学推导不感兴趣，但是笔者仍然认为这相对于计量经济学的学习相当重要，因此在课上尽量将复杂的推导简化，让学生易于接受。对于特别难的内容，鼓励部分基础较扎实的学生通过自学数学推导加深对计量经济学的理解。

（三）教学方法改革

"计量经济学"是一门方法论课程，具有很强的应用性，必须在应用中加以发展。这些就要求从事课程教学的教师必须同时参加科研工作，才能讲好课，建设

好课程。教学方式是研究型教学模式的重要体现,关键是"教"和"学"的互动、"学"和"用"的结合,主要采用EDP教学模式为宜[3]。

在计量经济学的教学中,有大量例题和数据需要演示,多媒体教学和计算机软件教学越来越重要。课堂板书浪费时间,所以该课程普遍都采用多媒体教学。多媒体教学可以节省大量的板书时间,讲解更加直观,而且可以把软件使用与理论教学紧密结合,使学生对计量经济分析过程和结果的理解更加深刻。多媒体教学还可以加强案例教学,促使教师快速更新教学内容,从而对教师的要求也大大提高。

多媒体教学节省了大量板书的时间,但如果课堂讲授速度偏快,学生常常跟不上教学的节奏。这就需要教师保持合适的讲授速度,给学生较充分的思考和理解的时间,必要时教师还需要对一些内容进行板书。

计量经济学是实践性很强的一门学科,也具有一定的"艺术性",因此学生常常是学完了却不知道如何前后贯穿、综合运用。让学生完成一篇简短的实证研究论文是培养学生综合运用计量经济学方法论的一种较好的方式。由于完成一篇论文需要较长的时间,如果能够安排一门计量经济学课程设计,教学效果就会更好。这对于学生以后完成毕业论文和进行实证研究将会有很大帮助。

(四)评估方式转变

关于质量评估方式,计量经济学课程特点要求分为理论教学与实验教学两部分。这两部分对于学生掌握计量经济学方法论都非常重要,因此两部分都不可偏废。计量经济学考核方式根据实验教学课时多少而定,如果实验教学课时达到总课时的1/3左右,建议把实验课单独进行上机考试,成绩也可以计入课程总成绩,实验课成绩比例可以根据具体情况而定(比如占总成绩的20%)。计量经济学理论部分考核一般是笔试,注重对基本分析方法的理解和掌握。实验部分主要考查学生对实验过程、实验结果和利用结果进行分析和预测的掌握情况。

参考文献

[1] 李子奈,潘文卿.计量经济学[M].北京:人民教育出版社,2015.
[2] 杨国忠."计量经济学"课程的教学难点与突破方法[J].集体经济,2011(4).
[3] 雪合来提·马合木提.财经类高校本科"计量经济学"课程EDP教学模式探讨[J].新疆财经大学学报,2013,3:71-74.

推进国际化课程建设的实践与思考
——以上海市留学生英语示范课程"金融学"为例

窦菲菲

一、国际化课程的背景

2008年全球金融危机之后,世界政治经济格局在不断调整中重新洗牌,几乎所有国家在利用自身比较优势参与国际竞争的同时,也在努力提升本地要素在全球竞争中的地位,重塑国家竞争优势。国家竞争优势可以体现在很多方面,比如资本实力、军事力量、科技水平等,但这些最终都要落实到人力资本,也就是人才的竞争上。在全球一体化、经济金融全球化的大背景下,"国际化"人才的培养刻不容缓。掌握了教育和人才培养的主动权、优先权,才能在竞争中长久地立于不败之地。中国金融和金融教育需要与国际接轨,发展国际化的教育体制,培养出能够胜任未来竞争环境的"国际化"人才。

国际化人才的培养,必须先有大量的国际化课程作为支撑,同时,课程国际化也是大学国际化的重要体现,同时也是创建一流大学乃至世界一流大学的必要途径。

二、推进具有我校国际化课程建设的必要性

《"十三五"时期上海国际金融中心建设规划》指出了上海建设国际金融中心的总体目标:到2020年,上海基本确立以人民币产品为主导、具有较强金融资源配置能力的全球性金融市场地位,基本形成公平法治、自由开放、创新高效、合作

共享的金融服务体系,基本建成与我国经济实力以及人民币国际地位相适应的国际金融中心,迈入全球金融中心前列。为了适应高等教育国际化趋势以及上海建设国际金融中心的人才需求,我校通过开展国际化教学,结合自身法学学科优势,加快培养具有现代金融与法律知识的复合型国际化人才的步伐。

商学院面向全国、港澳台地区以及国际招生,是华东政法大学本科生规模最大的学院(本科生2 000余名),由于其高水平的教学质量和每年位于全校前三甲的就业率,商学院的生源非常优秀。大量的港澳台地区及海外招生,使我校商学院的学生组成更加多元化,各国学生之间,学生与教师之间的交流越来越开放化,兼容并蓄。商学院长期与国外学校进行交流与合作,目前已与美国密苏里州立大学、英国思克莱德大学、法国里昂IDRAC商学院建立友好合作关系。其中,已和法国里昂IDRAC商学院建立了12年的合作关系,互派超过百名学生交流,取得了良好的成果。目前学院正与英国莱斯特大学以及金斯顿大学就合作相关事宜进行密切磋商。在学术交流、授受不断地向深层次拓展的同时,也对我校国际化课程的体系提出了更高的要求。

首先在课程的体系和教材的选择上,以金融学科为例,中国原有的金融学科体系是在计划经济体制下以货币银行为主体的宏观分析,这是当时中国金融体系发展的客观情况所决定的。20世纪90年代之前,中国金融体系主要以银行为代表,其他非银行金融机构以及金融市场在很长一段时间内几乎没有得到发展。所以,当时国内的《金融学》(即《货币银行学》)教材主要围绕银行和货币相关理论和实践编写,而有关金融市场、非银行金融机构和开放金融等内容涉及很少。而今伴随着我国改革开放的逐渐深入以及社会经济的不断发展,包括股票、债券、外汇、衍生品等金融市场迅速发展,以及诸如基金公司、保险公司、信托公司的大量涌现,我国金融业呈现出多元化、多层次、全方位的发展态势。在全球经济一体化、金融全球化的大背景下,传统金融学教育所提供的知识结构已经越来越不能适应金融实践的发展,对当代前沿金融理论的教学实践进行完整梳理有其必要性。另外,中国传统的金融学教材以本国教材居多,运用双语教材及外语原版教材进行授课的教学实践较少,在国际交流合作培养,定向培养,联合培养的项目中,因为授课对象多是国外留学生,用本国教材进行授课就显得脱离实际了。

其次,在教学模式上,也应该与培养国际化人才相适应。教学模式是提高国际化课程教学质量的重要基础,但目前大部分国际化课程的教学仍停留在传统的"授受式"教学模式上,教师单方面主导教学,侧重于理论传授,教学形式多以语言翻译为主,缺少师生互动,考试形式也陈旧老套,并不能充分培养学生实践创新能力。因此,改革双语课程及全英语课程的教学模式势在必行,它是提高教学质量和效果,实现"复合型、国际化"人才培养目标的重要途径。

三、"金融学"全英语课程建设内容和特点

（一）主要内容

"金融学"课程旨在提高学生对金融学相关基础知识的理解和灵活运用,特别是运用经济学方法分析实际金融问题,以及训练学生在不断变化的环境中如何作出科学的金融决策。

"金融学"课程强调金融系统的基本功能,注重讲解金融工具、金融规则和金融结构背后的基本原理,帮助学生掌握金融通用的原理和运行规律,并立足中国金融体系实践,通过建立统一的分析框架帮助学生理解金融市场、金融机构管理以及货币政策作用等金融学问题。课程建设主要从以下方面展开。

（1）形成了传统教材加网络数据库的教辅材料。本课程的教材主要基于美国的金融实践编写,对金融学发展脉络和重点要点介绍非常权威。为了使学生更好地理解中国金融,我们在课程教学时紧密结合中国金融案例进行讲解,并整理了一定数量的中国金融市场案例。我们鼓励学习阅读浏览中国人民银行网站、中国证监会网站、上海证券交易所网站等官方机构媒体,进而实现了由面及点,重点深入的教学效果。

（2）实现了教学与研究相结合的教学方式。鼓励学生根据课程内容,结合中国金融实践和全球金融实践,进行思考研究,撰写研究报告。

（3）形成了一支理论型与经验型并举的教学团队。本课程的教学团队具有明显的交叉性,既有经济学方面的教师也有金融学方面的教师。团队成员相互协作,各有侧重,满足了课程长效建设的师资要求。

（4）完成了一批以本课程建设为载体的教学成果。这些成果包括:课程负责人以及教学团队参加学院教学比赛获得一等奖,学校教学比赛二等奖;课程负责人参加首届(2015年)全国金融学专业硕士案例大赛《"8.16光大证券乌龙指"交易的法律责任与投资者赔偿》成功获奖。

（5）改进作业内容和形式,突出综合应用能力训练。完善作业的形式和内容。在教学过程中着重将例题、习题、思考题与实际问题相联系,布置习题和复

习思考题,学生采用纸面作业、口头作业和小组报告三种形式完成。

(6) 注重对学生自主学习的引导和评估激励。每节课都会安排一位同学进行主题发言,其他同学对其点评并参与讨论,最后由教师进行总结。

(7) 深入开展考核方法改革,提高教学质量。本课程最终成绩由两部分构成,期末考试(占总分50%),平时成绩占50%(包括小组发言、课堂讨论、平时表现等)。

(二) "金融学"课程建设的特点与优势

1. 采用先进的教学方法

1) 案例教学

我们在讲解金融学时,结合中外各种金融案例,包括成功的金融家、倒闭的跨国银行、世界性的通货膨胀、全球金融危机等,使学生觉得金融学这门深奥枯燥的学问,其实就是每天发生在我们周围许多经济现象的表述和归纳,从而极大地激发了学生学习的自觉性和兴趣。

2) 课堂讨论互动式教学

我们在课堂讲课过程中,常常结合实际提出问题,让学生能将理论与实践结合起来,同时学生的参与度和积极性都得到了提高。我们也会提出开放式的讨论题目,让学生充分表达自己的观点,提高学习效果。我们还会引导和鼓励学生自己发现问题、思考问题和解决问题,进一步提高学生的金融学素养。譬如讨论目前中国的经济究竟是过热还是低迷、人民币究竟该升值还是贬值、目前究竟是处于通胀还是通紧、中国的金融业究竟应该分业还是混业经营等。通过讨论,往往能达到事半功倍、教学相长的效果。

3) 多媒体教学

多媒体教学既有利于学生理解和吸收复杂的理论知识,又有利于教学的互动。同时,在课件中,我们还能用动态的图表、模型来描绘以往难以解释的金融学原理,使现代化的电脑教学发挥其应有的优势。我们正在逐步开发丰富的网络课程资源,学生可以通过网络随时进行学习与讨论。

2. 优化课程内容

(1) 根据经济发展趋势,尽可能地将最新的金融领域理论创新成果和新的金融问题引入教学内容,比如对美国金融危机的讨论,对经济新常态下中国金融体系创新发展讨论;金融创新与金融风险控制等。

(2) 更新课程教辅资料。本课程所选取的经典教材为美国金融学教授米什金的《货币与金融市场》，该教材为国际权威流行的金融学教材，作者不断根据全球金融形势进行更新完善，在课程建设时，我们及时以该教材最新版本进行教学跟进。

3. 升级课程网站条件

在既有课程网站中，课程负责人和参与人在课程建设过程中通过增加内容、优化设计、更新链接等方式使课程网站成为集信息、视频、教辅资料、互动平台等一体的第二课堂。在使教学模式与时俱进的同时强化课程特色，丰富教学手段，提升品牌效应，激发学生学习兴趣。

4. 扎实推进长期建设

作为上海市支持建设的课程项目，课程负责人和参与人致力于提升课程定位，通过扎实的教学、认真的态度，在实现课程国际化水平的同时也向世界介绍中国金融发展。

四、"金融学"课程建设的意义与启示

（一）紧扣培养目标，探索国际化课程新发展

以"高层次、国际化、数字化"为建设目标，培养应用型、复合式、开放性高素质创新人才是华东政法大学办学定位的基本要求，结合我校的这一办学定位和人才培养目标，"金融学"作为国内外经济类相关专业的主干课程，在留学生和交流学生项目的课程体系中处于核心地位。

"金融学"示范课程结合留学生特点，优化教学内容与课程体系，改革教学方法和教学手段，融知识传授、能力培养、素质教育于一体，能够进一步推进国际化课程的建设。

"金融学"课程教学内容的设计是在进一步强化基础理论的基础上，注重金融风险、金融工具以及案例分析，培养学生分析解决实际问题的能力。教学通过使用不断更新的外国原版教材，并自主开发教案和案例的方式，努力将西方金融基本理论与中国的具体实践结合起来，既能让学生学习到西方发达国家最先进的金融理论和实践，培养学生的国际化视野和竞争能力，也能让国际学生更好地了解中国金融改革的实践。课程为学生在高年级进一步学习相关专业课程打下了一个坚实的理论基础，同时对推动我校培养具有国际化视野、复合型的人才目标具有重要的意义。

因此可见，"金融学"全英语示范课程的教学改革与实践，时刻关注国内外的

金融改革与发展,对于上海国际金融中心的建设,培养基于我校优势的复合型、国际化人才有其极大的先进性。

(二)"金融学"作为国际化课程的推广价值

"金融学"课程建设有助于将金融学一般理论和中国金融实践结合,有助于学生基于原版英文教材,运用金融学基本原理思考和理解中国金融问题,可为中国学生理解阅读英文专业文献打下语言基础,对于外国学生理解中国金融具有窗口作用。具体建设效果如下。

(1)突出理论与实践紧密结合、经济学分析方法与金融理论实践紧密结合的教学目标,特别强调立足中国金融实践,培养学生运用经济学方法分析实际金融问题的能力。我们收集整理的中国金融市场事例可以用于金融学本科课程教学参考。我们在教学过程中,根据经济发展趋势,尽可能将最新的金融领域理论创新成果和新的金融问题引入教学内容。

(2)坚持采用"三位一体"的教学方法,强调学生全方位、全过程深度自觉参与教学过程,特别强调教师与学生互动、理论与实践互动、知识掌握与专业能力提升互动的教学理念。我们坚持课堂教学、学生自学、小组讨论等多种形式的师生互动;我们不断更新网络课程的资源,方便学生自主学习;我们注重学生知识、能力和素质的全面提升和培养。

(3)坚持课程教学内容与时俱进,强调运用经典理论对金融问题进行讨论,引导学生结合金融热点问题、难点问题,对经典理论进行批判,并提出完善思路。本课程选用的主教材为美国哥伦比亚大学商学院银行和金融研究所的米什金教授所编著的《货币金融学》(英文影印版),该书是美国众多知名商学院最为畅销的教科书,同时也是货币金融学领域的一本非常经典的著作。全书涵盖了货币金融的核心内容,具有广阔的国际视野,通过运用基本的经济学原理,构建统一的分析框架,以应用为导向,含有众多的应用问题和专题栏,经济模型的讲解也是由浅入深,十分便于学生学习。我们立足教材的同时,及时更新课程教辅资料,有助于理解中美金融市场对比。

(4)学生运用经济学方法分析和解决实际金融问题的能力显著提高,教学团队达成并坚持教学互动、理论与实践互动共识,团队成员和本课程先后多次获得华东政法大学多项教学成果奖励。

(三)教学团队建设是国际化课程长足发展的重要保障

教学团队达成并坚持教学互动、理论与实践互动共识,团队成员和本课程先后多次获得华东政法大学多项教学成果奖励,形成了一支理论型与经验型并举的教学团队。

本课程的教学团队具有明显的交叉性,既有经济学方面的教师也有金融学方面的教师。团队成员相互协作,各有侧重,满足了课程长效建设的师资要求。担任这门课程建设的师资共有1位教授,1位副教授,2位讲师。成员具体包括窦菲菲、高汉、魏玮、武立,他们均为具有深厚英语背景的经济学博士,专业包括金融、世界经济等。四名成员都具有良好的科研工作基础和深厚的学术积累。他们有的擅长货币理论,有的专攻金融市场、也有对证券投资颇有研究,对利率、汇率很有见解,他们各有专长,完整地构成了金融学的教学课程体系。教学团队中有的老师曾在美国留学,有的在澳大利亚进修、考察过,他们对不同国家的金融市场和金融体系都有较深入的学习和研究,这对他们的知识结构和教学体系的互补性、完整性也有极大的帮助。

教学团队完成了一批以本课程建设为载体的教学成果。这些成果包括:课程负责人以及教学团队参加学院教学比赛获得一等奖,学校教学比赛二等奖;课程负责人参加首届(2015年)全国金融学专业硕士案例大赛《"8.16光大证券乌龙指"交易的法律责任与投资者赔偿》成功获奖。课程负责人完成了一本译著《金融危机经济学——经验教训与新的威胁》,该著作用经济学方法全面分析了2008年全球金融危机的来龙去脉,给本课程提供了非常好的案例和素材。

教学团队具体建设措施如下。

(1) 积极参加国内和国际学术研讨会,比如教学团队中三位教师(窦菲菲、高汉、魏玮)参加2014年11月于北京举行的第六届亚太经济与金融论坛,有利于提高教学团队的国际交流层次、扩大交流范围。

(2) 积极组织调研活动,深入了解中国金融体系的运行情况和融资效率。比如2014年10月窦菲菲和魏玮老师带领组织9位本科生去浙江余姚调研当地银行等金融机构以及制造业企业,为金融学课堂积攒了生动案例和实践素材。

(3) 积极参加教学比赛,并通过全英文示范教学和教学研讨,发挥课程在青年教师培养中的作用,以及在本科教学中的辐射和示范作用,为教学改革和教师队伍建设作出贡献。比如教学团队中2位老师(窦菲菲、魏玮)用全英文授课的方式,参加了2014年度华东政法大学商学院首届青年教师教学比赛,课程负责人窦菲菲老师获得了一等奖。

(4) 教学团队非常注重教学经验的交流,经常就教学问题展开研究与探讨,根据需要及时更新教学内容,改革教学方法与手段,力求持续保持和提高团队的整体教学水平与质量。

参考文献

[1] 宣文俊.货币金融学[M].北京:北京大学出版社,2008.

[2] 蒋先玲.货币金融学[M].北京:机械工业出版社,2015.

[3] 米什金.货币金融学[M].北京:机械工业出版社,2016.

[4] 米什金.金融市场与金融机构[M].北京:机械工业出版社,2015.

网上谈判、电子合同、电子签名
——合同法教学引入电子合同谈判系统实验的探索

杨立钒

一、成果实施背景

合同法是法学专业的重要基础课程。合同法中规定的典型合同有15种之多,实际商务活动中的非典型合同更是千差万别,不可胜数。传统合同法教学中,依靠老师课堂对多种合同逐条分析,学生专心阅读、背诵合同条款的学习方法。然而,单一、枯燥的教授方法对学生掌握合同法的内涵,了解各种合同法的主要结构既困难又乏味;对学生在商务活动中实际进行合同的谈判和操作能力的培养也远远不够。申请者多次尝试使用开放式教学、案例教学等方法改进,但都收效甚微,很难调动学生主动学习合同法的积极性。

当今世界已经进入互联网广泛应用的时代,我国已经成为世界上最大的电子商务交易国之一,各行各业急需具有互联网思维、掌握电子商务基本理论和实践方法的法律人才。然而,法学教学中尚未引入与互联网相关的教学方法。作为与电子商务密切相关的合同法,在联合国《电子签名示范法》颁布16年和我国《电子签名法》颁布14年之后,学生对电子合同谈判、电子签名知之甚少,更没有接触到实际的操作。这种状况与传统合同法教学的落后状态密切相关。同时,传统教学思路也严重阻碍了适应"互联网+"时代需求的商务法律人才的培养。

目前,电子签名在商业合同中的应用还处于起步阶段。随着电子商务的蓬勃发展,推动电子合同和电子签名的商业应用已成为一项非常紧迫的任务。本成果希望通过实验培训一大批了解现代核证技术的法律人才,补齐我国电子签名在商务合同应用中的短板,为电子签名全面进入商业领域铺平道路。

二、成果主要内容

(一) 传统合同法教学中引入互联网实验教学的实质性突破

本成果首次在国内合同法教学中引入电子合同谈判系统实验,构造了虚拟仿真合同法实验教学环境,模拟了电子合同的生成、谈判、签名等环节。学生通过合同模板区、网上谈判区、谈判结果区、签名与认证区等模块了解电子合同签署的全流程;教师则通过现场指导和作业点评解决学生在合同谈判中出现的实际问题。本成果提供了15种常用合同的电子模版,利用网络谈判和电子核证新技术切实提升了学生学习合同法的兴趣和效果,取得了合同法实验教学的实质性突破,对整个法学教学的信息化建设和实验开发也有极大的引领作用。

在合同法教学中引入电子合同谈判系统,切实解决了法学教学方法单一,枯燥,以及法学人才缺少互联网意识培养的现实问题。"互联网+"元素的引入,受到学生的普遍欢迎,适应了十九大提出的现代化教学的新要求。

(二) 实验教学的模块和实施过程

本成果以网上实现电子合同的谈判、签名为终极目标,在教学中模拟了合同签署前期、中期和后期的各个环节,包括电子合同的检索、生成、签名、归档等。而教师则通过现场指导和作业点评解决学生在合同谈判中出现的实际问题。本成果提供了15种常用合同的电子模版,利用电子商务完全新技术切实提升了学生学习合同法的兴趣和效果,取得了合同法实验教学的实质性突破,对整个法学教学信息化建设也有极大的引领作用。

电子合同谈判系统以经谈判双方签名的电子合同的达成为终极目标,在课程应用中涵盖了包括电子合同的检索、生成、签名、归档等环节的全过程。学生通过电子合同模板区、网上谈判区、谈判结果区、签名与认证区等四个模块,了解电子合同谈判、签署的整个流程。该系统的整体操作流程如图1所示。

从技术角度看,本成果的应用分为四个部分。

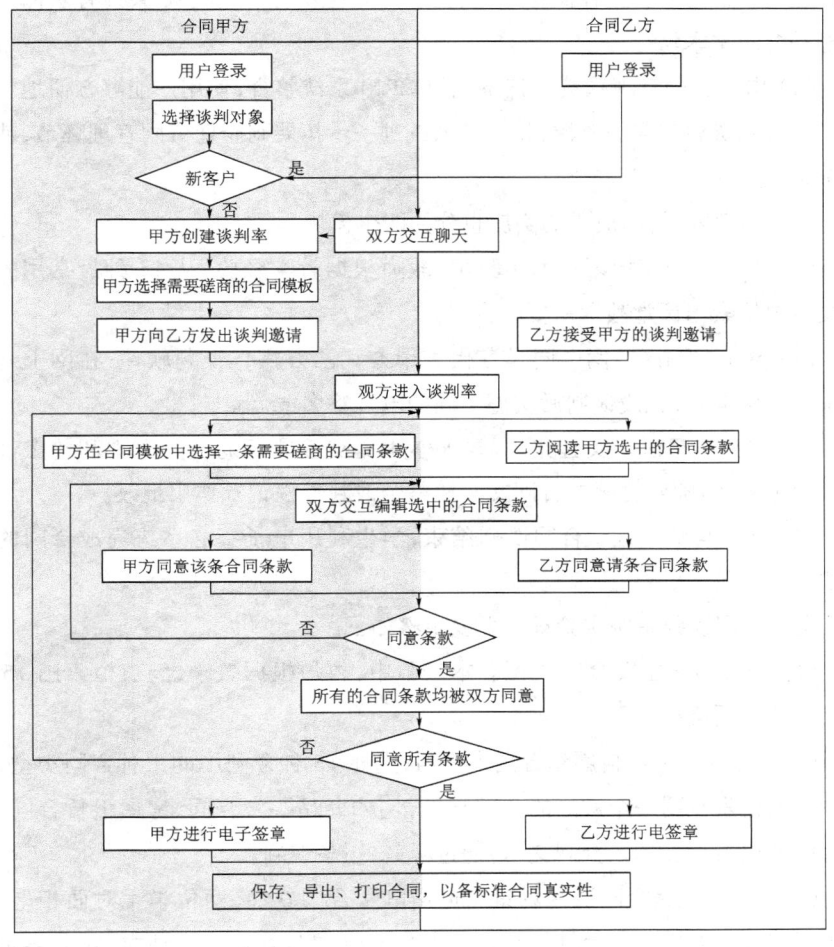

图 1 电子合同谈判系统流程图

(1) 网上谈判平台。该平台包括标准格式的合同文本生成子系统,自建格式的合同文本生成子系统,合同磋商与修改子系统,文字、语言和视频交流子系统等。

(2) 电子合同订立与电子签名系统。该系统与电子签名认证中心无缝链接,实现了电子合同的订立与安全电子签名,并提供二维码、水印、时间戳等文本保全手段。

(3) 电子合同文本保存系统。该系统由独立的第三方数据存储机构运营,以保证电子合同的安全存储,并为买卖双方发生法律纠纷时提供具有法律效力的电子合同文本。

(4)电子合同管理系统。该系统与CRM系统整合,使用户能够方便地管理自己的合同资源和客户资源,将谈判系统进一步拓展到企业合同管理环节,使得整个系统更完善。

从教学角度看,本成果的实施也分为四个模块。

(1)电子合同模板区。本实验中,教师根据教学经验,从15种最常用的合同类型中检索出课堂教学需要的合同。

(2)网上谈判区。两个同学各代表甲方和乙方操作谈判软件;在网上对合同条款逐条谈判,完成谈判后实施合同的电子签名或盖章。

(3)谈判结果区。实验完成,要求学生提交签署好的合同文本和整个谈判的过程记录;教师对签署的合同文本和整个谈判过程记录作出批改。

(4)签名与认证区。合同谈判结束,学生利用电子签名系统完成合同的签名或盖章。

电子合同谈判系统实验操作主要步骤如下。

(1)教师检索主要合同类型。本实验中,教师根据教学经验,检索出15种最常用的合同类型。

(2)课前:由学生自愿结合两人一组,选择15种合同中的1种合同类型,通过调查或检索找到一个实际的合同样本,例如商品买卖合同、房屋租赁合同等。学生需要逐条认真阅读合同文本,通过磋商,逐条谈判。

(3)课中:设置合同谈判场景。运用电子合同软件,两位学生对面相坐,各代表甲方和乙方操作一台计算机。一方发出合同条款修改的请求,对方表示接受或者拒绝,经过反复磋商,协商一致,填写必填的空格,逐条谈判审查合同条款。

(4)课中:合同谈判结束,学生利用电子签名系统完成合同的签名或盖章。

(5)课后:实验完成,要求学生提交谈判好的合同文本和整个谈判的过程记录。

本成果营造了一个虚拟仿真的实验环境。解决了传统合同向电子合同转变的谈判过程,并且引入了电子签名的技术。本成果在互联网环境下,在合同法实验教学的新思路和新方法方面实现了突破。教学现场如图2和图3所示。

图 2　合同法教学时的电子合同谈判系统实验现场

图 3　教师讲授并演示电子合同谈判过程

（三）教学效果

本成果已在 5 所高等院校法学和电子商务专业 1 000 余名学生中使用，收到很好的效果。

（1）加深学生对合同条款的认识。由于课前要求学生熟悉谈判系统的基本构造和实验合同的主要特点，课堂上给予学生针对性的指导，大大加深了学生对相关合同条款的理解。

（2）充分调动学生学习的积极性。实验过程中，学生表现出超乎寻常的兴趣，沉浸在甲方和乙方的谈判状态中，学习积极性得到有效调动。

（3）实现互联网化的场景教学和体验教学效果。通过合同谈判、电子签名等模拟活动，学生亲身感受到网上实际谈判的场景，获得实际的体验。

（4）有效加强互联网思维的灌输。在法学教学中引入互联网思维一直是一个很困难的问题。本成果结合实验教学使学生充分认识了互联网市场的发展趋势，提高了学生进入互联网领域、运用现代信息技术的信心和能力。

三、成果创新点

本成果营造了一个虚拟仿真的教学实验环境，改变了传统合同法教学中单纯教师讲授的状况，有效引导学生接触互联网商务环境和现代核证技术。本成果在互联网环境下合同法实验教学的思路和方法方面实现了有效突破，主要创新体现在以下三个方面。

（1）在法学教学中引入互联网新思维。本成果是在"互联网＋"思路指导下对传统法学教学理念进行全面更新的一次创新活动。互联网元素的引入，生动展现了世界市场发展的新趋势和我国传统产业转型的新途径，受到了学生的普遍欢迎；法学理论教学与虚拟仿真实验的结合，人文科学与信息技术的结合，适应了现代化教学改革的新要求。

（2）实现了合同法教学中实验教学的突破。法学教学的实验主要集中在刑侦课程，其他课程，特别是在合同法教学中基本上没有实验教学。本成果在合同法实验开发中取得突破，不仅利用网络技术模拟了合同谈判场景，而且采用电子签名技术，使法律专业学生直接接触最先进的核证技术，从根本上改变了原有的合同法教学缺少实验的状况。

（3）独立开发了适应网络谈判的电子合同模板。目前国内外还没有可以广泛应用于网络谈判的电子合同模板，本项目应用电子合同标记语言，开发了可供教学选择的 15 种格式合同模板和可供师生自己生成的合同模板。

四、应用探索

本成果将嵌入电子签名的电子合同谈判系统,推广应用到合同法实验教学中,收到非常好的效果。电子合同谈判系统实验跨越法学、商学、计算机等学科领域。实际操作效果好,应用范围广,是法、商、计算机复合教学以及复合型人才培养的又一具体实验活动。

(一)总体应用情况

近四年来,在华东政法大学民商法教学、华东政法大学电子商务教学、上海理工大学电子商务专业、上海建桥学院电子商务专业、上海民远学院电子商务专业的教学中使用,使用学生人数达到 1 000 余人,教学质量得到很大的提高。

本成果为学生营造了一个虚拟仿真的实验环境,学生在互联网环境下通过网络对话对不同合同进行逐条谈判,获得了合同谈判的真实体验。学生普遍反映,电子合同谈判系统界面设计清晰,内容设计贴近法学研究需要;学习过程从传统的单一课堂转向互联网课堂,课程设计多样,教学方法灵活,合同法知识掌握深入且牢固。在思维培育方面,与互联网实验积极结合的授课思想也使学生了解了"互联网+法律"的切入点,树立了法律服务业互联网思维的理念,坚定了法律为电子商务等战略性新兴产业服务的思想。

本成果指导齐鹏程等同学的"电子签名在 P2P 网贷中的应用研究",获得 2017 年第十五届挑战杯上海市大学生课外学术科技作品竞赛三等奖(见图 4)。

(二)完成"信息传递"在课前,"吸收内化"在课中的教学效果

本成果借助系统完成了对课程的微课建设与翻转课堂的设计,转变传统授课方式。课前为学生提供系统介绍的

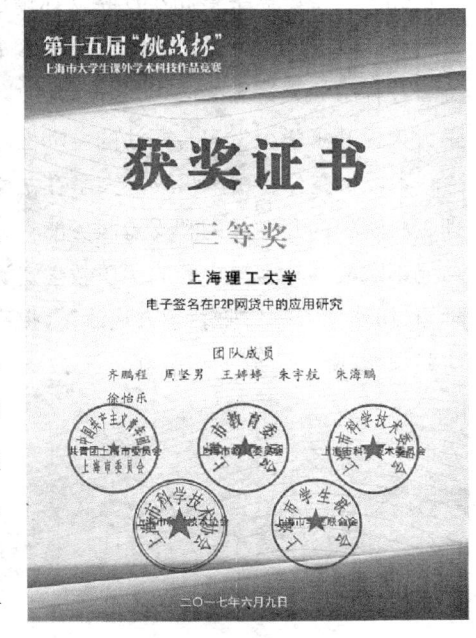

图 4 获奖证书

微视频，系统使用的在线指导视频和指南，在线合同上传等工作，使传统授课时的"信息传递"完成在课前。由于提前了解了学生学习中的难点，在课堂上给予针对性的高效的指导，积极的双向互动促进了学生的"吸收内化"。学生对合同条款有了深刻的认识，真正深入理解合同相关条款的法律意义。

授课过程中，学生表现出超乎寻常出的兴趣，没有学生玩手机，也没有学生走动。每组同学都进入甲方或乙方状态，专心进行合同条款的谈判，达到了积极调动学生的上课热情，充分实现师生互动的课堂效果。

（三）实现互联网化的场景教学和体验教学效果

本成果开发的虚拟仿真实验教学系统依托虚拟现实、多媒体、人机交互、数据库和网络通讯等技术，构建高度仿真的虚拟实验环境和实验对象，学生在虚拟环境中开展实验，达到教学大纲所要求的教学目的。

我们在合同法教学中设计6个学时的实验课程。通过课堂讲授、实时操作、合同签署前期谈判、中期合同生成，后期电子签名验证模拟等教学活动，使学生真正认识到互联网技术对传统产业的颠覆性改造，亲身感受到高新技术对生产的推动力。学生完全浸润在互联网环境中，切实体验到法律与现代网络信息技术的密切联系。而理论教学与实际应用的充分结合，又发现了学生在合同谈判签署过程中的大量实际问题，及时解决学生学习中的困惑。场景教学与体验教学大大提升了学生学习合同法的主动性。

本成果充分利用华东政法大学在法学教学中的专业优势，积极利用企业和理工科院校的开发实力和支持服务能力，系统整合了学校信息化实验教学资源，与兄弟院校共享虚拟实验的优质教学资源，推动了信息化条件下自主学习、探究学习、协作学习等实验教学方法改革，提高了教学能力，丰富了教学内容，拓展了实践领域，降低了成本和风险。

微课程教学法在"线性代数"课堂教学中的实际应用

王 倩

"线性代数"是各高校经济类、管理类、理工类等专业的重要基础理论课程之一。通过本课程学习,使学生系统地获得线性代数的基本运算能力,受到基本数学方法的训练和运用变量数学方法解决简单的实际问题的初步训练,为学习后续课程和今后工作需要打好必要的数学基础。但该课程相对其他学科来讲,更抽象,更深奥,章节与章节之间的逻辑性更强,对学生的数理思维能力也要求更高。传统的线性代数课堂基本上是"满堂灌,填鸭式"教学。两三节课下来,学生能吸收一半就已经很不错了。如果没有一定时间的课后复习和习题,基本在下一次课的时候就将之前学过的内容忘得所剩无几。怎样才能增加线性代数课程的趣味性、生动性?怎样才能减少学生对于数学课程的为难情绪?这些问题的探讨非常具有现实意义。在线性代数教学中尝试引入微课程教学,将课程中的一些难点、重点及相关习题做成微课程视频,提供给学生做课前预习和课后复习使用,这样学生就可以利用业余时间自主的选择学习,而宝贵的课堂时间可以用于深入讲解、讨论等活动,让学生真正的掌握线性代数知识,培养学生的数学逻辑推理能力和数学素养,真正的实现学生自主学习。

一、微课程的起源及其特点

微课程的雏形最早见于美国北爱荷华大学(University of Novthern lowa)教授 LeRoy A. Mc Grew 1993 年所提出的 60 秒课程(60-Second Course),他将课程

设计为3部分:概念引入、解释和结合生活举例。1960年,美国阿依华大学附属学校基于学校资源、教师能力与学生兴趣,提出了以主题模块组织起来的相对独立与完整的小规模课程,即微课程。1998年,新加坡教师培训机构NIE(National Institute Of Education)为实施新加坡教育部发起的教育IT主体计划(Masterplan for IT in Education),开始进行微型课程研究项目,目的是培训教师构建一两个学时、30~60分钟的微型课程。2001年,麻省理工学院微型视频课程实施Open Course Ware计划,推出了微型教学视频。

关于微课程的概念,我国的学者给出了不同的见解。黎加厚教授通过研究认为:"微课程"是指时间在10分钟以内,有确切的教学目标,内容短小,集中说明一个问题的小课程。而张静然研究则认为:微课程是一线教师自己开发、时间控制在五分钟以内的微小课程,源于教师的教育教学实际,为教师所需,为教师所用,解决了工作中的棘手问题;微课程不仅是一种教师成长的工具,更是一种教师成长的新范式。我国最先提出"微课"的胡铁生先生则认为:微课是从新课程标准及教学实际需要出发,以微小的视频为主要载体,反映教师在课堂教学过程中针对某个知识点而开展教与学活动的各种教学资源重新合成。

综上,通过对国内外关于微课程概念的梳理,虽然微课程概念的定义没有统一起来,但上述提到的微课程具有以下几个特点:①以微视频为核心;②时间比较短,一般控制在10分钟以内;③一般围绕一个知识点、一个难点或重点进行讲解;④融合了文本、音频、视频、动画等元素;⑤微课程是一个完整的教学活动,有知识的讲解和配套的练习。

二、线性代数应用微课程的教学案例——以矩阵的乘法为例

本文以同济六版《线性代数》的第二章第二节矩阵的乘法为例,制作了单课程的微视频,上传至教学班级的公用邮箱,供学生作为课前预习的主要资料。教学班级共143人,含有三个自然班。学生大部分来自江浙沪地区,其中理科生占80%,文科生占20%。将班级按照宿舍分组,4人一组,共35组(其中三组是5人一组)。课前布置微视频作为预习作业,课上按照小组进行讨论,分析还有哪些问题没有解决,引导学生自己推导出数的乘法和矩阵的乘法有哪些方面不同,并完成一定的课后习题。以下是矩阵的乘法微课程的设计方案及学习任务单。

(一)矩阵乘法的概念微课程设计方案

矩阵乘法的概念微课程设计方案如表1所示。

表 1　矩阵乘法的概念微课设计方案

题目	矩阵乘法的概念
选题意图	我们从小学低年级就开始学习数的四则运算(加减乘除)，并学习了这些运算所满足的运算规律(结合律，交换律，消去率)。高等数学中我们还学习了极限、导数和积分的四则运算法则，并发现这些运算所满足的运算规律和数与数的运算规律是一样的。而在线性代数中，我们解决问题的两个主要工具就是行列式和矩阵，而行列式由于其自身定义的局限性，使得我们不会花大量的精力去研究它。因此，矩阵的运算及其满足的运算规则是我们学习的重点，是之后我们解决问题的基础。矩阵的运算主要有加法，数乘和乘法。其中，矩阵的乘法运算相对来讲最特殊。因此，这里我们重点探讨矩阵乘法的定义及它所满足的运算性质是什么？线性代数理论相对来讲逻辑性更强，同时也更枯燥、更抽象，因此我们希望学生能够站在更高更深刻的角度来分析和解决问题，能够非常清楚每一个问题的思想来源及其定义，而不是单纯的计算解题能力。
内容来源	《线性代数》第二章矩阵及其运算中的第二节矩阵的运算部分内容
适用对象	大一新生(经济学、管理学、金融学、会计学等财经方向)
教学目标	掌握矩阵乘法的定义及其运算规则，从而为后续课程打好基础
教学用途	由于学生基础不同，该微课可以用于课前预习和课堂活动当中，学生可以观看一遍或反复观看，从而掌握课程所传达的理论思想
知识类型	✓理论讲授型　　□推理演算型　　□技能训练型　　□实验操作型 □答疑解惑型　　□情感感悟型　　□其他
制作方式 (可多选)	□拍摄　　✓录屏　　✓演示文稿　　✓动画　　□其他
预计时间	5～6 分钟

教学过程	设计意图
呈现题目： 矩阵乘法的概念	学生阅读题目，可以先回想一下小学所学习过的数与数的乘法，两个函数乘积的极限，两个函数乘积的导数以及两个函数乘积的积分等相关问题。那么矩阵的乘法是怎么定义的呢？
n 个变量 x_1, x_2, Λ, x_n 与 m 个变量 y_1, y_2, Λ, y_m 之间的关系式 $$\begin{cases} y_1 = a_{11}x_1 + a_{12}x_2 + \Lambda + a_{1n}x_n \\ y_2 = a_{21}x_1 + a_{22}x_2 + \Lambda + a_{2n}x_n \\ \qquad\qquad \Lambda \\ y_m = a_{m1}x_1 + a_{m2}x_2 + \Lambda + a_{mn}x_n \end{cases}$$ 表示从变量 x_1, x_2, Λ, x_n 到变量 y_1, y_2, Λ, y_m 的线性变换。 其中 a_{ij} 为常数。$A = (a_{ij})_{m \times n}$ 称为系数矩阵， 即 $A = \begin{bmatrix} a_{11} & a_{12} & \Lambda & a_{1n} \\ a_{21} & a_{22} & \Lambda & a_{2n} \\ \Lambda & \Lambda & \Lambda & \Lambda \\ a_{m1} & a_{m2} & \Lambda & a_{mn} \end{bmatrix}$	介绍什么是线性变换

(续表)

教学过程	设计意图
线性变换与矩阵之间存在着一一对应的关系。 恒等变换 $\begin{cases} y_1 = x_1 \\ y_2 = x_2 \\ \Lambda \\ y_n = x_n \end{cases}$ 对应 $\begin{pmatrix} 1 & 0 & \Lambda & 0 \\ 0 & 1 & \Lambda & 0 \\ \Lambda & \Lambda & \Lambda & \Lambda \\ 0 & 0 & \Lambda & 1 \end{pmatrix}$ 单位矩阵 $\begin{cases} y_1 = \lambda_1 x_1 \\ y_2 = \lambda_2 x_2 \\ \Lambda \\ y_n = \lambda_n x_n \end{cases}$ 对应 $\begin{pmatrix} \lambda_1 & 0 & \Lambda & 0 \\ 0 & \lambda_2 & \Lambda & 0 \\ \Lambda & \Lambda & \Lambda & \Lambda \\ 0 & 0 & \Lambda & \lambda_n \end{pmatrix}$ 对角矩阵	揭示线性变换与矩阵的关系
矩阵与矩阵相乘 引例：设有两个线性变换 $\begin{cases} y_1 = a_{11}x_1 + a_{12}x_2 + a_{13}x_3 \\ y_2 = a_{21}x_1 + a_{22}x_2 + a_{23}x_3 \end{cases}$ 对应 $\begin{pmatrix} a_{11} & a_{12} & a_{13} \\ a_{21} & a_{22} & a_{23} \end{pmatrix}$ $\begin{cases} x_1 = b_{11}t_1 + b_{12}t_2 \\ x_2 = b_{21}t_1 + b_{22}t_2 \\ x_3 = b_{31}t_1 + b_{32}t_2 \end{cases}$ 对应 $\begin{pmatrix} b_{11} & b_{12} \\ b_{21} & b_{22} \\ b_{31} & b_{32} \end{pmatrix}$ 求从 t_1, t_2 到 y_1, y_2 的线性变换 $\begin{cases} y_1 = (a_{11}b_{11} + a_{12}b_{21} + a_{13}b_{31})t_1 \\ \quad\quad + (a_{11}b_{12} + a_{12}b_{22} + a_{13}b_{32})t_2 \\ y_2 = (a_{21}b_{11} + a_{22}b_{21} + a_{23}b_{31})t_1 \\ \quad\quad + (a_{21}b_{12} + a_{22}b_{22} + a_{23}b_{32})t_2 \end{cases}$ 则定义 $\begin{pmatrix} a_{11}b_{11}+a_{12}b_{21}+a_{13}b_{31} & a_{11}b_{12}+a_{12}b_{22}+a_{13}b_{32} \\ a_{21}b_{11}+a_{22}b_{21}+a_{23}b_{31} & a_{21}b_{12}+a_{22}b_{22}+a_{23}b_{32} \end{pmatrix}$ $= \begin{pmatrix} a_{11} & a_{12} & a_{13} \\ a_{21} & a_{22} & a_{23} \end{pmatrix} \begin{bmatrix} b_{11} & b_{12} \\ b_{21} & b_{22} \\ b_{31} & b_{32} \end{bmatrix}$	引出矩阵乘法的定义。

设计亮点：
这段微课程的制作主要以具体实例为主，这样可以把抽象的数学概念转化为具体的运算，既清楚又直观，从而减少对线性代数的为难情绪

（二）矩阵乘法的概念微课程学习任务单

矩阵乘法的概念微课程学习任务单如表2所示。

表2 矩阵乘法的概念微课程学习任务单

一、学习目标
1. 通过观看微视频，了解矩阵乘法的概念；
2. 通过比较分析线性变换和矩阵乘法之间的联系，深刻理解矩阵乘法概念的内涵

(续表)

二、学习资源	
《线性代数》同济六版教材	
三、学习方法	
通过观看视频自主学习,观看后也可以与老师和同学交流学习心得	
四、学习任务	
1. 通过学习,了解矩阵乘法的概念是怎样提出来的? 2. 自己想一想,我们身边是否还存在矩阵乘法的应用实例?	
五、学习困惑(学生填写)	

(三)矩阵乘法满足的运算规律微课程设计方案

矩阵乘法满足的运算规律微课程设计方案如表3所示。

表3 矩阵乘法满足的运算规律微课设计方案

题目	矩阵乘法满足的运算规律
选题意图	矩阵的乘法运算是矩阵最基本的运算之一,相对于数与数的乘法运算,矩阵的乘法具有很多特殊性。首先,两个矩阵做乘法运算,是要满足可乘条件的,即左乘矩阵的列数要等于右乘矩阵的行数。其次,矩阵的乘法运算不满足交换律和消去率。因此,很多在数与数中成立的公式在矩阵的乘法运算中都不满足,如平方差公式,立方和公式等。这部分内容较简单,通过播放视频做到课前预习,上课时就可以节省大量的课堂时间来解决后面的难点、重点
内容来源	《线性代数》第二章矩阵及其运算中的第二节矩阵的运算部分内容
适用对象	大一新生(经济学、管理学、金融学等财经方向)
教学目标	1. 掌握矩阵乘法的可乘条件。 2. 明确记住矩阵乘法不满足交换律和消去率
教学用途	由于学生基础不同,该微课可以用于课前预习和课堂活动当中,学生可以观看一遍或反复观看,从而掌握课程所传达的理论思想
知识类型	✓理论讲授型　　✓推理演算型　　□技能训练型　　□实验操作型 □答疑解惑型　　□情感感悟型　　□其他
制作方式 (可多选)	□拍摄　　✓录屏　　✓演示文稿　　□动画　　□其他
预计时间	10分钟

教学过程	设计意图
呈现题目: 矩阵的乘法例题	学生阅读题目,根据之前学过的矩阵乘法的定义进行计算,同时考虑矩阵乘法的可乘条件是什么?

(续表)

教学过程	设计意图
例1：$\begin{pmatrix} 1 & 6 & 8 \\ 6 & 0 & 1 \end{pmatrix} \begin{pmatrix} 1 & 2 & 3 \\ 3 & 2 & 1 \\ 5 & 8 & 9 \end{pmatrix} = \begin{pmatrix} 59 & 78 & 81 \\ 11 & 20 & 27 \end{pmatrix}$ 例2：$\begin{pmatrix} 1 & 2 & 3 \\ 3 & 2 & 1 \\ 5 & 8 & 9 \end{pmatrix} \begin{pmatrix} 1 & 6 & 8 \\ 6 & 0 & 1 \end{pmatrix}$ 不能做乘法 例3：$\begin{pmatrix} 1 & 0 & -1 & 2 \\ -1 & 1 & 3 & 0 \\ 0 & 5 & -1 & 4 \end{pmatrix} \begin{pmatrix} 0 & 3 & 4 \\ 1 & 2 & 1 \\ 3 & 1 & -1 \\ -1 & 2 & 1 \end{pmatrix} = \begin{pmatrix} -5 & 6 & 7 \\ 10 & 2 & -6 \\ -2 & 17 & 10 \end{pmatrix}$ 例4：$\begin{pmatrix} 0 & 3 & 4 \\ 1 & 2 & 1 \\ 3 & 1 & -1 \\ -1 & 2 & 1 \end{pmatrix} \begin{pmatrix} 1 & 0 & -1 & 2 \\ -1 & 1 & 3 & 0 \\ 0 & 5 & -1 & 4 \end{pmatrix} = \begin{pmatrix} -3 & 23 & 5 & 16 \\ -1 & 7 & 4 & 6 \\ 2 & -4 & 1 & 2 \\ -3 & 7 & 6 & 2 \end{pmatrix}$ 例5：$\begin{pmatrix} -2 & 4 \\ 1 & -2 \end{pmatrix} \begin{pmatrix} 2 & 4 \\ -3 & -6 \end{pmatrix} = \begin{pmatrix} -16 & -32 \\ 8 & 16 \end{pmatrix}$ 例6：$\begin{pmatrix} 2 & 4 \\ -3 & -6 \end{pmatrix} \begin{pmatrix} -2 & 4 \\ 1 & -2 \end{pmatrix} = \begin{pmatrix} 0 & 0 \\ 0 & 0 \end{pmatrix}$	首先，通过交换两个矩阵的位置做乘法，发现只有当左乘矩阵的列数等于右乘矩阵的行数时，两个矩阵才可以做乘法。 其次，一般来说 $AB \neq BA$，即矩阵乘法不满足交换律。最后，两个非零矩阵的乘积也有可能是零矩阵
1. 矩阵乘法不满足交换律，即 $AB \neq BA$。 2. 矩阵乘法不满足消去率，即 $AB = AC, A \neq 0$，不能推出 $A = 0$。 3. 矩阵乘法满足的运算规律如下： （1）结合律：$(AB)C = A(BC)$； （2）分配率：$A(B+C) = AB + AC$； （3）$\lambda(AB) = (\lambda A)B$； （4）$AE = EA = A$	根据例题，得出结论
设计亮点： 通过具体实例，让学生自己观察分析矩阵乘法的奥妙，从而得出结论。有助于提高学生的学习兴趣，同时也锻炼了学生分析问题解决问题的能力	

（四）矩阵的乘法满足的运算规律微课程学习任务单

矩阵的乘法满足的运算规律微课程学习任务单如表4所示。

表4 矩阵的乘法满足的运算规律微课程学习任务单

一、学习目标

1. 通过观看微视频，掌握数矩阵的乘法满足的运算规律；
2. 充分认识到矩阵乘法的特殊性

二、学习资源

同济六版《线性代数》

三、学习方法

通过观看视频自主学习，观看后也可以与老师和同学交流学习心得

(续表)

四、学习任务
1. 通过学习，掌握矩阵乘法的计算，熟知矩阵乘法的可乘条件以及乘积矩阵的行数和列数与谁有关；
2. 牢记矩阵的乘法不满足交换律和消去率，为后续其他矩阵计算的学习奠定基础
五、学习困惑(学生填写)

三、单个微课程的评价

如何评价微课程的好坏？评价微课程优劣的标准是什么？笔者认为学生是微课程的最终使用者，因此，一门微课程有没有价值，关键要看有没有满足学生的相关需求，学生喜欢不喜欢，与传统课程相比，有没有更加促进学生各方面能力的发展。以下是通过课后访谈收集到的资料"学生眼中的微课程"。

1. 教师与学生的对话

教师：你喜欢这种微课程吗？对你学习线性代数这门课程有没有帮助？

学生1：这种课程形式很新颖，和我们以往的授课形式不太一样。看着老师做的PPT和视频，我感觉不是在学习，而是在看电影或和同学聊天，心里很轻松，也没有对数学的畏惧感。而且我一边看一边思考，一下子就自己找出来矩阵的乘法和普通的数与数的乘法的区别，很有成就感。

2. 教师与学生2的对话

教师：这个微课程的视频对你预习有没有帮助？看你的表情非常兴奋？

学生2：老师我觉得好激动。从小我的数学就不好，小学数学成绩还可以，可是到了初中和高中数学就几乎没怎么及格过。当时选择上这个文科专业时，也是想着可能大学不用学数学了。没想到上了大学还要学数学，还这么难，所以我一直很焦虑。但是看了这个微课程视频，我一下子就看懂了，不仅自己学会了矩阵乘法，还能总结出矩阵乘法的特殊性质，这是以前不敢想象的事情，我现在觉得数学好像也没有那么难。

看到学生2兴奋激动的眼神，我仔细地了解了一下她的具体情况。原来她是文科生，数学基础本就比较薄弱。中学时没有接触过线性代数，一年级学习的高等数学课程考核也没有通过。没想到线性代数微课程的视频能给她带来这么大的意外之喜，这就不难解释她脸上激动喜悦的表情了。

3.教师与学生3的对话

教师:在课堂上,我可以看得出你们小组的表现最为出色,将矩阵乘法的定义,可乘条件,不满足的运算规律分析得最为透彻。你们喜欢用这种微课程的形式进行学习吗?与传统的上课形式相比,你认为微课程对你学习帮助最大的方面是什么?

学生3:非常喜欢!如果课前预习只是枯燥的看书,我肯定是看不下去的。但是微课程的视频不同,它有动画,有图形,有例子,重点部分还用不同颜色的字体标识出来,非常形象生动。我们组的同学一连看了三遍,虽然第一遍的时候大家理解的不是很清楚,有一些细节问题没有掌握,但是到第三遍的时候,有两个同学已经把矩阵的乘法不满足的运算规律掌握的非常透彻了。然后他们把心得和同组的其他同学一起分享,最后大家集思广益把课后习题都给做出来了,竟然和老师上课讲的方法差不多,真是太高兴了。那可是证明题啊,中学时最怕的题目。希望以后老师多做些微课程的视频,那样我们可以自己看,这样上三节数学课也不会觉得那么累了。

学生3说话的时候,喜悦之情溢于言表。一看就知道这是通过自己努力攻克难关的那种喜悦之情。成就感对于塑造学生学习的自信心,激发学生的学习热情,将所学知识内化为自己的一部分起着难以估量的作用。看来微课程在教学中的尝试对于大部分同学还是乐于接受的。

四、单个微课程的反思

(一)课堂教学可以采用混合模式教学

利用微课程,我们可以将"翻转课堂"的教学理念引入课堂,采用启发式的教学方式,强调学生的自主学习、自主钻研,激发学生的学习欲望,注重学生的学习能力和学习习惯的培养。上课时,我们可以分小组互评课前预习情况,然后每组选择一个代表对该组成员共同存在的问题进行总结并提交给老师,接着老师对这些问题进行分析解答,最后还可以提出进阶任务,对那些学有余力的同学提出更高层次的要求。

(二)需要构建与微课程相关知识的系列微课程

在与学生的访谈中发现,学生的层次不同,基础知识不同,对课程的接受程度也不同。单个微课程可能只能满足那些数学基础比较扎实的同学的需要,而对于基础薄弱、知识出现断层的同学,单个微课程起的效果不是很理想。因此,以后应该开发相关知识点的系列微课程,不需要的同学在播放视频的时候可以直接跳过,而需要的同学可以从前到后仔细观看。这样才能满足不同层次学生的需求,达到所有学生根据自己的需要主动的进行学习。

（三）小组的结构分配不合理

当初组建小组的时候,只考虑了学习方便的原则,而没有考虑学习基础的好坏。使得有的小组四个同学数学基础都很好,很快就完成了任务学习单上的要求,课上讨论的时候也非常积极,观点也很正确。而有的小组几乎都是文科生,基础相对比较薄弱,微课程视频看了几遍也没有弄明白课程内容,就更不用谈解决课后习题了。结果造成课上时间的浪费,教师大部分时间都在为他们解决问题。因此,以后分组时要先考虑各小组之间数学基础是否是平衡的,然后再考虑学习方便的原则。这样才能充分发挥小组相互合作,互帮互助的作用。

参考文献

[1] 赵晓,辛林,肖蓬.翻转课堂教学模式下的线性代数微课研究[J].宁德师范学院学报:自然科学版,2017(3):323-327.

[2] 王鑫.基于微课的翻转课堂在线性代数教学中的应用[J].高教学刊,2016(11):118-119.

[3] 王倩.浅谈微课程在高等数学教学中的实际应用[J].现代商贸工,2015,36(22):181-183.

[4] 梁乐明,曹俏俏,张宝辉.微课程设计模式研究——基于国内外微课程的对比分析[J].开放教育研究,2013(19):65-66.

[5] 唐军,李金钊.中小学微课程概念的界定[J].课程教材教学研究:小教研究,2014(z1):65-65.

有关成本会计教学的几点想法

孙　红

一、促使学生掌握计算难点

在成本会计中,约当产量法的计算和分步法的计算,是重点也是难点。特别是以下四块内容,学生掌握起来难度较大:①生产在先进先出法的情况下约当产量的计算;②综合结转分步法中,"来自上一步骤的半成品"的约当产量的计算;③分项结转分步法中,"从上一步骤转入的直接材料""从上一步骤转入的直接人工"和"从上一步骤转入的制造费用"每项约当产量的计算;④平行结转分步法中期末完工产品和在产品的约当产量的计算。

在授课过程中,笔者会用图示、举例和以步骤展示的方法给学生讲解这些内容。由于学生并不能到实际的制造业中观察产品的生产过程,对这些抽象的方法不能及时理解。其导致的后果是:①很多同学在听教师讲解后,依然不明白,或者当时明白,事后又找不着思路;②如果学生不掌握,就不能很好的进行下一阶段的学习,教师在课堂上只能重新再讲,占用大量的时间,影响之后的教学进程;③在反复讲的过程中,那些领悟能力强的同学又是在做无用功。

笔者认为针对该问题最好的解决方法就是利用微课程。我可以在上课之前录制好难点讲解的视频,放在网页上,请学生去观看。微课程有如下优点:①对于这部分计算的难点,可以清晰地展现出推理和计算过程,接下来,给学生演示利用 Excel 函数实现计算过程,相当于一对一的教学,更加清晰;②在课堂上没有及时掌握的学生,可以在课下看,尤其对不懂的地方可以暂停、重复,从而控制自己的学习进度和学习强度;③可以预留出更多的课上时间进行更深入的学习,包括课上案例和讨论。

以下是有关综合结转分步法的例题,以此题来说明笔者想实施的微课。

某企业生产甲产品需要经过两个加工步骤,第一步骤生产出半成品,第二步骤对半成品进行加工生产出产成品。该企业采用综合结转分步法计算产品成本。该企业 2016 年有关成本资料如表 1～表 3 所示。

表 1　产量记录

单位:件

项目	第一步骤	第二步骤
月初在产品数量	120	170
本月投入或上步骤转入数量	480	500
本月完工转出数量	500	450
月末在产品数量	100	220

表 2　完工程度

项目	第一步骤	第二步骤
月初在产品	60%	70%
月末在产品	40%	50%

表 3　成本资料

单位:元

项目		自制半成品	直接材料	直接人工	制造费用
月初在产品成本	第一车间		5 340	750	5 174
	第二车间	1 950		82	184
本月发生成本	第一车间		38 400	5 616	11 700
	第二车间			4 173.5	7 856

原材料在生产时一次性投入,各步骤的在产品成本按照约当产量法中的先进先出法计算。

要求:①求第一步骤本期完工半成品的总成本和单位成本,期末在产品成本;②求第二步骤本期完工产成品的总成本和单位成本,期末在产品成本。

请注意,要求是各步骤的在产品按照约当产量法中的先进先出法来计算。最关键的步骤是计算第一步骤和第二步骤的约当产量。笔者在微课中,先给学生讲解如何计算第一步骤的约当产量,用在纸上书写步骤的方式展现出来,一边写一边讲解。

首先,如图 1 所示,将投入的产品分成三个部分,第一部分是期初在产品

(120件),第二部分是本期投入本期完工的产品(380件),第三部分是本期投入期末未完工的在产品(100件)。对于第一部分期初在产品(120件),投料程度的变化是从100%变到100%,对于第二部分本期投入本期完工的产品(380件),投料程度的变化是从0变到100%,对于第三部分本期投入期末未完工的在产品(100件),投料程度的变化是从0变到100%。通过期末各种形态产品的数量与其利用投料程度的变化差相乘,再求和,可以计算出直接材料部分的约当总产量为480,其中,完工产品的约当产量为380,期末在产品的约当产量为100。按照同样的步骤,通过期末各种形态产品的数量与其利用完工程度的变化差相乘,再求和,可以得到,直接人工和制造费用部分的约当总产量为468,其中,完工产品的约当产量为428,期末在产品的约当产量为40。这样的展示和讲解,使得整体思路展现的清晰明确,便于学生理解。

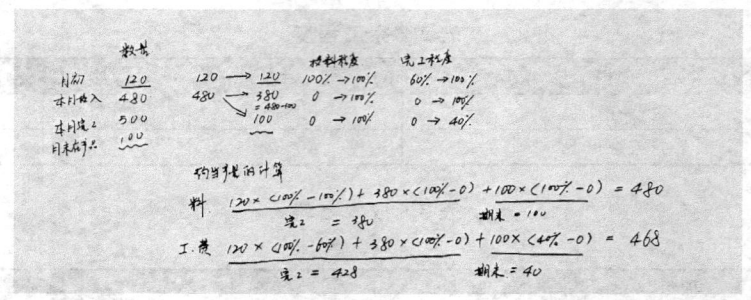

图1 将投入的产品分成三部分

然后,我们在Excel表格中来实现计算第一步骤完工产品成本和期末在产品成本的过程,主要是展示出所利用的函数,教会学生使用这些功能。

在Excel表格中先列出相应的表格。其中,第一行展示的是:直接材料、直接人工、制造费用(简称料工费)和合计四部分。第一列展现的是:期初在产品成本、本期发生生产费用、完工产品约当产量、期末在产品约当产量、约当总产量、约当产量单位成本、期末在产品成本和完工产品成本。根据题干中信息将料工费三部分的期初在产品成本和本期发生生产费用填写在表格中,如图2所示。

接着,根据在纸上展示的约当产量计算的讲解,将完工产品约当产量、期末在产品约当产量和约当总产量三部分的信息填写在表格中,如下图所示。

再接下来开始在Excel表格中计算的过程了。要先计算出直接材料的约当产量单位成本。在直接材料这一列,约当产量单位成本=本期发生生产费用/约当总产量,如图3~图4所示,可以看到B7单元格的函数式=B3/B6。

	A	B	C	D	E
1		料	工	费	合计
2	期初在产品成本	5340	750	5174	
3	本期发生生产费用	38400	5616	11700	
4	完工产品约当产量				
5	期末在产品约当产量				
6	约当总产量				
7	约当产量单位成本				
8	期末在产品成本				
9	完工产品成本				

图2 料工费的计算

	A	B	C	D	E
1		料	工	费	合计
2	期初在产品成本	5340	750	5174	
3	本期发生生产费用	38400	5616	11700	
4	完工产品约当产量	380	428	428	
5	期末在产品约当产量	100	40	40	
6	约当总产量	480	468	468	
7	约当产量单位成本				
8	期末在产品成本				
9	完工产品成本				

图3 填入相关信息

B7　=B3/B6

	A	B	C	D	E
1		料	工	费	合计
2	期初在产品成本	5340	750	5174	
3	本期发生生产费用	38400	5616	11700	
4	完工产品约当产量	380	428	428	
5	期末在产品约当产量	100	40	40	
6	约当总产量	480	468	468	
7	约当产量单位成本	80			
8	期末在产品成本				
9	完工产品成本				

图4 计算约当产量单位成本中的直接材料

之后,计算直接材料的期末在产品成本。在直接材料这一列,期末在产品成本 = 约当产量单位成本×期末在产品约当产量,如图 5 所示,可以看到 B8 单元格的函数式 = B7 * B5。

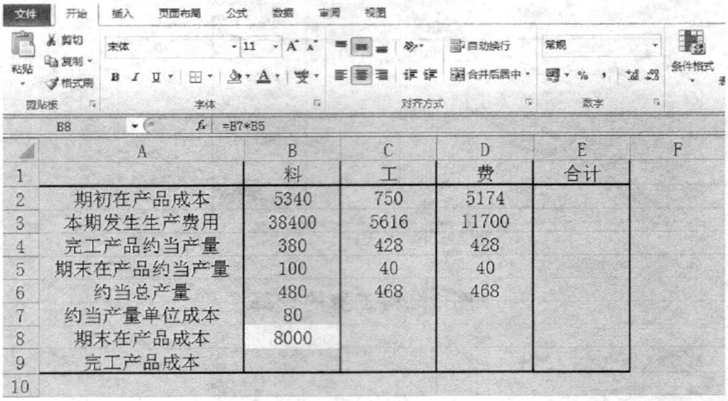

图 5　计算期末在产品成本中的直接材料

最后,计算出直接材料的完工产品成本。在直接材料这一列,完工产品成本 = 期初在产品成本 + 本期发生生产费用 - 期末在产品成本,如图 6 所示,可以看到 B9 单元格的函数式 = B2 + B3 − B8。这样,直接材料这一列下面的数字计算都完成了。

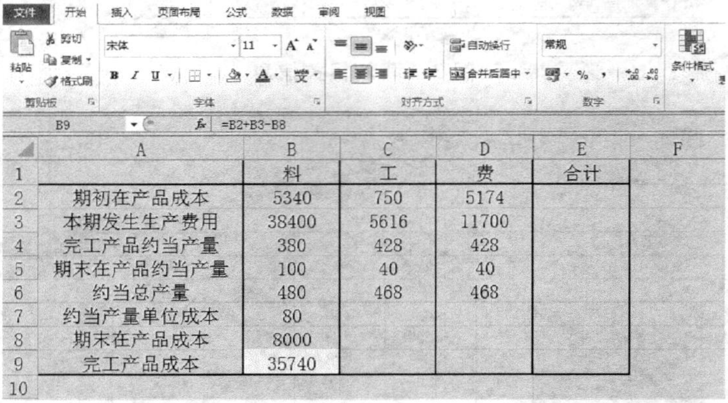

图 6　计算完工产品成本中的直接材料

计算完成后,在直接人工和制造费用这两列,约当产量单位成本、期末在产品成本和完工产品成本这些部分都可以通过复制第一列直接材料的对应部分再粘贴在本列得到,因为在 Excel 表格中,在存在函数的情况下,复制粘贴的结果是复制对应单元格的函数式。这样,可以快速计算出料工费三部分的期末在产品成本和完工产品成本,再用求和函数 SUM 进行合计,得到第一车间生产出的半成品的期末在产品成本和完工产品成本。最后得到的结果,如图7所示。

	料	工	费	合计
期初在产品成本	5 340	750	5 174	11 264
本期发生生产费用	38 400	5 616	11 700	55 716
完工产品约当产量	380	428	428	
期末在产品约当产量	100	40	40	
约当总产量	480	468	468	
约当产量单位成本	80	12	25	
期末在产品成本	8 000	480	1 000	9 480
完工产品成本	35 740	5 886	15 874	57 500

图7 计算直接人工和制造费用的相关数据

对于第二车间的期末在产品成本和完工产品成本计算与第一车间的计算程序和函数式都一样,这里不再赘述。

二、获得及时有效的教学反馈

每学期学生都会对课程进行评教,笔者会认真阅读学生的评教,争取在下一年教学中,克服缺点,发挥优势,提高教学水平。但是,这种教学反馈的问题有:①反馈不及时,要到学期快结束时才知道评价情况;②学生们会出现完全相反的观点,有的说教师讲得很清晰,有的说教师讲得不够清晰;③有的评价非常粗略,教师也没有进一步详细了解情况的机会。

针对该问题,笔者认为可以利用网络平台,设置一个论坛,请学生在论坛上及时反馈每次的课程情况,比如说,有哪些地方没弄明白,对于授课有什么意见,对教师接下来的课程有什么期望。由此,教师可以及时了解到学生的想法,在本学期课程进行过程中不断改进。

设置该论坛,还可以达到另一个目的,即在论坛上提出一些有关课程的好的问题(包括案例),供学生发言讨论。学生也可以提出一些问题,供其他同学和老师来进行发言讨论。为了鼓励学生积极参与反馈和讨论,可以将发言的活跃程度和回答问题的情况体现到部分平时成绩中。

三、对学生进行需求分析

所谓学习需求,是学习者目前水平与其期望达到的水平之间的差距。在对学生的需求进行分析的基础上,教师才能明确学习目标,组织学习内容,设计教学策略和选择教学媒体。我们要对学习者的特征进行分析。特征分析包括两部分内容,一部分内容是学习者的一般特征分析,包括"这些学生是谁""他们过去是如何学习的""他们过去经历了什么重大事件",以及"他们对于未来有什么样的憧憬和打算"。学习者的起点能力分析,包括"他们已经知道什么""他们已经具备什么样的能力""他们喜欢什么"等。笔者从年龄特征,个人背景,学习动机和学习风格四个方面对成本会计的学生进行学习者的一般特征分析,以更好地制定学习目标、学习内容和学习策略。

(一)年龄特征

学习成本会计的学生为大二下学期的学生,普遍已经适应了大学的学习氛围。

(二)个人背景

绝大部分学生都是独生子,家庭状况良好,有一半左右的同学来自上海。这些学生的成长过程中伴随着互联网行业的蓬勃发展,所以在交友方面,手机和电脑等通讯方式占有非常重要的地位。这些学生普遍已经学会搜集信息的方法,但如何筛选出有效信息的能力还有待加强。

(三)学习动机

现在的学习动机主要是三点:一是找到一份满意的工作;二是考取研究生;三是考取相关职业证书,比如说中国注册会计师。很少学生会凭着兴趣和爱好进行学习,如何激发学生对于成本会计这门专业课的兴趣,是个关键问题。

(四)学习风格

学生们很有个性,有自己的想法,也有表达想法的愿望,具备基本的学习能力,需要教师有针对性的指导和点拨,而非"满堂灌"的教学。会计系男女生比例大约为1∶2。相对而言,在课堂上女生更安静一些,导致课堂氛围没那么活跃。

接下来,笔者从对预备知识/技能的分析、对目标知识/技能的分析,以及学习者对所学内容态度的分析这三方面对学习者的起点能力进行分析。

(五)对预备知识/技能的分析

在学习成本会计之前,学生已经学习过"微观经济学""宏观经济学""高等数学""统计学""会计学原理""中级财务会计 I"等课程,所以具备了基本的经济学知识、数学知识、统计知识和会计学知识,能够为下一步的深入学习做好准备。

(六)对目标知识/技能的分析

通过成本会计这门课程,需要达到如下目标:掌握成本核算的基本理论;熟练掌握成本核算的要求、一般程序和产品成本计算的基本方法;掌握成本控制在企业管理中的作用;了解成本会计理论发展的前沿动态;能够用成本计算和成本控制方法来进行相关的案例分析。

(七)学习者对所学内容态度的分析

学生希望掌握成本核算的基本理论以及产品成本计算的基本方法,同时希望能够了解成本会计在企业管理中的作用,愿意接受这些知识,但更希望有案例的加入。

针对学生进行了需求分析,可以得出:学生还是愿意学习成本会计的相关知识,但学习的过程,除了熟练掌握成本计算的方法外,还希望能够引入更多的案例讨论,更多与现实环境相结合。

四、促使学生主动学习

如何促使学生主动学习而非被动接受老师的知识灌输,一直是很重要的问题。我们的大学生应当具有以下四种能力(4C):合作(collaboration)、沟通(communication)、批判性思维(critical thinking)和创新性思维(creative thinking)。这些能力的培养不是单独开设几门创新创业课程就能做到的,而应当将这些能力的培养贯穿在专业教育中。这就要求,我们在教授的过程中讲框架,讲重难点,但一定要给学生自学和探索的空间。接下来让学生回去独立完成作业,下次课再四人一组进行讨论,学生之间应先交流彼此的观点,相互解答不会的地方,有共同问题留给教师在最后解答。这就是,张学新老师提倡的"对分课堂"教学法。

传统课堂,是单项的传播,不能够形成有效互动,而对分课堂就能够带来这种互动。这种教学法激发了学生的主动性,是完全不同于传统教育中教师"满堂灌"下的学生被动接受的情形。教师将课堂的一半时间都留给学生,鼓励学生发言,让学生更多的去发挥、去讨论,也有利于教师利用该机会去观察学生、了解学生、发现学生的优缺点甚至天赋,从而真正做到因材施教。另外,在传统的课堂中,教师是教学过程中唯一的全面的负责人,作为单一化的主体面临相当大的压力,而在对分课堂下,教师和学生是共同的主体,压力和焦虑都大大降低。在这种情况下,课堂氛围会更加放松,利于师生之间的关系,使得学生和老师的教学体验都变得更好。

对分课堂让学生在独立学习和独立思考中形成提出自己的看法、解决问题的方案和思路,然后再在讨论中质疑别人,在观点的碰撞中检验和修正自己的想法,从而培养出思维的逻辑性和客观性。学生与学生之间、学生与老师之间的互动过程和进一步讨论的过程,也提升了学生的思辨能力。另外,对分课堂给予学生很大的空间去发挥,从而在探索过程中会产生很多新颖的想法,创造性的想法和行为都能得到提升。另外,对分课堂要求学生对于学习的内容进行书面表达,随后在课堂上进行口头交流,这些都有助于形成沟通与合作的能力。

我认为,该方法有以下优点:①讲授有留白,促使学生去主动学习;②独立作业保证了学生的独立思考,之后再进行讨论,做到有的放矢;③教师对于公共的问题进行解答,对于个别较少数学生的问题可以私下解答,让课堂更有效率。

五、带领学生去企业调研

会计是一门实务性很强的学科,所以仅仅在课堂上讲授是不够的。就成本会计这门课而言,我们需要学生了解,企业为什么要准确计算成本,为什么要划分成本和费用,为什么要进行成本控制等。为了将问题理解得更加深刻,就需要带着学生去看现实中的成本会计。以汽车制造为例:汽车生产要经过哪些生产流程,不同的生产步骤适用于什么样的成本计算方法,哪些零件是需要外部采购的,哪些零件是需要本厂生产的,汽车企业会设置哪些主要生产部门和哪些辅助生产部门,生产周期是怎样的。更拓展的问题包括:汽车如何进行定价,如何采购零件,如何进行供应商管理,如何进行生产流程的优化,在整个汽车行业,本厂的竞争地位如何,具有什么样的竞争优势,应当采用什么样的竞争策略。

当学生了解到现实中如何运用成本会计,如何解决相关的企业问题,一方面能够更深刻理解成本会计的相关问题,另一方面也能够引起他们对会计课程的兴趣,从而对于会计专业也会有更深的认同感。

六、促使学生阅读更多专业经典书籍

在跟学生交流的过程中,可以看出学生对于专业书籍的阅读是少之又少的。现在的大学生依然是通过高中的应试教育走到现在,到了大学之后,对于如何有效的学习,还需要教师的指导。如何培养学生的创造性思维、怀疑精神和思辨能力呢?如果没有一定的知识积累,没有从各角度获取一些专业的观点和看法,是不可能提出问题,也不会有怀疑和思辨。所以,必须去阅读,去思考。在大学里,学生一定属于某个专业,比如说,会计学专业。会计学专业是属于管理学下面的二级学科,而管理学科又属于经济管理大类。所以,会计学专业的学生应当阅读经济学的专业书籍、管理学的专业书籍以及会计学的专业书籍。就经济学而言,可以阅读如经济学之父亚当·斯密的《国富论》这样的经典书籍,也可以阅读像史蒂芬·列维特的《魔鬼经济学》这样的有趣小品文。

就"成本会计"这门课而言,有一部分内容是战略成本管理,其中的主要内容包括:战略成本管理的重要性;战略成本管理的产生背景;战略成本管理与传统成本管理方式的主要区别;战略成本管理的特点及其基本框架;价值链分析;成本动因分析在战略成本管理中的作用;战略定位分析;确定战略目标所使用的三种分析方法;企业常用的三种竞争战略。而这些内容与迈克尔·波特所著的《竞争战略》一书联系紧密,这样可以在成本会计的相关内容的授课前要求学生对《竞争战略》这本书进行阅读,以合适的方式或渠道进行讨论。

迈克尔·波特除了《竞争战略》这本书外,还有另外两本书也相当经典,一本是《竞争优势》,另一本是《国家竞争优势》。这些都可以推荐学生一起阅读。

因此,在教学的过程中,结合教学内容,可以穿插一些专业书籍的内容,推荐学生阅读。可以在课下组织读书会讨论,也可以让学生写读书心得,将其作为平时成绩的一部分。

七、增加一门专业限选课——竞争战略

从"成本会计"课程的教学中,可以感受到学习公司战略的必要性。因此,可以增加一门专业限选课——"竞争战略"。

内容上可以这样安排。首先,介绍公司战略的基本概念、公司战略管理过程和战略变革管理。接着,从外部环境和内部环境两方面对战略进行分析。外部环境分析,包括宏观环境分析、产业环境分析、竞争环境分析和国家竞争优势分析;内部环境分析,包括资源、能力和核心能力分析。战略分析的工具有:PEST分析、产品生命周期分析、波特的产业五种竞争力分析、成功关键因素分析、战略群组分析、国家竞争优势分析、价值链分析、核心能力分析、多元化经营公司的业务组合分析和SWOT分析。其次,再介绍战略选择的相关内容,包括:总体战略

的主要类型、发展战略的主要途径及其选择；业务单位战略的类型、优势、实施条件和可能面临的风险；零散产业和新兴产业的特点以及这两类产业中的中小企业可以考虑的战略方向；蓝海战略的内涵和蓝海战略制定的原则；职能战略的主要内容及选择；企业国际化经营的动因、国际市场进入模式、规矩和经营的战略类型和新兴市场的企业战略。然后，介绍战略实施的相关内容，包括：企业组织结构的构成要素、纵向分工与横向分工结构、不同结构对战略的影响以及组织结构与战略的关系；企业文化的类型、文化与绩效、战略稳定性与文化适应性；战略失效与战略控制以及战略控制的方法；企业相关利益者的利益矛盾与均衡和权力与战略过程；公司治理；以及信息技术在战略管理中的作用。

在这门课的相关教学过程中，结合大量的实际案例，培养了学生分析和解决实际问题的能力。

八、利用工具提高教学

"蓝墨云班课"就是一个很好的教学辅助工具。在移动设备或者个人电脑上，都可以管理课堂，发送通知，分享资源，布置批改作业，组织讨论答疑，开展教学互动。

教师发布的所有课程信息、学习要求、课件、微视频等学习资源可以即时传输到学生的移动设备上，从而让学生的移动设备变成学习的工具，不再只是社交、游戏的工具。

通过这个APP，任何普通教室的课堂现场或课外，老师都可以随时开展互动，比如说开展投票问卷、头脑风暴、作品分项、计时答题等互动教学活动。这样，可以做到即时反馈和即时点评，对学生是非常有益的。

还可以利用配套的蓝墨移动交互式数字教材，实现对每位学生的学习进度跟踪和学习成效评价，在学期末，教师可以得到每位学生的数字教材学习评估报告，可以将此作为平时成绩的部分考核。

九、发现学生的天赋

关于天赋，朱德庸有两段非常精彩的见解："我相信，人和动物是一样的，每个人都有自己的天赋，比如老虎有锋利的牙齿，兔子有高超的奔跑、弹跳力，所以它们能在大自然中生存下来。人也是一样，不过是很多人在成长过程中把自己的天赋忘了，就像有的人被迫当了医生，而他可能是怕血的，那他不会快乐。人们都希望成为老虎,而这其中有很多只能是兔子,久而久之,就成了四不像。我们为什么放着很优秀的兔子不当,而一定要当很烂的老虎呢?""社会就是很奇怪,本来兔子有兔子的本能,狮子有狮子的本能,但是社会强迫所有的人都去做狮子,结果出来一批烂狮子。我还好,天赋或者说本能,没有被掐死。"

所有的学生都是独立的个体,每个人都有自己的特长和天赋。教育的一个职能就是发现学生的天赋和特长。前提则是,教师必须花更多的时间跟学生交流。譬如,除了上课时间外,老师应当每周设定固定的时间在办公室供学生询问问题,还可以将手机号码和邮箱留给学生。在课间,可以跟学生聊聊天,以便了解学生的学习状况、生活状况和心理状况等。只有观察了解学生,才能发现学生的天赋,从而激发出学生的能量,让他找到最好的自己。

实物期权法对公司价值 NPV 评估法的完善

严小明

一、概念界定及基础理论

NPV 是项目的资金流入的现值与流出的现值的差,是反映项目在整个寿命期内总的获利能力的动态评价指标。其经济涵义是:项目除了达到基准收益率外,还可以实现以现值表示的超额盈余(或亏损)。简单地说,就是当把资金投入某个项目与把资金存到银行或投入其他投资方案进行对比,以显示能够多获得多少收益的指标。通常情况下 NPV>0,则方案予以接受;若 NPV<0,则项目予以拒绝;若是多方案比较时,NPV 最大者为预选方案。在项目评估的具体运用中,NPV 有如下经济特征:①NPV 指标是投资项目经济效益的单值测量指标。它是由对投资项目将来现金流量的估计产生的,其大小与项目现金流量的量级有关。②NPV 考虑了资金的时间价值。它通过折现过程,把近期的现金流比长期的现金流量赋予更多的权重。因此,NPV 可以把后期的现金流量和近期的现金流量进行平衡。③NPV 不受项目净现金流量大小的影响。它不受净现金流量正负号变化次数的影响;同时,对同一项目整个寿命周期的各个阶段,可以采取不同的基准收益率计算 NPV。④NPV 指标可以用于各期净现金流量全为负值的方案的比较选择。

实物期权也是一种期权,它是金融期权理论在实物投资领域的扩展和应用。实物期权是以实物投资为标的资产的期权。在经营、管理、投资等各项活动中,实物期权涵盖了各种形式获得的进行或者有决策的权利。麻省理工斯隆管理学院教授迈尔斯(Myers)于1977年提出了实物期权的思想,指出了传统的现金流贴现法的不足,并第一次将金融期权定价理论引入实物投资领域,同时,他还指出项目的价值不仅仅只来源于投资直接带来的现金流,还来自对未来投资做出选择的机会,而这些投资选择机会是一种蕴含价值的"增长期权"。迈尔斯指出,直接投资带来的直接现金流量和期权价值一起构成项目价值的两个组成部分。与金融期权相同点在于,企业拥有在未来以一定的价格买入或者卖出某项资产的权利。实物期权仅含有权利而不需承担义务。由于企业具有管理的灵活性,所以企业可以对未来投资机会进行选择,这部分的选择权则构成了项目的期权价值。同时,因为这种期权的标的资产是诸如设备、土地、厂房等实物资产,所以该期权被称为实物期权。

二、天威保变电气股份有限公司光伏发电项目的案例分析

(一)天威保变电气股份有限公司简介

天威保变电气股份有限公司(以下简称公司)是1999年9月27日经河北省人民政府股份制领导小组以冀股办〔1999〕33号文批准,由保定天威集团有限公司(以下简称集团公司)为主发起人,联合保定惠源咨询服务有限公司、乐凯胶片股份有限公司、河北宝硕集团有限公司、保定天鹅股份有限公司共同发起设立的股份有限公司。其中集团公司以其所属的大型变压器分公司、机电工程分公司的经营性净资产作为出资,其他四家发起人以现金出资,公司于1999年9月28日在河北省工商行政管理局登记注册。公司经中国证券监督管理委员会以证监发行字〔2001〕1号文《关于核准保定天威保变电气股份有限公司公开发行股票的通知》核准,上海证券交易所同意,于2001年1月12日通过上海证券交易所交易系统以上网定价的发行方式向社会公开发行人民币普通股(A股)6 000万股。公司主营变压器、互感器、电抗器等输变电设备及辅助设备、零售部件的制造与销售;输变电专用制造设备的生产与销售;电力工程施工;承包境内、外电力、机械行业工程及境内国际招标工程;上述境外工程所需的设备、材料出口业务;相关技术、产品及计算机应用技术的开发与销售;经营本企业自产产品的出口业务和本企业所需的机械设备、零配件、原辅材料的进口业务;自营本单位所有各种太阳能、风电产品及相关配套产品的进出口业务与本单位太阳能、风电相关技术的研发;太阳能、光伏发电系统、风力发电系统的咨询、系统集成、设计、工程安装、维护;自营和代理货物进出口业务,自营和代理除国家组织统一联

合经营的出口商品和国家实行核定公司经营的进口商品除外的其他货物的进出口业务(法律、行政法规或国务院决定规定须报经批准的项目,未获批准前不准经营)。

(二)项目简介

2009年,国家能源局正在甘肃敦煌进行10兆瓦太阳能发电试点业主招标工作,这个我国最大的光伏发电项目曝出了令人惊讶的投标价:619元/千瓦时。这一价格是由国投电力和天威英利的控股公司英利控股组成的竞标联合体提出的。

(三)公司相关项目的竞争优势

公司是国内太阳能产业龙头:公司是国内唯一具备完整产业链结构的光伏企业,在年光伏产业产值突破10亿元,2006年4月底启动天威英利三期工程建设,总投资30亿元,2008年竣工,投产后天威英利的硅片、电池片和组件年产达到500兆瓦,年销售收入160亿元、利润35亿元;2006年,该项目已形成100兆瓦太阳能电池的生产能力(每兆瓦需要17吨多晶硅);还持有国内最大的太阳能级多晶硅原材料基地新光硅业35.66%股权;2006年12月出资4516万元收购西藏华冠56.52%股权。

公司是国内大型变压器行业龙头:公司是国内最大的电力设备变压器生产基地之一,大型发电机组主变压器约占国内产量的45%左右;还是国内唯一独立掌握全部变压器制造核心技术的企业,已成功进入直流输电市场。但是公司主营业务继续面临激烈的市场竞争,原材料价格持续上涨使公司变压器产品的毛利率有所下滑。

子公司境外上市:天威英利的外方股东开曼公司于2007年6月8日正式在纽交所挂牌上市,首次公开发行共计发行2900万股美国存托凭证,每股存托凭证发行价为11美元,总融资额为3.19亿美元,募资将投入天威英利进行三期建设;2007年12月,公司决定通过"跨境换股"方式行使对YGE的购股选择权,行使购股选择权的比例为25.99%,行使购股选择权后YGE持有天威英利100%的股权,公司持有YGE股份为25.99%,由于实施程序较为复杂,尚无法预计准确的完成时间。

(四)NPV法估算项目净现金流

为计算简便再贴现率$x=5\%$,项目5年之后年均收入以五年平均收入计,自2009年中标投资建设2年后于2011年投产至2015年五年期间的现金流量表如表1所示。

表1 现金流量表

年份	r=5%			项目折旧总年限 20 年				
	2009	2010	2011	2012	2013	2014	2015	2016
项目年净收益（亿元）	−13.7	−15.3	−0.48	1.10	6.78	6.29	1.53	3.04

2009年该项目盈利预算：

$$NPV = -13.7 - 15.3/1.05 - 0.48/1.05^2 + 1.1/1.05^3 + \cdots + 277.38 (亿元)$$

由 NPV 法对项目可行性判定准则可以知道，该项目 NPV＞0，故应当接受这个项目；但是在高新技术行业使用传统的 NPV 法、回收期法或者 IRR 等指标来测算项目可行性没有突出表现项目本身的发展前景以及风险。成功企业的经验表明，拥有和把握投资机会的多少及其价值大小已经成为决定高新技术企业价值至关重要的因素。我们看到，在信息、电子和生物制药等行业有很多拥有人力资源和品牌资源的高新技术企业，它们虽然微利甚至还未达到盈亏平衡，但其股票的市价却高得惊人。传统的价值评估技术（如 NPV 法）对此无法解释。因为它们是建立在对已经实施或者正在规划中的投资项目预测的基础上的，而对未来的投资机会却束手无策。于是，如何对投资机会这种潜在的、尚未列入规划的价值增加值进行合理低估价，便成为高新技术项目价值评估技术中的一个重要课题。

三、实物期权理论的应用

正如上述案例所述，对传统计量指标不能很好地揭示风险与高附加值的高新技术项目，期权方法正是众多估值方法中较适合高新技术项目价值评估的方法。对于高新技术项目风险评估的研究主要集中在高新技术项目投资评估指标体系的研究和风险评估方法的研究。国外有关高新技术项目评价指标的研究早在 20 世纪 60 年代就已引起人们的兴趣，其中迈尔斯和马奎斯作了大规模的实证研究。近年来此方面的研究仍层出不穷，力求找出影响高科技投资成败的基本因素。在美国主要集中于两个方面："用何种标准评估项目的投资潜力"和"利用何种模型对投资进行评估选优"。在实际的高新技术项目评估中，一般采用一定的评价指标体系来判定投资的收益和风险。国外许多学者和研究机构作了大量深入细致的实证研究,确立了具有实际意义的评价指标体系。最常见的实物期权有延迟期权、转换期权、放弃期权、扩张投资期权、收缩投资期权、阶段投资期权等。

(一) 实物期权 Black-Scholes 定价模型

实物期权定价的基本方法来源于金融期权的定价理论。但是实物期权的标的物是实物资产,交易性差,资产形态也多种多样,使得实物期权的定价方法非常复杂,并且根据选取的状态变量不同,实物期权的定价模型也不相同。目前应用较多的实物期权定价方式大多是基于 Black-Scholes 定价模型(即 B-S 定价模型)与二叉树定价模型,这两种定价方法都与金融期权的定价方法较为相似,下文将主要讨论这两种实物期权定价模型。

实物期权的求解主要是利用现有的金融期权评价模型和方法成果。其中,B-S 定价模型是解析模型的典型代表。B-S 定价模型是由两位美国经济学家布莱克(Black)及斯科尔斯(Scholes)于 1973 年联合提出的,并因此获得了 1997 年的诺贝尔经济学奖。B-S 定价模型已成为目前用来评价期权合理价格的衡量标准。B-S 定价模型的基础前提是无风险套利的假设。例如在权证的定价中,当某个权证的价格偏离了 B-S 定价模型所计算的值,就会存在无风险套利的机会。作为一种金融衍生产品,权证可以通过一定标的证券和债券的组合复制出来,也完全能够通过相反的过程来对冲风险。经过无风险套利的过程,权证的价格将回到 B-S 定价评价模型所计算的理论。将 B-S 定价模型运用于分析实物期权时,有以下优点。

(1) B-S 定价模型较简易,便于决策者应用,决策者只要将决策问题简化,归纳出需要设定的变量,便大致上可得出所需要的答案,因此,非常具有实用价值;

(2) B-S 定价模型很容易与传统的 NPV 评价方法作比较,由于 B-S 定价模型应用在实物期权问题上,和传统 NPV 分析方法所需要的重要变量,如现金流出、流入是相同的,通过两者的比较,可对一决策者的应用或参考具有重要使用价值。

(二) 用实物期权来完善 NPV 评估

正如之前的分析,在传统的以 NPV 为核心的投资决策方法中,始终假设一个资本投资项目的现金流会在某种可以预见的范围内发生,然后再将其贴现为现值。当前投资环境日益复杂,投资者面临的不确定因素越来越多,风险越来越大,传统以 NPV 为核心的投资决策方法的出现明显不足:一方面,采用净现值 NPV 方法来的前提是未来现金流可预期,在生命周期内项目现金流相对确定;另一方面,净现值等方法只评估了当前的投资项目的价值以及未来的增长所能产生的现金流的价值,并没有考虑潜在的投资机会可能在未来带来的投资收益,也忽略了企业管理者通过灵活的把握各种投资机会所能给企业带来的增值。在光伏发电行业的实际运作中,政策的变化和管理层经常性的决策改变常常会影响后期的现金流以及项目寿命期。在充满不确定性和相互竞争的光伏发电投资项目中,需要管理者具有各种灵活性,在项目的各个阶段都需要审视,并推迟、扩张、收紧、放弃,等等,选择改变和调整。

在这样的背景下,传统的现金流贴现方法(DCF)忽视了管理者修订和纠正后续决策的能力,存在不同程度的缺陷。如投资回收期法忽略了资金的时间价值以及回收后的收益;内部收益率法对测算值存在不稳定性。特别是常规的 NPV 法假定了针对现金流的预期以及预设了管理者对经营战略的锁定,净现值法忽略了产业投资中的柔性价值和投资机会的选择价值,无法体现在条件改变的情况下决策相应改变的灵活性。

在应用实物期权评价项目时,除了需要考虑现金流的总现值和投资成本,项目机会的有效时间,项目不确定性因素和选择机会,无风险利率等,都对项目价值产生重要影响。而且,环境的不稳定性越高,期权的数量越多,项目价值也将越大。如果期权的价值足够高,则按照传统 NPV 法得出的应当对拒绝的决策可能转化为可接受。

基于实物期权的现代投资理论认为,项目投资的收益形式分为两种:一是完全暴露于风险的收益。在无法预知的市场状况形成时,如果投资者不能以某种方式改变自己对某项资产资金投入或现金流入的时间和数量,则认为投资者的这种投资收益是完全暴露于风险的。使用现金流来衡量收益,如果存在给定情况下,能够合理地估计出现金流入及其发生的对应时间,并且能够恰当地根据现金流的风险特征确定现金流的折现率,就可以实现对这种完全暴露于风险的收益估计。传统的现金流折现法(DCF)所擅长捕捉的正是这种资产价值。二是风险被规避的收益。这种收益是指,若投资者的投入和收益方式不是完全不可更改的,那么收益的风险便是可以被规避的。现金流折现法(DCF)不适用于具有这种特征的收益价值评估,因为这种实际收益的实现是通过投资者对收益的主动影响以及外源不确定性共同决定。假设投资者存在某种灵活性,能理智地去规避不确定性的负面影响,则对于这种收益不必要求风险补偿。实物期权理论的核心就是指出这种收益的存在,并且实现相应的收益评估。所以即使一项资产本身带来的现金流入很小,甚至根本不存在现金流入,我们认为它即使不具备第一种收益的能力,它仍然可能提供获得第二种收益的机会。只有将这两种收益的可能都考虑进去,才可能准确、完整地估计一项资产的价值。从上述内容可以看出,在对一个投资项目进行评估时,要考察两方面的内容:一个是项目直接获利能力的大小,通常是以净现值等指标表示;另一个是项目灵活性价值,从期权分析的方式来说,可以表示为期权价格。投资项目决策评估中,实物期权的出现,为它又增加了一个向量。所以,在考察项目的真实价值时,采用根据传统方法贴现率计算的项目净现值与项目不确定性的期权溢价价值的叠加结果,即 ENPV = NPV + C,其中,ENPV 项目的真实价值;C 为项目的期权溢价。

四、意见与建议

长期以来,投资者对投资项目或企业价值直接评估中最常遇见的问题是,每当使用现金流贴现法计算时,其假设和现实情况的矛盾使得它预测结果具有较大的偏差,即投资者对项目价值的估计过低,或者使投资者在投资决策中,特别是在具有灵活性或战略成长性的公司价值评估中,无法通过灵活地把握各种潜在的投资机会而投资者带来灵活性值,忽略了其期权价值,低估了公司真正价值,甚至导致错误的投资决策。为了解决这个问题,经济学家开始探索理论和方法,期望可以更准确地评估投资项目的真实价值,帮助正确决策的作出。

各种传统的投资决策方法的缺陷在于无法正确地把握各种项目的经营灵活性和战略性价值,这是因为在最初决策时需要预估未来的现金流量,而不确定性与风险通过选择合适的贴现率来体现。运用以期权概念为基础的实物期权模型,则把各种投资机会看作是针对实物资产的各种实物期权,便可以准确地分析选择机会额外所带来的项目另外价值。

From Barrier to Bridge: textbook-logic based bilingual module's improvement of teaching methods and evaluation system

Xiaoyun Tang

Introduction

Bilingual class is an innovation, in some extent, of variety of language availability in delivering knowledge, and of a teaching method as well. The assessment and valuation of the bilingual class is not so favourable as expected. From the teachers' perspective, teaching in Chinese and English combo means more responsibilities and initiative, but finally might be given a low assessment from students. In the viewpoint of students, the similar situation applies, lower mark or score combines with more work paid.

It seems that all go beyond the right track. It is necessary to explore the motivation of bilingual class introduction and development. To large extent, it is the classic or popular textbooks in English that urge teachers to feed students, together with updated teaching techniques as well. For each textbook, linked with a module, we have objectives, syllabus and evaluation. We need to reframe the module, if it is delivered in another language, to make sure that teaching process and feedback cycle operate properly.

Motivation: content focus not language focus

In general, there is a traditional thought that a bilingual class is a teaching model usually with two main focuses: first to ensure that students master educational content in their primary language, then to assist students in becoming fluent in the second language. Therefore, there usually exists multi-motivation among students to enrol the bilingual class, such as international economics. It is common to suppose to be able to learn some economic theory new, at the same time practice and improve English level. According to my survey in the first class time, more than 30% students wished they could do both well after the class and 20% expressed worrying about their English level. The truth is that you cannot be an efficient lumberjack without a sharp axe. Qualified English level is prerequisite for student to keep on with the class.

The bilingual class is quite different from the Dual language class, which is when two languages are taught 50%/50% of the class. In dual language classes, it is very natural for students to want to use their native language to express themselves. This, however, often results in students who only speak to others with the same language background. To encourage students to persevere in their second language, expectations are set about which language students should be used during different parts of the lesson or task. Not only will they learn about how to solve the problem in moments of linguistic difficulty (i.e. asking their peers for help), but they will also be exposed to, and better able to emulate their peers who are native language speakers of their second language.

The bilingual class such as International Economics are designed for Chinese students with a content-based language instruction that is an effective teaching approach incorporating both language and content area objectives into each lesson. In fact, the Content and Language Integrated Learning model (CLIL) are used intensely. Broadly speaking, this model focus on teaching both the subject and the language. It can be summed up by the phrase, 'using language to learn, learning to use language'. But it is necessary to clarify that the priority motivation for bilingual class should be knowledge, which is delivered by English due to the textbook written in English. To Non-English speaking students, it is a better way to reach the classic or updated content by taking the original textbook. It is important to make sure all the students participating the class with proper motivation and expectation. If you have more focus, which means you have no focus. And the best way is to trade-off, to make an elaborate balance with a priority.

Teaching: textbook-logic centred

Generally speaking, students studying have a limited English vocabulary especially in academic fields. We recognized that it would be very difficult and time-consuming to teach our students complex content in English.

According to Jim Cummins' "Common Underlying Proficiency" where content acquired in one language is available as knowledge in another language. As Cummins said, "Conceptual knowledge developed in one language helps to make input in the other language comprehensible." We also took into account the value of background knowledge, our hypothesis being based again on Cummins research that knowledge learned and understood in the first language would be available for processing in the second language.

Given our students limited English vocabulary, sometimes we have to teach knowledge and understanding in their first language Chinese. It is practical and could be acceptable because of our content focus priority.

The studies have argued that learning a foreign language has the potential to increase the general cognitive ability of non-English speaking students. There is a tendency that in a bilingual program, these students obtained better achievements than those in monolingual programs. The evidence represents the effectiveness of bilingual teaching of Economics students using English to teach content subjects.

Textbook is the guidance of whole teaching procedure. The feature of the our textbook International Economics is not only the language written in English, but also the unique logic of thinking about the global economics. Nobel Prize winning economist Paul Krugman and renowned researcher Maurice Obstfeld set the standard for International Economics courses with the text that remains the market leader in the U.S. and around the world. The Global Editorial team has worked closely with educators around the world to include content which is especially relevant to students outside the United States. The clear logic of the book is illustrated by the framework of different chapters and the connections between parts. Theory and Policy is a proven approach in which each half of the book leads with an intuitive introduction to theory and follows with self-contained chapters to cover key policy applications.

Teaching focus should aim to help students catching the whole picture of the content and identifying the details at the same time. Teachers needs to give enough time to student to think, discuss and practice to familiar with the logic system. For example, the chapter often starts with a question or a case study. What happens from autarky economy to open economy? And how to prove your ideas? Do you have some assumptions? How to figure out the results and what is your conclusion? Do you have evidences or test? Actually, most of the chapters explain a complete story with background, development, climax and results. The most important is not the conclusion, but how we think about it.

Assessment with process-oriented not result-oriented

The objectives of individual chapters differs. But the general goal is to express and demonstrate model set-up and deduction. More time is spend following the all process. Accordingly, the assessment should give more weighted value to the student's performance in the class and assignment after class. Usually, we put 30/70 weighted value to performance in class and in exam. But with bilingual class, we need half weighted value to the attendance in class, including quiz, discussion, presentation and assignment.

Suggestion

I. Students advanced preparation before the class

In traditional lecture-based practice, class time is primarily used for first exposure. Students are then sent home to process, analyze, and synthesize the materials by reading, writing, studying, and solving problems, that is, to do most of the actual learning outside of the class. Then they return to class for a response to this integration. It is easy to understand that actually the most of the class time are delivering content directly and limited to engage the learning experience. As a teacher, the most complaint is that students are unprepared for class. We lecture in the most of the time and we always fail discussion and activities because students had not read the materials or the designed text contents before class. We used to be able to argue for lectures by saying that knowledge was available only in our classroom or that students arrived unprepared for more in-depth learning.

It is the technology that changes everything because of the flexibility it adds. Technology has provided both more content and more ways to deliver that content. The simplest way to use technology is as an out-of-class content delivery system that frees up class time for high-order processing of foundational knowledge-applying, analyzing, evaluation and creating.

Delivering content in advance, motivating learning with multiple channels of communication, and constructing assignments that force students to prepare for class will change both teachers' expectations and students' expectations for what happens in class.

The content delivery outside of class can be web-based information, email and video. Posting readings, lectures, videos online before class enables us to give students options for first exposure. The common way for students to receive first exposure is now online. Listening to a lecture and taking notes is no longer an important skill, but analyzing information from screen is. By providing resources to students in advance of class sessions and requiring that students engage with those resources, teacher will have more time in class to discussion and interaction, motivating the positive learning of students.

With more prepared students in class, we have more time for interaction.

II. Integrated course design with a best start

Figure 1 shows how leaning outcomes, class experience and activities, and assessment should be aligned. Long before we start on a syllabus, we need to think about how these three activities will interact with whatever situational factors we encounter; only then can they be assembled into an integrated instructional strategy, course structure, and finally a sequence of what happens inside and outside

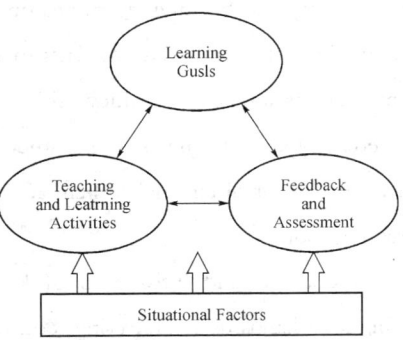

Figure 1 Key components of integrated course design

of class.

The core strength of a class is integration. The best start is by creating learning outcomes for module. Learning outcomes are unlikely to focus on only content. When teachers declare that they want students to be able to think or write, that is the moment to ask if our teaching methods, course design, student-teacher interaction, curricular progression deliver these skills.

Everything we do should be designed around fostering better and more meaningful student-teacher interaction. We are always required a syllabus for module that includes learning outcomes or goals. However, learning outcomes are also important learning tools. Telling students what we want them to learn provides clarity and focus. Connecting class sessions back to course learning outcomes increases learning. Having and using learning outcomes also demonstrates that we care what students learn. Email students the course syllabus or Moodle website Link in advance, and then provide a short online quiz on just the syllabus before the first class. If we really want students to know you are serious, also administer a short close-look quiz on the syllabus in the first minute of class. If we can then make this first exposure relevant to what happens in that first class, we will have firmly established that coming to class prepared is important and useful: for example, spend a few minutes having students come up with ways mastering these learning outcomes will help them in some future task.

The traditional syllabus lists reading to be done as preparation for each class. Instead, try establishing learning outcomes for each class preparation. Start be articulating what you want students to be able to do before every class. Then suggest some options for how to achieve this preparation, providing different approaches for different types of learners. Giving students the goal and showing them some paths gives them some control and helps them learn how to learn their own using the Web as a learning tool.

Application and integration of knowledge are about making connections, and technology hands us a connecting tool. By repeatedly connecting to students outside of the classroom and reminding them of classroom material while they are in the real world, we can help them apply their knowledge. We can use our message in Moodle or

WeChat to connect with students in real time as things happens. What do you think of the trade pattern between China and US? Collect some real evidence to explain the Comparative Advantage? We can text for a question via web pop quiz to recall or test recall, students could answer with a link in Moodle. Students will quickly learn that we mean business in real life and that they need to learn something before they come to class. Our texts of messages can help guide them to what is most important. The growth of new brain cells is related to frequency and practice. Texting or message is a great way to surprise students where they are and see if they are truly developing recall.

III. Hybrid with online resources and classroom interaction

We can outsource some course content and focus on motivation and student engagement. Technology by itself does not create engagement.

Module with a textbook is already a hybrid of sorts: students get a hybrid of perspectives between the textbook and the teacher, and that is a good thing. And Moodle is used to supply even a few readings and other opinions online. Replaced large lecture sessions with brand-named online course and instead have local faculty interact with students in smaller face-to-face sessions. The best education of the future will be a hybrid. There is deep value in physical contact with teachers, but there is also a premium with potential learning and real convenience in online coursework.

The similar situation applies to the online assessment outside of the class. Moodle can be used for students to get instant, targeted feedback, and instructors can encourage practice without needing to grade work by hand. Using technology to shift some assessment outside of the classroom can also improve both the quantity and quality of the classroom experience. Figure 2 demonstrates a teaching strategy consisting of in-class activities and out-of-class activities. More time with online resource preparation before and between class, more time spare with inside of class discussion and activities.

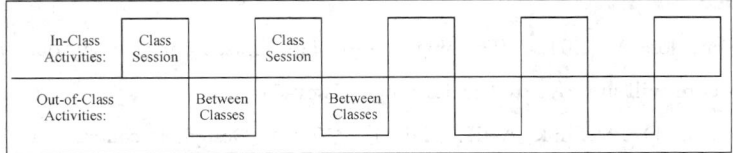

Figure 2　Fink's "castle top" template for creating a teaching strategy

Non-bilingual class		Bilingual class	
Result-oriented assessment		Process-oriented assessment	
Performance in class	30%	Performance in class	15%
Final exam	70%	Homework	20%
		Quiz and mid-exam	15%
		Final exam	50%

IV. Grade methods

Grade methods for Non-bilingual v. s. Bilingual class

Contrast with non-bilingual class, bilingual class are process-centred. Instead of just grading the final result, we need create steps along the way so we can assess progress and how student are learning in the whole module outside and inside of the classroom.

As with content and communication, technology in the form of well-designed assessments can increase opportunities for thinking, reflection, risk, and reward and free up more class time for other things. For example, multiple-choice tests before class often focus on only a limited type of learning. Both the grading and posting to a grade book can be automated in Moodle. They are essential part of the assessment arsenal. A test before every class is a simple but effective way to encourage better preparation for class.

Consider how to evaluate learning without exams:

Use peer review of writing

Increase the number of assessment events

Make collaboration more like the workplace

Design Open-book exams for writing and analysis with internet available

V. English level pre-requirement

In order to accomplish the module goals, we need students enrolled with English level qualification.

Reference

[1] Bowen, Jose A. (2012). Teaching Naked: How moving technology out of College classroom will improve student learning, Jossey-Bass

[2] Flink, L. D. , & Flink, A. K. (Eds.). (2009). Designing courses for significant learning: voice of experience. New Directions for Teaching and Learning, No. 119. San Francisco: Jossey-Bass

第三篇
教学质量监控篇

本科生毕业论文质量影响因素调查研究及对策建议

童 勇

一、引言

根据我国相关法律和条例的规定,大学本科毕业生应具备初步的研究能力[①]。因此,初步的研究能力是我国高等院校教育和培养本科生的一个基本要求和目标。对本科生而言,这种"初步的研究能力"的直接体现就是其毕业论文。

毕业论文的撰写过程,可以使学生了解本学科科学研究的基本过程,在搜集与系统整理文献资料的基础上,进行初步的科研探索。在这个过程中:毕业生可以学会问卷设计和调研;学会利用计算机检索查找相关领域的文献资料;学会对所掌握的资料和数据进行综合严密的逻辑分析和统计分析;学会提出问题、分析问题和解决问题。因此,毕业论文非常有益于培养学生的创新意识和能力。

因此,毕业论文是对学生综合素质与培养效果的全面检验,对于高校来说,毕业论文质量是一所高校教育和教学水平的直接反映。

但近几年来,众多研究者从各自的专业和实际出发,对本科毕业论文的质量状况进行了研究,几乎所有的研究都一致认为,本科生毕业论文总体水平出现滑坡现象,整体质量面临着严峻的挑战。

[①] 《中华人民共和国学位条例》规定:高等学校本科毕业生,成绩优良,达到下述学术水平者,授予学士学位:①较好地掌握本门学科的基础理论、专门知识和基本技能;②具有从事科学研究工作或担负专门技术工作的初步能力。

为了全面了解毕业生毕业论文质量情况,同时调查在毕业论文管理的各个环节中可能存在的问题,本文对华东政法大学商学院进行了毕业论文情况问卷调查,并对部分毕业生进行了深入的交流和访谈。通过调研结果的分析,为未来论文管理工作的改进提出合理的科学依据,为今后进一步提升毕业论文质量提出改进思路和建议。

二、调查问卷的设计和调查实施

根据现行的论文管理办法,在整个论文期间,大致要经历四个阶段:选题与开题阶段、论文初稿撰写阶段、论文修改和定稿阶段以及论文评阅和答辩阶段。这四个环节按照流程,由上至下形成四个层次(见图1)。此外还有两个贯穿始终的环节,即导师的指导和监管以及学院的组织和监督。这两个环节对整个论文流程起到支持和保障的作用,形成两个支柱。我们把整个论文管理流程总结为"四个层次,两个支柱"。

根据图1所示的毕业论文环节和流程,在参考已有研究的基础上,我们设计了《本科生毕业论文情况调查问卷》作为调研工具。调研问卷共设计48个问题,涵盖5个方面的内容:主观态度、论文选题与开题情况、论文撰写、导师指导情况、学院组织管理。

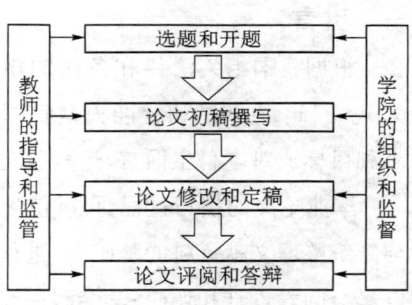

图1 毕业论文的环节与管理流程

三、调研结果与分析

(一) 对毕业论文的主观认识

1. 毕业生对本科毕业论文的重要性认知

调查结果显示[①]:认为毕业论文重要的学生有92.5%,认为毕业论文一般重要的学生有6.67%,调查中只有一位学生(占比0.83%)认为毕业论文不重要。

尽管绝大多数毕业生都认为毕业论文很重要,但是进一步调查发现,有91.63%的学生又认为找工作、实习、考研比毕业论文重要,认为毕业论文更重要的只有8.33%。

---

① 限于篇幅,本文略去相应的数据统计表格

这种观念上的不一致也反映了理性和现实的冲突。尽管毕业生对毕业论文的重要性有着正确的认知,但是来自现实中如考研、就业等压力,却在很大程度上迫使他们不得不优先考虑和自身的未来发展更为直接和密切的问题,这些压力对他们而言是如此的沉重,毕业论文"退居二线"也就不奇怪了。这种思想也导致了毕业生对论文写作投入精力不足,最终是对论文的不满意,根据调查,45.83%的学生对自己的论文不满意,而这只是毕业生的自我感觉,实际上教师对论文质量的评价会更低些。

2. 毕业生对本科毕业论文有用性认知

调查中,59.17%的学生认为完成毕业论文对个人能力的提升有帮助,而在进一步调查中问道毕业论文对自己将来的职业发展是否有用时,60.83%的学生认为没有什么用。

调查结果说明,虽然多数毕业生肯定了毕业论文的有用性,但这种有用主要体现在诸如有助于拓展专业知识、培养和训练科研能力,甚至是有助于培养创新能力。但是在毕业生最关切的就业问题上,毕业论文却没有体现出相应的作用来。

3. 毕业生对论文抄袭现象的看法

有47.5%的学生认为抄袭是不良现象,应该杜绝,而且他们有着自己的立场,表示坚决不会这么做。但是剩下的52.5%的学生认为抄袭是普遍现象,没有表达出坚决反对的态度,对学术不端行为的严重性认识不足。

进一步的调查结果还表明,在这部分学生中,有60%的学生不知道引用和抄袭的区别,而另外有38.33%的学生知道引用和抄袭的区别,虽然觉得抄袭不好,但为了赶进度也就只能这样了。

(二)选题和开题环节

对选题重要性的认知的调查结果显示,有88.33%的学生认为选题很重要,会影响毕业论文的质量,只要11.67%的学生认为选题不重要,对毕业论文的质量没什么影响。这表明对于选题的重要性,多数学生都能正确认知。

关于论文选题的来源,其中学生希望自行选题的比例高达63.33%,师生共同拟定论文题目占比30.83%。而完全由导师确定题目和以导师的课题为题的比例很小,分别为2.5%和3.3%。

调查结果表明,现在的大学毕业生在进行毕业论文选题时,倾向于充分发挥自己的主观能动性,将所要完成的毕业论文与自己感兴趣的问题联系起来,这将提高毕业生自觉进行毕业论文撰写的积极性。

关于论文选题来源的进一步调查结果也证实了这一结果:毕业生在自主选题时优先考虑的三个因素分别是和专业相关、与兴趣爱好相关以及资料融资获得,这三个方面占比分别达到80.83%、62.5%和50.83%。而选择具有前沿性的热点问题,以及指导老师的研究方向的学生只有30.83%和15.83%。

(三)论文撰写环节

在论文撰写环节,我们的问卷调查主要关注文献资料的准备情况、对论文的写作要求是否熟悉,完成论文的过程等三个方面。

对于论文撰写之前文献资料准备情况,70%的学生的回答是查阅了一些资料和做了一些调研,还有9.17%的学生是基本没准备,只有20.83%的学生是查阅了大量资料,做了较充分的准备。文献资料准备情况的更具体的调查结果,75.84%的学生为撰写论文准备的文献资料不超过20篇,甚至有21.67%的学生准备不到10篇文献。参考了30篇以上文献的学生只有6.67%。这说明毕业生对于文献资料还不是很重视,这在很大程度上影响了论文的质量。

在回答是否熟悉毕业论文的基本架构和写作规范时,82.5%的学生选择了比较清楚和非常清楚,12.5%的学生选择了一般,只有5%的学生回答不清楚。关于毕业生了解毕业论文写作要求的渠道途径,其中学院的论文撰写指导文件发挥了主要作用,占比高达49.17%,还有29.17%的学生是通过导师的指导来了解的。通过阅读相关文献资料来获取相关信息的也有16.67%。虽然作为本科毕业生,他们的科研实践非常缺乏,在毕业论文之前,几乎没有学生写过学术论文,但是学生通过相关文件和导师的指导大都能熟悉论文的写作要求和规范。

在论文的撰写过程中,毕业生完成论文初稿的时间基本上在1~2个月,其中43.33%的学生集中在1个月内完成,35%的同学在2个月内完成。

另外在论文修改过程中,进行过3次以上修改的学生达88.33%,只有11.66%的学生没有达到3次。这也和初稿完成时间有一定关系:有21.66%的学生完成初稿的时间在三个月以上,初稿占用时间过多,也直接导致了论文修改时间的不足。这说明还要加强对毕业论文初稿的监控,严格要求学生在规定的时间完成初稿,从而有更多的时间在导师的指导下进行修改,这对提高论文的质量是十分有益的。

(四)导师对毕业论文的指导情况

对于导师对论文的指导作用,大多数毕业生都予以了肯定。88.34%的学生

"基本同意"和"非常同意"导师指导的作用很大,而"不太同意"和"很不满意"的学生占调查对象的11.66%。在论文写作中学生与指导老师的联系方面,有75.83%的学生是主动联系老师,剩下的24.17%的学生是等指导老师来主动联系的。从调查结果来看,总体呈现以学生主动联系为主、指导教师联系学生为辅的局面。

在指导方式上,只有30%的毕业生是面对面地接受指导老师的指导的;70%的学生是通过电子邮件、电话、微信等方式来接受指导的,这样的指导方式与当面指导相比,沟通效果肯定会打折扣,一方面影响到论文的质量,另一方面也会影响到学生对教师指导工作的满意程度。

在指导的次数方面,44.17%的学生被指导了4次以上,被指导了3次的同学占32.5%,而指导3次以下的占23.33%。

在对论文指导老师的评价中,大多数学生对导师的指导工作持肯定态度,89.16%的学生感觉"比较满意"和"非常满意"。而感觉"不太满意"和"很不满意"的占调查对象的10.84%,这说明也有少部分的学生对导师的指导工作存在质疑。毕业生对导师的不满意"指导学生的数量太多,导致指导力度不够",占42.5%,其次,是"没有及时提供指导",占24.17%;最后,选择"独断专行,不能听取学生的意见""态度不好,对学生不够尊重"的学生也有10.83%。

(五)论文评阅与答辩环节

在论文评阅环节,对于评阅老师对毕业论文的评语和评分调查中,71.66%的被调查者感觉"比较客观"和"非常客观",说明毕业生基本认可评阅老师的评语和评分的。但也有28.34%的学生选择了"不太客观"和"很不客观",表达了评阅老师的评语和评分的不满意。

在对答辩环节的调查中,关于论文答辩是否有必要这个问题,调查中,46.67%的毕业生选择了"答辩有意义,统一答辩有必要",但是也有35%的毕业生建议"申请优秀论文的同学答辩"即可,甚至还有18.33%的学生认为"答辩无意义,仅是走形式"。

一方面,答辩环节是进一步考查和验证学生对所写论文的认识程度和当场论证论题的能力,这对于本科毕业生来说是个挑战,因此从主观上而言,有些学生不愿意参加论文答辩也在情理之中。另一方面,论文答辩的过程也是同学们重新思考和审视自己论文的过程,这对于一些严格要求自己的学生来说也是一个很好的机会。

(六)毕业论文质量的影响因素综合调查

在对毕业生进行论文质量影响因素的综合性调查中,调查问卷给出了8个影响毕业论文质量因素,被调查者可以选择多个因素。调查结果显示①:选择"考研、就业压力大,无心认真做论文"的学生有68人,占总调查人数的56.67%;选择"论文与找工作关系不大,学生没有动力"的学生占60.83%;选择"学生本身能力水平所限"的学生占75.83%;选择"文献资料数量少,数据难以获得"的毕业生占37.5%;选择"论文的不通过率太低,学生没有压力"的学生占23.33%;选择"指导教师的责任心不强,不认真指导"的占14.17%;此外,选择"指导教师的水平有限"和"学院监管力度小"的毕业生也分别占8.33%和9.17%。

具体而言,与日俱增的考研、就业压力的确在很大程度上影响了毕业生的心态,使得他们难以静下心来认真撰写论文;不像研究生,本科毕业论文与本科毕业生就业的直接联系和帮助都比较小,这也进一步导致了本科毕业生认真完成毕业论文写作的动力的缺乏。

此外,当前各大高校的本科生普遍缺乏科研和论文写作能力的培养和锻炼是一个客观事实,绝大部分的本科毕业生在毕业论文之前未真正写过科研性质的文章,由此可见,高达75.83%的学生选择"本身能力水平所限"是影响毕业论文质量的因素也就不奇怪了②。

四、提高本科毕业论文质量的对策

本科毕业论文质量不仅是毕业生综合能力的真实反映,也是相关院校的课程设置、师资力量、教学资源、管理水平等综合实力的体现。针对毕业论文存在的各种问题,要提高本科毕业论文质量,还要从以下几个方面进行加强。

(一)增强主观意识,提高学生对毕业论文重要性的认识

要通过开展召开毕业论文动员大会等多种形式的宣传活动,使毕业生充分认识毕业论文在大学本科教育环节的重要性,在思想上引起高度重视,增强认真完成毕业论文的自觉性和责任感。

(二)改进大学本科的教学方式,提高学生科研能力

写作培训是培养学生写作能力的关键一环。然而,根据调查,绝大多数毕业

---

① 在8个指标中让被调查者从中选择多个自己认为影响毕业论文质量的最主要因素,然后按选择某影响因素的人数占总调查人数多少计算所占比例。
② 限于篇幅,仅对排名前三的因素进行分析。

生在大四前没有任何科研和论文写作的经验,也没有参加过写作培训,在定性访谈中多数学生认为"毕业论文写作的最大压力来自缺少指导,没有方向",因此,有必要将毕业论文的质量管理提前到论文写作之前,加强"写作前"的教育,训练学生文献查阅、资料整理等,如果是调查研究还要完成数据收集、整理、录入、分析等工作;培养学生的写作能力,使得学生熟悉写作要求,提高写作能力。

(三) 强化选题过程,加强选题指导

原则上毕业论文应结合专业培养方向选择本专业领域内具有一定理论意义和应用价值的论题作为毕业论文的选题,同时尽可能反映当前该领域的学术前沿动态。鼓励以学生为主,结合当前社会经济发展、生产实践,以及资本市场中的一些难点、热点问题,加强对学生选题的指导。

(四) 加强论文指导教师队伍建设,强调导师的责任和作用

毕业论文指导教师应强化责任意识、提高指导能力、改进指导方法、加强自身学术修养,真正发挥指导教师在本科毕业论文中的作用。因为指导教师的全程指导是论文质量高低的关键,指导教师一定要有高度的责任感、严谨的治学态度和一丝不苟的工作作风。

(五) 加强毕业论文全程监管,严把毕业论文质量关

毕业生的论文质量也如同学校的产品,同样可以按照全面质量管理的思想来管理。在毕业论文的管理过程中,要求包括论文指导老师、学生、行政管理人员在内的全体教职人员参与其中,明确各自的职责和任务。

五、总结

为准确了解本科毕业论文质量方面的情况,本文以本科毕业生为调研对象,围绕毕业生的主观态度、指导教师的指导情况、论文开题、撰写、答辩等各个环节,进行了问卷调研。在对调研结果进行统计分析的基础上,探讨了影响本科毕业论文质量的因素,并提出针对性的对策建议。

总而言之,毕业论文是本科教学中一项重要的实践教学内容,是培养学生应用所学基本理论、基础知识和实践技能进行科学研究能力的综合训练,是培养和提高学生分析问题和解决问题能力的重要环节,是实现理论与实践相结合的重要途径。提高毕业论文质量的工作也是一项复杂的系统工程:要加强毕业生的思想教育,夯实本科生专业理论基础;改进大学本科的教学方式,引入研究性教学,增加学术论文写作训练;积极发挥教师指导的作用,强化导师的责任,并予以

适当激励；此外，还需要相关各部门的积极配合，这样才能有效地提高毕业论文整体质量。

参考文献

[1] 中华人民共和国学位条例[EB/OL]. http//www. Moe. edu. cn/edoas/websitel8/29/in fo1429. htm.

[2] 中华人民共和国高等教育法[EB/OL]. http://wwwm. Moe. edu. cn/edoas/websitel8/26/info1426. htm.

[3] 徐融. 毕业论文写作（文科类）[M]. 北京：中国商业出版社，2004.

[4] 段冰. 提高本科毕业论文质量的几点思考[J]. 江苏教育学院学报：社会科学. 2010(9).

[5] 熊科云. 本科毕业论文存在的问题及处理对策[J]. 科技广场，2011(8).

[6] 康吟，张帆. 影响本科毕业论文质量的因素及解决对策[J]. 科教文汇，2009(10).

[7] 李卫，朱瑞伴，张军昌. 本科毕业设计（论文）中的问题及对策[J]. 高教论坛，2011(8).

[8] 童绍玉，李秀寨，刘荣. 本科毕业论文质量提升途径研究——基于大学研究性学习的视角[J]. 山西财经大学学报：高等教育版，2010(9).

[9] 曹俐，平瑛. 经管类本科生毕业论文质量影响因素分析及对策建议——以上海海洋大学为例[J]. 科技情报开发与经济，2015(10).

[10] 武云亮，陈阿兴. 本科生论文质量的影响因素——基于财经类应届毕业生的问卷调查[J]. 郑州航空工业管理学院学报，2012(10).

[11] 文莉，谢荷锋. 大学文科类毕业论文质量影响因素的实证研究[J]. 黑龙江高教研究，2010(3).

[12] Armand V. Feigenbaum. Total quality control (3rd edn) [M]. New York: McGraw-HillCompanies, 1983.

大数据与大学教育教学质量监测模式变革

陈 坤

一、绪论

（一）研究背景

大学教育的生命在于质量。无论是素质教育，还是课程改革，无一不是冲着提升教育质量而来。因此，采用何种方式提升教育质量一直是教学工作者孜孜以求的目标。

传统的大学教育质量监测方式，因受限于人工条件，要想全面获取影响教育教学质量的信息非常困难。不仅耗时长，而且也难以获得准确全面的信息。即使能收集到相对较全的数据，也因收集时间过长导致数据严重滞后，导致数据的可用性大大降低。

现在，大数据正扑面而来。它对我们各行各业，包括我们的生活都带来了深刻的影响。大学教育也因此而将随之发生巨变。在此背景下，如何利用大数据对大学教育教学质量展开监测不仅成为可能，而且非常有必要。

（二）相关文献研究

1. 大数据及其特点

大数据概念的产生也是最近几年的事情。最早提出大数据概念的是世界著名咨询公司麦肯锡。他们认为数据已经渗透到所有行业和领域，已经成为生产要素。对数据的挖掘和运用将为生产者和消费者带来增值。

2009年,英国人维克托·迈尔·舍恩伯格和库克耶合著的《大数据时代》出版,作者提出了大数据在变革我们的生活、工作和思维。此后,大数据演化为流行词汇。

一般来说,大数据有四个特点:一是数据存储容量大;二是数据分析速度快;三是数据类型多样化;四是数据有价值。

正因为如此,各行各业都在探索如何运用大数据。结合移动互联网、云计算、物联网等技术,大数据在快速地改变着我们的工作和生活。在教育领域也是如此,无论是学习者,还是教育管理者,抑或是教师,都在利用大数据展开分析和决策,它正深刻地改变着教育行为本身。当然,大数据也正在深刻地改变着大学教育质量监测的方式和手段。

2. 大数据在教育监测领域中的应用

有高等教育,就有高等教育质量的监测和评价。高等教育不断发展,高等教育监测手段也在不断更新发展。时至今日,随着电子计算机技术、网络技术的发展,大学教学质量监测手段日新月异。尤其是大数据技术的发展,无论是学术界,还是政府教育管理部门,都在探讨教育领域大数据技术运用的可行性和路径。

在西方国家的政府部门,2011年,韩国出台"智慧教育推进战略",突出了大数据技术、智慧教育等新理念。同样,2012年,美国教育部在《通过教育数据挖掘和学习分析促进教与学》报告中,阐述了大数据技术在教育领域中应用的前景。此外,其他国家政府也在积极研究如何将大数据技术运用于教育领域。在西方的学术界,学者们探讨了在教育领域大数据技术系统构建问题、数据挖掘问题,以及大数据背景下教育体制变革问题等。

国内对大数据的研究基本与国外同步。从2009年开始,教育领域出现了大数据应用话题;2013年后,教育领域如何运用大数据技术的文章大量出现,大数据成了高频词汇;2014年,教育部在《2014年教育信息化工作要点》中,重点规划了大数据的运用方略。

目前,国内学术界对大数据在教育领域中的运用研究主要有两块:一是研究运用大数据的技术解决方案。如构建数据仓库、云计算、移动互联网等。二是研究大数据技术如何改变教育。如陈霜叶等学者认为,大数据给教育理论创新提供了新视角。他们认为,大数据可以优化教育政策、创新教育模式、提供新的教育监测方法和手段、提升教育管理效率。

姚琪等学者认为,大数据为教育实践提供了新技术和新方法。大数据为智慧校园的建立奠定了基础,为教育资源共享创造了条件,并为科学教育测评提供了更可信的工具。从而为教育发展提供了技术支持。

相对来说,大数据技术在教育领域中的运用时间较短,许多基础性研究都还缺乏,应用研究案例更少,应用的实践效果需进一步观察。但是,这并不能阻碍大数据技术在教育领域中的快速发展。

二、大学教育教学质量监测运用大数据技术的理由

大学教育教学质量监测是指监测者运用相关手段,对大学教学活动中影响教学质量的因素展开评价、反馈和调整,使大学教育质量不断提升的过程。采用大数据技术对大学教育教学质量展开监测具有传统监测手段难以比拟的优势。

第一,传统教育教学质量监测手段不能适应大数据时代的要求。传统教学质量监测方式无论是数据采集,还是数据分析,均是人工方式,效率低,结论偏差大,难在做出科学的教育教学决策。而大数据技术,用机器替代人工,不仅扩大了数据采集范围,还能提高数据采集效率,提升数据分析的准确度,也为庞大数据的跟踪监测创造了极好的条件,这一切均能有效改善大学教育教学的决策方式和决策效果。

第二,大数据技术能提升大学教育教学质量监测效果。大数据依据"数据→大数据→数据分析和数据挖掘→预测"路径对大学教育教学质量展开监测。因此,它能提升大学教育教学质量监测效果。

第三,大数据技术能提升大学教育教学质量监测的系统性。传统教育教学质量监测具有随机性和短期性,监测数据碎片化。运用大数据技术,就能改变这种弊端,形成系统的教育教学质量监测数据,并对数据展开科学的分析和深度的挖掘,形成可视化的分析结论,极有利于教育教学的教学决策。

第四,大数据技术能提升大学教育教学质量监测的预测功能。因为大数据所采集的数据面广,并能动态持续对数据展开跟踪和分析,因此,对数据的发展态势就能做进一步的预测和分析,帮助大学教育教学决策。

因此,可以这样说,大数据技术的采用将对大学教育教学质量监测带来深远而巨大的影响,它将是大学教育教学质量监测方式变革的重要推动力,带来大学教育教学质量监测体系的重构与创新,并改变大学教育教学方式、学习形态和管理模式。

三、宏观顶层设计大学教育教学质量监测体系

宏观层面的大数据教学质量监测体系主要有四个层面组成：第一个层面，是战略意识层面，即要建立大数据思维。大数据思维就是在大学教学质量监测时，要能理解收集到的海量数据及海量数据之间的关系；要能分析相关海量数据；要能承受繁杂多样的海量数据；要能进行海量的教育教学质量数据的相关性展开分析等。第二个层面，是制度层面，主要是法律制度。要建立起保障运用大数据技术监测到的教育教学质量信息的安全性和有效性的法律制度。既要从法律上保障相关人员的个人隐私，又要从法律上确保监测到的数据的现实可用和现实必用。因此，法律制度的建立是基础。用法律、法规去规范大数据技术的监测行为和大数据的使用行为。做到有法可依，有法必依。目前的现状是无法可依。第三个层面，是组织层面，要建立起大学教育教学大数据监测的组织保障体系。在国家层面，建立中央级的组织管理体系，组织规划实施大学教育教学大数据监测的实施蓝图、远景及行为；在地方层面，对接中央相关的管理组织，建立地方的大数据监测组织，组织地方的大数据监测规划、远景和实施行为；在高校层面，对接中央和地方大数据监测组织，组织大学的大数据监测规划、远景和实施行为。建立大数据监测数据共享体系。在中央层面、地方层面和高校层面，还要建立起教育信息共享的组织保障体系和组织运行体系。建立一个数据共享的推进部门，协调中央、地方和各高校的数据共享行为。建立大数据监测维护体系。如硬件维护和运行、数据库运行和维护、网络运行和维护。还包括如数据出处、数据审梳、权限设置、数据更新和维护等。建立大数据监测绩效评估体系。包括绩效评估相关制度，如数据开放度、数据更新度和维护度等。在组织的搭建过程中，要梳理过去的信息化相关组织，整合已有的组织，统一技术规范和数据规范，为中央、地方、高校各级组织共享、使用数据创造条件。也为监测建立起一个全面的监测网络。第四个层面，是技术层面。首先要研发储备相关的大数据技术。从国家层面，对云计算、虚拟化、5G等从宏观战略上展开布局、跟踪与研发，实现"弯道超车"。同时，引领地方及各高校的信息化建设，优化各高校的在线教育系统。通过顶层设计，通过国家层面的协商与沟通，统一地方、各高校的教学质量信息数据类型，为全国教育质量信息共享提供条件。路径是：由国家先统一数据类型，后引导地方统一数据类型，最后引导各高校统一数据类型。而不是相反。这样才能节约资源提高效率。而整个大数据监测体系构建路径是：先界定要解决的问题，后确定要分析的数据，最后才是技术选择。

四、微观基层构建大学教学质量监测体系实施路径

（一）构建大数据技术基础上的大学教育教学质量监测系统

大数据基础上的大学教学质量监测系统由四个部分构成：一是网络。高速以太网是基础。各种有线、无线等接入方式，局域网、远程登陆等多种访问形式均能与各大学的校园网互联互通。网络是基础，数据是核心。而数据库的建立又是基础中的基础，核心中的核心。它是智慧教学的重要组成部分。同时，统一身份认证、一卡通模式又是监测系统的有效支撑点。通过它们方便工作流和信息流的推送。二是建立监测系统的技术体系。这些技术体系包括存储技术、数据处理技术、数据分析技术、分析结果显示技术等四大领域。在存储技术领域，要能开发出存储海量信息的新型数据库；在数据处理技术领域，增量式索引更新技术或多维检索技术应运而生；在数据分析领域，通过流处理或批处理等技术手段提高数据分析处理能力；在数据分析结果显示技术领域，重点强调可视化和数据分析结果显示的多样化等。三是建立数据处理流程。涉及数据的采集和存储、数据信息的深度挖掘分析和数据可视化。建立高效的高校教学质量信息处理流程，核心步骤有：关涉教学质量监测的数据的采集和存储。在海量信息面前，如何对海量的教学信息数据进行过滤、消除数据杂音、按规范关联和聚合各类数据。关涉教学质量监测的数据的挖掘和分析。四是建立教学质量监测数据库。教学质量监测数据库也是一个多层次系统。各个高校建立起自己的监测数据库，地方层面有一个共享共建的大数据库，再往上，是中央层级的监测数据库。三个层面的数据库在数据类型上实现统一，并能共享。各个层面的数据库内部可以分为子数据库，如学生状况数据库、教学质量数据库、教师信息数据库、教学资源数据库、教学信息数据库等。各高校的教学活动可以实现全程24小时监控。教学环节的任何异常情况、教学资源的利用情况等能做到及时监控，并能有效的配置教学资源，其界面的设计可以更加人性化。教学管理者、教师和学生，可以有不同的操作界面。

（二）构建大数据基础上的大学教育教学质量监测运行机制。

大数据基础上的大学教学质量监测机制主要由以下机制构成：一是数据收集汇总机制。在不同数据库层面，都具有数据收集和汇总功能。各个大学，充当了最基层的数据收集和汇总功能。凡与教学质量相关的数据都是收集对象。所谓与教学质量相关，即以教育部大学教学评估相关指标为基础来构建，并且以此为基础进行扩充。形成一个相对庞大的教学质量监测基础数据库。这些基础数

据可以通过机器采集和人工采集来获得。有相关的制度保障这些数据能够及时采集并更新。基础数据的采集关键是数据类型的标准化和数据接口的统一化。这要求各个高校能够整合各个教学和学习平台，也要有专门的管理人员负责数据采集的相关管理和执行，专门的技术人员负责数据类型的统一。二是教学资源的整合机制。教学资源的整合，不仅是各高校内部教学资源的整合，也包括地区内各高校间的教学资源的整合，甚至包括全国层面的各高校的教学资源的整合。顶层设计，出台相关制度，激励地区间、高校间、高校内部有动力整合相关的教学资源。如此，能大幅提升教学资源的利用效率。三是数据分析机制。运用系统建模、聚类算法、趋势预测算法等多种数据分析工具对繁复的数据展开分析。目的是更有效地掌握教师的教学状况和学生的学习状况，更优地评估大学教学水平。尤其是虚拟学习环境下，数据分析不仅可以帮助构建更合理的虚拟学习环境，共享学习资源和学习方法，也有利于评估虚拟环境下的学习效果。反过来说，在虚拟学习环境下，传统的教学质量监测手段难以胜任评估和推进这种新型个性化的学习方式的发展。四是数据推送机制。建立起教学质量监测信息共享的理念，在此基础上，建立大学教学质量信息推送相关制度，确保各大学有积极性推送本部门的教学信息数据。共享是推送的基础，制度是推送的保障，统一数据类型是推送的手段，技术条件是推送的条件。五是数据分析决策机制。各层级的教学信息数据推送汇总后，各层面的教学主管部门会对自己层面的相关教学信息展开分析和决策。技术分析与人工分析相结合是大数据信息分析背景下的可行选择。通过机制对繁复数据的深度挖掘，简化了传统单纯依靠人工进行数据分析的过程，减少了工作量，提升工作效率。但机器分析仍不能取代人工分析，当繁复数据通过机制分析简化后，最后的分析决策仍会有人工来完成。各个数据库层级都会展开类似此分析过程，但数据决策会依据本地区的具体情况，不同层级的数据库分析决策以本地区的数据为依据。六是大学教育教学管理自助化机制。在智慧教学背景下，本科教学管理将实现自动化。学生选课、注册、缴费等一系列的活动都实现了自助化；教师的教学活动，如教学审批、成绩登录、考勤等也将自动化。教学管理实现了在线审批、自动发布教学信息，教学管理自动化、透明化。七是信息安全机制。在互联网时代，信息安全是最主要的。各个层面的教学质量监测数据库都要确保信息安全。从技术到制度，都要建立起信息安全意识和相关保障。登录的权限、技术的进步、防火墙的建立、数据备份等都要确保信息安全的重要手段。

五、运用大数据技术监测大学教育教学质量面临的挑战

"互联网+教育"的时代已经丰富多彩地呈现在我们的面前。这种态势将不可逆转地影响着大学教育的内容和方式。大学教学质量的监测手段变革也将不可避免。但是，我们是否做好了迎接变革的心理准备、制度准备和技术准备呢？

从技术上看，我们有没有足够的技术储备来迎接海量的大学教育教学监测数据？相关的数据采集技术、数据分析技术、数据兼容技术是否都跟上了？如果没有相关的技术储备，我们还无法真正拥抱大数据。

同样，大数据背景下的大学教育教学质量监测，还需要各部门通力合作，建立起共享、共治理念基础上的大学教育教学质量监测模式。传统的碎片化管理、部门利益至上等都会成为大数据背景下大学教育教学质量监测模式变革的巨大障碍。因此，从理念上拥抱大数据，从管理上，打破部门、地区樊篱，变革现行管理体制，建立有利于数据共享的管理体制是当务之急。从管理制度上，最为紧迫的是法律制度。互联网时代，共享成了常态。越共享，隐私的保护就越迫切，传统的伦理道德底线也会遇到尖锐的挑战。这考验我们的智慧，考验我们的决策者，考验我们的高校，也考验我们每一个人，如何平衡共享与保护，需要法律的约束，更需要道德的规范。

六、结论

大数据技术对大学教育的影响是深刻的，也是持久的。它既是一场机遇，更是一场挑战。没有哪所大学能够回避，只能直面。如何回应一场持久而深刻的大数据变革所带来的大学教育教学质量监测模式变革的影响，我们需要从宏观和微观两个层面进行掌控。从宏观层面看，无论是大数据理念的建立，相关制度的搭建，组织体系的建立，还是技术的储备，都需要提前做好准备。从微观面层看，无论是数据的收集、数据的整合、数据的分析、数据的推送，还是数据的决策，都要做好规划。在"互联网+教育"的时代，自助化、智能化也是一大趋势。相应的"教、学、管"也在顺应这种趋势，如此，大学教育才能再上一个台阶，跟着时代往前走。

参考文献

[1] 苗磊.大数据综述[J].合作经济与科技,2017,2.

[2] 王倩等.全球大数据研究的历史演进:1993—2016[J].中国科技论坛,2017,7.

[3] 迈耶·舍恩伯格.大数据时代[M].杭州:浙江人民出版社,2012.

高校创新教育的概念界定与质量提升对策研究

吴 航

一、引言

在建设创新型国家的背景下,如何培养杰出创新型人才成为摆在政府和高校面前的一道难题。培养人才是大学的基本职能,能否培养高质量的创新型人才,是决定大学兴衰成败的关键因素,同时也是影响一国持续竞争力的关键因素。相比欧美等发达国家,我国教育体系设计相对落后,对于创新教育的认识不够全面、不够深入,因而导致创新课程教育质量不能满足国家和产业发展的急迫需求。因此,有必要深入研究创新教育的本质,设计科学合理的创新教育体系,这对于提升我国高校创新创新教育质量迫在眉睫。

二、创新教育的概念与内涵

(一)创新教育的概念界定

目前,学术界对于创新教育并没有一个完整的界定,总体上将创新教育界定为一种与传统教育、接受教育、"填鸭式"教育相反的一种新的教育模式,与发达国家的创造力教育或创造力培养等概念较为接近。学术界一般认为创新教育概念起始于1998年教育部向国务院提交的《面向21世纪教育振兴行动计划》。随后,《中共中央国务院关于深化教育改革全面推进素质教育的决定》提出了素质教育的教育理念,并且认为素质教育的培养核心就是要提升学生的创新能力。

此后,学术界和教育界开始了关于创新教育的大讨论,将创新教育与创新思维、创新精神、创新能力、创造力等概念紧密绑定在一起。因此,本文借鉴杨丽和温恒福对于创新教育的理解,将创新教育界定为"一种通过教学改革来提升学生创新能力、培育学生创新精神的教育模式"。

（二）创新教育的内涵拓展

我们可以从以下几个方面对创新教育的概念进行理解：

第一,创新教育的根本目的在于培养创新型人才。在经济新常态下,我国经济增长放缓,原有的推动经济增长的模式难以持续,迫使我国需要进一步转变经济增长方式,建立创新的动力引擎。然而,产业创新能力的提升并不是一蹴而就的事情,影响我国创新能力提升的根本因素还在于缺乏高端的创新人才,因此,在此背景下创新教育的根本目的就是为了通过教育改革提升人才培养质量,进而推动创新型国家建设。

第二,创新教育并不等同于精英教育,不是针对少数精英开展的特殊教育模式,而是针对全体高校学生的一种全面创新教育革命。创新教育的出发点不是为了充分挖掘少数精英分子的天赋,不等同于过去传统精英教育模式。创新教育的辐射范围应该是全体的高校大学生,通过教学体系的科学设计来实现高校学生创新能力的整体提升。因此,创新教育范式应该是一种针对普通高校学生的大众教育模式,具有很强的操作性和可推广性。

第三,创新教育的开展需要行之有效的教学改革措施作为支撑。传统教育模式的一个典型弊端就在于教学模式过于传统,强调一种"老师教、学生听"的传授模式。这种教学模式严重影响到了教师与学生之间的知识交流效率,限制了学生创新能力的开发。因此,创新教育的开展需要转变这种传统的教学模式,通过应用现代化的教学工具,充分调动学生的主观能动性,培养的学生的逻辑思维能力、动手能力和创造力。

三、与创新教育相关的概念辨析

尽管创新教育与相关概念之间存在一定的相似性,但明确其差异之处对于教育工作者开展创新教育改革和体系设计具有重要的战略意义。

（一）创新教育与创造教育

创造教育概念的提出在我国有深刻的哲学土壤,如"举一反三""处处是创造之地"等都是强调创造的概念。由于创造力源于心理学领域,因此,对于创造教育的讨论主要集中于一些小发明等方面。创新教育与创造教育的本质区域在于创新与创造概念的区别,创造强调首创性,而创新不仅是首创,还强调对于要素的新的组合。因此,创新教育不仅仅强调对于学生创造力的培养,还在于强调学生对于外部知识和资源的再次整合能力。创新教育的内涵大于创造教育的内涵。

(二) 创新教育与素质教育

素质教育是指一种以提高受教育者诸方面素质为目标的教育模式。因此,素质教育实际上是与应试教育相对应的一种教育模式,目的就是要培养出能力全面的人才,而不仅仅是专注于考试的解题高手。素质教育只是提出了要全方面提升学生的素质,而不局限于解题能力,但并没有提出切实可行的抓手和方向。创新教育实际上为素质教育指明了方向,可以理解为素质教育的拓展,重点强调提升学生的创新能力。因此,创新教育概念的提出是教育理论的重大发展,是素质教育在高校的实际落脚点和实践抓手。

(三) 创新教育与知识教育

知识教育是指以传授知识为显著特征的教育模式。创新教育强调学习对知识的整合和应用能力。创新教育并不是否定了知识教育,而是知识教育观念的革新,强调对知识的活学活用,即提升学生对知识的创造性应用能力。一般来说,知识可以划分为显性知识和隐性知识,传统的知识教育传授的往往是显性知识,而创新教育更加注重对隐性知识的灌输和学习,但是隐性知识往往是通过"干中学"来获取的,因此,创新教育与知识教育的一个显著区别就在于创新教育非常重视提升学生的动手和动脑能力,充分要求发挥学生的主观能动性。

四、国外典型大学开展创新教育的经验借鉴

本文接下来将对美国、德国和日本的创新教育发展情况和经验进行介绍,以期为中国高校开展创新教育提供经验和启示。

(一) 美国

美国是开展创新教育最早的国家之一。美国经济的强大在一定程度上也要归功于美国教育体系的完善和教育理念的先进。早在1973年,美国政府就相继资助了麻省理工学院(MIT)等四所高校在内部开展创新教育实验,鼓励在高校内部成立"创新中心",开设技术创新课程,并且组织学生开展创新实践活动。在此背景下,美国的很多高校均模仿麻省理工学院等名校的创新教育模式,在内部

开展创新教育尝试,并且积累了相关的经验。进入到80年代,世界经济形势风云突变,以日本为代表的一批新兴经济国家快速崛起。学者们通过分析后发现,造成日本经济突飞猛进的根本原因在于日本成功的创新教育体系,如果美国的教育体系是二流的,那么美国的经济最终也必将是二流的。因此,从80年代开始,美国再次花费大量的经费开展创新教育实验,鼓励在高校内部开展创新教育改革。

在美国高校开展创新教育较为成功的就是MIT。MIT注重通过营造宽松与严肃相结合的良好学习环境来充分激发学生的创新积极性。MIT非常注重在本科生阶段就开展研究训练,培养学生的逻辑思维能力和探索能力。MIT为有兴趣的学生提供仪器设备、办公场所和科研经费,鼓励学生开展科研工作,科研选题可以根据自己的兴趣爱好,也可以是某些教授的课题。这种科研训练大大提升了MIT学生的创新意识和创新能力,同时使得学生与教授之间建立了良好的关系。此外,MIT还非常注重培养学生的独立思考能力,在安排较多课余作业的同时,在每年的圣诞节至二月初的这段时间内还会安排一段时间供学生自由学习探索,期间学生不需要再为学分和考试发愁,因而很好地培养了学生的创新思维。

(二)日本

日本教育体系的发展经历了六七十年代的以美国教育体系为目标的"追赶型"现代教育,以及80年代至今的创新教育调整期。到80年代,日本的教育体系已经相当发达,在一定程度上达到了与美国同一水平。此时,日本教育工作者开始自省,并且认识到了自身体系存在的一些弊端,比如,教育制度一直围绕升学进行,对于学生个性化的发展缺乏关注,忽视了对于学生品德与能力的提升;教学官僚主义盛行,没有充分尊重教师工作者的办学自主性,一定程度上影响到了教育的创新发展。鉴于此,日本成立了"临时教育审议会",要求对现有的教育制度进行整改,提出新的能够满足创新教育需求的教育体系。修改后的教育体系注重对学生个性的培养和引导,充分遵循以人为主的原则。到了90年代,日本经济的高速发展使得社会对于创新型人才的需求大增,此时日本经济发展模式经历了从"引进、消化、吸收"到"原始创新"的转变,迫切需要培养起一批创新人才。因此,日本在高校内部进行了大量的改革,主要包括:①强调教育机构的多元化,使得学生能够根据自己的兴趣爱好有更多的选择权,从而能够根据学生的"个性"实现更好的发展;②对大学的传统考核模式进行改革,减少一些死记硬背的题型,注重对学生思维能力的考察;③高校内部注重理论教育和实践教育的高度结合,注重对学生动手能力的培养,鼓励学生从事独立学习的工作;④营造一个鼓励创造和创新的学习氛围,保护学生的创新积极性,鼓励学生提出一些奇思妙想,并且允许学生放错;⑤重视家庭教育,与学生家长充分沟通,让家长充分了解并支持自己的孩子,支持孩子的学习。

(三)德国

二战后,德国经济的迅速崛起可以归功于德国高等教育的成功。德国在80年代就强调大学教育应该充分尊重学术自由,实现教育与科学研究的紧密结合。德国创新教育的成功主要可以归结于以下几点:①加强高校自治。德国人认为让高校老师自己来管理自己是最好的方式。因此,德国政府给予高校老师充分的办学自主权,给予高校教授很高的社会地位,强调高校行政人员必须服务于高校教学工作。这种体制设计充分释放了高校教师的创新活力,使得高校教师在创新教育思考上有更多的自主和精力。②鼓励高校多样化发展。德国高校在办学发展上强调特色化发展,避免大而全的学科体系设计和人才培养模式,强调培养出社会所需的专业化人才。③重视对拔尖人才的培养。德国非常重视对高端创新人才的培养,尝试通过精英教育模式来对现有的教育体系和教学模式进行改革,在总结出一定经验后再推而广之。④教育模式强调理论与实践的紧密结合。德国的教育工作者们认为高校教育要面向社会,高校学生要加强与社会的交流,要培养学生的动手能力和思维能力。⑤注重培养学生的独立思考和问题解决能力。德国高校也非产注重通过课外的科研活动来鼓励学生利用书本知识来解决一些独立性的课题,其目的在于培养学生的信息收集能力、问题分析能力、外部协调能力和独立的思维能力。

五、创新教育的体系设计

(一)更新高校的创新教育理念

高校是创新型人才培养的摇篮,在高校内部建立现代化的创新教育理念对于创新型人才的不断涌现至关重要。高校创新教育理念的转变应该经历两个转变过程:①由"填鸭式"教育向发展式教育转变。传统的教育理念都是将学生作为被动的接受者,仿佛学生的大脑就是接受老师输出知识的仓库,学生需要做的就是将老师课程上教授的知识记住以便能够顺利通过考试。在"填鸭式"教育模式下,学生不需要发挥太大的创新性,不需要对老师传授的知识进行再次的创新和加工,最终导致学生过于重视考试结果,忽略了对于学习过程的锻炼。发展式教育要求重视学习过程,重视培养学生的知识获取和分析能力,最终充分挖掘学生的内在潜能。②由工厂式教育向个性化教育转变。传统的教育模式是工业时代的产物,大学的办学思想类似于工厂的标准化管理,仿佛老师就是工厂的生产者,而学生是工厂流水线上的产品,大学在人才培养上并不重视个性化人才的培养,在教育理念上也是求同存异,对于学生提出的不一致意见并没有慎重对待。加强个性化教育引导能够最大限度激发学生的创新动力和激情,因势利导,提升学生的创新主动性。

(二)设计先进的创新教育方法

在明确创新教育的理念之后,应充分借鉴国内外高校的创新教育方法:①鼓励学生勇于发表个人见解。创新教育的核心就是要鼓励学生开展冒险活动,敢于提出差异化的个人观点,教导学生尊重权威但不盲从,摆脱儒家文化盲目尊师重道带来的不利影响;②在课堂和课后作业的布置上,要尽量规避一些死记硬背的题目,倾向于选取一些能够调动学生思维能力和动手能力的题目,让学生在"干中学";③设立大学生科研创新基金。通过给予学生一定的经费支持,鼓励学生从事一些兴趣性的研究和探索,充分锻炼学生的问题解决能力和团队合作能力;④举办各类科技创新竞赛。通过竞赛立项的形式,鼓励学生之间开展公平、公开、公正的比拼,锻炼学生的创新能力和竞争意识;⑤举办各类创新讲座。定期邀请校内和校外的知名专家为学生做讲座,不断拓宽学生的知识视野,通过跨学科的知识融合为学生不断创新提供源源不断的动力。

(三)打造现代化的创新软硬件

在明确创新教育理念和方法明确之后,创新教育的具体实施还需要以一定的软硬件平台作为支持。现代化的创新教育必须以现代化的创新软硬件作为支撑:①建立创新实验室。创新教育的一个重要特征就是需要理论联系实际,课堂内的纯理论教授难以培养学生的创新能力。高校内部必须建立国家级和省级重点实验室,为学生参与项目研究提供硬件支持。②建立高校创新实践基地。理论联系实践的另外一种最好的方法就是在校外建立创新实践基地。基地的建立方法有两种,一种是自己选取有利于学生学习实践的地点建立野外实践基地,另外一种方法就是与企业合作建立产学合作基地。企业是处于市场第一线的主体,与企业的合作最有利于学生实现课堂知识的价值转化和创新能力的培养。③购买最先进的创新教学软件。传统的老师口头传授、学生被动听课的模式已经体现出了很多弊端,信息时代的高校需要充分整合信息技术来提升课堂的生动性和互动效率,因此,大规模利用现代的教学软件能够很好地提升创新教育的质量和效率。

参考文献

[1] 王晓辉.一流大学个性化人才培养模式研究[D].上海:华中师范大学博士论文,2014.

[2] 王发棠,韩晓惠,卢琦.国外创新教育的开展及对我国高校创新教育的启示[J].山东省青年管理干部学院学报,2004(4):74-77.

[3] 葛莲英,罗小玲.研究生创新教育对策研究[J].改革与战略,2007(5):141-143.

[4] 王金瑶.大学创新教育课程体系构建探索[J].江苏高教,2003(5):50-53.

[5] 陈翠荣.大学创新教育实施困境的博弈分析[J].中国高教研究,2014(7):81-84.

[6] 熊晓春.创新教育的现状分析与思考[J].教育与职业,2007,(5):22-23.

[7] 杨丽,温恒福.大学创新教育的内涵难点与推进策略[J].黑龙江高教研究,2011,(8):28-31.

[8] 周合兵,沈文淮,罗一帆,等.构建全方位、多层次、立体化创新教育体系的实践与探索[J].中国大学教学,2010(9):66-68.

[9] 张建林,赵继承.关于研究生创新教育的述评及其体系的构建[J].现代教育科学,2009(4):29-34.

[10] 雷金屹.国外创新教育的启示[J].科学教育论坛,2005(15):218.

[11] 邬志辉,张培.创新教育:概念、定位与变革[J].东北师大学报(哲学社会科学版),2001(6):90-96.

[12] 全胜跃.在企业信息化背景下经济信息管理专业模块化课程体系改革思考[J].劳动保障世界,2017.

[13] 郑浩,常思亮.研究生创新教育模式的研究现状及启示[J].扬州大学学报(高教研究版),2003,7(4):44-47.

[14] 易凤霞.基于创新型国家建设的研究生创新教育研究[D].武汉:武汉理工大学硕士学位论文,2007.

[15] 游振声.美国高等学校创业教育研究[D].重庆:西南大学博士学位论文,2011.

[16] 赵川平.国内外大学创新教育的实践研究[J].高等农业教育,2000(7):10-14.

[17] 蔡旭群.创新教育探微[D].福州:福建师范大学硕士学位论文,2001.

高校教学质量评估:基础理论、面临问题和体系设计

王 娟

一、引言

能否培养出高质量的人才直接关系到创新型国家建设的成败。高校一直被认定为人才培养的摇篮,而教学质量的高低直接决定了高校人才培养质量的优劣,因此,如何提升高校教学质量成为理论界和实务界关注的重点。开展高校教学质量评估是鉴定高校教学水平、提升高校教学质量的一项重要措施。教学评估过程的科学合理程度直接决定了高校是否能够发现自身在教学工作中存在的问题。因此,正确认识高校教学质量评估的概念和意义,摸清目前高校教学质量评估过程中存在的问题,思考如何构建科学合理的教学评估指标体系,以及如何进一步完善教学评估工作具有重要意义。

目前,理论上对于教学评估讨论热烈,学者们从不同视角针对教学评估开展了相关讨论。王庆锋(2015)深入分析了大学课堂教学质量评估机制,深入分析了评估的主体、客体、评估的软件和硬件。张韵君(2006,2007)从"以学生为本"的角度出发,重点分析了课堂教学质量评估体系对学生发展、教师发展和学校管理的意义。武清宇和唐霞(2015)针对目前高校课堂教学质量评估体系单一的弊端,重点分析了大学英语课堂教学质量评估体系。程艳艳(2006)分析了目前制约高校教学质量评估的几个关键问题,如学生对于教学评估的态度问题、专家评教的效度问题、评价指标单一的问题。尚龙安和任红(2013)深入剖析了目前高校教学质量评估中遇到的问题,发现了学生评教的结果也不能作为考核教师

的最终依据、目前对于评价结果的使用效率较低等问题,并针对这些问题提出了相应的对策建议。杨荣智(2017)以乌纳汉莎职业学院为例深入分析了德国职业院校课堂教学质量评估标准,发现德国教师教学质量评估重视对教学过程进行评估,强调以学生为中心,以行动为导向,且易于操作。罗凌(2013)分析了影响课堂教学质量评估准确性的因素,并提出了相关对策。可以看出,尽管目前学者们对于高校教学质量评估给予了充分关注,并且从问题、指标体系、影响因素等多个方面阐释了教学质量评估存在的问题,但是不得不说目前对于教学质量评估工作的研究还处于初级阶段,还没有构建出完整的理论体系。

二、教学质量评估的基础理论

(一)教学质量评估的概念

对于教学质量评估概念的界定可以遵循以下的思路:首先明确什么是质量,然后明确什么是教学质量,最后界定什么是教学质量评估。根据ISO 9000的界定,质量就是"一组固有特性满足要求的程度"。对于教学质量而言,这种固有特性主要是指对教师课堂教学的满意程度和教学的最终效果。因此,教学质量评估可以界定为按照一定的评估标准,对课堂上教师所传授的知识能否满足受教育者需求的一种评价。教学质量评估的发生必须依赖于以下几大要素:教学评估客体(教师、教学设备)和教学评估主体(学生、大学领导和督导、校外专家)。

(二)教学质量评估要素分析

1. 评估客体

教师是教学质量评估的重点评估对象。教学质量评估主要就是评估教师在教学过程中的各种行为是否恰当,是否充分满足了学生的学习需求,是否高效地向学生传播了相关知识。在教学课堂上,教师不仅要高效地向学生讲解书本上的相关知识,还要向学生教授书本外的相关知识,以此来拓展学生的知识面。此外,教师还需要充分调动学生的积极性,培养学生爱学习、会学习的素质和能力。因此,对于教师的评估往往是关注于教师的教学目标是否明确,教学内容是否充实,教学方法是否有创新,教学手段是否借助了最新的教学工具,以及最终的教学效果是否突出,学生与教师之间是否形成了良性互动。

除对教师进行评估之外,高校课堂教学质量评估往往还会评估学生的学习状态和教学的软硬件环境。作为对教师教学质量的一种衡量标准,学生的学习状态和精神面貌也是对教师的一种考核标准。作为教学的接受者,当学生精神焕发、与教师配合默契时,我们往往认为教师较好地像学生传递了积极的学习信息,焕发了学生的学习热情。此外,教学设施和设备也是教学质量评估的一个方面。在现代化的教学氛围下,沿用传统的黑板和粉笔式的教学模式已经不能满足很多课程的教学需求,因此,是否拥有现代化的互联网教学软硬件也是衡量教学质量好坏的标准之一。

2. 评估主体

教学质量评估的主体主要有学生、大学领导和督导、校外专家。一般认为,学生是教学质量评估的核心主体。学生是教师教学的最重要的利益相关者。如果将教师的教学视为一种知识服务,那么学生可以说就是知识服务的消费者。因此,学生对于教师提供的知识服务是最有发言权和评估权的。除了学生之外,充当教学评估角色的还有教务处的领导、大学的督导和校外的评估专家。这些人对教师教学的评估往往是以一种专业的眼光来考查教师的教学情况,如考查教师上课是否带有教材,教学ppt是否丰富,教学方法是否合适,教师与学生的互动是否频繁,学生的反应是否积极等。因此,大学领导和督导、校外专家是从另外一个方面来评估教师课堂的教学质量。

(三)教学质量评估的目的

教学质量评估是立足于广泛的信息收集,以一定的评估指标体系为依据,针对高校学生、校内领导和督导、校外专家的切身感受,对教师完成课堂教学质量、实现教学目标情况的考核。评估的目的在于对高校现有教师在课堂上的综合表现做出评价,以期找到目前教学工作中存在的问题和改进的方法,从而对教师提高教学水平提出反馈意见,最终达到以评促教的目的。具体来说,开展教学质量评估工作具有以下几点目的和意义。

1. 提升高校教学水平

开展教学评估的首要目的就是为了通过摸清高校教学过程中存在的问题,提升高校的教学水平,从而为高校人才培养提供重要支撑。通过设置教学评估指标,选择合适的教学评估主体,通过教学评估往往能够发现一些高校本身和教师本人不能发现的问题,这些问题极大地影响了高校教学能力提升。

2. 提升教学工作的规范化程度

教学工作是高校的基础性工作,高校的主要职能就是通过科学的教育手段提升人才培养质量。通过多年的研究和积累,发现高校教学工作中存在一些固定的因素,这些因素直接影响了教学质量的高低。因此,开展教学质量评估的一个重要出发点就是通过制定科学合理的评估指标体系来指导教师教学,让教师形成规范化的教学模式。

三、目前教学质量评估中存在的主要问题

(一)评估目的出现重大偏离

高校教师课堂教学质量评估的本质目的就是以评促教,通过对教师教学质量的评估来发现教学过程中存在的问题,从而有针对性地提出一些改进意见。然而,经笔者调查发现,大部门高校在评估过程中存在极强的应付心理,主要关注评估的最终结果,即关注评估是否合格或优秀,通过评估能够拿到相应的经费支持。在开展教育评估工作的过程中,主要是关注如何应对教学评估,针对教学评估中关注的一些重点事项和重点指标来开展改进工作,而不是为了通过评估来提升教师的教学质量。

(二)评估过程出现形式主义

如前所述,很多高校过于注重教学评估的结果是否能够顺利通过评估考核,因此,在应对评估的过程中重点部署如何应对评估过程中可能考核的重点事项,以及如何防止评估过程中可能出现的问题。此外,由于评估过程涉及学生、教师、校内和校外专家多方主体的参与,因此,高校在应对教学质量评估的过程中往往会有针对性的做一些工作,以确保评估主体对课堂教学评估作出积极的反馈和评价。

(三)评估体系存在改进空间

目前,各高校针对教学质量评估都制定了相应的指标体系,并且建立了相应的评估制度。然而,从目前调查的情况来看,高校教学质量评估体系存在改进空间。首先,高校教学质量评估指标存在极大的相似性,往往选用的都是同一套评估指标,没有体现出学校之间的差异和专业之间的差异。例如,目前的评价指标体系往往关注教师是否规定了明确的教学目标,是否明确区分出了教学的重难点,而像"大学英语"这样的课程,注重的是对于语言的应用能力,因此现有的评价标准并不能适应所有的专业课程。

四、高校教学质量评估体系的构建

(一)指标体系建立原则

1. 科学性原则

教学评估指标的选取必须能够充分衡量出教师授课的真实水平,并且能够

发现教师在授课过程中存在的问题,从而能够为教师改进教学质量提供参考。因此,教学评估指标体系要能够揭示出教学质量的主要因素和其内在联系。评估指标的设计需要考虑到科学性的原则,应该符合现代教学的规律,摒弃传统守旧的教学观念,在教学内容和方法上不断创新。

2. 过程控制原则

教学评估的出发点是为了检验高校教师的教学质量,发现可能存在的问题,然后找到可能的解决方案。因此,开展教学评估工作、设计评估指标应该以发现问题为主,而不能将考核结果与教师的奖金、晋升等利益直接挂钩。开展教学评估工作应注重对教学过程的考查,从态度、备课、内容等方面来发现可能存在的改进空间,督促教师进一步提升教学水平。

3. 整体一致原则

教学评估指标体系在设计上应能够充分反映出教师在教学方法、教学手段、教学思路、教学态度、老师与学生的互动程度等方面的情况,而不是仅仅强调每个指标权重的分配。评估指标的设计应是一个整体,能够全面评估出教师在课堂上的表现。

(二)指标选取

一般来说,教学指标的选取主要包括教师的课前准备工作和课堂的现场表现情况,具体如下表1所示。

表1 高校教学评估指标体系

考评标准		评价标准
课前准备工作	对教材的理解非常透彻	教学材料观点新颖
	教案准备非常充分	教案准备充分,重点突出
课堂的表现情况	教学内容	
	对于教学内容的熟悉情况	能够全面概括教材的各个知识点; 能够对教材的知识点有所拓展
	重难点是否突出	对于各个重点解释的很清楚; 对于各个难点内容能够做到深入浅出
	教学方式	
	对于现代化教学工具的选用情况	能够应用现代化的教学手段
	对于案例教学、问题教学的采用情况	能够充分应用案例教学; 能够充分应用问题式教学

（续表）

		考评标准	评价标准
课堂的表现情况	教学组织情况	教学各环节的安排情况	教学时间安排得很合理；教学内容丰富并且均衡
		对于课堂氛围的调动情况	课堂上师生互动频繁；能够充分启发学生的想象空间
	教学态度	老师授课的严谨程度	课堂上教师语言表达非常严谨；对于课堂的时间掌控非常准确
		老师是否注重聆听学生的声音	注重激发学生的思考空间；鼓励学生提出问题
	教学效果	学生的对于教师传授知识的理解程度	课堂上学生举手回答问题积极；课堂上有学生针对老师的问题提出反问
		学生上课的精神集中程度	大多数学生上课表现得很积极；课堂秩序良好

五、完善教学质量评估工作的建议

（一）更新对于教学质量评估的认识

高校的任务就是要培养出符合经济发展需求的具有理想和创造力的高层次人才，而课堂正是培养人才的重要场所。因此，高校在开展教学评估工作时，应该充分正式这一点，端正对于教学质量评估的认识，通过系统和程序设计来保证教学质量评估的科学性，以保障能够真正挖掘出本校在教学工作中存在的问题。

（二）制定科学的教学质量评估指标

在确定评估的专家和学生组成员之后，就需要进一步确定评估的指标体系，并且根据本学院各个专业的特色对通用的指标体系进行微调，以确保评估指标体系与评估课程特征相对应。具体来说，可以事先向专家和学生派发选定的指标体系，并且询问专家和学生对于指标体系的理解。对于一些存在疑问的地方应进行充分的讨论，使得该课程所属领域的专家和学生能够充分领会指标体系的设计原则和指标体系所要考核的内容与该门课程是否匹配。

（三）构建灵活的教学质量评估程序

首先，各学院在选择评估主体上应该做好准备工作，选择具有多年教学经验的校内外专家充当评审员，同时选取学习成绩优秀、态度端正的学生代表，与教务处的领导一起组成评估成员组[19]。其次，在评估过程中应充分考虑到评估的灵活性。由于学生代表、评估专家和教务处领导三者的意见可能存在一些差异，因此，在评估结果的确定过程中应充分权衡三者的意见，在某些指标的分值确定上应采用三者的平均值，保证评估的准确性。

（四）不断完善教学质量反馈体系

教学质量评估反馈是保障教学评估效果的最后一个环节，要确保教师和学生能够及时看到专家的评估意见，这对于教师进一步提升自己的教学水平和学生进一步学习如何开展学习至关重要。此外，及时反馈评估结果并跟踪整改执行情况还能够充分调动学生参与评估的积极性，增强学生的主人翁意识，同时能够促使教师端正教学态度，改正教学方法，从而进一步提高教学质量和改进教学效果。

参考文献

[1] 王庆锋.大学课堂教学质量评估机制研究——以大学社会人文科学课堂教学质量评估为例[J].新乡学院学报,2015,32(1):53-60.

[2] 张韵君."以学生为本"的课堂教学质量评估体系的创新[J].黄河科技大学学报,2005,9(2):90-92.

[3] 张韵君."以学生为本"的课堂教学质量评估体系初探[J].高教发展与评估,2006,22(3):51-55.

[4] 武清宇,唐霞.大学英语课堂教学质量评估体系分析研究[J].中国教育技术装备,2015(4):62-65.

[5] 程艳艳.对高校课堂教学质量评估工作的探讨[J].长春大学学报,2006,16(12):151-153.

[6] 尚龙安,任红.当前高校课堂教学质量评估过程遇到的问题及对策[C].Education and Educational Research,2013:541-544.

[7] 杨荣智.德国职业院校课堂教学质量评估标准分析及其启示——以乌纳汉莎职业学院为例[J].职业教育研究,2017(8):87-90.

[8] 罗凌.影响社院课堂教学质量评估准确性的因素及对策[J].四川省社会主义

学院学报,2013(1):41-44.
[9] 姚靖.对课堂教学质量评估的思考[J].肇庆学院学报,2002,23(1):93-96.
[10] 许锡宾,刘建新,梁德全.高等学校课堂教学质量评估研究[J].高教发展与评估,2004(1):19-21.
[11] 付星.高等院校课堂教学质量评估指标体系实证研究[J].高教探索,2014(4):108-111.
[12] 陈薇.高校教师课堂教学质量评估方法[J].武汉纺织大学学报,2005,18(3):102-104.
[13] 沈志荣.高校课堂教学质量评估的困境与出路[J].滁州学院学报,2017(4):102-105.
[14] 杨建国,尚英.高校课堂教学质量评估指标对比分析[J].高教发展与评估,2009,25(1):11-17.
[15] 武惠芳,章梓茂.构建全方位课堂教学质量评估体系[J].高等理科教育,2007(1):84-87.
[16] 江欣荣.教师课堂教学质量评估的理论和实践[J].高等建筑教育,1995(2):53-55.
[17] 高平蕊,魏双平.教师课堂教学质量评估的实践[J].中国高等医学教育,2007(12):49-50.
[18] 骆兰,薛艳,唐国强.论高校课堂教学质量评估指标体系的构建[J].高教探索,2006(6):55-56.
[19] 袁斯晨.论课堂教学质量评恰制度的完善[J].保险职业学院学报,2004(1):59-61.
[20] 曹慧,毛亚庆.美国UTOP课堂教学质量评估系统的探索与反思[J].全球教育展望,2017,46(1):79-89.

关于高等数学试卷质量标准的测度研究

杨竹莘

近年来,全国各大高校在本科教学评估、验收的督促和以评促建的要求下,正在完善、建立、健全各项教学规章制度和体系。其中试卷的质量评估不仅是教学工作考核的一个环节,也是教师期末最后和重要的环节。教师们常常为试卷的制作与设计、考试成绩能否形成正态分布而担忧和费尽心思。

考试是直接测量学生掌握知识技能程度的一种方式,既是对学生学习效果的测量也是间接测量教师的教学。而测试试题的质量,直接影响测试成绩,成绩又是检查教学质量,学生升学、评优、评奖的依据。究竟如何衡量一份试卷的质量?如何评价试题的合理性、科学性,如何制定科学、客观的衡量标准?特别是"高等数学"课程,是理、工、经济、综合性高校广泛开设的专业及公共基础课,影响其对教师教学,学生学习效果的客观评价。本文以本校高等数学试卷的质量标准测度为案例,对试卷质量标准衡量从效度、信度、区分度、难度、时量、分值的把握等进行了探讨。希望能应用于其他类似学科的试卷质量评判,为教务部门的试卷质量评价提供参考。

一、测验的几种类型

(一)自编测验

是由任课教师自己凭经验编制,又称经验测验。它虽没有经过效度、信度、区分度、难度的检测,但需具备一定的教育测量知识,把握以下原则。

(1) 目的性原则:测验应尽量与教学目标相吻合,能起到了解教学效果的作用。

(2) 一致性原则:测验内容与目标和大纲要求相一致,还应与所用教材内容相一致。

(3) 科学性原则:试题本身无错误,取样具有代表性,对财经类学生要注重数学在经济中的应用。其他学科注意与本学科的联系。

(4) 适度性原则:试题难度适中,时量适当,分值与难度和时间成正比。

(5) 明朗性原则:测验项目的阅读难度应降低,重在测量学生数学学科知识和能力。

据调查,绝大部分老师出题都是凭以往经验,考虑使用的教材和本期学生的学习基础和能力。

(二) 标准化测验

根据一定的教育目标和计划,集体编制,编制的每一个题目经过预测和统计分析,以取得每个题的效度,信度,区分度,难度,时量,分值等有关数据资料,组成试卷后,能经过小范围检测,认定各方面基本符合要求,才存入题库备用。

二、标准化数学试卷质量测量分析

(一) 测值的效度

测值的效度是试卷质量指标中最基本的一条,是衡量测试能否准确测出学生在某一学科上真实水平的量。测量所得数值称为测值,所谓测值的效度,是描述测量工具测得结果(即测值),能否正确地表现想要测量的特征的程度的量。例如:一道极限计算题(测量工具),是否测得了学生极限知识和计算方法的掌握能力(测量对象),在多大程度上测得这种知识和能力,效度的最大值是 1,最小值是 -1。测值的效度与其目标是密切相关的,但对一切测量目标都适应的测验是没有的,要使测值客观反映被测特征,必须研究测量的效度。

确定效度最一般方法是确立效标,效标是检测效度的参考标准,是指测验所需测量或所要预知的行为特征。求出测验分数与效标分数之间的相关系数,相关系数越大,测验的效度越大。

计算效度时,常用 K 皮尔逊(K Pearson)的积差相关法,其公式为:

$$r = \frac{\sum dxdy}{\sqrt{\sum d^2 x \cdot \sum d^2 y}} \quad (1)$$

r—— 积差相关系数；
dx—— 本次测验各人分数与其平均数之差；
dy—— 效标测验各人分数与其平均数之差。

（二）信度

信度也是试卷质量指标中重要的一条,是指测值稳定程度或可靠程度。例如,用钢尺测量一个人的身高比用有伸缩性的橡皮条尺测量来得可信,因前者在重复测量某一对象时差异不大。如果被测对象经过多次测量都可以得到大致相同的测值,则认为这个测值有较高的信度。我们把一份试卷对同一对象前后测试结果的相关程度称为试卷的信度。信度最大值为 1,最小值为 -1。显然一份好的试卷,应具有较高的信度。信度按其估计方法可分为再测信度,等价信度,分半信度,α 系数法等。常用的有分半信度和 α 系数法。

1. 再测信度

试卷在一定时间间隔内对同一对象两次测试结果的相关系数称为再测信度。它最能反映信度的概念,但受时间间隔的制约。

2. 等价信度

拟制一份与测试试卷"等价"的试卷(测试内容,难度,评分标准一致),将两份试卷同时施以同一对象,则两个测试结果的相关系数称为"等价形式"信度。

例如:设有 A、B 两个平行测验各有 n 个单项选择题,某天对 m 个学生施测 A,同日下午施测 B,时隔一月再对同批学生施测 A,记三批次分数为 A_1, B, A_2,学生成绩分别为 $A_{1i}, (i = 1, \cdots, 15); B_i (i = 1, \cdots, 15) =; A_{2i} (i = 1, \cdots, 15)$。则 A、B 两个测验的信度分别为:

(1) $r_{A_1 A_2} = \dfrac{\sum A_1 A_2 - N \overline{A_1} \overline{A_2}}{\sqrt{(\sum A_1^2 - N(\overline{A_1})^2)(\sum A_2^2 - N(\overline{A_2})^2)}}$；称为再测信度(或稳定系数)。

(2) $r_{A_1 B} = \dfrac{\sum A_1 B - N \overline{A_1} \overline{B}}{\sqrt{(\sum A_1^2 - N(\overline{A_1})^2)(\sum B^2 - N(\overline{B})^2)}}$；

(3) $r_{BA_2} = \dfrac{\sum B A_2 - N \overline{B} \overline{A_2}}{\sqrt{(\sum B^2 - N(\overline{B})^2)(\sum A_2^2 - N(\overline{A_2})^2)}}$；

如:我们用 A、B 卷测试一组 $N = 10$ 位学生,20 道题(选择和填空),$r_{A_1 B} = 0.7; r_{BA_1} = 0.91$；不相等；说明 A、B 两个测验不等价,$r_{A_1 A_2} = 0.94$；接近于 1,

表明测验具有一定的稳定性。

3. 分半信度

若题目按由易到难顺序排列且内容分布均匀,按奇偶分半的方法将试卷分成相当的两部分施测于同一对象,并分开计分,两部分所得成绩的相关系数称为分半信度。一般用斯皮尔曼-布朗(Spearman-Brouwn)公式估计:

$$r = \frac{2r_{11}}{1+r_{11}}$$

r——原试卷的信度;

r_{11}——分半信度。

4. α系数法

从试卷测试的总方差与各题测试的方差关系估计试卷信度的方法:

$$\alpha = \frac{k}{k-1}\left[1 - \frac{\sum_{i=1}^{k}S_i^2}{S^2}\right] \tag{2}$$

α——信度估计值;

S_i^2——第 i 题的测试方差;

S^2——试卷测试的方差;

k——试卷题目的个数。

影响测量信度的因素一般有:学生健康状况、测验环境、评分非标准化、试题的机遇性和非客观性。

(三) 区分度

区分度又称鉴别力,指测验把不同类型,不同程度的被测对象区别开来。常从三个方面体现:一是深度,区分被测对象学习数学的难易度;二是广度,区分被测对象在同一难度范围内能掌握多宽的数学知识;三是速度,区分在单位时间内能完成的数学知识的数量。它的最大值为 1,最小值为 -1。

由于区分度的效标不是单一,区分度的计算方法也不相同,一般有下列两种:

1. D 区分度法

把测试者按高,中,低分成三组,分别占总人数的 27%,46%,27%,然后用公式:

$$D = P_n - P_1$$

D——区分度;

P_n——高分组通过该题人数的比例;

P_1——低分组通过该题人数的比例。

D 值越大,区分度越好;一般认为 $D>0.4$ 的题目较好,$D<0.29$ 是较差的,$D<0.2$ 在须改进。

2. 相关系数法

$$r_{d_j} = \frac{\sum_{i=1}^{n} x_{ij} y_i - n\bar{x}_y \bar{y}}{n S_j S} \ ; \quad \bar{x}_j = \frac{1}{n} \sum_{i=1}^{n} x_{ij} \ ; \quad \bar{y} = \frac{1}{n} \sum_{i=1}^{n} y_i \tag{3}$$

r_{dj}—— 对第 j 题区分度的估计;

n—— 被测对象的个数;

x_{ij}—— 第 i 个被测对象第 j 题的得分;

y_i—— 第 i 个被测对象整个试卷的得分;

S_j—— 第 j 题测试的标准差;

S—— 整个试卷的标准差。

(四) 难度

难度是衡量试卷各题难易程度的质量指标,是反映试题与学生知识水平适合程度的一个量。一般一份"好"的试题,其难度应与测试的意图和被测试者的实际水平相当。难度分预设难度和实际难度。测定难度的方法,因题型的不同而不同。

预设难度:根据测试者的意图预先设置的难度,不受被测者的水平影响,若以每题包含知识点的多少来衡量,难度计算为:

$$p = 含知识点个数 \times 0.18$$

一般认为包含 3 个或 3 个以上的知识点的题较难的。

实际难度:是指被测学生实际感受的,高于或低于平时真实状态和水平的程度。

1. 二分法计分的试题(如:判断题,做对记 3 分,做错记 0 分)

难度计算公式为:

$$P_2 = \frac{m_i}{n} \tag{4}$$

n——受试总人数;

m_i——答对 i 题的人数。

2. 选择题

难度计算公式为:

$$P_{选} = \frac{kp - 1}{k - 1} \tag{5}$$

k——题目的被选答案数;

p——答对此题人数百分比值。

3. 分步计分题

难度计算公式为 $\quad P_{步} = 1 - \dfrac{\overline{k_1}}{k_i}$; (6)

k_i——第 i 题的满分数;

$\overline{k_i}$——第 i 题的平均分。

p 值越大,题目越难;p 值越小,题目越容易;

4. 总难

$$P = \dfrac{\sum_{i=1}^{n} p_i x_i}{M}$$ (7)

p_i——第 i 题难度;

x_i——第 i 题满分值;

n——试题总个数;

M——试题满分值。

三、案例分析与应用

抽查某班 5 名学生的期中数学试卷,结果如表 1,试估计 1)试卷的信度;2)试卷的区分度;3)试卷的难度。(第一大题每小题 5 分,共 20 分;第二大题每小题 15 分,共 30 分;第三、四大题每题 25 分。)

表 1　期中数学成绩

学生序号	总分	第一大题(选择题)				第二大题		三题	四题	奇(x_i)	偶(y_i)
		1	2	3	4	1	2				
1	90	5	5	5	5	15	12	20	23	45	45
2	78	5	5	5	3	12	13	20	15	42	36
3	82	5	5	5	5	14	10	20	18	44	38
4	63	2	5	2	4	10	10	18	12	32	31
5	42	3	0	1	2	8	10	10	8	22	20
$\overline{x}$	71	4	4	3.6	3.8	11.8	11	17.6	15.2	37	34
S	16.95	1.26	2	1.74	1.17	2.56	1.26	3.88	5.11	8.81	8.32
S^2	287.2	1.6	4	3	1.4	6.6	1.6	15	26.2	77.6	69.2

解:1)将试卷按奇偶分半,由表中数据可估计试卷的分半信度为:

$$r_{11} = \frac{\sum_{i=1}^{n} x_i y_i - n\bar{x}\bar{y}}{nS_x S_y} = \frac{6\,641 - 6\,290}{5 \times 8.81 \times 8.32} = 0.96$$

从而整个试卷信度的估计为 $r = \frac{2r_{11}}{1+r_{11}} = 0.98$。

2）用相关系数法公式(3)得各小题区分度的估计为：

$$r_{d_1} = 0.77,\ r_{d_2} = 0.86,\ r_{d_3} = 0.95,\ r_{d_4} = 0.82$$

$$r_{d_5} = 0.97,\ r_{d_6} = 0.55,\ r_{d_7} = 0.93,\ r_{d_8} = 0.95$$

3）由公式(5)得第一大题选择题的难度系数：

$$P_1 = 0.47,\ P_2 = 0.77,\ P_3 = 0.47,\ P_4 = 0.2$$

其余由公式(6)得： $P_5 = 0.21,\ P_6 = 0.27,\ P_7 = 0.3,\ P_8 = 0.39$

试卷总难度由公式(7)有： $P = 0.34$

结论：该试卷具有较高的信度（信度 $r > 0.9$），较好的区分度（除第二大题第5小题外，其余的 r 接近于1），较低的难度（$p < 0.5$）。

四、几点思考

（1）当样本容量较小时，上述计算受随机误差的影响较大。

（2）试题的难度和区分度不是一个概念，但两者存在一定联系，如题目难度太大或太小都不可能有较好的区分度。

（3）信度与效度不是一个概念，但也有一定联系。效度高的试卷一般信度也高，反之不成立。如用小学一年级的试卷测试大学生，信度一定很高，但效度极低。

（4）"好"的试卷一般是指效度较高，信度较高，区分度好，难度适中的试卷。

（5）合理的分值和时间的把握，全体成绩成正态分布。

以上仅仅是理论上的标准和小范围的实践探讨，实际操作还要看具体情况。针对近年来高校招收面扩大，来源广泛（新疆、西藏等少数民族，港澳籍、留学生）、层次繁多，文理兼招，数学基础参差不齐的特点，每年的学生来源和基础不一样等复杂性，很难保证每次成绩成正态分布，特别是以文科生招生为主的学校及院系，为了把不及格率控制在一定范围（希望是10%~20%），经常不得不降低难度和标准。但无论老师如何煞费苦心设计和努力，总有一些学生因为种种原因,反复补考-重修-补考,依然不尽如人意。用一份试卷测试成百上千的不同类型和基础的学生是否恰当和合理?能否考虑有更加多样的考核形式?如何使基础差的学生不产生畏惧感和挫败感,提高他们学习高等数学的积极性和兴趣,这才是我们作为教育工作者真正关心和思考的问题。

参考文献

[1] 王子兴.数学教学论[M].桂林:广西师范大学出版社,1992.

[2] 宋兆鸿.等.现代教育测量[M].北京:教育科学出版社,1986.

[3] 李诚忠.等.教育控制论[M].长春:东北师范大学出版社,1986.

论本科毕业论文质量提高和保障研究

王 芳

一、研究的背景和意义

毕业论文(设计)是各专业应届毕业生根据本专业的培养目标,选择有一定学术价值的课题作为论文(设计)题目,综合运用本专业所学的知识技能,开展调查研究,形成具有理论意义或实践指导价值的学术成果的科研实践。毕业论文是培养大学生的创新能力、实践能力和创业精神的重要环节。毕业论文的质量是衡量教学水平,进行学生毕业与学位资格认证的重要依据。

然而,高等院校普遍存在着毕业论文质量不高的问题。曾在2004年,部分学者和专家就是否取消该教学环节引发争议,一度成为不少学刊和报纸的热点之一。但时至今日,实践证明,我们并不能因此而取消毕业论文设计环节。作为高等院校,更应该关注的是如何来提高本科毕业论文的质量和水平,真正发挥其在本科生教育培养方面的作用,成为本科教学关键的一环,为提高本科理论水平和实践能力发挥重要作用,为本科生完成本科培养教育划上完美的句号。

长期以来,各级教育部门和各个院校都想方设法强化质量管控,以此提高本科毕业论文的整体质量,但仍然还存在一些问题。本文以本科教学评估为契机,以评估指标为导向,将毕业论文质量提升作为重要工作,从中总结问题、究其原因、探索路径,最后提升论文整体质量。

二、本科毕业论文质量现状和原因分析

（一）本科毕业论文质量现状

2018年，华东政法大学将参加教育部组织的高等院校本科教学评估，毕业论文的质量和管理是其中一项非常重要的评价指标。因此，学院对近两届本科毕业生的毕业论文进行了检查，包括论文的选题，论文的研究方法，论文的资料齐全性，论文格式的规范性，参考文献的篇数和格式，指导老师的指导进度安排，指导意见是否详尽等方面。学院自2016届毕业生起对毕业论文做了较为严格的要求和整改，因此从本次检查和督导抽查结果发现，我院毕业论文的整体质量比前两年有了显著的提高。主要表现在：论文的选题更具有专业性，论文的格式也更加规范，论文的装订和整理也更加有序。但是依然存在如下几个问题有待进一步的提高。

1. 选题方面

选题过程其实是个系统过程，需要指导教师与学生进行多次面对面商讨和邮件沟通之后确定，在此之前，指导老师会将自己的选题方向和内容向学生介绍，同时征询学生的想法，而学生会结合自己所学专业知识背景和兴趣点，查阅相关的文献资料，将自己的想法反馈给指导老师，并听取指导老师的意见。经过多轮的商量和沟通，设计基本的论文结构和框架，确定基本的研究方法，最后敲定论文的选题。这种选题的过程本身就是培养论文写作能力的首要一步和关键点，因而，学生明确要写作的主题和方向至关重要。

但是，目前的本科毕业论文存在的以下问题：首先，大部分学生缺少自己的主见，对选题方面表现迷茫。选题的步骤往往是指导老师会给出一些参考的选题范围，通常都是指导老师较为擅长的研究领域或是本身自己在做的课题等，然后进行选题并随机分配。大部分学生对指导老师的题目抱着默认的态度，觉得差不多就行，很少有学生提出自己的主观想法或是写作切入点。更有些学生没有选到自己意向的题目，也不与指导老师沟通协商换题目，只是将它作为完成学校的学分任务而已。其次，这些选题往往都是一个范围或是一个大的方向，学生没有经过与老师多次沟通，就自行展开写作，往往导致后期完成的写作内容十分空洞和宽泛，并无多大意义。最后，论文题目与学生本专业培养目标不一致的情况十分常见。

由于选题往往具有随机性，而目前又由于师资力量与本科学生数不匹配，导致本专业的学生并不能百分百选到与自己本专业对口的选题，却被随机分配到

任意指导老师的选题名下,造成选题内容与学生本专业的培养要求并不一致,学校对此又疏于审核,学生本人又不提出。在此情况下草草完成毕业论文当然质量不高。

2. 参考文献方面

本科毕业论文要求学生能够运用所学的基本理论知识,结合相关的专业基础,并通过参考和查询相关的文献资料来形成自己的论文观点和结论。首先,虽然大部分论文有相关的参考文献,但发现参考文献的覆盖面很窄,主要围绕作者要写的论文题目,带有局限性,倘若学生能够扩大参考文献的范围,会有不一样的思路和交叉性、跨领域的观点,尤其是外文类的参考文献资料和译著类书刊。其次,文献综述部分往往是按照作者或者年份简单地罗列和陈述,并没有对相关的文献观点进行归纳总结,形成自己的观点,甚至有一部分论文直接从其他论文复制过来,并没有真正地研读归纳过。最后,参考文献部分的罗列也并没有分类,格式方面还很不规范,学生对参考文献的规范罗列不是很清晰。

3. 研究方法方面

研究方法指的是论文写作过程中要用到的理论方法和数学方法。高质量的论文离不开科学的研究方法,尤其是学术性论文,需要专业规范合理的方法论基础,包括各种资料文献的收集,调查方案的设计,项目的跟踪和评价等。通过调查发现,大部分的论文采用的主要是文献综述法、案例分析法、问卷调查法,侧重的是规范性分析法,而很少去采用数量分析法和实证分析法。与此同时,目前的高等院校均向应用型学科转型发展,不再非常强调本科生作为一种纯学术型的研究,或者对学术性的要求偏弱,因而课程体系的设置中会缺乏对专业研究和写作方法的培养,以及缺失针对学生批判性、创新性等思维的训练,加上与指导教师的沟通不足,导致学生在整个论文设计及撰写过程中缺乏逻辑和正确的方法,很难把握论文全文的设计和框架,从而导致论文质量不高。以华东政法大学商科学生为例,目前该专业的学生显著缺少论文资料、数据和信息,主要原因就是搜集信息的渠道单一,信息的筛选能力和整理归纳能力严重不足,同时对该研究内容的调查不足。虽然目前是一个信息大爆炸的时代,但是大部分学生都是只会简单的百度和谷歌搜索,甚至不会充分利用学校图书馆的各种电子资源和数据库。在海量信息下,信息的筛选、整理、分析与归纳整理是一项需要指导的技能,需要学生花时间和精力去反复思考和学习,但是目前的学生往往缺乏这种耐心,多数采用的是直接借鉴,原创的很少,没有深度没有创新。

4. 创新性方面

本科毕业论文的要求原本是学生通过自己所学的专业知识,创造性的提出一些研究的观点,或是做出进一步的研究,或者采用新的研究方法。但是通过调查发现,鲜有论文在论文结论、观点和方法上有所创新,大部分的毕业论文均是对相关文献资料整理的结果,多是对前人观点的重新认证,并没有形成自己的观点。原因可能是,本科生对研究方向和领域的知识储备是有限的。要想创新,学生必须要具备乐于钻研学术的精神,同时少不了指导老师的悉心指导。

5. 论文格式方面

大部分学生对论文的格式并不十分清楚,学校层面也并未给出一个非常明确的论文格式规范,指导老师对论文格式规范也都不统一,因而出现不同的指导老师指导的学生论文格式不一致的情形。

6. 答辩环节的问题

本科论文最后一个环节是答辩,答辩成绩占总成绩的 30%,主要考察的是论文思路和论文观点、论述的情况等,但是发现在答辩过程中,学生只能对论文做出一些基本的论述,对于答辩委员提出的更深层次的问题很难答得上来。

(二)论文质量问题原因分析

1. 学生重视程度不足

原本毕业论文是大四学生一项重要综合考核,但是面对当今人才市场的就业压力,许多学生在大四第一学期就开始实习和择业,或是选择考研和出国,而将毕业论文放在其次位置,想当然认为毕业论文只是最后一个本科培养的环节,最后学校肯定会从轻处理,一定能顺利通过毕业论文的考核。而事实上,的确多数老师认为学生的这些想法情有可原,对论文质量的把关"睁一只眼闭一只眼",只要能够通过学校的重复率抽检和校外送审,即放任之。殊不料由于缺少前期对论文的重视,后面为了应付学校的查重程序和校外送审,学生往往匆忙完成论文,出现很多不该犯的细节错误或是最后直接没能够通过审核而被打回重修论文,这不仅耽误了学生本人就业和发展,还拉低了本科毕业论文的整体质量。

2. 毕业论文管理过程还不够严谨

虽然多数高校已经有比较规范的管理程序,制定了一系列毕业论文规章基本规范和管理办法,最后提交的论文资料也基本齐全。但是在整个论文过程中,某些方面疏于管理,把关不严。假如从选题、任务书确认、开题报告、中期检查、正文撰写、指导老师评分、交叉评阅和最终答辩的每一个环节,我们都能够按照工作计划和时间进度表如期完成,每一个步骤都能认真执行把关,对学生和指导老师来说都是一种合理的论文进程安排,且是一个比较科学的论文流程。但实际上,这些流程即使已做成系统,很多环节都流于形式,并不能如期地完成各个环节,很多材料都是在最后一个月内集中补充整理,无论老师层面还是学生层面,都对这些流程和日期都不是很重视。同时,学校官方的监督也不是非常到位,通常是口头的通知,要求并不严格,给予学院较强的自主决定性,学院层面对此也并不严谨,往往认为只要学校不督查,老师在最后的时间节点完成任务即可,因而无论是对各个环节的任务水平还是对论文的质量都把关不严。尤其是论文最后考核环节,除了学校查重环节和校外送审环节往往过于宽松,即使论文质量再差,也多数不会因为这个而毕不了业,论文的质量要求因此难以提高学生对论文的重视性和威慑性,这种情况还会继续循环到下一届毕业班,导致下一届学生也对此不再重视,想当然认为论文的考核其实只是一个形式,长此以往,论文的质量就会每况愈下。

3. 教师与学生沟通不畅

鉴于学校和学院对论文质量管理并非相当严格,指导老师与学生之间的沟通也并不十分频繁,主要取决于指导老师的责任心和学生的写作态度,同时学校对此也并未作出非常明确的要求,导致很大一份老师和学生对提高论文质量的动力不足,论文全程指导只沟通过少数次,甚至出现老师不催,学生不交,或者是学生不提,老师不催的情况,直至最后简单沟通就完成写作。

4. 激励措施不足

一方面,在毕业论文费用上,学校给予老师的指导费用和补贴并不高,导致论文指导的积极性不高,重视程度也不高;另一方面,对学生的激励也不大,动力不足,只是作为任务之一,通过即可,导致本科毕业论文质量平均水平较低。

三、进一步提高本科毕业论文质量的对策

本科毕业论文是一个系统工程,进一步提高其质量水平需要学校和教务部门、学院、指导老师和学生本人的共同努力,做到各个环节有所监督、强化管理、保障到位,落到实处。

（一）强化树立毕业论文观念

部分专家、学者和高校老师曾经提出,毕业论文只是本科教学的一个教学环节,流于形式,并无实质考核意义,主张取消毕业论文环节,虽然这种主张并没被

教育部通过,但是却在校内形成"轻论文"的观念,以致指导老师和学生都没能足够重视论文,只是作为草草交差和完成任务而已。其实不然,本科毕业论文质量是本科教学质量的重要组成部分,毕业论文质量的提高是教学质量提升的表现,因此,我们必须要强化树立毕业论文观念。

所谓强化树立毕业论文观念,指的就是加深对毕业论文的重视程度,早日树立毕业论文观念,毕业论文与教学各个环节都具有联系,贯穿本科教学全过程,教师教学的各个环节对毕业论文质量的提升都具有一定的影响。

1. 低年级树立毕业论文观念

本科毕业论文考察的是学生对本专业基本理论知识的运用和掌握程度,以及在此基础上的创新能力和写作能力,这些能力的培养是在学生进入大学以来逐步形成的直至到第五学期正式开始写作,这些能力不能在短时间内形成,因此,应当从低年级起就可树立毕业论文的观念,早日培养写作功底。

2. 高年级召开论文写作指导动员会

由于高年级在第五学期基本不再安排教学任务,处于找工作和考研的密集期,因此,毕业班的学生相对自己未来前途而言,论文显得不再那么重要,往往对毕业论文不够重视,很难花较多的时间和精力去研究自己的毕业论文写作,甚至很少注意有关论文的各项通知,未能按照时间节点完成相应的任务。因而,应当在毕业生选题之前就可以召开一次论文写作指导动员大会,对毕业论文的进度安排,注意事项,重要性等方面进行强调说明,引起学生重视,让其对毕业论文的基本流程有一定的了解。

(二)严格毕业论文管理过程和监督过程

所谓"无规矩不成方圆",制定严格的毕业论文规范和科学的管理制度至关重要。

(1)制定毕业论文管理工作的相关规范,明确管理部门的责任和指导老师的责任,辅导员、教学秘书、教学副院长的任务,规范毕业论文纪律。严格审核指导老师的资格,以及指导论文的篇数。

(2)严格把关命题环节,健全选题管理办法。可通过学院例会和邮件的形式向指导老师传达毕业论文命题的重要性和相关要求,引起指导老师的重视,严格把关学生专业和论文题目的对等性。引导学生选择合适的且研究意义较大的题目,切忌题目过于空洞。健全选题系统,学生选题,一人一题,同时进一步完善补充选题环节,对落选的学生必须要做到题目与本专业培养目标相一致。

（3）严格论文指导环节。论文指导包括学生论文正式题目的确定，开题报告撰写，写作的具体指导以及后期的修改意见等涉及论文写作方面的工作。指导老师应当在前期召集学生召开论文指导讨论会，以不同的形式，例如，利用邮件、QQ、微信等方式进行及时的沟通，给出具体的修改意见和指导，并按照毕业论文进度安排表完成指导任务并在系统中填写相关的指导意见。学生应当积极主动的与指导老师沟通，按时完成每一个论文环节，填写指导记录。

（4）严格评分环节，制定论文评分标准。由于每个人的给分标准在主观上是存在差异的，为避免给分标准不一致，学校教务部门可制定论文的评分标准，根据评分标准客观打分，由指导老师给出建议得分后，再由同一研究方向的老师进行交叉评阅，对于有争议的论文分数，尤其是考核不合格的论文，经由学院学术委员会讨论决定。

（5）严格答辩程序和环节，把好最后一道关。论文答辩是毕业论文全方位把关的最后一个环节，往往在答辩环节答辩老师会提出一些指导老师不曾注意到的问题和建议，对于学生后面的论文修改和终稿装订起着重要的作用。因此，根据毕业论文工作细则要求安排好答辩小组组长和答辩老师，还可以聘请校外专家参与答辩，尽量安排在充裕的答辩时间段，使得答辩老师和学生都能合理顺利有序的进行答辩，不至于仓促完成。

（6）充分发挥二级督导作用，监督到位。教学督导监督评价教学的各个环节，包括课堂教学、实践教学等，而本科毕业论文是实践教学的其中一部分，因而可将毕业论文的全过程纳入作为教学督导的常规工作的一部分，从毕业论文设计的命题、选题、开题报告、指导过程、评阅和答辩，通过初期检查、中期检查、终期检查进行跟踪，以便及时发现问题并解决问题，保障毕业论文按时有序进行。

（三）完善激励机制

目前，毕业论文设计的激励机制还不够完善，导致学生写作没有压力和动力，指导老师也没有指导的动力，因此应从论文的两大主体出发来完善激励机制。

首先，从学生层面，前三年的学业成绩还可与奖学金等评奖评优挂钩，因此还有可以激励的方面，但是由于学生的毕业论文目前是只要合格通过即可拿到学位证书和毕业证书，因为缺乏相应的激励机制，建议可以增加其他针对毕业论文的一些激励政策来鼓励学生完成高质量的毕业论文，例如奖金或是荣誉等。其次，作为第二大主体的指导老师也至关重要，目前学校毕业论文指导费用是每篇100元,在日益增长的物价和房价水平下,这个长达4~5个月的论文指导周期确实略低,不少老师也反映过这个问题,老师们的指导积极性不高,假如学校在指导费用方面能够有所增加,或者采用其他形式的补偿,相信指导老师的动力也会有所上升。

（四）切实提高学生写作能力

不断优化学生的知识结构,具备良好的理论功底,是毕业论文写作的基本前提,并不是在毕业论文写作期间就能达到的,因而,我们从一开始制定这届学生的培养计划时就应该将培养学生的科研能力和创新能力写入计划当中,还可以适当增加毕业论文指导课时,专门针对写作的技巧培训和方法论的指导。尤其是商科类的论文,很多会用到数量统计的方法和数学模型的方法,还有统计软件的使用,虽然本专业的培养计划中有相关的概率统计和高等数学,但是并未针对毕业论文中的使用进行指导说明,因此,有必要专门请学院相关的对这几个方面有专门研究的老师,就如何更好地在写作中运用这些数学方法和模型进行培训指导,进而提高学生毕业论文的质量和水平。

指导老师是学生论文思路的指引者,为学生写作指明方向,因而指导老师的论文水平和理论功底也十分重要,因此,学院有必要创造更多的机会对我们的指导老师进行软件使用方面和数学建模方面的培训,指导老师的水平提高也能在一定程度上带动学生写作能力和水平的提高。

（五）完善各项保障措施

首先,学院或是学校层面,可以提供更多更新的数据库和实验室,便于学生进行论文数据资料的查询和下载,同时对各种数据进行统计分析,得到相应的结果。及时更新学校图书资料,以便学生能够获得最新的图书文献。

其次,学校教务部门应进一步完善和维护好毕业论文系统,从系统方面来规范毕业论文的要求,明确各方主体的权限,例如,毕业论文的格式规范性,毕业论文的抄袭情况,论文的分数比例设置等,维护系统的稳定性,尽可能降低系统故障的概率。

最后,通过辅导员和指导老师加强对毕业学生的管理,督促和提醒学生按时并保质保量地完成论文写作,严格纪律,没有特殊情况不得无故拖延写作进度,否则论文成绩做适当减分,提高学生对论文写作的重视程度。

（六）严格把关本科招生质量,宽入严出

生源质量是本科教学质量的重要因素之一,因此也是毕业论文质量的影响因素，无限制地扩大规模，不仅会使得教学资源结构比例失调，也会使教学质量下降，因此，学院应当根据本学院的教学资源，有计划地进行招生，采用宽入严出政策，形成一个良性循环，从而提高毕业论文质量，对质量差的毕业论文绝不姑息，下一次重新答辩，采用这种有危机性的制度，会让学生感到有所压力，才能提高论文质量且具有持续效应。

综上所述，毕业论文是一个复杂的系统工程，需要学校各部门以及师生的通力合作和相互协调。论文质量水平不仅反映的是该学生的科研水平和写作能力，同时也折射出本院指导老师的科研水平和教学指导能力，还体现出本校的教学水平和管理水平。这不仅是本届学生的事，还关乎学校将要面临的本科教学评估，影响到我校未来的发展和规划，还有全校师生的利益。因此，我校师生和教学管理部门应当高度重视，发现问题及时解决及时改进，并不断创新教学方法和教学管理，进而提高教学质量，才能培养出高质量的人才。

参考文献

[1] 陈荔.本科毕业论文(设计)质量控制与提升研究[J].昭通学院学报,2016(5).
[2] 王春芝.本科毕业论文质量提升策略[J].大连民族大学学报,2017(2).
[3] 时伟.大学本科毕业论文的弃与存[J].中国高等教育,2010(7).

提升国贸专业世界贸易组织课程双语教学效果的因素分析和对策研究

陈婵婷

一、双语教学的必要性及可行性

党的十九大报告强调,建设教育强国,是中华民族伟大复兴的基础工程。我国教育进入了以提高质量优化结构为核心和特征的内涵式发展新阶段。双语教学的必要性与重要性在这一背景中得以凸显。这之前我国教育部也已多次要求高校在本科阶段逐步实施双语言教学。2007年《教育部关于进一步深化本科教学改革全面提高教学质量的若干意见》就明确指出要鼓励开展双语教学工作,并强调国际法专业课程尤其具有开展双语教学的必要性与可行性。

至于何为双语教学,相关文件并没有具体定义。而按照现行各高校的实施方法,双语教学是指在非外语类课程的教学过程中应用第二语言(主要为英语)和母语同时授课的一种教学模式。这种教学模式打破了传统的以语言使用能力获得为单一目的的外语学习方式,将专业知识和专业外语的学习结合起来,使双语教学可以在传授专业知识的同时提高学生的外语水平。这种教学模式的最终目的是培养出既精通本领域专业知识又具有高水平外语能力的复合型人才。

双语教学的可行性已经得到论证。比如,俞理明、韩建侠通过研究认为中国高校可以借鉴加拿大渥太华大学"以课程内容为依托的语言教学"模式(content-based language instruction),以学科学习带动语言的习得,创设新的语言教学方式。李丽生指出我们可以汲取国外双语教学中的"持续性以课程内容为依托的语言教学"(sustained-content language teaching approach, SCLT)理念,增加大学专业英语教学比重,用专业学科的学习推动英语学习,提升专业英语水平。国外对于双语教学模式的研究已经有比较成熟的基础理论。但国外的双语教育与我国高校要推行的双语教学之间有着属性和目的的区别。国外的研究模式侧重通过课程内容的转变达到专业语言能力提升的目的,而国内的专业课程双语教学更侧重专业内容的传授,同时兼顾专业英语的习得。具体到学科上,国贸专业世界贸易组织双语教学既有中国当下大学双语教学的特征,又有自己独特的表现。因此,我们需就如何提高国际经贸专业世界贸易组织课程双语教学质量展开进一步论证。本文将从教师、学生、教材和教学方法四个方面对这一问题展开详细论述。

二、优质双语教师队伍是提高双语教学质量的核心要素

"没有教不好的学生,只有不会教的老师"。双语教师并非英语教师,而应该是学科教师。所以,高质量的双语教学首先应该确保专业教师自身的英语水平能够胜任二语教学。但目前能用英文流利交流授课的专业教师人数仍较有限,不能满足双语教学蓬勃发展的需求。当务之急是尽快培育出一支既懂专业知识、又熟谙英文的专业教师队伍。

一般认为,最简单快速的方式是通过再培训提高专业教师的英语水平,使其能够胜任双语教学。但这一做法的有效性值得商榷。专业教师如果没有接受语言方面的专门训练或海外留学经历,仅仅通过简单的职前培训或在职培训,想要达到流利自如运用第二语言传授一门专业课程几乎不太可能。除非这个再培训是持续性和高强度的,且以考核合格作为是否可以开展双语教学的标准。但是,高强度的培训对专业教师的时间和精力是一大考验,除非有等价的激励机制,否则很难推行。

也有学者建议对外语教师开展专业知识方面的培训,使其能够承担专业课程的双语教学。这又涉及另一个问题,即怎样的专业知识累积才能够使外语教师达到胜任专业教学的要求。大学之所以为大学,是因其有一群术业有专攻的老师,而学生如花间采蜜者,可博采众长。简单的专业知识培训或许可以通过填鸭的方式让英文教师在短时间内按照教学大纲讲述世界贸易组织课程,但是法律的精致、博大与思辨却未必可以通过课程的讲授传递给学生。

聘请英语为母语的外籍教师讲授"世界贸易组织"课程或许是一个理想的方式,但这一方式的现实可行性较低。"世界贸易组织"课程的外教应是在国际经

贸法律问题方面有所造诣的国外高校教师。但国外高校不管在薪资报酬还是科研环境方面目前都好于国内，所以难以形成有效激励措施让外籍专业教师加盟国内教学科研团队。而一般的英文外教同样存在上述专业知识缺失的问题。所以，现阶段较具可行性的方法是，作为世界贸易组织双语课程的有益必要补充，聘请外籍相关专业专家学者以讲座形式为学生短期授课。以此丰富课程教学内容，开拓学生视野。

高校双语教师队伍建设最具操作性的方案是通过招收跨学科背景师资和相关专业海外留学归国人员担任此类双语教学的主讲教师。以世界贸易组织课程为例，具有跨学科背景的师资，可以是本科学习英文专业，研究生阶段转为国际法专业的教师，或者本科阶段具有英语和法学双学位的教师，或者其外语水平与外语专业本科生具有同等水平的法学专业教师。同等水平可通过考证、口语对话等方式加以确认。大量吸收跨学科背景的教师和相关专业海外留学归国人员充实双语教师队伍的可行性在于这两类人都有扎实的英文功底，尤其是英语口语沟通能力，和完整的学科专业架构。同时，随着外语专业跨专业研究生考试和辅修专业的普及，以及海外留学人员的增加和归国潮的兴起，这两类人员为数不少，可以满足双语教学发展对教师数量的要求。

三、学生英语能力过硬是提高双语教学质量的必要条件

学生英语水平和双语教学效果之间存在正相关关系。董春颖、杜春慧通过收集数据、Origin 制图、SPSS 统计分析和相关性分析，得出学生大学英语四六级成绩和双语课程成绩呈正相关。Marsh 等人曾经对香港中学生双语教学进行了一次大规模的试验。他们的调查研究发现香港中学生在接受双语教学时因受英语水平限制，把过多精力放在语言层面上，导致无法完全理解专业内容。虽然也有与此不同的论证，但主流观点和实践经验仍然支持英语水平越高越有助于双语教学顺利开展的论断。

教学实践也证明学生英语听说能力达到一定程度是提高双语教学质量的必要条件。一方面，语言理解上的困难会让学生无所适从。如果不能及时克服这种困难，学生便会慢慢缺失学习积极性，对本门课程产生抵触厌恶情绪；另一方面，教学是教师传授知识和学生接受知识两个过程的有机统一体。学生英文水平如果过分限制其对教师传授知识摄入的话，教师就会把更多关注点放在如何让学生更好解码语言信息方面，而非如何让课程知识更加深化方面。因此，要想

世界贸易组织双语教学能有一个良好的实际效果,学生的英文功底必须要过硬。

鉴于此,世界贸易组织双语课程应设置在高年级阶段。此时,学生已经完成两学年的大学英语学习,也经历了大学英语四六级考试,对英语的把握已经上升到可以用来学习专业知识的阶段,对英语的使用显得更为自信从容,也有使用英文交流的冲动。这种质变为"世界贸易"组织双语教学提供了可行性。另外,国际经贸专业对学生的外语要求比其他经济类专业相对要高,学生在高年级阶段可以用流利的英文学习专业知识也是学科要求的体现。但考虑到学生之间英文水平的差异,在课程设置上应给学生选择的主动权,以确保学生学习双语课程的自愿性。所以必修课的双语教学一般应该有平行的中文班级供学生选择,而选修课则在理论上不存在这个问题。

四、优秀双语教材是提高双语教学质量的物质基础

一部编写科学、条理清晰的教材是成功开展双语教学的重要元素之一。现行双语教材主要可以分为两大类,一类是国内作者编写的以中国学生为授课群体的双语教材,另一类是国外大学使用的教材。这两类教材有各自的优缺点。一般国内作者编写的教材更符合中国人的思维逻辑,且注重将中国法律制度与西方的法律制度进行对比,学生往往更容易理解和掌握知识。但是,由于作者的母语并非英语,所以在行文表述上难免会出现中式英文。而国外大学使用的教材英语纯正、框架完善、案例丰富,所以较受学生和教师的欢迎。但这类教材往往偏重西方法律思想和制度,缺少对中国法律制度的介绍和分析,容易让学生觉得所学内容都是与自己无关的纸上谈兵知识,从而使其缺乏必要的学习热情和积极性。

以"世界贸易组织"为例,国内作者编写的双语言教材有东北师范大学出版社的《WTO法的规则与法理(双语版)》、对外经贸大学出版社的《世界贸易组织概论(双语版)》、北京师范大学出版社的《世界贸易组织法(双语)》、冶金工业出版社的《世界贸易组织概论双语教程》、复旦大学出版社的《WTO法律规则(英文版)》。这些双语教材比较通俗易懂,但多停留在制度表层介绍,理论分析方面在深度上还有待进一步挖掘。世界贸易组织课程的设置,除了简单制度介绍外,更应有国际经贸理论、国际法理论和国际关系理论等方面的纵深化分析。虽然这些内容可以讲义资料的形式加以补充,但系统编纂成书更有利于学生学习掌握。

以笔者使用的教材,剑桥大学出版社的 *The Law and Policy of the World Trade Organization: Text, Cases and Materials* 为例。该书共十六章,可分为两大部分。第一部分从国际贸易理论和世界贸易组织法理知识入手,之后详细介绍世界贸易组织职能和构成,再论述世贸组织独特的争端解决机制,进而专章论述最重要的最惠国待遇原则、国民待遇原则和原则的例外情况。第二部分各章分别介绍世界贸易组织的倾销、补贴、贸易技术壁垒、检验检疫制度、知识产权等法律制度及世贸组织面对的挑战。该教材法条介绍与理论分析兼具,且每隔四五年会有相应更新。但由于国内未引进此教材,直接购买剑桥版本则价格过于昂贵,因此只能选取重要章节以影印版形式交与学生使用。

由此观之,加快"世界贸易组织"双语课程教材建设刻不容缓。完成该任务需从多方面予以努力。首先,应加快原版教材的引进力度,让教师和学生有更多的阅读选择。其次,在条件允许的前提下鼓励中国学者与原版教材作者合作编写适合中国学生的教材,如以简化本或精要本的形式呈现。再次,鼓励国内学者借鉴国外先进的教学思想和教学方式编写适合国内双语教学使用的教材。最后,由于法律的发展变化性,教师授课内容不应局限于教材内容。教师需要借助网络等媒体资源吸收最新资料,集合成案例库,以确保教学内容的丰富性和时效性。

五、合理教学方式是提高双语教学质量的重要保障

形形种种的教学方式可以归为两大类,即以教师为中心的教学模式和以学生为中心的教学模式。前者以教师讲授为主,学生处于知识的被动接受地位,比如传统的"填鸭式"教学方式。后者则通过问答、讨论形式,调动学生积极性,使其在互动中接受知识。近年的教育普遍反对"填鸭式"教学,鼓励以学生为中心的教学模式。但是,讲授世界贸易组织课程需要二者并举,发挥彼此的长处。

"世界贸易组织"课程讲解包括三大部分,即国际经济法和世界贸易组织法基本理论,世界贸易组织具体法律制度,和世界贸易组织框架内的争端解决方式。其中具体法律制度分析和争端解决部分会辅以案例加以说明。世界贸易组织课程中的基本理论知识需系统讲解,所以这部分内容应以教师讲授教为主。而案例部分则宜采用苏格拉底式教学法,通过对话、讨论的方式启发学生思考,引导学生归纳出问题的结论。

理论知识的掌握是基础,只有当学生对理论知识的脉络完全掌握,才能进一

步将知识运用到案例中。案例讨论则更能激发学生的兴趣,与教师之间形成互动。这种互动即双向反馈。学生向教师反馈其对法学原理和法律条文的理解及其在具体案例的运用,教师再对学生的回答加以评价,激励学生继续学习。教师的积极反馈会增加学生的学习成就感,激发学生继续深入学习的动力,从而优化其学习效果。

除授课方式外,双语教学还有一个特殊的问题需要讨论,即授课过程中如何合理使用英文与中文两种语言媒介,使教学效果最优化。双语教学课堂教授语言中英文比例并无官方明文规定,一般认为英文是主要用语,其授课比例要达到课程内容的50%以上,而中文起到帮助理解的作用。以"世界贸易组织"为例,使用英文讲解的内容诸如基本法学定义、西方特有的概念和制度、案例分析等内容。复杂的、逻辑思辨性强的问题,以及一些有中国特色的制度问题更适合使用中文讲解。此外,还应根据课堂进展情况适当做些调配。比如两个课时的课程,一般学生在第一节课较易处于积极状态,第二节课时则或多或少会受疲劳因素影响。所以,一般应在第一节课中提高英文使用率,在第二节课时根据学生的反映适当增加中文讲解,防止因语言障碍而加速学生的学习疲劳度。

其次,英文讲解时应注意观察学生神态,并以提问方式确认他们是否能够完全理解讲授内容。如果发现学生不能跟上教师的讲课步骤,则需通过放慢语速再次讲解或举例说明等方式消除学生困惑。如果仍然无法解决问题,则可用中文解释清楚。无论如何,中英文重复的内容不应过多,否则中文的辅助性就会适得其反。因为在相同授课内容同时以中英文方式讲解的情况下,学生会自觉或不自觉地选择母语传递的信息。

六、结语

美国双语教育专家布莱尔(R. W. Blair)在20世纪80年代指出,"培养大量富有能力的双语人才是当今社会可持续发展的一个重要目标"。国际经贸专业旨在培养既能熟练掌握国际贸易知识,又深谙国际商务运行规则,同时又能用英语与外商自如交流的全面发展人才。世界贸易组织双语课程的设置正是为了更好地实现这一宗旨。

但是,世界贸易组织双语授课存在一定的难度。由于授课群体为非法学专业学生,缺少系统法学知识和法学思维方式的训练。再加上世界贸易组织法律制度有其特有属性,因其普遍涉及主权国家利益,故法律条款在行文措辞方面极为谨慎,文绕冗长。因此,以英文为语言媒介获取世界贸易组织法律知识对学生来说存在普遍的理解难度,需要从双语教师素质、授课学生英语能力、双语教材质量、双语授课教学方式等四大方面优化双语教学质量与效果。

国际经贸专业旨在培养既能熟练掌握国际贸易知识,又深谙国际商务运行规则,同时又能用英语与外商自如交流的全面发展人才。世界贸易组织双语课程的设置正是为了更好地实现这一宗旨。现下各高校国际经贸专业如火如荼地开展国际商法双语课程教学,既顺应了学科发展的需求,也符合中国商业正迅速融入国际舞台的现实情况。

参考文献

[1] 俞理明,韩建侠.渥太华依托式课程教学及其启示[J].外语教学与研究,2003(11):465-468.

[2] 李丽生.SCLT教学模式及其对我国大学英语教学改革的启示[J].外语界,2002(4):36-40.

[3] 董春颖,杜春慧.双语教学效果和学生英语水平关系探讨[J].教育教学论坛,2013(5):128-130.

[4] Marsh, H. W., K. T. Hau, C. K. Kong. Late immersion and language of instruction in Hong Kong high school: Achievement growth in language and nonlanguage subjects [J]. Harvard Educational Review, 2000, 70: 302-346.

[5] 王晓明,李葆华.双语教学与大学生英语水平关系的多元回归分析[J].长春理工大学学报,2011(2):163-178.

[6] 韩建侠,俞理明.我国高校进行双语教学学生需具备的英语水平[J].现代外语,2007(2):65-72.

[7] 姜世波.世界贸易组织学科的独立性刍议[J].山东大学学报,2004(4):143-148.

[8] Weinstein, C S. Teacher Education Students' Perception of Teaching [J]. Journal of Teacher Education, 1989, 40 (2):53-60.

[9] 樊云慧.对高等学校开展法学双语教学的思考[J].高教探索,2013(1):95-99.

[10] 孙传香.国际法双语教学主体能动性培养研究[J].当代教育理论与实践,2014,6(2):126-128.